만주의 사도 바울

한경희 목사

만주의 사도 바울

한경희
목사

이학인 · 김만수 공저

문학나무

| 개정판에 부쳐 |

한국교회의 재기의 길

점차 변질되어 가고 있는 한국교회의 현실이 안타까웠다. 순수한 복음 전파의 열정으로 불탔던 만주의 사도 바울 한경희 목사님의 사적이 점차 잊혀져 가고 있다는 사실이 너무나 안타까웠다. 순수한 복음 전파에 대한 열정만이 한국교회의 재기의 길임을 말하지 않을 수 없다. '평북전도회'의 열정을 다시 회복할 때 한국교회의 미래는 밝다. 용천군 동문외교회 성도들의 복음전도에 대한 열기는 대단했다. 단일군 1개 노회의 첫 사례인 용천노회 탄생의 과정을 밝히 알고 배우며 실천할 때 한국교회의 앞날은 그 장도가 분명하다고 할 수 있다.

북한 김정은은 원자탄을 폭발시키고 미사일을 쏘아 올림으로써 그 힘을 자랑하고 있다. 그러나 한국교회는 그보다 더 막강한 '사랑의 원자탄'을 역사적으로 보유하고 있다. '사랑의 원자탄' 주인공 손양원 목사는 사랑과 지혜와 용맹으로 무장된 순교자였다. 사실상 손양원 목사의 진실로 용기 있는 삶은 한경희 목사님의 오소리강 순교 사건에 크게 도전받았다는 엄연한 역사적 사실을 밝히지 않을 수 없다(348쪽).

1919년 상해임시정부가 수립되기 전 서간도 삼원포는 국외 독립운동의 중심지 역할을 감당했다. 1909년 신민회 간부 비밀회의 결정에 따라 그 후 이루어진 경학사의 창립은 삼원포 성도들의 헌신이 없이는 이루어지기 어려운 일이었다. 경학사의 명맥을 이어간 여러 독립운동 단체가 유지될 수 있었던 배경에 한경희 목사님이 시무하시는 삼원포교회가 구심점 역할을 했음을 알 수 있다.

  경신참변의 역사는 대한민국 국사와 교회사에서 재조명되어야 한다. 일제 정규군에 의하여 자행된 악행은 더욱 분명히 밝혀져야 하고 기억되어야 된다. 경신참변은 일제 병력 2만 내지 2만 오천의 대규모 군사작전이었다. 이 작전을 통하여 야수적이고 무자비하게 무고한 수많은 양민들을 유린하고 사살하였을 뿐 아니라 교회를 핍박하였다.

  1935년 1월 4일 한경희 목사님을 위시하여 4명의 다른 신자들이 함께 얼음 구멍으로 넣어진 '오소리강의 비극'은 진정한 의미의 비극으로 끝나지 않았다. 조선교회가 당하고 있던 신사참배라는 큰 파도를 넘는 원동력이 된 것이다. 또한 한경희 목사님을 위시하여 복음전도에 불타던 초대교회 성도들의 열정과 더불어 한국교회의 변질이라는 위협적인 또 다른 큰 파도를 넘는 힘이 될 수 있다고 믿어 바라마지 않는다.

2019년 1월
로스앤젤레스에서
김만수

|서문|

우리 민족 영적 유산

지난 2년간은 나의 삶에 있어서 가장 도전되는 시간이었다. 잘 알려지지 않은 한경희 목사님에 관한 기록을 발견한 것은 정말 흥분하지 않을 수 없는 일이었다. 마치 밭에 감추어진 보화를 발견한 농부의 심정이라고나 할까? 여러 날 밤을 지새우며 보화를 캐는 농부의 심정으로 써 나갔다.

책을 쓴다는 일은 열심만 가지고 되는 일이 아니라는 것을 또한 알게 되었다. 도움이 필요할 때마다 하나님께 기도하지 않을 수 없었다. 그때마다 흥미롭게도 하나님께서는 도움을 이미 나의 주위에 마련해놓고 계셨다는 것을 알게 되었다. 사실 이 책은 여러 사람의 도움이 없었더라면 쓰일 수 없었다. 공저(共著)에 어울리게 이학인 목사님은 한경희 목사님에 대한 자료의 일차적인 출처였다. 나의 사랑하는 아내는 여러 가지로 부족한 나의 재능을 채워 주웠는데, 인터넷을 통하여 내가 부탁한 모든 자료들을 찾아주었다.

남가주대학 동아시아 도서관 사서 Joyce Kim 선생은 언제나 기쁜 마음으로 내가 필요한 모든 역사적 자료를 찾아주었다. 대구 수진이는 이미 절판된 책을 구하기 위해 출판사를 찾아 책을 만들어 보내 주기도 하였다. 삼원포 은양학교 및 동명학교 교사, 한족회 신문기자를 지낸 허영백 장로님의 미간행 원고 "고 순국선열 방기전 장로 약사"를 방병덕 목사님을 통해서 입수할 수 있었다. 이 문서를 통해서 아직까지 잘 알려지지 않은 서간도 동포사회의 실상을 동시대의 인물로부터 얻을 수 있는 특권을 가지게 되었다.

Los Angeles에 거주하시는 한정옥 권사님, 그리고 연길의 한진옥 교수님의 부친에 관한 생생한 증언이 없었다면 어떻게 한경희 목사님의 훌륭한 면모를 실감나게 기술할 수 있었겠는가? 토론토에 있는 나의 동생 김혜숙 사모나 풀러신학교의 주종훈 목사님의 헌신적인 교정은 이 책을 읽을 수 있는 것으로 만들었다. 원고가 잘 다듬어지기 전부터 기독교연합신문사의 김광남 출판국장님과 직원들은 이 책에 믿음을 가지고 계셨다. 이 분들의 노고와 격려로 이 책이 출판될 수 있었음을 밝히고 싶다.

만주를 두 번 여행할 수 있었다. 처음에는 한경희 목사님의 순교지를 방문하여 기도하고 이 책을 쓰고 싶었다. 순교지가 중국과 러시아의 국경지역이라 쉽게 접근할 수 없는 곳인데도 불구하고, 불쑥 나타난 외국인인 나를 당국자들은 호의로 맞아주었다. 11월 초였지만 이미 얼어붙어버린 오소리강 뚝은 무릎 꿇고 기도하기에 너무 차가와 보였다. 그러나 70년 전 한경희 목사님께서 뿌린 뜨거운 피로 인해 나의 가슴은 오히려 훈훈했다. 지금 생각해보아도 이 여행은 한경희 목사님의 전기를 쓰려는 나에게 하나님께서 베풀어주신 굉장한 격려였다고밖에 생각하지 않을 수 없다.

초고(草稿)가 완성되어 갈 무렵 한경희 목사님의 사역지들을 방문해야겠다는 의욕이 뭉게구름같이 일어났다. 말씀과 기도로 준비하였는데,

이 두 번째 여행을 통해서 하나님께서 '양자촌(陽子村) 교당골〔敎堂溝〕의 야소교(耶穌敎) 초립(初立) 비명(碑銘)' 같은 우리 선조들의 여러 가지 아름다운 신앙의 흔적들을 보여주셨다. 젊은이들을 격려하고 싶다. 만주의 역사에 숨어 있는 수많은 우리 민족의 아름답고 감동적인 이야기들의 보물을 캐보라고 말이다. 만주는 우리가 떼려고 하여도 뗄 수 없는 곳이다. 만주는 다시 점차 우리의 생활에 가까이 다가오고 있음을 예언하지 않을 수 없다. 배고픔을 이기지 못해 북한을 탈출한 수많은 우리 동포들이 인간 이하의 취급을 당하면서 여기저기 숨어 있는 곳이 아닌가?

한경희 목사님께서 사역하시던 때와 같이 지금도 만주의 각 지역에서 복음증거자들이 당하는 어려움을 목격할 수 있었다. 살기 위해 동포교회를 찾아온 탈북자를 도와주었는데 오히려 누명을 쓰게 되어 수년을 감옥에서 고생한 시골 교회 지도자를 만나기도 하였다. 감옥에서 인두로 등을 지지는 고통을 주기도문을 외우면서 이겼다는 간증에 속으로 많이 울기도 하였다. 가는 곳곳마다 동포교회가 건재하며 어려운 여건 가운데서도 하늘의 기쁨으로 전도의 사명을 다하는 많은 지도자들을 만났다. 마치 80년 전 만주 벌판을 누비며 전도하던 전도인들을 만난 착각에 빠지기도 했다. 외국 목사의 설교를 자유롭게 허락하지 않는 현실에도 불구하고, 가는 곳마다 말씀 증거를 듣고 싶어 하는 우리 동포들의 진지한 태도를 보았다. 이러한 요청에 말씀 증거의 사명을 사양하지 않고 다니는 나의 안전을 위해, 친척 청옥(靑玉)이는 수 주간에 걸쳐 금식기도를 하고 있었다.

인간 역사의 대부분이 그러한 것처럼 우리 선조들의 삶은 비극적이고 참혹한 사건들의 연속이었다. 그러나 진정한 신자들의 삶은 그러한 불합리 속에서도 복음의 진리를 소유하였기에 용기와 소망 가운데서 살았다는 사실을 발견할 수 있었다. 같은 이스라엘의 멸망이라는 불행한 역사를 기록했지만, 열왕기상·하와는 달리 역대상·하의 저자는 선지자적 관점에서 썼다. 역대상·하는 험난했던 시대의 영적 유산과 긍지를 상기시키며 유다 왕국의 회복이라는 무한한 기쁨과 소망으로 끝을 맺고 있다.

나는 이 책을 쓰면서 우리 민족의 불행한 역사 가운데 일어난 신앙인들의 이야기 속에서 우리 민족의 영적 유산을 발견하고 긍지와 희열의 눈물을 흘렸다. '대성촌 수복가(水洑歌)'에서 보는 바와 같이 감당하기 어려운 여건 속에서 좌절하기보다는 신자들만이 가질 수 있는 오히려 자신만만한 삶의 태도를 볼 수 있었다. 복음의 진리를 발견하고 그 기쁨을 온 힘을 다해서 전하는 한경희 목사님을 위시하여 수많은 '아름다운 발들'의 이야기는 감동 자체였다. 또한 한경희 목사님과 같이 복음에 대한 순수한 열정을 가지고 지금도 세계 방방곡곡에서 사역하는 수많은 복음증거자들을 보게 되었다. 즉, 우리 민족의 역사를 선지자적 관점에서 볼 수 있었다.

2004년 12월
Los Angeles에서
김만수

| 추천사 |
민경배 | 서울장신대학교 총장

거대한 힘에 대한 증언

이번에 김만수 목사님께서 오랜 연구 끝에 아주 훌륭한 저서를 하나 펴내시었습니다. 이 글의 저자 김만수 목사님께서는 실로 하나님의 은혜에 따라, 끊임없는 열정으로, 이 역사적인 저서를 집필하시었습니다.

한경희 목사님의 사적(史蹟)을 오늘 연구하고 그 결실을 내시는 데에는 남다른 동기가 있었다고 느껴집니다. 한경희 목사님은 저 북방 만주 땅 오소리강에서 적도(赤徒)들에게 붙잡혀 전율할 만한 고난을 겪으시고 그 얼음 강구(江口)에 내던져져서 순교한 한국교회 순교자의 한 사람입니다. 그분은 순전히 기독교를 믿고 목사라고 하는 사실 하나 때문에, 갖은 아픔을 겪고 그런 죽임을 당한 것입니다. 공산주의가 무엇이고 기독교라고 하는 것이 무엇인가를 한경희 목사님의 순교처럼 여실하게 보여주는 것이 없습니다. 왜 그런 참혹한 일을 감행하고서만이 사상과 이데올로기를 지킬 수 있다고 보는 것인지, 우리들은 역사의 교훈에서 어떤 심각한 인간 문제의 해답을 찾아야 하리라고 믿었기 때문에 이 글을 쓰기 시작한 것으로 압니다.

그러나 기독교라는 것이 스스로 가만히 있기만 하여도 악의 세력에는 도전과 심판으로 보이는, 그런 거대한 현상화된 힘이 있다는 말도 된다는 것을 이 저서는 웅변처럼 보여주고 있습니다. 기독교는 무서운 창조적 힘을 가진 종교입니다. 사랑을 말하고 용서와 화해를 말합니다. 그러나 기독교는 어느 시대에서든지 가혹한 적대자들의 증오와 핍박에 시달렸습니다. 기독교가 그렇게 부드러우면서도 엄청난 힘과 능력을 가지고 있기 때문입니다. 거대한 힘을 그 안에 가지고 있기 때문입니다.

순교자들의 사적은 오늘날 우리들에게 이러한 신앙의 힘과 그 깊이를 새삼 확인하고, 우리 교회의 참된 생명의 근원을 살피게 하여 미래를 확인하는 그런 역할을 할 수 있게 합니다. 우리 한국사회가 오늘에 이르러 느닷없이 이념문제로 사회 전체가 혼란을 겪고 있는데, 이런 연구서가 나왔다고 하는 것은 한국교회는 말할 것도 없고, 우리 사회 오늘의 현장에, 가장 적절한 역사의 횃불로 비추어지게 되리라고 확신합니다. 역사가 가르치려고 하는 아주 예민한 문제들을 이 한 순교자가 걸어간 머나먼 길과 그 형극의 길을 통하여서 밝히 보여주는 것이라고 믿고 집필한 것으로 나타나 있습니다.

본 저자는 이 역사 연구를 하기 위하여서 정성을 다하였으며, 한경희 목사님께서 순교한 그 지역에도 두 차례에 걸쳐 왕래하시면서, 그 숨결과 육성 그 눈물의 곡성을 들으신 것으로 압니다. 본 저자에게는 이런 역사 연구가 처음이신지라, 그 신선도(新鮮度)가 압권이며 가슴을 메이게 하는 필치가 도처 우리들 눈길을 사로잡습니다. 꾸밈없고 수수한 문장이 우리들이 오래 잊었던 초대교회의 맑고 힘찬 모습으로 되살려 주고 있습니다.

이 글이 여럿에게 읽혀져서 우리 교회가 세계의 교회로 부상한 그 기적적 성장의 까닭을 살피는데도 도움이 되려니와, 그보다도 우리 교회가 가지게 된 엄청난 크기의 세계사적 사명을 확인하는 그런 계기가 마련되었으면 합니다. 김만수 목사님의 기도와 성의 그리고 그 맑고 힘 돋는 문체, 그리고 무엇보다도 그 순교의 모든 역정(歷程)을 써나가시면서 나타내 보이신 드높은 신앙의 감격에 우리가 더욱 깊은 감동을 느끼며, 다시 한 번 치하의 말씀을 드립니다.

|추천사|
윤경로|사단법인 한국기독교역사연구소 소장

방황하던 민족의 목자에 대한 기록

우리나라에 개신교 복음이 전해진 시기는 1884년 9월 미국인 선교사가 입국하면서 출발한다. 그래서 한국교회는 1984년에 선교100주년 행사를 성대하게 거행하고 기념하였다. 선교 1세기라는 그리 길지 않은 기간에 세계교회사에서 그 유래를 찾아볼 수 없는 놀라운 복음전파의 결실을 맺기까지는 역사적으로 여러 요인이 작용했다. 19세기 한국사회가 안고 있었던 정치, 사회적 여러 요인을 꼽을 수 있다. 그러나 작금 세계교계가 놀라하는 한국교회의 성장 저변에는 목숨을 걸고, 갖은 고난을 마다 않으며 수고하였던 믿음의 선진들의 피와 땀과 눈물이 있었기 때문이었다. 그 가운데서도 동족의 핍박과 이민족의 지배, 박해라는 어려운 여건 속에서도 복음을 위하여 헌신하였던 목회자들의 수고를 우리는 기억하지 않을 수 없다. 더욱이 복음을 전하기 위해 수고하다가 순교한 분들과 일제의 신사참배 강요에 저항하다가 순교한 분들이 적지 않다는 사실은 우리 한국교회의 남다른 역사성을 말해준다.

이 책의 주인공인 한경희 목사님은 복음을 전하다가 순교하신 대표적인 순교자 가운데 한 분이시다. 그러나 그동안 한경희 목사님에 대해 별반 알려져 있지 못한 형편이었다. 단지 그의 생애와 순교 행적이 간략하게 전해지는 수준을 넘지 못했다. 따라서 이에 대한 아쉬움이 있었다. 이러한 차에 김만수 목사님의 열정과 노고로《만주의 사도 바울 한경희 목사》를 출간하게 되어 매우 기쁘게 생각한다.

한경희 목사님은 우리나라에 개신교 선교사가 되기 3년 전인 1881년에 평안도 의주에서 태어나셨다. 그는 20대 초반이었던 1903년 예수를 믿고, 그 2년 후에 세례를 받았으며, 용천 지역 교회의 영수와 전도인으로 활동하였다. 이러한 그의 돈독한 신앙 활동은 교회의 인정을 받아 1910년에는 평양신학교에 입학하였고, 1914년 평북노회에서 목사 안수를 받음과 동시에 북만 지역 전도목사로 파송 받았다. 그는 이 지역에서 유리방황하던 동포들의 신앙을 지도하며, 생활의 안정과 자녀의 교육을 위한 활발한 활동을 전개하였다. 1919년 3·1운동 때도 이 지역 만세시위운동을 주도하셨고, 이듬해 독립군 활동에 대한 일제의 보복으로 일어난 경신참변 때는 액목현으로 피신하여 참화를 면했다. 그 후에도 서간도지역의 선교와 교육에 헌신하여, 새로 분립한 남만노회의 노회장을 4회나 역임하시고, 남만교육회를 설립하여 회장으로서도 활약하였다. 1920년대 말 이 지역에 대한 일제의 압력과 간섭이 심해지자 재만동포들의 중국 입적 활동을 벌이다가 일제의 경찰에 체포되어 옥고를 치르기도 하셨다. 출옥 후 잠시 창성읍교회와 평로동교회에 시무하시기도 하였으나, 1933년 다시 북만 전도목사로 파송되어 그 지역 여러 교회들을 순회하며 목회 활동을 하였다. 그러다가 1935년 호림, 요하, 수원현 지역 교회들을 순방하던 중 1월 4일 오소리강 소목하 지점에서 40여 명의 비적들에게 잡혀 일제의 정탐으로 오인 받아 얼음 구덩이에 빠뜨려져 순교하였다. 나라 잃은 민족의 설움을 안고 목자 없이 유리방황하던 동포들을 위하여 혼신의 힘을 다하여 활동하시다가 마침내 순교의 피를 흘리신 것이다. 그 후 그의 순교 이야기는 자주 한국교회 강단의 예화로 듣는 사람들의 심금을 울렸으며, 손양원 목사님과 같은 일제가 강요하던 신사참배를 거부하던 항쟁자들에게 나도 한경희 목사님처럼 순교하겠다는 각오로 투쟁하게 하여 순교자의 모범으로 인식되었다.

이 책은 미국 풀러신학교에서 한국기독교사를 공부한 김만수 목사님이 2년여의 각고의 노고로 밝힌 한경희 목사님의 일대기이다. 저자는 이 책을 쓰기 위해서 2회나 중국 현지를 방문 답사하고, 관련 인물들을 만나 증언을 듣고, 문헌 자료들도 꼼꼼하게 조사하여 한경희 목사님의 생애를 훌륭하게 역사화하였다. 이러한 그의 수고와 노력에 하나님께서 친히 보상해주시기를 바라며, 이 책이 널리 읽혀 우리 믿음의 선진들의 신앙의 발자취가 한국교회 안에 그리고 우리의 마음속에 뚜렷하게 각인되고, 계승 발전되기를 기대한다. 특히 최근 해외선교의 불길이 일고 '복음의 한류' 현상을 바라보며 현재 해외선교활동을 하고 있는 선교사들과 차세대 젊은 선교사 지망생들에게 이 책을 숙독할 것을 강력하게 권한다. 뿐만 아니라 일반 기독인들에게도 자신의 신앙적 정체성을 확립하는 차원에서 이 책은 큰 도움이 될 것으로 믿는다. 따라서 기독교인이라면 누구나 이 책을 꼭 한번 읽어 볼 것을 권하며 추천한다.

| 추천사 |
박용규 | 총신대 신대원 교수 _ 한국교회사연구소 소장

20세기의 사도행전

이름 없이 빛도 없이 역사를 빛낸 인물들을 발굴하여 역사의 장으로 끌어올리는 작업만큼 가치 있고 귀한 일은 없을 것이다. 1881년에 출생하여 55세 때인 1935년 그리스도와 복음 때문에 순교한 한경희 목사의 아름답고 순결한 신앙과 그의 고귀한 삶을 역사의 장으로 끌어올린 의미 있는 작품을 접하고 교회사의 한 사람으로서 흐뭇한 마음을 금할 수 없다. 한경희 목사는 1914년 제 7기로 평양장로회신학교를 졸업하고 그해 북만주 전도목사로 사역을 한 후 1935년 순교할 때까지 학교설립, 남만노회장, 기독교협진회 설립, 귀화한족동향회(歸化韓族同郷會) 조직, 그리고 수많은 교회 설립에 이르기까지 남만(南滿)과 북만(北滿) 지역 복음화에 혼신을 다했던 참으로 훌륭한 한국교회 지도자였다. 그동안 역사의 뒤안길에 가리어져 있는 한경희 목사의 생애가 미국 LA에서 사역하시는 김만수 목사의 2년간의 끈기 있는 노력 끝에 세상에 빛을 보게 된 것이다. 전문적인 교회사가(教會史家)가 볼 때도 손색이 없을 정도의 뛰어난 역사적 재구성과 수려한 문장력은 읽는 이로 하여금

그분의 생애 속으로 빨려들어가게 만든다. 아마도 이 작품은 다음 몇 가지 점에서 매우 큰 의미를 지닌다고 할 수 있다.

첫째, 일제의 찬탈이 한창 몰아치던 1910년부터 1935년까지 일제 하의 교회가 어떻게 생명력을 유지해왔는지 그 단면을 생생하게 보여주고 있다는 점이다. 교회는 세상 속에서 존재하며 구원의 복음을 외치는 방주의 역할을 감당하기 때문에 시대적 환경에 대한 이해는 매우 중요하다.

둘째, 교회와 민족주의 신앙과의 연계성을 한 인물의 생애를 통해 훌륭하게 제시하고 있다는 사실이다. 당시 신앙을 가진 이들은 나라와 민족을 가슴에 품고 살았기 때문에 신앙인이라면 누구나 민족애로 불타올랐다. 하지만 그렇다고 누구나 한경희 목사처럼 민족애를 자신의 생애 속에서 일관되게 실천에 옮기며 산 것은 아니었다. 때문에 민족 사랑과 어우러진 그의 생애는 이 시대를 살고 있는 우리 모두에게 하나의 모델이 아닐 수 없다.

셋째, 암울한 시대적 환경 속에서도 굴하지 않고 복음의 빚진자의 사명을 온전히 감당한 한 위대한 전도자의 삶이 작품 속에 그대로 녹아 있다는 사실이다. 만일 이름 없이 빛도 없이 "그의 나라와 그의 의를" 위해 살다간 사람들에 의해 진행된 복음 확장의 역사가 담긴 20세기 사도행전이 기록된다면 한경희 목사는 주인공 가운데 한 사람이 될 것이다.

이 책이 주는 교훈이 비단 이것뿐이겠는가! 아마도 이 책을 읽고는 자신의 시들어진 복음의 열정을 다시 회복하고 봉천과 북한의 복음화를 위해 무릎을 꿇는 사람들이 많이 나타날 것이다. 부디 이 책이 이 땅에 복음의 빛을 밝히는 작은 도구가 되었으면 하는 마음 간절합니다.

| 추천사 |
장훈태 | 천안대 기독교학부 교수

한국의 선교 역사에 대한 귀중한 기록

만주의 사도 바울이라 불리는 한경희 목사의 선교활동과 그의 순교적 삶에 대한 선교사상이 담겨 있는 《만주의 사도 바울 한경희 목사》가 출판되게 됨을 한국교회 선교학도의 일원으로서 기뻐합니다. 이 책을 출판하기 위해 수고하신 김만수 목사님과 귀중한 자료, "고 한경희 목사 약력"을 조선예수교장로회 총회록에 남기신 한순옥 선생의 노고와 이런 귀중한 책을 출판하신 기독교연합신문사 출판국에 감사를 드립니다. 필자는 언더우드와 아펜젤러의 사역과 관련된 논문을 쓰면서 한국선교 역사의 일부분을 소개한 바가 있습니다. 그러나 초기 한국교회 선교 역사를 한눈에 들여다볼 수 있는 자료나 책이 부족하여 제한성으로 그 내용을 파악하는 일이 쉽지 않았습니다. 이제 김만수 목사님의 헌신적인 노력의 결과로 만주를 비롯한 북한 지역 선교활동 과정을 접할 수 있게 된 것은 한국교회의 선교학을 발전시키는 데 공헌하게 될 것입니다. 초기 교회의 활동과 오늘의 한국교회 목회자들과 성도들에게는 영적 삶의 소중함을 일깨워주는 도구가 될 것입니다.

한경희 목사는 특수한 상황에서 복음을 받아드렸습니다. 청일전쟁으로 인한 나라의 혼란과 백성들의 배고픔으로 가득한 시절에 복음을 받아들였습니다. 복음을 받아들인 후 조직적이며 영감이 넘치는 영적지도자(정기정)를 만난 것이 그의 인생관, 세계관, 선교비전을 키울 수 있었습니다. 그의 열정적인 신앙과 훈련, 특이한 정치적 환경은 상처받은 민족의 가슴에 그리스도의 심장을 심으려는 헌신을 더욱 강화하도록 하는 계기가 되었습니다. 그의 삶의 핵심은 그리스도 안에서 나타난 하나님의 사랑입니다. 이 사랑이 원동력이 되어 우리 민족의 불행한 역사적 사건 가운데서도 하나님 나라의 회복과 완성을 위해 뛰어다니는 것이었습니다.

한경희 목사는 1907년 용천에서 영수로 피택된 이후 전도인으로서 교회설립과 동시에 사역을 하면서 1910년 평양신학교를 입학한 후 1914년 8월에 목사안수를 받아 일곱 개의 교회를 설립하였습니다. 교회사역과 학교를 설립하여 민중을 깨우고 생활을 향상시키면서 독립만세 운동을 하신 분이었습니다. 평생 복음을 위하여 그리고 하나님께 관계 회복을 조정하려는 교육자, 상담자, 목자로서의 면모를 지니고 있음을 보게 됩니다. 그는 일제의 침략에도 불구하고 여러 지역에 학교를 설립하면서 민중을 깨우는 일에 앞장섰습니다. 그리고 농민들의 근대화를 위해 농민공사와 기독교협진회를 조직하여 활동하기도 했습니다.

1928년도에는 동포들의 삶이 어려워지자 각 지방 지도자들이 모여 귀화한족동향회를 조직하여 간사장으로 봉사하는 동안 일제 경찰에 체포되어 신의주 감옥에 투옥되기도 했습니다. 한경희 목사는 국가와 민족, 하나님 나라 확장과 한 영혼의 구원을 위한 순회 전도사역으로 평생을 헌신한 분입니다.

한경희 목사에 대한 저의 지속적인 기억들을 새롭게 하는 것 중의 하나는 민족의 고난을 함께 한 사도적 정신을 가진 목사였다는 점입니다. 당시의 시대적 흐름에 편승하면 고통의 시간보다는 평화의 시간을 보낼 수 있음에도 불구하고 만주와 북한 지역에 흩어져 있는 한민족의 깨우침과 교육, 한 영혼에 대한 아픔을 같이 하기 위해 뛰어다닌 사도바울과 같은 자였습니다. 그는 만주 지역의 수많은 영혼들과 민족들의 아픔을 껴안고 순교한 목사입니다. 만주는 그에게 아주 중요한 곳이요, 그 사역의 시간은 중요한 순간이었습니다. 그리고 그곳은 하나님께서 내게 주신 사역지임을 믿고 순교적 삶을 살았습니다.

한경희 목사의 특징은 이러한 종류의 대단한 사역자이며 계몽가요, 교육자요, 목회자이며 개척자이면서 겸손을 소유한 자, 순교자였습니다. 그리고 그것이 오늘의 만주 지역에 하나님의 교회가 세워진 원동력이었습니다.

본서가 이 땅의 신학을 하는 이들에게 그리고 선교적 철학을 가지고 미선교 종족 사역자들에게 알려지고 읽혀지기 바랍니다. 그래서 21세기에 한국교회의 선교와 관련하여 선교의 이론과 실제에 관여하는 과정에 그들의 사고와 사역에 변화가 일어나길 원합니다. 특히 북방선교를 계획하거나 이미 사역에 진행중인 분들에게도 한국 선교 역사의 핵을 정립하는 일에 있어 큰 도전이 될 것을 확신합니다.

일러두기

1. 이 책에서 사용된 연대적인 순서와 구체적인 사실 중에서 주(註)를 달지 않은 내용은 《조선 예수교장로회 총회 제24회 회록》 부록 181-191쪽에 나오는 "고(故) 한경희 목사 약력(略 歷)"에 근거하였다. 이를 밝힐 경우 간단히 "약력"이라고 표기하였다. 이 "약력"은 한경희 목사님의 둘째 아들인 한순옥(韓淳玉) 선생께서 조선 예수교장로회 총회의 요청으로 쓰신 것이다. 한경희 목사님은 평소 자신이 순교하리라는 예감을 가지고 있었다고 전하며, 틈틈 이 자신에 관한 사실이나 사역을 메모해두는 습관이 있었다. 이 메모를 바탕으로 한순옥 선 생(후에 목사가 되심)께서 부친의 "약력"을 작성하신 것이다.

2. 당시 생일은 신자들까지도 일반적으로 음력(陰曆)을 사용했다. 그러나 신자들의 교회력은 선교사들의 영향으로 철저하게 양력을 사용한 것으로 생각된다. 그러므로 이 책에서는 음력 과 양력을 같이 사용하였다.

3. 한순옥 선생께서 쓰신 "약력"에서 나이도 그 당시의 일반적인 습관인 동양식(東洋式) 계산 법, 즉 태어나서 한 살, 해가 바뀌면서 한 살이 추가되는 식으로 된 것이다. 그러므로 만(滿) 나이와는 최대 두 살까지 차이가 날 수 있다. 이 책에서는 한순옥 선생이 쓰신 "약력"의 원 문(原文)과, 한경희 목사님의 기록을 존중하는 뜻에서 동양식 나이를 그대로 인용했다.

4. 이 책에서는 중심인물에게 특별한 예우를 나타내기 위해 '한경희 목사님'으로 표기하였다.

5. 침략적인 의미를 내포한 일본제국(日本帝國) 또는 일본(日本) 제국주의(帝國主義)의 약칭으로 '일제(日帝)', 긍정적인 또는 중립적인 입장으로 '일본(日本)'이라고 표기하였다.

6. 한자와 한글 음이 다른 경우에는 〔 〕로 표시했다.

7. 영문 참고 서적 및 기타 문서 이름은 이탤릭체로 표시하였다.

8. 당시 우리 동포들은 만주지방 지명의 한자음 혹은 한글음을 혼용하였다. 그와 같은 이유로 이 책에서 만주지방 지명의 한글음 혹은 한자음을 혼용 표기하였다.

9. 미국 선교사들의 서신 및 보고서는 다음에서 취득하였다.
Microfilm, United Presbyterian Church in the U.S.A. Commission on Ecumenical Mission and Relations. Secretaries Files: Korea Mission, 1903-1972.
Presbyterian Historical Society, Philadelphia, PA.

제2편
서간도의 지도자로

제3편

복음만을 위해서

제1편

복음을 받아들인 후

제1장
어린 시절

　한경희(韓敬禧) 목사님은 1881년 11월 5일(음력)[1] 조선 평안도(平安道)[2] 의주군(義州郡) 양광면(楊光面)[3] 송정리(松亭里)에서 태어나셨다. 아버지 한승주(韓承周)씨는 당시에 큰 부자였고, 세력을 가진 분이셨다. 어머니는 달성(達城) 서(徐)씨로서 참으로 자애로운 분이셨다. 한경희 목사님은 셋째 아들이셨고, 위로 두 분의 형들과 두 누나들이 계셨다. 한경희 목사님의 어린 시절은 가정이 풍족하여 여유 있는 생활을 하였다.

　그러나 당시 불합리한 정치적인 이유로 가정이 어려움을 당하게 되었다. 관리들의 학정(虐政)과 부당한 정치적인 압력으로 아버지 한승주씨는 재산을 빼앗게 되었다. 이로 인하여 집안이 점점 기울게 되었고, 결국 한경희 목사님이 5세 되던 때 온 가족이 같은 의주군에 속한 양서

---

1) 양력으로는 1881년 12월 25일.

2) 이조 말기 1896년 전국을 13도로 나눌 때 평안도는 비로소 청천강을 경계로 평안북도와 평안남도로 갈라지게 되었다. 평안북도의 도청소재지가 처음에는 영변(1896-1908년)이었고, 나중에는 의주(1908-1922년)와 신의주(1923년-)로 옮겨지게 되었다.

3) 양광면 혹은 양상면(楊上面)은 주위의 양하면(楊下面), 양서면(楊西面)과 같이 원래 의주부 소속이었으나 행정구역 개편으로 용천군 소속으로 변경되었다. 《한국 지리지총서읍지(地理志叢書邑誌) 14, 평안도1》(서울: 아세아문헌연구소, 1982) 489-490쪽, 같은 책《15, 평안도2》144쪽.

면(楊西面)으로 이사하여 농사를 지으며 살게 되었다. 그곳에서 2년간 살았는데, 그동안 아버지께서 병을 얻어 고생하게 되었을 뿐만 아니라, 수재(水災)로 인하여 논과 밭을 잃어버려서 가정의 형편이 이루 말할 수 없이 어렵게 되었다.[4]

결국, 이곳에서도 더 이상 살 수 없어, 한경희 목사님이 7세 되던 해 온 가족 7인이 용천군(龍川郡) 군내면(郡內面)[5] 성동리(城東里)로 이사하게 되었다. 다행히도 여기서 소년 한경희는 서당(書堂)에 입학하여 공부할 수 있는 기회를 가졌다. 그러나 같은 해 2월 6일 아버지 한승주씨가 돌아가셨고, 이로 인해 소년 한경희는 서당공부를 더 이상 할 수 없었다. 혼자되신 어머님과 아직 어린 두 형들과 누나들은 가정의 경제를 책임질 만한 형편이 되지 못했다. 아버지가 돌아가신 후에 가정 형편은 말할 수 없이 어려워지게 되었다. 가지고 있던 가구들을 하나 둘 팔아서 매일매일 생계를 유지하는 형편이 되었던 것이다.

한경희 소년이 8세 때에 남은 가족들은 다시 의주(義州) 성내(城內)로 이사하였다. 그곳에서 두 형들은 조그만 장사를 하였는데 하루 수입이 당시 돈으로 2-3전 정도 되었다. 그러한 가운데서도 누나가 결혼하게 되었다. 한경희 소년은 매형(姊兄)댁에 살면서 매형의 도움으로 의주읍에 있는 서당 동궁제(東宮齊)에 입학하여 1년간 한문(漢文)을 공부할 수 있는 좋은 기회를 가지게 되었다. 그러나 다음해에 매형이 갑작스럽게 돌아가셔서 이 공부할 수 있는 기회마저도 오래가지 못하였다.

---

4) 양서면은 압록강 하류에 접하여 용천평야의 북서쪽을 차지하며, 토지는 비옥하나 수리(水利)가 나빠서 십년일수(十年一收), 즉 10년 농사지어서 1년 수확한다는 말이 생길 정도였다. 그 후 관개(灌漑) 시설을 완성하여 쌀농사 지대로 조성되었다. 《한국민족문화대백과사전》 16권(서울: 한국정신문화연구원, 1991), 418쪽.

5) "약력"에 기록된 군내면(郡內面)은 읍동면(邑東面), 구읍면(舊邑面) 혹은 동상면(東上面)이라고도 불렸다. 권상로, 《한국지명연혁사전》(서울:이화문화출판사, 1994), 219-220쪽.

다시 두 형들과 같이 살게 되었고, 10세가 되던 때에는 장날이면 남의 집 쌀 1-2 말을 운반하여 주고 당시 돈으로 8-9푼[分]의 품삯을 받아 집안 살림에 보태어 써야 하는 어려운 환경이었다. 또한 소년 한경희는 어린 나이에도 불구하고, 이십 오리나 되는 먼 백마산(白馬山)에 가서 자루에 솔방울을 주어다가 난방 연료로 써야 할 정도로 어려웠다. 어머니가 삯바느질을 해야 겨우 생활을 이어 나갈 수가 있었다.

백성의 어려움과 몰락하는 조선

조선 사람들의 삶은 관리들의 부단한 감시 아래 있었다. 백성들은 언제든지 자신의 이름과 거주지가 적혀있는 호패(號牌)를 가지고 다녀야 했다. 만약 어떤 사람이 죄를 범했다고 혐의를 받게 되면, 약간의 구실만 있어도, 관리 앞에 끌려가게 된다. 관리들은 주로 게으르고, 부패했고, 무자비했다. 혐의를 받는 사람이 의심받고 있는 죄를 자백하지 않으면, 엉덩이가 갈기갈기 터지도록 곤장을 치거나, 팔을 뒤로 달아매고 패거나, 다리를 묶고 주리를 틀었다.[6]

미합중국장로교 해외선교부 총무 Arthur J. Brown

19세기 후반 조선 백성들은 어둠과 도탄(塗炭)에서 헤매고 있었다. 관리들의 부패와 삼정(三政)의 문란[7]으로 백성들의 불평은 극도에 도달했

---

6) Arthur J. Brown, One Hundred Years; Missions in Chosen(New York:Fleming H. Revell, 1936) Pp. 386-387.
조선 관리들의 무능함과 잔혹함은 19세기 후반 조선을 여행한 러시아 장교들에 의해서도 관찰되었다. 카르네프 외 4인 지음, A. 이르계바예브, 김정화 옮김,《러시아 장교 조선 여행기 내가 본 조선, 조선인》(서울:가야넷, 2003), 246-247, 268-272쪽.

7) 나라의 중요한 정사(政事)인 세 가지 즉, 군정(軍政) 전정(田政) 환곡(還穀)을 통해서 백성을 착취하였다.

다. 또한 양반계급의 부당한 세도(勢道)와 가렴주구(苛斂誅求)[8]로 인해 백성들의 삶은 참혹할 만큼 어려운 지경으로 빠져들게 되었다. 이로 인해 민심이 흉흉하여 백성들의 반란이 자주 일어나고, 가뭄과 홍수로 인한 흉년 때에는 수많은 백성들이 먹고 살기 위해 떠돌아다니지 않을 수 없었다.

이 때 국제정세는 조선 반도를 둘러싼 청(淸), 일본, 러시아 등 열강들이 서로 정치적 우위를 차지하려는 숨 막히는 갈등이 진행되고 있었다. 이러한 긴박한 국제정세에도 불구하고, 국내의 권력가들의 첨예한 정치적 대립도 깊어지고 있었는데, 이 결과로 폭발한 것이 고종 19년(1882)의 임오군란(壬午軍亂)과 고종 21년(1884)의 갑신정변(甲申政變)이었다. 한편 관리들의 부패(腐敗)는 이루 말할 수 없었고, 양반들의 부당한 가렴주구(苛斂誅求)는 결국 동학란이라는 민중봉기를 불가피하게 만들었다. 이러한 정국(政局)의 불안은 부당한 외세의 간섭과 침략의 기회를 더욱 가중시켰고, 조선 왕조의 몰락을 가져오는 빌미가 되었다.

청일전쟁으로 인한 나라와 백성들의 혼란

형들이 시작한 장사는 처음에 보잘 것 없었으나 점차 발전하였고, 소년 한경희도 형님들을 도우며 사업이 융성하게 되었다. 고진감래(苦盡甘來)[9]라는 말과 같이 어려운 가운데서도 건전한 인생관과 근면한 생활을 하는 소년 한경희와 형제들 및 가족들에게 길이 열리기 시작했던 것이다. 특히 한경희 소년이 12-14세 되던 때에는 의욕적인 삶을 살며 소망을 가지고 열심히 노력한 기간이었다. 위의 두 형들과 장사를 열심히 한

---

8) 가혹하게 세금을 징수하며 무리하게 재물을 빼앗음.

9) 고생이 끝나면 즐거움이 옴.

청일전쟁으로 파괴된 민가. 평양 교외 선교리(船橋里)에서 《사진으로 보는 한국백년 1876- 》(서울: 동아일보사, 1978), 94쪽

결과 집안 형편이 점점 나아졌고, 셋방에서 네 칸 기와집을 사들이는 정도가 되었다. 삼형제가 다른 사람들의 도움을 받지 않고 장사를 잘 했을 뿐만 아니라, 손님들에게 신용과 인심을 얻어서 사업이 기대 이상의 좋은 결과를 가져왔던 것이다.

　그러나, 이렇게 땀 흘려 얻은 행운은 오래 가지 않았다. 청일전쟁(淸日戰爭, 1894-1895년)으로 인해 그들이 장사를 하던 의주는 온통 전장(戰場)으로 변했다. 특히 전쟁에서 패하고 도망가는 청나라 군대의 약탈은 의주에서 그 절정에 달했다. 한경희 소년은 온 가족과 함께 사업과 가옥뿐만 아니라 모든 가구를 버리고 빈손으로 도망하지 않으면 안 되었다. 이로 인한 충격은 매우 컸다. 부모의 도움 없이 건전하고 의욕적인 삶을 살려고 발버둥치는 한경희 소년과 그의 형들에게 결정적인 좌절을 가져왔다. 온 식구들이 전쟁을 피해 산간(山間) 지방인 위원군(渭原郡) 남면(南面)으로 피난하여, 2년간을 그곳에서 농사하며 생활을 했다.

그러나 청일전쟁으로 인한 강토(疆土)의 피폐(疲弊)와 다른 여러 가지 어려움으로 농사는 제대로 되지 않았다.

청일전쟁은 일제(日帝)의 일방적 승리로 끝나고, 조선의 운명은 바람 앞의 등불과 같이 위태로워만 갔다. 당시 조정(朝廷)의 세력들은 누구나 나라를 위하는 듯했지만 자기 세력의 확장과 자기주장의 관철에 눈이 어두워 등 뒤에 있는 외국 세력에 의해 농락당하는 것을 몰랐다. 결국 조선 백성들의 복리를 위하기보다는 나라를 팔아먹는 결과를 가져왔다. 이러한 혼란 가운데 민비(閔妃)가 살해되는 비극이 일어나고(을미사변, 1895년), 단발령(斷髮令)[10]이 내려져 국론의 분열은 더욱 악화되어만 갔다. 이 때 진정 나라와 백성을 사랑하는 헌신적인 지도자들이 여기 저기 일어났지만 넘어져 가는 나라를 구하기에는 역부족이었다.

방탕했던 젊은 시절

밤이 깊고 낮이 가까웠으니 그러므로 우리가 어둠의 일을 벗고 빛의 갑옷을 입자 낮에와 같이 단정히 행하고 방탕하거나 술 취하지 말며 음란하거나 호색하지 말며 다투거나 시기하지 말고 오직 주 예수 그리스도로 옷 입고 정욕을 위하여 육신의 일을 도모하지 말라(롬 13:12-14)[11]

16세 되던 해 12월에 청년 한경희와 가족들은 의주군 양광면 구봉리 (鳩峰里)로 이사하여 농사를 지으며 살게 되었다. 청일전쟁 후 한경희 청년은 방탕한 생활을 하게 되었다. 이 곳에서 이웃의 불량 청년들과 어울

10) 1895년 10월 개편된 김홍집 내각은 11월 상투를 잘라버리는 단발령을 공포하였다. 단발로 인해 좋은 점도 있었지만 강요된 개화였고, 많은 유학자들의 완강한 반발을 불러왔다. 유학자 최익현은, "나의 목을 자를 수 있으나, 나의 두발(頭髮)은 자를 수 없다."라고 했다.

11) 본 책의 성경 인용은 달리 언급이 없는 한 대한성서공회 발행 개역개정판(1998년)을 사용하였다.

리게 되었고, 이들과 술 마시는 것과 기타 죄악된 생활로 허송세월을 보내다 보니 농사일도 잘 되지 않았다. 18세에 다시 새로운 각오로 장사를 시작하였다. 그러나 매일 방탕한 생활을 하며 죄악에서 헤어나지 못함으로 장사를 계속할 수 없는 처지가 되었다. 장사에 실패한 후 다시 환경을 바꿔보려고 용천읍내로 이사하여 살았으나 죄악된 생활을 버리지 못하였다. 청년 한경희의 방탕한 생활 때문인지, 형들도 장사를 실패하였다. 이 때 그들의 생활은 말할 수 없이 구차하여 거지 같은 생활을 하였다고 후에 한경희 목사님은 회고했다.

스무 살이 되던 봄에 용천군 읍동면(邑東面)[12) 미방리(美方里)로 이사하여 새로운 각오로 농사를 시작하였다. 또한 한경희 청년이 21세 되던 해에 신효정(申孝正)씨의 장녀 경원(敬元)과 결혼도 하게 되었다. 그러나 올바르지 못한 옛 생활을 버리지 못하였고, 24세까지 농사짓는 생활을 하며 한결같이 술 취하고, 잡기(雜技)에 빠져 밤을 세우곤 하였다. 홀로 계신 어머니와 두 형들의 권고도 듣지 않고, 더욱더 방탕(放蕩)한 생활을 했다. 후에 한경희 목사님은 그 당시 자신의 모습을, "자신의 신분을 지키는 일은 말할 것도 없이, 수치도 모르고 막 덤비는 그야말로 대낮에 날뛰는 악마와 같은 생활을 하며 살았다"라고 스스로 고백하였다.

하루는 이봉태(李鳳泰)[13)라는 기독교 신자가 냉면집에서 전도하는 것을 목격하였다. 그 전도자에게 기독교 신앙의 허구성(虛構性)을 지적하

---

12) 구읍면(舊邑面) 또는 동상면(東上面)이라고도 불린다.

13) "먼저 된 자로서 나중 될 자도 있느니라"라는 성경 말씀과 같이 한경희 목사님보다 4년 늦게 이봉태씨는 평북노회 추천으로 1914년 평양장로회 신학교에 입학하였다. 신학생 취교자(就校者)로서 평북노회에서 활동하였고, 1918년 의산(義山)노회 분립 시 해노회(該老會) 소속으로 일했다. 1920년에는 한경희 목사님이 시무하시는 삼원포교회에서 임시조사로 도와주기도 하였다. 1922년 12월 20일 평양신학교 제16회 졸업생이며, 의산노회 소속의 광평구역(廣平區域)에서 조사(助事)로 일하든 중, 1923년 2월 27일 해노회(該老會)에서 목사로 장립(將立) 받았다. 한국교회사학회편, 《조선예수교장로회사기 하권》(서울:연세대학교 출판부, 1968), 85-90, 261, 357-361쪽.

며 말로 반박하다 이기지 못하여 결국 그를 구타한 사건까지도 있었다. 또 한번은 신자인 이종(姨從) 사촌이 방문하였는데, 기독교를 믿는 일은 조상에게 불경(不敬)한 일이라고 하며, 냉정하게 만나는 것조차 거절하고 그를 당장에 돌려보낸 일까지도 있었다. 이와 같이 청년 한경희가 기독교 신앙을 받아드리기 전에는 그리스도를 만나기 전 바울 같이 신자들을 박해하는 일에도 열심이었다. 그뿐 아니라 그 행위가 악하여 다른 사람들은 물론이요 집안사람들조차도 심하게 비난하는 정도였다. 이 때 청년 한경희의 모습은 회개할 가능성이 조금도 보이지 않았고, 그야말로 소망 없는 사람이었다고 후에 스스로 고백할 정도였다.

한편 용천 동문외교회와 철산 학암교회에서는 전도 운동이 일어나고 있었다. 많은 신자들이 같은 마을의 이웃뿐만 아니라 다른 동네까지 다니면서 열심히 전도하고 있었다. 한경희 청년에게도 전도인들이 와서 예수 믿고 구원 받으라고 권고했지만, 그 때마다 한경희 청년은, "참 어리석은 사람들도 많다"라고 생각하곤 했다.

제2장

복음을 받아들인 후

너희가 전에는 어둠이더니 이제는 주 안에서 빛이라 빛의 자녀들처럼 행
하라 빛의 열매는 모든 착함과 의로움과 진실함에 있느니라(엡 5:8-9)

도저히 복음을 받아 드릴 것같이 보이지 않던 한경희 청년에게, 하루
는 동문외(東門外)교회 성도 송문정(宋文正)[1]이 전도하고 돌아가며《구세
론(救世論)》[2] 한 권을 주고 갔다. 한경희 청년은 이 책을 읽는 중 성령(聖
靈)의 놀라운 감화를 받아 예수를 믿기로 결심하였다. 1903년 10월 첫
주일에 예배당에 나가기를 시작하여 그 후 한 주일도 빠지지 않고 출석
하게 되었다. 또한 의미를 깊이 생각하며 성경을 읽고, 은밀히 기도하는

---

1) 송문정은 1910년 6월 평양신학교를 제3회로 졸업하고 1911년 9월 제5회 독노회에서 목사로 장립
을 받았다. 한석진, 《대한예수교장로회독노회록 예수교장로회조선노회 제5회 회록》(경성:야소교서회,
1912), 44쪽. 평북노회에서 봉사하며 1918년 토교(土橋)교회의 전임목사, 그 후에는 청정(淸亭), 운산
(雲山) 두 교회에 임시목사로 일하기도 했다. 한국교회사학회편, 《조선예수교장로회사기 하권》90, 97
쪽. 또한 1919년 3·1운동 당시 평북내의 오지인 창성, 삭주, 벽동 지역의 만세시위를 가능하도록 기
민한 활동을 폈다. 상해 임시정부의 국내 활동에도 적극적으로 가담하여, 자금조달, 연락업무를 감당하
는 한편, 의주 남구 교통국장으로 활약한 바가 있다. 독립운동사편찬위원회, 《독립운동사 제2권 3·1
운동사(상)》(서울:고려서림, 1983), 467-471쪽.

시간을 갖기 시작하였다. 성경 말씀을 읽는 중 마음에 밝은 빛이 비치듯 예수 그리스도를 알게 되었고, 그리스도에게 나타난 하나님의 영광을 깨닫게 되었다. 은밀한 기도를 통해서 지혜와 계시의 영을 받게 되어 하나님을 더욱더 깊이 아는 경험을 하게 되었다.

성령(聖靈)의 힘 있는 빛이 마음속에까지 비치게 되자 지금까지 방탕한 생활로 깊이 물들었던 죄악을 깨닫게 되었고, 이러한 죄를 고백하며 뉘우쳐 회개하기 시작하였다. 믿음이 자라며 새로운 신앙생활을 하게 되자 점차 같이 어울려 죄악을 범하던 친구들을 멀리하게 되었다. 이리가 양으로 변한 것같이 언어와 행동이 단정하게 되었고, 새로운 삶의 모습이 나타나므로 중생(重生)한 표시가 나타나게 되었다. 집안일과 농사일에도 성실하게 되었고 그 결과 가정의 경제생활도 나아지는 좋은 변화가 나타났다.

이제 진실한 신자가 된 한경희 청년은 복음을 전하는 일을 중요한 일로 알게 되었다. 먼저 겸손한 마음으로 가족과 친척을 전도하기 시작했다. 그리고 같은 마을의 이웃들과 아직도 죄악에서 헤매는 친구들에게도 열심히 전도하는 기회를 가졌다. 이로 인해 점차 핍박이 일어나기 시작하였다. 집안에서 회의를 열어 청년 한경희를 잡아다가 꿇어 앉혔다. 기독교를 양학(洋學)이라고 규정하며, 신앙생활을 계속하면 인륜에 어그러진 일이므로 가문(家門)에서 축출하겠다고 위협했다. 위로 두 형들의 위협은 더욱 심하였다. 둘째형은 문안에 들어오지도 못하게 하였고, 큰형인 한찬희(韓燦禧)3)씨도 기회만 있으면 심한 시험과 핍박을 주었다.

2)《구세론(救世論)》(Discourse on Salvation)은 선교사 마포삼열(馬布三悅, Samuel A. Moffett) 목사와 전도인 최명오(崔明悟)의 공저이며 1895년에 간행된 기독교 교리서이다. 예수교성교서회에서 간행하였고 체제는 국판 당지(唐紙) 33매로 되어 있었다. 내용은 구약시대 율법과 신약시대 은혜를 비교한 것으로 목회자들에게 인기가 높아서 2만 부 이상이 판매되었다.《기독교대백과사전2》(서울:기독교문사, 1980), 245쪽.

그러나 그리스도를 알게 된 후 그리스도를 따르는 것만이 진정한 살길이라는 사실을 확신하게 되었다. 그러므로 한경희 청년은 이러한 박해에도 불구하고 더욱 열심히 기도하며, 전심(專心)으로 성경을 공부하였고, 전도하는 데 열중하게 되었다.

얼마 가지 않아서 청년 한경희의 변화된 삶과 진실한 믿음을 보고 주위의 사람들이 감동하기 시작하였다. 먼저 두 형들과 어머니 그리고 형수들과, 가문에서 축출하겠다고 위협하던 친척 중 십여 인이 믿게 되었다. 그 외에도 죄로 깊이 물든 생활을 하던 친구들과 같은 동네의 이웃에 사는 15-16인이 예수를 믿게 되었다. 그리하여 이들을 중심으로 새로운 예배 처소(處所)를 마을에 신설하는 감격적인 성령의 열매를 맺게 되었다. 청년 한경희는 친척(親戚)들과 마을의 이웃들이 어두움에서 벗어나 진리의 길을 가도록 허락하신 주님의 은혜에 크게 감격하고 복음 전파의 중요성을 깊이 깨닫는 기회가 되었다.

정기정과 청년 한경희

청년 한경희는 과거의 허무와 절망 그리고 죄악에서 벗어나게 되었다. 광명한 빛이 어두움을 비추듯 예수 그리스도의 진리의 말씀이 어둡던 마음을 환하게 밝혀주었다. "어두운 데에 빛이 비치라 말씀하셨던 그 하나님께서 예수 그리스도의 얼굴에 있는 하나님의 영광을 아는 빛을 우리 마음에 비추셨느니라"(고후 4:6)라는 성경말씀과 같이, 예수 그리스도를 구세주로 알게 되었고 어두웠던 과거에서 벗어나 밝고 환한

---

3) 큰형 한찬희씨는 후에 동생 한경희 목사님을 도와서 용천군 남시교회와 서간도 삼원포교회를 봉사하고 장로가 되었으며 후에 요령성(遼寧省) 안동(安東)으로 이사하였다. 한경희 목사님이 1929년부터 약 3년간 신의주 감옥에 수감되어 있을 때 평안북도 용천군(龍川郡) 용암포(龍巖浦)에서 여관을 경영하며, 한경희 목사님의 가족들을 돌보았다.

진리의 길을 분명히 발견하게 된 것이다. 진리의 길이며 영원한 소망인 예수 그리스도를 발견한 청년 한경희는 이제 더 이상 머뭇거릴 필요가 없었다. 오로지 앞을 향하여 달음질 할 일만 남았었다. 1904년 6월 22일 청년 한경희가 25세 되던 해 당시 출석하던 용천군(龍川郡) 동문외(東門外)교회[4]에서 부부가 동시에 학습(學習)을 받게 되었다. 이때 학습을 받도록 지도한 분은 정기정(鄭基定) 조사(助師)였다. 이 당시 정기정 조사는 평안북도 선천(宣川) 이서(以西) 지방의 각 교회를 담당하는 유능한 교회지도자였다. 하나님께서는 청년 한경희에게 그 시대, 그 지방에서 전도와 성경말씀 공부에 가장 열심 있는 교회지도자 중 한 분을 만나게 하신 것이다.

정기정(鄭基定) 조사는 바나바와 같이 친절하고 믿음과 성령이 충만한 사람이었고, 바울을 찾으러 다소에 내려가 그와 같이 안디옥교회를 섬겼던 것같이 청년 한경희를 신앙적으로 지도하면서 그와 함께 동문외교회를 봉사하였다. 정기정 조사는 엘리사를 후계 지도자로 키운 엘리야와도 같은 분이었다. 청년 한경희를 학습세운 후 동문외교회의 사찰과 권찰로서 일하도록 지도하였다. 청년 한경희는 여러 가지 어려운 일들이 있었지만 교회의 일이라면 어떤 일이라도 기쁜 마음으로 성심 성의껏 맡아서 했다. 정기정 조사와 같은 신앙의 선배를 본받아 모든 일을 주(主)를 위해 하듯 성실하게 봉사했다.

이렇게 정성을 다하여 맡은 일을 잘 감당하자 같은 해 11월에는 청년

---

4) 동문외(東文外) 예배당은 용천군에서 가장 먼저 설립된 교회로서, 신창(新倉)교회와 더불어 1898년에 설립되었다. 먼저 이 지방 출신 신경천(申敬天), 경인(敬麟) 형제가 복음을 받아드리고 철산(鐵山) 학암교회(鶴岩教會)에 출석하다가, 문윤국(文潤國), 이윤종(李允宗), 이윤옥(李允玉), 송준홍(宋準弘), 송문정(宋文正), 차학연(車學淵) 등이 예수를 믿게 되어 서로 힘을 합쳐서 가정집을 사서 교회를 설립하였다. 이윤옥이 동문외교회 초대 조사로 일했다. 차재명, 《조선예수교장로회사기(1928년간)》(경성:신문내교회당, 1928), 50쪽.

한경희를 동문외교회 서리(署理)집사로서 임명하였다. 서리집사로 임명을 받은 청년 한경희는 더욱 열심히 교회를 위해서 봉사했다. 교회를 위한 봉사뿐만 아니라, 당시에 어떤 사경회(查經會)든 갈만한 거리에 있는 교회에서 개최되면 빠지지 않고 참석하는 열심을 보였다.

또한 정기정 조사가 가는 곳이면 어디든지 따라다니며, 그의 전도에 대한 열정과 넓고도 깊은 성경 지식을 열심히 배웠다. 정기정 조사는 선천(宣川) 이서(以西) 지방에서 뿐만 아니라, 온 평안북도에서 그의 복음에 대한 열정과 효과적인 전도로 이미 잘 알려진 교회지도자였다. 참으로 청년 한경희가 정기정 조사를 만나게 된 것은 하나님의 섭리(攝理) 가운데 이루어진 일이었다.

철산, 용천지역 교회 발전과 '유명한 신자' 정기정

정기정 조사는 1875년 10월 2일 평안도 철산군 서림면(西林面) 석천동(石泉洞)에서 태어났다. 그는 철산 출신의 최초의 목사로 알려져 있다. 본래 철산 농가(農家)의 유생(儒生)으로서, 어려서부터 한학(漢學)을 배우고 연구하여 유서(儒書)와 술서(術書)를 깊이 이해하는 사람이었다. 그 지역에서 한학자로서 당시에 이름이 높았다. 어느 여름날 번개 치는 속에서 자신을 부르는 영음(靈音)을 듣고 기독교를 믿기 시작하였다고 한다.

한번 기독교 복음을 듣고 믿음이 생기게 되자, 의주(義州)의 김준건(金俊健), 김관근(金灌根)을 찾아가서 기독교의 교리를 자세히 듣고 배웠다. 돌아와서 성경을 전심(專心)으로 연구하여 그 진리를 알게 되자, 가지고 있던 술서를 불태울 뿐 아니라, 과거의 모든 습관을 끊고, 성경공부와 기도에 모든 힘을 다해서 정성을 쏟았다. 또한 100여 리나 되는 김관근

이 조사로 시무하는 의주서(義州西)교회[5]에 출석하며 신앙생활을 시작
하였다. 또한 전도에도 열심이어서 유상돈(劉尙惇), 유상엽(劉尙燁), 이현
석(李顯錫), 이봉조(李鳳朝), 정경학(鄭敬學) 등을 전도하여 정경학의 집에
서 예배와 말씀공부로 모이기 시작했다. 이 모임이 발전하여, 양전백(梁
甸伯) 조사와 선교사 배위량(裵緯良, William M. Baird), 위대모(魏大模,
Norman C. Whittermore) 목사의 도움으로 1897년 학암교회(鶴岩敎會)를
설립하게 되었다. 이와 동시 정기정은 학암교회의 초대 안수집사로 선
출되었다.[6]

선교사 위대모 목사는 1896년 10월 20일에 조선에 도착하였는데,
곧 선천에 새로운 선교기지를 열 것을 기대하며 평안북도로 배치를 받
았다. 이듬해 2월, 아직 조선말을 하지 못하기 때문에 선교사 배위량 목
사와 같이 평안북도를 여행하였다.[7] 배위량 목사는 이 여행 중에 정기
적으로 예배를 드리는 10곳을 방문했는데, 그중 네 곳은 교회로 설립될
준비가 되었다는 기록을 남기고 있다[8] 이러한 기록들을 볼 때 학암교
회의 설립은 이 두 선교사들의 평안북도 첫 여행기간 중에 즉, 1897년
봄에 이루어진 것으로 보인다.

정기정 조사는 학암교회 설립에 중요한 역할을 했다. 선교사 배위량

---

5) 처음에는 의주읍교회라 불렸으며, 최초의 신자 중의 하나인 백홍준이 1886년 설립하였고, 초대 조
사로 시무했다. 김관근은 백홍준의 사위였다. 위의 책 9-12, 21쪽.

6) 위의 책, 42, 60쪽. 학암교회의 소재는 설립 당시 정혜면(丁惠面) 학암동으로 사료된다. 정혜면은
1934년 행정구역 개편 시에 부서면(扶西面)으로 편입되었다.《한국지리지총서읍지 14 평안도1》57쪽:
《한국민족문화대백과사전 22권》32쪽.

7) Harry A. Rhodes, *History of the Korea Mission Presbyterian Church USA Vol. 1 1884-
1934*(Seoul:Chosen Mission, Presbyterian Church USA, 1934), Pp. 199, 646-647.
차재명,《조선예수교장로회사기》(1928년간), 40쪽.
배위량 선교사의 기록은 이 시기를 1897년 3-5월로 말하고 있다. Richard H. Baird, *William
Martin Baird of Korea, A Profile*(Oakland, CA:1968). Pp. 63-65.

8) 차재명,《조선예수교장로회사기(1928년간)》64쪽.

목사는 1896년까지 부산, 대구기지 소속이었고, 그 후에야 평양기지 소속으로 바뀌었다는 사실과, 위대모 선교사도 평안북도를 처음으로 여행하고 있었다는 것과 또한 양전백 조사는 평북 내의 다른 여러 교회를 돌보고 있었다. 이러한 당시 여건을 감안 할 때, 학암교회 설립에 정기정 집사의 지도자로서 활약의 범위와 역할을 가히 짐작할 수 있다.

학암교회는 그 후 장족(長足)의 발전을 하게 되었고 공의회(公議會, 1893-1906년)[9]와 독노회(獨老會, 1907-1911년)[10] 시대 동안, 철산군(鐵山郡) 내의 월안(月安), 입석(立石), 차련관(車輦舘), 선사(宣沙), 화탄(化炭) 교회의 설립뿐만 아니라, 용천군(龍川郡) 내의 동문외(東門外), 서석(西石), 구봉(鳩峯)교회와 정주읍교회 등의 설립에 직접 영향을 미치는 전도의 사명을 다하는 모범적인 교회가 되었다.[11] 이와 같이 정기정 집사가 섬기던 학암교회는 철산, 용천군 뿐만 아니라 그 후 국내외의 많은 교회 설립에 영향을 미쳤다. 학암교회의 영향을 받은 교회 중에서 용천군 동문외교회는 정기정 집사의 계속적인 지도를 받은 교회로서 이 시기에 용천군에서 가장 모범적인 교회 중의 하나로 발전을 하였다. 정기정 집사의 신앙의 영향을 받은 동문외교회는 공의회와 독노회 시기 만해도 덕흥(德興), 대성(大成), 구읍(舊邑), 학령(鶴嶺), 용유(龍遊), 당령(堂嶺), 신도(薪島)교회의 설립에 직접적인 기여를 한 역동적인 교회가 되었다.[12]

(초기 철산, 용천군 내의 교회 설립 과정 지도 참조, 46쪽)

정기정 집사는 전도에 남다른 열심을 보였는데, 1898년 양전백, 김

9) 교회의 치리기관으로 선교사들로 구성된 선교사공의회(1893-1900년)와 선교사와 조선인 지도자들로 구성된 합동공의회(1901-1906년) 시대로 나뉘어 진다.

10) 1907년 독립적인 대한예수교장로회노회를 조직하고 7인의 조선 목사를 안수했다. 이어서 1912년 총회가 결성되었다.

11) 위의 책, 50, 58, 68, 97, 131, 155, 156, 199쪽.

12) 위의 책, 50, 63, 130, 155, 205, 206쪽.

초기 철산, 용천군 내의 교회 설립 과정(1897-1911)

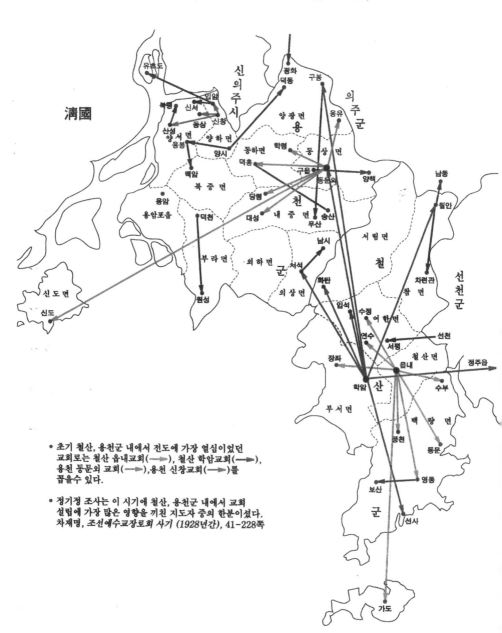

- 초기 철산, 용천군 내에서 전도에 가장 열심이었던
  교회로는 철산 읍내교회(───▶), 철산 학암교회(───▶),
  용천 동문외 교회(───▶), 용천 신창교회(───▶)를
  꼽을수 있다.

- 정기정 조사는 이 시기에 철산, 용천군 내에서 교회
  설립에 가장 많은 영향을 끼친 지도자 중의 한분이셨다.
  차재명, *조선예수교장로회 사기* (1928년간), 41-228쪽

관근 조사와 선교사 위대모 목사를 도와 평안북도 의주, 용천, 선천, 강계, 곽산, 정주, 가산, 박천, 구성, 태천, 희천, 창성을 순회 전도하며 교회 설립을 위해 헌신하였다. 1899년 평북의 각 교회가 발전 일로(一路)에 있게 되자, 교회의 제직원(諸職員)들이 모여서 정기정 집사를 평안북도 각 교회의 순회 조사로 선정하여 시무하게 하였다. 이런 사실은 그가 얼마나 교회 섬김에 있어서 열심이었으며 얼마나 효과적으로 교회 일을 수행했나를 말해준다. 초대 교회 기록은 "그가 주의 도를 듣고, 믿고 따르며 과거의 습관을 철저히 끊고 성서를 성실히 연구하여 '유명한 신자'가 되어 집사의 직무를 다하고 조사로서 직임(職任)을 맡게 되었다"고 밝히고 있다.[13] 이는 그의 신앙과 인격이 얼마나 지역 교회 발전에 영향을 미쳤나를 말해준다. 이러한 사실로 비추어 볼 때, "바나바는 착한 사람이요 성령과 믿음이 충만한 사람이라 이에 큰 무리가 주께 더하여지더라"(행 11:24)는 사도행전의 말씀이 정기정 조사에게 적용될 만하다.

조직적인 전도자 정기정 조사와 평북전도회

1900년 봄에 선교사 이길함(Graham Lee) 목사를 강사로 한 평북도사경회(平北都査經會)[14]가 선천읍 교회에서 모였다. 이 때 정기정 조사는 김원유(金元瑜), 김경현(金景鉉), 안준(安濬) 및 양전백(梁甸伯) 조사와 더불어 평북전도회(傳道會) 조직을 발기(發起)하여 회원을 모집하는 등 조직적인 전도사업을 펼쳤다. 이 때 이 모임을《조선예수교장로회사기》(1928년간)는 "조선교회의 전도(회)의 효시(嚆矢)"라고 기록하고 있다.[15]

엄밀한 의미에서 전도회의 효시(嚆矢)는 1898년 봄 평양 장대현(章臺

---

13) 위의 책, 60쪽.

14) 평북 연합사경회

峴)교회의 전신인 널다리〔판동, 板洞〕교회의 여성도들, 이신행(李信行), 신반석(申磐石), 박관선(朴寬善), 김성신(金聖信) 등이 시작한 여전도회라고 할 수 있다.[16] 그러나 이러한《조선예수교장로회사기》(1928년간)의 기록의 진정한 의미는 전도열에 불타서 정기정 조사와 뜻을 같이한 몇 명의 교회 지도자들이 합심하여 시작한 평북전도회는 조직과 활약 면에서 새롭고도 독특한 다른 면이 있었다는 것이다. 조직적인 면에서 회원들을 모집함으로써 능동적인 회원을 중심으로 평북전도회를 구성하였다. 능동적인 회원으로 전도회를 구성함으로 인해 온 파급 효과가 과거에 없던 눈부신 결과를 가져왔기 때문에, "조선교회의 전도회로서 효시"를 이룬다는 의미로 생각할 수 있다.

평북전도회의 특이한 점은 회원을 모집함으로써 많은 신자들에게 전도의 사명을 일깨웠을 뿐 아니라 적극적인 전도활동에 참가의 기회를 마련하여 주었다는데 있다고 할 것이다. 이로 인해서 온 파급 효과를 감안할 때 평북전도회가 조선교회의 전도회의 효시라는 것은 적절한 역사적 평가로 생각된다.

이전에는 사실상 전도는 주로 선교사들의 열심과 그들이 고용한 매서인(賣書人)들이 주로 담당하였다.[17] 그러나 평북전도회는 적극적으로 전도회원을 모집함으로 해서 평북 각 교회의 전도열을 고취시켰을 뿐만 아니라, 조선 전체 교회에 전도열을 파급시킨 결과를 가져왔다고 할 수 있다.

사실상 1900년 평북전도회가 시작된 후, 평북 각 교회는 남녀 전도

---

15) 위의 책, 74-75쪽.
Harry A. Rhodes, *History of the Korea Mission Presbyterian Church USA Vol. 1 1884-1934*, P. 228.

16) 차재명,《조선예수교장로회사기》(1928년간), 74쪽.

17) 위의 책, 13-14쪽.

회를 조직하고 전도인을 파견하는 역동적인 교회로 변모하기 시작했다. 구체적인 사실로는 1903년 의주군 남산교회에서 전도인 백용석(白用錫)을 인근 각 동에 파견하였고, 1904년 의주읍교회와 상단(上端)교회가 합작하여 안승원(安承源)을 부근 각 마을에 파견하여 많은 전도효과를 얻었다. 같은 해 초산읍 교회는 여전도회를 창립하고, 전도인 이용빈(李龍彬)을 도원면(桃源面)에 파견하여 여러 교회를 설립하는 결실이 있자 남전도회도 조직되는 결과를 가져왔다. 같은 해 강계읍교회에서도 남, 여전도회를 창립하여 인근 군(郡)인 장진(長津), 후창(厚昌)으로 전도인을 파견하여 여러 교회를 세웠다. 이러한 전도회 조직의 열풍은 같은 해 황해도의 황주읍교회에서 여전도회가 조직되고, 1905년 평안남도 대동군(大同郡) 무진(戊辰)교회에서 여전도회를 창립하는 결실을 가져왔다.[18)]

관서(關西)지방의 교회 성장이 다른 지방과 비교해서 신속한 발전을 한 것은 잘 알려진 사실이다. 이를 좀더 자세히 살펴보면 관서 지방 중에서도 좀 다른 양상의 교회 성장을 볼 수 있다. 평안북도에서의 교회의 성장은 처음에 평안남도에 비해 뒤진 양상을 보였다. 북장로회 1898년 선교보고에 의하면 평안남도에는 48개 처의 자립교회, 480명의 세례교인과 총 교인수 2,116명에 이르렀다. 한편 평안북도는 같은 해 12개 처의 자립교회, 49명의 세례교인과 총 교인은 307명에 불과했다. 그러나 1900년부터 평안북도에서 급속한 교회성장을 보였고, 1920년경부터 세례교인의 숫자에 있어서 가장 세례교인이 많은 평안남도를 앞서기 시작하여 30년대 말에 이르러서는 평안남도는 2만 6천에 미치지 못하였으나, 평안북도는 3만 4천에 이르렀다.[19)] 이와 같은 평안북도 교회의

18) 위의 책, 172쪽.

19) Shearer, Roy E., *Wild Fire:Church Growth in Korea*,《한국교회성장사》이승익 역 (서울:대한기독교서회, 1975), 130-137쪽.

괄목할 만한 교회 성장은 정기정 조사를 위시하여 수명의 지도자들이 시작한 평북전도회의 효과적인 전도활동이 중요한 원인으로 보인다.

평안북도 각 교회의 조직적 전도 열기와 정기정 조사의 영향력은 그후, 막 복음의 진리를 발견한 한경희 조사의 마음에도 전도의 불을 지폈다. 평안북도 내의 이러한 전도 열풍에 힘입어 1908년 7월 용천군 도제직회(都諸職會)[20]는 한경희 조사를 택하여 신도(薪島)에 파견하였고, 괄목할 만한 전도의 열매를 맺게 되어서 신도교회를 설립하게 되었다. 이듬해 평북 대리회 전도부는 삭주(朔州), 창성(昌城)에 김상륜(金尚倫)을, 한경희 조사를 남만(南滿)에 파송하였다. 한경희 조사는 먼 거리를 걸어서 여행하며, 집안현(輯安縣), 회인현(懷仁縣)[21], 유하현(柳河縣)과 통화현(通化縣)을 거쳐서 전도하며, 홀루투〔葫蘆套, 호로투〕, 자피구〔夾彼溝, 협피구〕교회를 설립함으로써, 외지 전도에 대한 실제적인 경험을 갖게 되었다. 한경희 조사에게는 이 기회가 특히 외지 전도에 대한 열정으로 온 생애를 불태우는데 결정적인 계기가 되었다.

이와 같이 평북전도회의 시작은 평안북도 및 조선 국내 각 지방뿐 만 아니라, 그 후 만주, 중국으로 이어지는 조선교회의 전도의 불꽃을 지폈다고 할 수 있다. 그 후 평북전도회는 관서 지방 전체, 즉 평북, 평남, 황해도가 연합하여 관서(關西) 전도회(傳道會)라 칭하다가, 1907년 독노회 창립 시 다시 각 대리회(代理會)의 전도회로 나누어지게 되었다.[22]

정기정 조사의 전도에 대한 관심과 열성의 특이한 점은 개인적인 열심을 넘어서 조직적이고, 다른 사람에게 영향을 주는 역동적인 관심과 열심이었다. 이러한 정기정 조사의 효과적인 전도에 대한 관심과 열심

20) 용천군 내의 제직들의 연합모임.
21) 1914년 환인현(桓仁縣)으로 개칭되었다.
22) 차재명,《조선예수교장로회사기》(1928년간), 74-75.

은 청년 한경희에게 직접적인 영향을 미쳤을 것으로 생각된다. 1907년 9월 17일 조선장로회가 독노회로 창립되고 일곱 사람의 초대 목사 장립예배 때 전도에 남다른 열심과 역량을 보였던 당시 신학생 정기정 장로의 기도로 시작한 일은 우연의 일만은 아니었을 것이다.[23]

이러한 평북전도회의 창립과 그로 인한 전도에 대한 열기는 의료선교사 사락수(謝樂秀, Alfred M. Sharrocks, MD) 박사 부부, 선교사 배귀례(裵貴禮, Margaret Best) 양, 선교사 위대모(魏大模, Norman C. Whittemore) 목사 부부가 1901년 10월에 선천에 선교기지를 공식적으로 열고 그들이 자리 잡는데 영향을 미친 것으로 사료된다.[24]

평북 교회는 더욱 효과적인 전도와 교회 성장을 위해, 1902년 세 사람의 조사를 세워, 세 구역으로 나누어 활동하게 하였다. 이 때 정기정 조사는 선천 이서(以西) 지방, 주로 철산 용천군을 담당하고, 선천 이동(以東)은 양전백(梁甸伯) 조사, 구성(龜城) 이북(以北)은 한득룡(韓得龍) 조사로 하여금 각 교회를 시무하게 하였다.

정기정 조사는 이 때 자신의 구역 내의 여러 곳의 예배당 증축과 교회 설립 및 발전에 많은 공헌을 하였다. 그중 철산군(鐵山郡) 월안(月安)교회와 학암(鶴岩)교회, 용천군(龍川郡) 서석(西石)교회와 신창(新倉)교회는 정기정 조사의 전도에 대한 열심을 본받은 듯 남다른 발전을 하였으며 이에 부응하여 예배당을 증축 한 것으로 기록되어 있다.[25] 철산군 월안(月安)교회[26]는 1904년 정기정 조사를 장로로 장립하여 조직 교회로서 면모를 갖추게 되었다.[27]

---

23) 한석진, 《대한예수교장로회독노회록 제1회 회록》 9쪽.

24) Harry A. Rhodes, *History of the Korea Mission Presbyterian Church. USA Vol. 1, 1884-1934.* P. 199.

25) 차재명, 《조선예수교장로회사기》(1928년간), 98쪽.

정기정 조사의 구역인 철산, 용천지방에서 교회의 발전을 1908년 평
북 지역에 부임한 선교사 노해리(魯解理, Harry A. Rhodes) 목사는 다음과
같이 증언하고 있다.[28] "철산군 한 곳에서는 20개 교회의 종소리를 들
을 수 있었다. 또한 우리는 1908년 용천군 양시교회 가까이 있는 한 언
덕에 서 있었다. 같이 있던 선교사 방혜법(邦惠法, Herbert E. Blair) 목사
는 주위를 가리키면서 이 언덕에서 24개의 교회와 예배처를 우리가 볼
수 있다고 말했다."

이 시기에 정기정 조사의 구역인 용천, 철산지역을 담당한 선교사는
노세영(盧世永, Cyril Ross) 목사였다. 노세영 목사 부부는 1897년 10월
11일에 조선에 도착했다. 그의 부인(Susan Shank, MD)은 의사였으며,
노세영 선교사 부부는 처음 부산지역에서 선교활동을 하다가 대구지방
을 거쳐서 1902년 선천기지 소속으로 평안북도 지역의 교회 설립과 발
전을 주도했다. 주로 용천, 철산지역의 교회들을 담당하였고, 교회 소속
의 학교들을 많이 후원하여 교장으로 일했는데, 한때는 용천, 철산 지역
의 27개 학교의 교장으로서 재임하기도 했다.[29] 1912년 8월 제2회 평
북노회가 의주읍교회에서 모였을 때 노회장으로 선출되기도 했다. 또한

---

26) 일명 이안(移安) 혹은 이안이교회라고도 하였다. 《대한예수교장로회독노회록 제1회 회록》 5쪽.
《제2회 회록》 2쪽. 《제4회 회록》 20쪽.
차재명, 《조선예수교장로회사기》(1928년간), 130, 201쪽.

27) 위의 책, 42, 60, 74, 98, 130쪽.

28) Harry A. Rhodes, *History of the Korea Mission Presbyterian Church USA Vol. 1 1884-
1934*, P. 205.
1908년 당시까지 설립되었다고 노회에 기록된 교회의 수가 용천군 내에 스물 미만인 것으로 되어 있
다. 그러나 방혜법 목사의 말, "이 언덕에서 24개의 교회와 예배처를 볼 수 있다."를 생각하면 노회에
보고되지 않은 용천군 내의 예배처소는 더 있었을 것으로 사료된다. 《기독교대백과사전 12권》 203-
204쪽.

29) 《한국학자료총서 제14집 조선재류구미인조사록(朝鮮在留歐美人調査錄) 1907-1942》(서울:영신 아카
데미 한국학연구소, 1981), 226-229쪽.

성서개역 위원으로도 참여하여 1937년에 완성된 성서개역 작업에 많은 업적을 남겼다. 한편 그의 부인은 선천 선교기지 병원에서 서양 의술을 소개하였고 여성교육에 앞장섰다.[30]

정기정 조사가 담당한 구역 중 특히 용천지역의 교회들이 남다른 부흥을 하게 된 이유는 다른 지역에서 찾아보기 힘든 전도에 대한 열의라고 할 수 있다. 1910년 용천군에서 만 한 달에 500명의 새 결신자가 보고 되기도 했다.[31] 용천지역 교회들은 평북의 각 지역뿐 아니라, 중국 만주지방에까지 전도사업을 확장했다. 앞서 언급한 한경희 조사의 신도(薪島) 파송 외에도(1909년 서간도 파송은 평북노회), 1910년 용천군 내의 각 교회는 용천 전도회를 조직하여 백봉수(白奉守)를 인근 창성(昌城)군에 파견 전도하게 하였고, 1915년에는 차형준(車亨駿)을 만주 안동현(安東縣), 봉성현(鳳城縣)에 파견하여 전도하게 하였고, 같은 해 용천 여전도회는 황용호(黃龍浩)를 박천에, 강태직을 가산에 파송 전도하게 하였다. 또한 백윤홍을 구성에, 강윤직을 용천 각 지역에 전도인으로 파송하였다. 이러한 전도 사업들이 계속되었을 뿐 아니라, 1921년에는 용천 전도회는 홍태주(洪泰周)를 만주 안봉(安奉) 지방에, 1935년에는 대련(大連)과 영구(營口) 지방에 전도목사를 파견하는 큰일을 하였다.

이러한 괄목할 만한 교회 발전에 힘입어 1927년 평북노회는 용천군 내의 교회들만으로 한 개의 노회를 형성할 수 있다는 데 인식을 같이하고 분립을 결의하였다. 1929년에는 용천군의 각 면 동리마다 예배처소가 형성되고, 34개 교회가 설립되었다. 같은 해 총회에 노회 분립을 청원하고 10월 17일 양시 교회에서 제1회 용천노회가 열렸다. 이는 조선

---

30) 《기독교대백과사전 제5권》 255-256쪽.

31) Harry A. Rhodes, *History of the Korea Mission Presbyterian Church USA Vol. 1 1884-1934*, Pp. 208.

차련관교회는 정기정의
전도로 한석조, 정석기,
최응선, 김신격 등이 믿기
시작하여 1905년 설립하
였고, 말년에 정기정 목사
가 시무하였다

장로교회 역사상 1군 1개 노회의 최초의 예가 되었다. 용천노회의 적극
적인 지원을 받은 남만의 영구(營口) 지방도 1941년에 영구노회를 신설
분립하는 성과를 거두었다.[32] 이러한 사실이 뒷받침하듯 용천지방 교회
의 전도 열기는 전파되었고, 이러한 철산, 용천지방의 전도의 열기를 고
취시킨 인물 중 '유명한 신자' 정기정 조사를 빼놓을 수가 없다. 엘리사
가 엘리야의 영력을 갑절이나 받기를 소원하여 스승의 영력을 계승한
것처럼, 정기정 조사의 전도에 대한 열정은 젊은 한경희 집사에게 자연
스럽게 전파되었던 것이다.

　정기정 조사는 육영사업에도 뜻을 두어 차련관교회 내에 성진(聖進)학
교를 설립하고, 1908년에는 화탄(化炭)교회를 시무하며 교회 내에 삼성
(三成)학교를 설립하였고, 학암교회 내에는 1909년에 상지(尙志)학교를

---

32) 이러한 용천노회의 전도에 대한 열기는 1952년 남한에서 용천노회가 조직되는 것으로 이어졌다.
　1983년 8월 교회 66개처, 목사 49명, 전도사 17명으로 발전하는 유래가 드문 노회가 되었다. 《기독교
　대백과사전 제12권》 203-206쪽.

설립하여 주로 교인들의 자녀를 위한 초등 교육을 실시하였다. 1910년에는 위에 언급한 세 학교가 정부의 인가를 받아 확장 발전하게 되었다.[33] 정기정 장로가 1905년 월안교회에서 시무할 당시 공의회는 그를 평양신학교에 입학하도록 추천하였고, 1909년에 제2회로 졸업하였다. 그해 7월 독노회에서 목사로 안수받고, 학암, 차련관, 화탄교회의 초대 목사로 시무하는 한편, 그 후 정주, 용암포 등지에서도 목회하였다. 나중에는 철산읍교회와 차련관교회를 시무하였고, 1912년 평북노회 설립 시, 초대 노회장인 위대모 목사를 도와서 초대 서기로 봉사하였고, 1915년 7, 8회 평북 노회장을 역임하였다. 1935년에 차련관교회에서 별세하셨는데, 그가 생애에 설립한 교회가 26개 처나 되는 것으로 알려져 있다.[34]

청년 한경희 말씀 증거자가 되다

1905년 10월 16일에 동문외교회[35]에서 선교사 계인수(桂仁秀, Carl E. Kearns) 목사[36]에게 청년 한경희 부부가 같이 세례를 받았다. 한경희 청년에게는 세례가 그리스도와 연합하는 체험이었다. 그리스도의 죽음에 동참함으로 과거의 모든 죄악에서 죽었을 뿐만 아니라, 그리스도와 함께 다시 살아 새 생명을 얻게 되는 영적인 깨달음의 기회였다. 세례를 받고 난 후 한경희 청년은 그리스도의 몸인 교회를 섬기는 일에 누구보

33) 《기독교대백과사전 제8권》 784, 865쪽. 차재명, 《조선예수교장로회사기》(1928년간), 225-226쪽.

34) 《기독교대백과사전 제13권》 969쪽.

35) 동문외 혹은 동문밖교회의 정확한 위치는 잘 알려지지 않고 있다. 산하 교육기관이던 창신(昌新)학교의 주소가 구읍면(舊邑面) 서부동(西部洞)인 사실을 볼 때, 구읍면 혹은 읍동면(邑東面)이라고도 불리운 동상면(東上面)인 것은 분명하다. 《조선재류구미인조사록》 226쪽.
동상면에는 둘레 약 4km, 높이 4, 5m의 고읍성(古邑城)이 있었고, 동서남북의 4개의 성문터가 있는데 남과 북문은 산정에, 동문은 평지에 있었다. 동문외교회는 고읍성 동문밖에 있었을 것으로 추정한다. 《한국민족문화대백과사전 16권》 411-412쪽.

다도 열심인 성도가 되었다. 또한 세례를 받음과 동시에 집사[37]로 피택
되었다. 피택된 후 집사로 1년간 교회 일을 맡아서 열심히 잘 감당했을
뿐 아니라, 송문정 조사와 동행하여 의주 동편의 각 교회를 순회하며 사
경회를 인도하는 경험도 하게 되었다.

이 때 특히 한경희 집사의 말씀 증거를 통해서 많은 사람들이 은혜를
받았다. 한경희 집사의 간증은 어떻게 그리스도를 핍박하던 자신이 그
리스도를 믿는 자가 되었나 하는 것이었다. 또한 어떻게 어두움에서 헤
매던 젊은이가 광명(光明)한 빛을 발견하듯이 예수 그리스도의 진리를
발견하였나 하는 이야기였다. 그리스도 안에서 변화된 자신의 삶을 그
대로 고백하는 간증의 시간이었다. "너희가 전에는 어둠이더니 이제는
주 안에서 빛이라 빛의 자녀들처럼 행하라"(엡 5:8)라는 사도 바울의 말
씀을 증거하는 것이었다. 또한 열심히 말씀을 공부하는 가운데 받은 넘
치는 기쁨에 관한 이야기였고, 그 넘치는 기쁨으로 말씀증거하는 자가
된 자신을 보여주는 시간이었다.

또한 이 사경회 기간 중에 중병(重病)을 고치는 기적이 두 번이나 일어
났다. 김영한(金永漢)이라는 노인이 악마(惡魔)가 들려서 삼, 사 개월이나
미친 행동을 하고 있었다. 어느 날 저녁 한경희 집사는 악마에게 사로잡

---

36) 계인수 목사 부부는 1902년 9월 22일 조선에 도착하여, 동년 10월부터 평북 지역에서 전도활동
을 했고, 노일(露日)전쟁(1904-1905)의 어려운 시기에 요령과 평양간의 연락을 담당하는 가운데서도,
평안북도 각처에서 1905년에만 660명의 세례를 베풀었다고 보고했다. 당시 여자들의 활동에 제한이
많았지만, 계인수 목사의 부인은 삭주군을 방문한 첫 외국인 여성이 되었고, 남편과 같이 1904년 10월
에 260마일, 1905년 봄에는 660마일을 여행하며 전도한 열성적인 선교사 부인이었다. Harry A.
Rhodes, *History of the Korea Mission Presbyterian Church USA 1884-1934*, Pp. 205, 206,
627, 648.

37) 한경희 목사님의 기록에는 1904년 11월에 서리집사(署理執事)가 되고, 1905년 10월16일에 집사
로 피택(被擇)된 사실을 밝히고 있다. 이는 장립집사를 말한다. 한편 교회사가 김광수 목사는 장립집사
의 시작을 1908년 새문안교회 1명, 장대현교회 8명으로 보고 있다. 김광수,《한국기독교성장사》(서울:
교회사연구원, 1976), 205쪽.

힌 그 영혼이 너무나 불쌍하여, 그 영혼이 그리스도를 알아서 진정한 자
유를 가질 수 있도록 주님께 온 정성을 다하여 기도 드렸다. 또한 김시
환(金時煥)이라는 청년이 악마가 들려 무녀(巫女)와 복술(卜術)[38]에 많은
돈을 허비하면서도 고치지 못하는 안타까운 일이 있었다. 사도 바울이
빌립보에서 귀신들린 여종 때문에 심히 괴로워한 것같이(행 16:16-18),
아직도 그리스도를 알지 못하고 어두움에 헤매는 두 영혼으로 인해 한
경희 집사는 심히 괴로워하였다. 한경희 집사가 이들을 위해서 온 정성
을 다해서 주께 간구하여 기도함으로 두 사람이 모두 온전한 사람이 되
는 일이 일어났다. 이 두 사람은 온전한 사람이 되었을 뿐 아니라, 그
후 독실한 신자가 되어 교회를 열심히 봉사하는 사람들이 되었다. 이 때
주위의 사람들과 환자들의 기쁨은 이루 말할 수 없었다. 그러나 더욱 감
사하고 기뻐했던 사람은 한경희 집사였다. 부족한 사람의 기도를 들어
주신 주님께 드리는 감격적인 감사와 악마에 사로 잡혀 있던 영혼이 구
원함을 받은 것에 대한 기쁨이 너무나 컸었기 때문이었다. 이 일로 인해
서 말씀증거자로서의 사명과 기쁨을 더 한층 가지게 되었다.

이 시기는 평안북도의 여러 교회가 노일(露日)전쟁으로 인해 어려움을
겪은 때였다. 이보다 앞서 러시아 해군은 1903년 남만 안동(安東)[39]을
거쳐 용천군 용암포(龍岩浦)를 점령하고 포대(砲臺)를 구축하고, 석탄 및
탄약을 적재한 선박을 입항시키며, 십리 떨어진 두류포(斗流浦)에 망루
(望樓)를 건설함으로써 이곳을 군사기지화하는 일이 일어났다. 이 사건
은 노일전쟁의 한 원인이 되었다. 전쟁의 시작은 1904년 2월 9일 제물
포 앞 바다의 해전(海戰)과 여순항의 습격으로 시작되었지만, 일본군과
러시아의 코사크 기병대와 충돌은 평북의 각 지역에서 일어났다.[40] 이

---

38) 점치는 술법.

39) 만주 요령성에 있는 신의주 맞은편의 도시이며, 요즘은 단동(丹東)이라고 불린다.

로 인해 평북 여러 지역에 많은 피해가 있었는데, 선천의 조선 사람들의 집들은 대부분 군인들이 사용하여 피해를 입혔다.

또한 교회의 피해도 많았다. 1904년 봄에 선천읍(宣川邑)교회에서 평북도사경회로 수천의 교인들이 모였는데 러시아 군인들이 갑자기 침입하여 사경회를 정지해야 했고, 교인들은 모두 산으로 피난해야 했었다. 평북의 여러 곳에서 전투(戰鬪)가 일어났고, 큰 길 가의 교회들은 어려움을 피할 수 없었다.[41] 선천군의 동림(東林) 예배당은 코사크 기병대가 점령하여 사용했는데, 그곳에 머물면서 온 마을을 쑥대밭으로 만들어서, 화가 난 마을의 비신자들이 교회를 불살라버렸다. 의주의 한 마을에는 18 가정이 살고 있었는데 모든 집들이 완전히 파괴되었고, 그중 두 기독교인 가정은 일천 달라에 해당하는 막대한 재산 피해를 보았다. 박천(博川)의 한 교회는 일본군의 마구간으로 사용되었고, 정주의 한 교회는 병원으로 사용되기도 했다. 의주의 한 교회는 처음에는 러시아군 나중에는 일본군의 마구간으로 사용되기도 했다.

이러한 암울한 전쟁 중에서도 선천 선교기지의 건물에 휘날리는 미국의 성조기(星條旗)는 그 지방의 기독교인들이나 비기독교인들에게 위안을 주었다. 의료선교사 사락수(謝樂秀, Alfred M. Sharrocks, M.D.) 박사[42]와 선교사 계인수 목사는 평양과 봉천 사이를 연락하는 책임을 맡고 있었는데, 조선 기독교인들은 이들을 도와서 연락꾼으로서 역할을 감당했다. 이는 전쟁 중 유일한 바깥 세계와 통로가 되었던 것이었다.[43] 이러

---

40) 《한국사 42 대한제국》(서울:국사편찬위원회, 1999). 165-220쪽.

41) 차재명, 《조선예수교장로회사기》(1928년간). 173쪽.

42) 사락수 부처는 1899년 9월 29일 조선에 도착하여, 1901년부터 선천기지에서 활동했고, 사락수 박사는 1919년 12월 25일에 소천했다. 부인은 남편의 사망 후 선교사직을 사면했으나, 1926년 다시 조선으로 돌아와서 서울에서 1933년까지 봉사했다. Harry A. Rhodes, *History of Korea Mission Presbyterian Church USA Vol. 1 1884-1934*, Pp. 626.

한 전쟁의 와중에서도 용천, 철산군의 각 지역에서는 여러 교회가 설립
되는 발전이 있었다. 특히 노일전쟁이 한창이던 1904-1905년에 용천
군 양하면에 입암(立岩)교회, 양서면의 신성리(新成里)교회, 용암포에 용
암교회, 양광면의 광화(光化)교회, 내중면의 대성(大成)교회, 철산군 참
면의 차련관교회, 백량면의 영동(嶺洞)교회와 선사(宣沙)교회, 여한면의
입석(立石)교회 등이 설립되는 발전의 양상을 보였다.[44]

　1906년은 한경희 집사의 맏아들 청옥(淸玉)이 태어난 해였다. 이로
인해 가정이 분가(分家)해야만 되었다. 이제는 늘어난 식구를 위해서 더
많은 책임이 뒤따랐고, 더 많은 시간을 들여 농사에 힘써야 했다. 그러
나 한경희 집사는 진리의 말씀 배우는 일을 등한히 하지 않았다. 이런
상황에서 밭 갈며 기도하고, 성경을 늘 밭머리에 두고 일하다 쉬는 시간
이면, 열심히 성경말씀을 공부하곤 하였다.

　1906년에는 용천군 내중면 무산(舞山)교회가 설립되었다. 먼저 이 마
을의 허성원(許承源), 이익진(李益鎭) 성도가 예수를 믿게 되어 양광면 구
봉리(鳩峰里)에 있는 교회로 출석하고 있었다. 한편 이 동리의 부자 이경
만(李耕萬)이 새로 믿게 되자, 그는 가정에 대대로 내려오던 열 간짜리
기와집 산신당(山神堂)과 이에 딸린 수백 평의 땅을 싼값에 교회에 넘겼
다. 이 건물을 예배당으로 사용하여 이제 믿기 3년밖에 되지 않았지만
누구보다 전도와 가르침에 열심인 청년 한경희를 임시조사로 시무하도
록 초빙하였다. 한경희 임시조사가 이 교회에서 시무(視務)하는 동안 열
심히 가르치고 전도해서 많은 결실을 맺었다.[45] 교회의 발전과 더불어
이듬해 무산(舞山)교회의 이경만씨는 평북대리회로부터 장로 장립을 허

43) Ibid., Pp. 221-222.
44) 차재명,《조선예수교장로회사기》(1928년간), 114-115, 130-131쪽.
45) 위의 책, 155-156쪽.

락 받았고, 무산(舞山)교회는 조직교회로서의 면모를 갖추게 되었다. 또한 양광면 구봉(鳩峰)교회에서도 한경희 조사를 초빙하여 한경희 임시조사는 이 때 두 교회를 돌보게 되었다.[46)

　한경희 집사는 동문외교회의 집사로서 모든 일을 선하게 처리하여 성도들의 칭송을 얻었으며 믿음이 점점 자라 교회의 더 큰 일군으로 성장하고 있었다. 또한 무산교회와 구봉교회의 임시조사로 섬기는 일에도 남다른 열심과 정성을 보이자 용천지역을 담당하고 있는 정기정 조사뿐 아니라 선교사들도 한경희 조사에게 기대하는 바가 점차 커가고 있었다.

---

46) 위의 책, 97쪽.

제3장

교회의 지도자로 성장하는 한경희 조사

누구든지 네 연소함을 업신여기지 못하게 하고 오직 말과 행실과 사랑과
믿음과 정절에 있어서 믿는 자에게 본이 되어 내가 이를 때까지 읽는 것과
권하는 것과 가르치는 것에 전념하라(딤전 4:12-13)

한경희 집사의 신앙 성장은 괄목할 만한 것이었다. 믿기 시작한 지 그
리 오래되지 않았지만 그의 신앙의 진보를 누구나 인정하였고, 이미 용
천군 내의 교회에서 임시조사로서 섬기고 있었다. 그 때에 한경희 집사
의 모교회인 동문외교회에서 지도자가 요청되고 있었다. 동문외교회는
신창교회와 더불어 용천군에서 가장 먼저 세워졌을 뿐만 아니라, 1906
년까지 이미 덕흥(德興), 대성(大成), 구읍(舊邑)교회를 설립하는데 직접
적인 기여를 한 역동적이고 모범적인 교회였다. 용천군 내에서 교회의
크기로나 영향력 면에서 중심되는 동문외교회에서 영수(領袖)의 직책을
담당할 지도자가 요청되고 있었다.

동문외교회의 영수로 피택

당시 목사나 조사는 주로 순회를 해야 하는 상황이었고, 토착 교인 가운데 신앙이 돈독하고 지도력이 있는 사람들 중에서 투표로 택하여 영수(領袖)라는 직책을 주어서 교회를 지도하며 인도하게 하였다. 임기는 일정하게 정해지지 않았고, 일반적으로 해당 지역의 목사나 당회가 이를 정하는 형편이었다. 영수의 역할은 지역교회의 일반적인 업무처리와 당회를 대신하여 당회 사무와 교역자나 시찰위원을 대표하여 관계된 제반 업무를 수행하였다. 또한 교인을 대표하고, 그들을 지도하며, 조사나 교역자를 협조하여 교회의 제반 일들이 원활하게 진행되도록 하는 것이 영수의 임무였다. 당회가 갖는 치리의 기능을 가지지는 않았지만, 조사나 순회 목사 부재시(不在時) 강단을 맡아서 예배를 인도하는 중책을 맡고 있는 교회의 지도자였다. 동문외교회에서 1907년 7월에는 이러한 중요한 직책에 이제 믿은 지 4년 미만의 한경희 임시조사를 택하여 시무하게 하였다.

남다른 복음에 대한 열정과 헌신적인 봉사가 인정되어 영수로 택함을 받았지만, 교회의 지도자로서 한경희 영수는 자신의 부족함을 깊이 느끼고 있었다. 당시 교회는 복음증거와 전도의 사명을 감당하는 것을 교회의 가장 중요한 일로 생각했지만, 지도자들은 또한 교회의 교육적 책임을 간과하지 않았다. 교회가 특히 신자들의 자녀를 교육하는 것은 당연한 책임으로 생각하였고, 교회 내에 학교를 설립하고 교육을 실시하였다. 이 때에 선교사들도 각급 학교를 설립하는 것을 그들의 중요한 일로 생각하였다.

진정한 조선의 친구였던 감리교 선교사 흘법(紇法, Homer Bezaleel Hulbert) 목사는 1906년 그의 저서 《조선의 몰락》(The Passing of Korea)

에서 이 당시 조선민족의 교육의 중요성을 다음과 같이 피력했다.[1]

> 이와 같은 상황 속에서 조선은 장차 어떻게 해야 하는가 하는 문제가 제기
> 된다. 한 국가를 형성하고 있는 민족의 멸망을 저지하기 위하여 조선은 어
> 떻게 처신하는 것이 합리적인가? 이에 대한 대답은 하나밖에 없다. 조선
> 은 자기 민족이 자기들을 정복한 사람들과 대등(對等) 하게 될 때까지 자기
> 민족에 대한 교육에 전념해야 하며, 순수한 인간성을 무기로 하여 일본인
> 이 자기들에 대해 가지고 있는 멸시를 상쇄할 수 있는 능력을 갖추도록 노
> 력해야 한다.

교회의 조선인 지도자들도 각급 학교 설립에 굉장한 열심을 보여, 특
히 교인들의 자녀들을 교육하는 일에 정성을 쏟았다. 처음에는 주로 사
숙(私塾)[2]의 형태로 시작하였지만 점차적으로 발전하여 정부의 허가를
얻어 정식학교로 운영하였다.

특히 평안북도의 교육열에 고무적인 역할을 하였던 일이 있었다. 평
안북도의 도청소재지였던 영변부에 1907년에 관찰사로 박승봉(朴勝鳳)
이 부임해왔다. 그는 1883년 견미(見美)사절단으로 민영익, 홍영식 등
과 미국에 건너가 4년간 외교관 생활을 하였다. 개화파로서 헤이그밀사
사건의 이준 열사에게 고종의 어인(御印)이 찍힌 밀서를 휴대하게 한 결
정적 공로자인데 이 사건으로 인해 평안북도 관찰사로 좌천되었다. 박
승봉은 관찰사로서 이승훈을 도와서 평북 정주에 1907년 오산학교를
설립하는데 중요한 역할을 하였다. 그 외에도 평안북도 내의 여러 남,

1) Homer B. Hulbert, *The Passing of Korea*(서울:William Heinemann C. London, 1906. Reprint by Yonsei University, 1969), P. 463.
2) 사설(私設)의 서당(書堂)이나 그와 같은 작은 규모의 교육기관.

여학교 설립에 많은 공헌을 하고 또한 설립자들을 격려하였다.[3]

이 시기에 용천군 내의 교회들도 학교 설립에 남다른 열정을 보였다. 박승봉의 부임을 전후하여 많은 교회학교들이 설립되었고 발전하는 기회가 되었다. 이러한 결과 1912년에는 용천군 내의 대부분의 교회가 학교를 운영하였는데 기독교 남, 여학교의 숫자가 20에 이르렀다.[4] 동문외교회도 일찍이 구읍면 서부동에 위치한 창신(昌新)학교를 운영하고 있었는데, 설립 연대는 미상이나 차재명이 설립한 것으로 알려져 있다. 1912년 당시 창신학교는 심상과(尋常科) 3년, 고등과(高等科) 3년의 편제(編制)를 가지고 있었다.[5]

평안북도 강계, 선천 선교기지에서 오랫동안 봉사한 선교사 노해리(魯解理, Harry A. Rhodes) 목사는 그의 저서 《조선선교역사》(History of Korea Mission Presbyterian Church USA Vol. 1 1884-1934)에서 1907년을 기독교 또는 비기독교 학교들이 우후죽순(雨後竹筍)처럼 일어난 "교육혁명의 해"라고 밝히고 있다. 학교들이 너무 많이 생겨서 "보잘 것 없는 선생 하나에 일곱 학교가 줄을 서는 격(Seven school boards lay hold of the flowing coat tails of one poor teacher)이 되었다"라고 말하고 있다. 평안북도에서 한 해에만 500개 이상의 초등학교와 야학이 생길 정도로 맹렬한 교육바람이 불었다. 1908년에는 133개의 교회학교에 3500명의 학생들이 등록하고 있었는데, 평양지역과 비교해서 비록 학생들의 숫자는 적었지만 학교 수는 오히려 더 많은 것이었다. 그 후 어느 한 해는 선천지역에서 학생들의 숫자가 5000명까지 증가한 해도 있었다.[6]

---

3) 차재명, 《조선예수교장로회사기》(1928년간), 224-225쪽

4) 《기독교대백과사전 12권》 204쪽, 《조선재류구미인조사록(朝鮮在留歐美人調査錄)》 227-229쪽.

5) 위의 책, 228-229쪽. 창신학교의 설립 시기를 정확하게 알 수 없지만 한경희 영수가 이 학교에서 배운 것을 보아서 1907년 혹은 그 이전인 것을 알 수 있다.

이러한 교육에 대한 뜨거운 열기 속에서 동문외교회의 지도자로 택함을 받은 한경희 영수는 자신의 학문이 교회의 지도자로서 부족함을 스스로 통감하고 창신(昌新)학교 속성과에 입학하여 6개월간 학생으로서 공부하고 졸업을 하였다. 이 사실은 권위와 위신이 당연시되던 당시의 교회지도자였던 한경희 영수가 얼마나 겸손하였는지를 보여준다. 이듬해에는 오히려 창신학교 교장으로 임명되어 일하게 된 것을 볼 때 그의 지도력과 교사로서의 자질을 엿볼 수 있다.

전도자 한경희 대리조사

1908년 28세 되던 해에는 동문외교회의 영수로서, 창신학교 교장의 일뿐 아니라 용천군(龍川郡) 동편(東便) 여섯 교회의 대리조사(代理助師)의 책임을 맡게 되었다. 여섯 교회의 대리조사로 일하면서 학령(鶴嶺), 용유(龍遊), 당령(堂嶺) 및 신도(薪島) 등 네 곳에 새로운 교회 설립을 도왔는데 동문외교회 성도들의 도움이 컸다.[7]

한경희 조사의 전도에 대한 열심과 교회봉사의 성실성이 점차적으로 알려지게 되었다. 이러한 가운데 한경희 조사는 1908년 7월 용천군 도제직회(都諸職會)[8]의 택함을 받아 신도(薪島)[9]에 반년 간 들어가 살면서 전도하게 되었다. 신도는 용천군에 소속된 섬으로서 중국에 가까우며

---

6) Harry A. Rhodes, *History of the Korea Mission Presbyterian Church USA Vol. 1 1884-1934*. P. 211.

7) 차재명, 《조선예수교장로회사기》(1928년간), 205-206쪽.

8) 용천군 내의 제직들의 연합 모임.

9) 평안북도 용천군 서해상, 용암포로부터 17km, 우리나라의 가장 서쪽에 위치한 마안도의 바로 동쪽에 위치한 6.77평방 km의 섬. 현재는 비단섬이라고 불린다. 《한국민족문화대백과사전 13권》 702-703쪽.

그 섬사람들만이 갖는 특이한 풍속들이 많았다. 이들에게 전도하기가
여간 어려운 일이 아니었다. 그러나 열심히 전도하여 많은 전도의 결실
을 맺었는데, 신자 20여 명을 얻게 되어 남주동에 교회를 설립하게 되
었다.[10] 신도교회는 그 후에 많은 발전을 하게 되었다.[11] 기독교가 전래
되기 전에는 이 섬사람들에게 무례한 풍속들이 많았는데 복음이 전파되
고 교회가 설립됨으로, 미신과 이상한 풍속을 교정하는데 많은 기여를
했다. 한경희 조사의 전도에 대한 열정과 경험은 곧 평북 전체 교회에
알려지게 되었다.

한편 이미 많은 조선 사람들이 가뭄과 홍수로 인한 대흉년 때문에(1869-
1870, 1882년), 관리들의 부패와 가렴주구(苛斂誅求)로 인해서, 1905년
을사보호조약 후 의병(義兵) 계열의 독립운동가들이 무력독립운동을 하
기 위해서, 또는 일제의 경제침략으로 희생된 농민들이 농토를 잃어서
대거 압록강 혹은 두만강을 넘어 만주로 이주하고 있었다.[12] 이들을 전
도하는 일은 교회의 중요한 책임으로 대두되고 있었다.[13]

1909년 평북대리회(代理會)[14] 전도부(傳道部)는 한경희 조사를 택하여
서간도에 유리하는 동포들을 전도하기로 결정하였다. 한경희 조사는 봉
천성(奉天省)[15] 집안현(輯安縣)과 회인현(懷仁縣)[16]을 거쳐 통화현과 유하
현에서 일 년간 전도하게 되었다. 이 당시 만주는 인구가 적고 교통이

---

10) 차재명, 《조선예수교장로회사기》(1928년간), 206쪽.

11) 신도교회는 발전을 거듭하였고 1918년에는 차형준 임시목사가 부임하였고, 1920년 8월 24일 제
18회 평북 노회는 김태일(金泰一)씨를 장로로 안수함으로 조직교회로서 면모를 갖추게 되었다. 또한
1922년에는 당시 돈 1천 8백원을 드려서 예배당을 건축하는 발전상을 보였다. 한국교회사학회편, 《조
선예수교장로회사기 하권》 90, 93, 107, 113쪽.

12) 국사편찬위원회, 《한민족독립운동사 4 독립전쟁》(서울:시사문화사, 1988), 231쪽.

13) 차재명, 《조선예수교장로회사기》(1928년간), Pp. 185, 204.

14) 1912년 총회가 형성되기 전 독노회(1907-1911년) 시절에는 각 지방을 7개의 대리회로 나누었다.
오늘날 노회의 시찰 같은 기능을 하였다.

자피구하(夾皮溝河)를 따라 계곡에 발달된 자피구(夾皮溝)에는 일찍이 많은 동포 유이민자들이 거주하고 있었다. 이에 1906년 선교사 방혜법 목사가 심방하여 교회를 설립하였다. 1909년 한경희 조사는 일 년간 서간도에서 전도하며 이곳에 다시 교회를 설립하였다. 현재 자피구는 통화시 구역에 속하며 집안으로 가는 303 국도(國道) 상에 위치하고 있다. 2004년 4월 8일 촬영

불편하였을 뿐 아니라 우리 동포들이 여기 저기 흩어져 마을을 형성하고 있어 찾아다니기가 여간 어렵지 않았다. 또한 마적들의 잦은 출현으로 여행하기가 매우 위험하였다. 그러나 유리 방랑하는 동포들을 사랑하는 마음과 그들에게 하나님의 평안의 복음을 전하려는 사명감으로 멀고도 험한 길을 걸어 동포들이 살고 있는 곳을 찾아다녔다.

  이 때 높은 산 험한 길을 지나는 중 중국인뿐만 아니라 동포들로부터 구타를 당하기도 하였다. 또한 2-3일 음식을 먹지 못해서 배고픔의 어려움을 당하기도 했다. 한경희 조사가 겪은 어려움은 사도 바울이 전도여행에서 당한 어려움과 비교될 만하였다. "여러 번 여행하면서 강의

15) 그 전에는 성경성(盛京省)이었는데, 1908년 광서(光緖) 34년 행정구역 개편 시 봉천성으로 되었다가, 1929년에는 요령성(遼寧省)으로 개명되었다. 그 때마다 성(省) 경계의 변동을 동반했다. 《中國歷史地圖集 第八冊》(北京:中國地圖出版社出版, 1987), 3-6쪽.

16) 환인현(桓仁縣)의 구명(舊名)이다. 산서성(山西省)에 같은 이름의 현이 있으므로 1914년 2월 5일에 환인현으로 개칭하였다. 《中國縣大全 東北卷》(北京:中國社會出版社, 1991), 49쪽.

위험과 강도의 위험과 동족의 위험과 이방인의 위험과 시내의 위험과 광야의 위험과 바다의 위험과 거짓 형제 중의 위험을 당하고 또 수고하며 애쓰고 여러 번 자지 못하고 주리며 목마르고 여러 번 굶고 춥고 헐벗었노라"(고후 11:26-27)라고 한 사도 바울의 고난 그대로였다. 그러나 이러한 어려움 중에서도 한경희 조사는, "그러므로 내가 그리스도를 위하여 약한 것들과 능욕과 궁핍과 박해와 곤고를 기뻐하노니 이는 내가 약한 그 때에 강함이라"(고후 12:10)라고 한 사도 바울의 신앙을 본받아서 전도했다. 주를 위하여 고생함을 기쁜 일로 생각하며 열심히 전도한 결과 훌루투〔葫蘆套, 호로투〕와 자피구〔夾彼溝, 협피구〕[17] 두 교회를 설립하는 성과를 거두었다.

서간도에서 전도 활동을 성공적으로 마친 한경희 조사는 1909년 12월에는 용천군 외상면(外上面) 남시동(南市洞)로 이사하여 그곳에 있는 남시(南市)교회의 영수로 잠시 시무하게 되었다. 남시교회는 1906년에 설립된 교회였다. 일찍이 김두범(金斗範), 김이승(金履昇), 이효민(李孝敏), 이창영(李昌英) 등이 주님을 믿기 시작하여 수년을 같은 면에 있는 십리 정도 떨어진 서석(西石)교회에 출석하며 예배를 드렸다. 그러나 신자들이 늘어 건물을 신축하고 교회를 분립하게 되었던 것이다.[18] 신학교 재학 중에는 남시교회의 조사로 청빙을 받아 섬기며 발전을 주도하기도 하였다. 남시교회는 1913년에 한찬희(韓燦禧)를 장로로 안수하여 당회

---

17) 《조선예수교장로회사기》(1928년간)에 기록된 자피구(自皮溝)는 자피구〔夾皮溝, 협피구〕의 우리말식 표기법으로 사료된다. 선교사 방혜법(邦惠法) 목사가 이곳에 이미 교회를 1906년에 설립한 것으로 보아서 약해진 교회의 재건이나 부흥을 말하는 것으로 생각된다. 차재명, 《조선예수교장로회사기》(1928년간). 156, 222쪽.

한편 자피구〔夾皮溝〕라는 지명이 서간도 지역에만 다른 두 곳이 더 있기 때문에 방혜법 목사와 한경희 조사가 설립한 자피구교회가 각각 다른 지명일 가능성을 전혀 배제할 수는 없다. 《중국고금지명대사전 (中國古今地名大辭典)》(臺灣:商務印書館, 1988), 376쪽.

18) 차재명, 《조선예수교장로회사기》(1928년간), 156쪽.

가 성립되어 조직교회로서의 면모를 갖추게 되었다.[19] 남시교회는 그후 1929-1932년 한경희 목사님이 신의주 감옥에 투옥되었을 당시 남은 목사님의 가족들을 따뜻하게 돌보기도 한 사랑이 넘치는 교회였다.

평양신학교 입학과 분노와 좌절의 시기

> 미쁘다 이 말이여, 곧 사람이 감독의 직분을 얻으려 함은 선한 일을 사모하는 것이라 함이로다(딤전 3:1)

한경희 조사는 삼십 세(만 28세)가 되던 해인 1910년 정월에 평북대리회(代理會) 시취(試取)[20]를 거친 후 평양장로회신학교에 입학 허락을 받았다. 한경희 조사가 신학교에 입학하던 해는 조선 민족 누구에게나 울분과 좌절, 실망과 분노와 굴욕과 다짐의 때였다. 어떤 이들은 독립운동을 위한 동지를 얻기 위해, 또는 영어나 서양문명을 배우기 위해 평양신학교를 지원하는 이도 있었으나 이들은 모두 신학교에 적임자들이 아니었고 입학을 거절당했다.

빠른 성장을 하고 있는 조선장로교회는 이 때 영적 지적으로 능력 있는 많은 지도자를 요구하고 있었다. 한경희 조사는 자신이 평양신학교에 입학하게 된 것을 무한히 감사했고, 영광스러운 일로 생각했다. 한편 한경희 조사가 받은 교육이란 어린 시절 받은 서당교육과 창신학교 속성과 6개월에 지나지 않는다. 그러나 졸업 후 곧 창신학교 교장으로 임명된 사실이 보여주듯, 한경희 조사는 스스로 늘 공부하여 자신을 연마함으로 학교에서 받은 교육 이상의 지적 능력과 전인적(全人的)인 인격

---

19) 한국교회사학회편,《조선예수교장로회사기 하권》100쪽.

20) 신학교 지원자의 영적 지적 수준을 평가하여 신학교육을 받기에 합당한가를 판단하기 위한 시험.

을 갖춘 사람으로 보인다. 이러한 관점에서 한경희 조사가 받은 신학교
육의 배경을 살펴볼 필요가 있을 것으로 생각한다.

　조선에서의 신학교육은 선교사들이 입국한 지 몇 년이 지나지 않은
1890년 이미 '신학반'이라는 이름 하에 서울에서 시작되었다. 그 후 평
양으로 이주한 선교사 마포삼열 목사는 서울에서 실시하던 신학반을 정
규적인 신학교로 승격할 구상을 하고 있었다. 1899년 10월 17일 서울
에서 선교사 연례회의를 끝내고 엘린우드(F. F. Ellinwood) 박사에게 보
낸 서신에서 이미 평양에 신학교를 마련하는 일을 시작했다고 밝히고
있다.[21] 1900년에는 선교본부의 허락을 받고 1901년 합동공의회의 영
어공의회에서 신학생을 택하여 신학을 가르치기로 합의를 보았다.[22]
1901년 봄에 방기창, 김종섭 두 사람을 목사 후보생으로 선정하여 마
포삼열의 집에서 이들을 가르치기 시작했다. 1905년에는 적어도 21명
의 신학생이 평양신학교에서 공부하고 있었다. 각 지방 공의회의 추천
으로 목사 후보생들이 추가되었고, 1907년에 한석진, 서경조, 양전백,
길선주, 방기창, 이기풍, 송린서 등 일곱 사람의 첫 졸업생을 배출할 수
있었다.

　선교사 마포삼열 목사는 신학교의 발전을 위한 비젼을 가지고 기도하
고 있었다. 드디어 그의 기도가 이루어져 1908년 시카고의 메코믹(Mrs.
Nettie F. McCormick) 여사의 1만 1천원의 기부금을 얻어 아담한 건물을
신축할 수 있었다. 새로운 신학교 건물은 평양부 서문밖 하수구리(下水
口里) 100번지에 위치하고 있었다. 건물은 5천 평의 대지 위에 조선식
기와지붕과 서양식 창문을 가진 이층집이었다. 5월 15일에 정초(定礎)

---

21)《마포삼열 목사의 선교 편지》(*Sauel A. Moffett's Missionary Letters*)(1890-1904) 김인수 역 (서울:장로
　회신학대학, 2000), 561-567쪽.

22) 차재명,《조선예수교장로회사기》(1928년간), 82쪽.

예배를 드리고 불과 몇 달 만에 건물을 완성할 수 있었다. 이 건물의 완성과 더불어 마포삼열 선교사 댁에서 모이던 학교가 이곳으로 옮겨졌다. 평양의 크고 작은 집회는 물론이고 때로는 전국적인 집회가 열리는 이색적인 건물로도 쓰여졌다. 조선예수교장로회 제1회 총회가 평양에서 열렸을 때 개회 예배는 경창문(景昌門) 안에 소재한 여자성경학원에서 열렸으나 이후의 모임들이 평양신학교에서 열렸고, 기념사진 또한 새로 건축한 신학교 건물을 배경으로 촬영하여 조선장로교회의 영원한 기념물이 되었다.[23] 하나님의 특별한 은혜와 섭리로 한경희 신학생도 이 새로운 건물에서 공부할 수 있는 영광을 누렸다.

초창기의 평양신학교 교수는 평양공의회 소속의 선교사들 즉, 마포삼열, 배위량, 소안론(蘇安論, William L. Swallen), 이길함(李吉咸, Graham Lee), 한위렴(韓偉廉, William B. Hunt), 편하설(片夏薛, Charles F. Bernheisel) 목사 등 소위 '메코믹 군단'이라고 불린, 마포삼열 목사와 뜻을 같이하는 보수적인 시카고 메코믹신학교 출신의 선교사들이었다. 1903년 가을 신학과정 위원이 제출한 조사들을 위한 3년간의 예비과 교과목과 정규입학 신학생을 위한 5년간의 교과목을 정식으로 채택하기에 이르렀다. 담당 교수와 과목은 다음과 같았다; 신학일반 및 소요리문답-마포삼열, 구원론-배위량, 유대사기-소안론, 목회학-이길함, 마태복음 및 고대사-한위렴, 모세오경-배위량과 소안론, 산수-편하설.

1906년에 이르러서는 다른 지방에 거주하고 있는 공의회 선교사들인 원두우(元杜尤, Horace G. Underwood), 전위렴(全緯廉, William McCleary Junckin), 왕길지(王吉志, George O. Engel), 이눌서(李訥瑞, William Davis Reynolds) 등도 교수로 취임하였다.[24] 이 교수들의 취임으로 인해 평양

---

23) 한석진,《예수교장로회조선총회 제1회 회록》(경성:야소교서회, 1914. 영인본 서울:대한예수교장로회총회 사회부 1980), 1쪽.

한경희 영수가 재학하던 평양장로회신학교 초기 건물. 이 건물의 이층에서 밤이 맞도록 민족과 복음전파를 위해서 기도했다. 그 후 이 건물은 헐리고 새로운 서양식 교사(校舍)가 건축되었다

신학교 교수진은 한층 더 다양성 있게 보강되었다. 이로 인해 평양신학교는 보수적이며 복음적인 다양성 있는 교육을 할 수 있는 여건을 갖추게 되었다. 이와 같이 한경희 조사가 입학할 때는 이미 평양신학교는 복음적이며 다양성이 있었을 뿐만 아니라 교수진에도 상당한 진용(陣容)을 갖춘 정규적인 신학교로 발전하고 있었다.

신학교를 이끌어 가는 마포삼열 목사의 신학교육 철학은 교회 위주였다. 그러므로 신학교 교육의 가장 큰 목적은 교회지도자 양성이었다. 또한 신학생 선발 기준도 이에 부응하는 것으로 현재 교회지도자로서 일하는 사람이라는 사실이 가장 중요한 조건이었다. 교과과정이 5년간 교육을 위한 것이었는데, 3개월 반은 학교에서 공부하고, 나머지 8개월 반은 교회 일을 보면서 스스로 공부하도록 했다. 자습(自習)한 내용은 새 학년에 입학할 때 시험하는 형식을 취했다. 한경희 조사는 7년 미만

---

24) 마포삼열박사전기편찬위원회, 《마포삼열 박사 전기》(서울:대한예수교장로회총회 교육부, 1973), 228-229쪽.

의 짧은 신앙 연륜을 가졌지만, 그의 헌신적인 교회 봉사, 국내외를 통한 그의 전도 경험, 지도자적인 인격은 조선장로교회의 목사 후보생으로 적임자였다. 또한 스스로 공부하여 늘 자신을 연마하는 한경희 조사에게는 교실수업과 자습을 병행하는 교육제도에 안성맞춤이었다.

한경희 조사가 평양신학교에 입학하던 해는 민족적으로 울분과 굴욕, 실망과 좌절의 때였다. 조선 왕조는 1905년 11월 17일 을사조약으로 독립국가로서 실권을 상실하고, 국가의 자원과 토지는 약탈당하고, 경제는 완전히 일제(日帝)의 수탈적인 체제아래 놓이게 되었다. 이에 대응하여 많은 애국 계몽운동이 일어났다. 강탈적인 황무지개척권을 주장하는 일제(日帝)에 맞서 송수만(宋秀萬) 등이 1904년에 창설한 보안회(保安會)는 이상설(李相卨)을 회장으로 하여 협동회(協同會)로 발전했으나 일제의 탄압으로 해산되었다. 정치사회 운동도 일어났는데 독립협회 계통의 인사들로 조직된 공진회(共進會)는 헌정연구회(憲政研究會)로 발전하였고, 이의 후신으로 조직된 대한자강회(大韓自强會)는 고종(高宗)의 퇴위를 반대하는 운동을 전개하여 일제의 통감부에 의해서 강제로 해산되었다. 일제의 교묘한 수단으로 지게 된 국채는 상당한 액수였는데, 이것이 국가의 독립을 위협한다하여 1907년 국채보상운동(國債報償運動)이 일어나기도 하였다. 온 국민이 합심하여 금연운동을 전개하고, 부녀자들이 비녀와 가락지를 팔아서 호응하였으나 일제의 탄압으로 진전 없이 좌절되고 말았다.

이러한 일제의 탄압 하에서 민족적인 활동이 제약을 받게 되자 1907년 도산 안창호를 중심으로 한 신민회가 결성되었다. 신민회의 주요 인사들은 평안남, 북도의 유지들로 주로 기독교인들이었다. 이 단체도 1911년 소위 '105인 사건'으로 불리는 일제의 철저한 탄압으로 인해 그 활동이 중지되고 말았다.[25] 이로 인한 평안남, 북도의 각 교회는 막

심한 피해를 입게 되었다. 평안북도에서는 선천 신성학교 교원 전원과 학생들의 다수가 일제에 체포 구금되었다. 특히 철산, 정주, 용천, 의주 등지의 많은 성도들이 고난을 받게 되었다.[26] 장로회 제1회 총회가 개최되는 1912년 9월 현재에도 평안북도의 목사 5인과 장로 1인이 수감 중에 있다고 보고하고 있다.[27]

이러한 시국에 처하여 한경희 조사는 밤이 맞도록 신학교 이층에서 기도하는 날이 많았다. 피 끓는 젊은이로서 동족을 위해 무엇인가 당장 눈에 보이는 행동을 하고 싶은 때도 있었다. 그러나 천지를 창조하신 여호와 하나님을 섬기고 그리스도의 평안의 복음을 전하는 것을 더욱 값진 것으로 믿으며 그것을 위해 자신을 부른 것을 하나님께 감사했다.

주의 일꾼으로서 다짐

한경희 영수는 1910년 3월 1일 평양장로회신학교에 입학하여 이층에서 개최된 첫 기도회에 참석하였다. 이 기회를 통해서 다시 한번 자신의 과거를 생각하게 되었다.

> 그 때에 너희는 그 가운데서 행하여 이 세상 풍조를 따르고 공중의 권세 잡은 자를 따랐으니 곧 지금 불순종의 아들들 가운데서 역사하는 영이라 전에는 우리도 다 그 가운데서 우리 육체의 욕심을 따라 지내며 육체와 마음의 원하는 것을 하여 다른 이들과 같이 본질상 진노의 자녀이었더니 (엡 2:2-3)

---

25) 이기백, 《한국사 신론》(서울:일조각, 1990), 407-419쪽.

26) 차재명, 《조선예수교장로회사기》(1928년간), 223쪽.

27) 《예수교장로회조선총회 제1회 회록》 50쪽.

그리스도를 알기 전 자신의 어두웠던 생활을 생각하며, 이 세상의 풍속을 쫓아 살다가 영원히 멸망을 받을 수밖에 없었던 자신을 생각하지 않을 수 없었다. 세상 가운데서 살면서 어리석었던 자신, 죽음 가운데 살면서도 하나님의 다가오는 진노를 깨닫지 못하고 살던 자신을 생각하며 몸서리치는 전율을 느끼지 않을 수 없었다. 또한 꺼져가는 등불과 같이 망해가는 조국을 생각하며 안타까운 마음으로 밤새워 기도하지 않을 수 없었다. 그러나 더욱 안타까운 일은 아직도 하나님의 은혜를 모르고 죽어 가는 많은 동포들이 있다는 사실이었다. 결국 심판을 받아 멸망할 수밖에 없는 믿지 않는 동포들을 생각하며 눈물 흘려 기도하지 않을 수 없었다. 더욱이 일제(日帝)의 압박과 수탈로 조국을 떠나 만주 벌판을 유리방황하는 불쌍한 동포들을 생각하며 그들을 위로하고 그들의 영혼 구원을 위해서 자신을 바치는 것이 가장 고귀한 일이라고 다짐하게 되었다.

먼저 과거의 모든 자신의 죄악을 회개하였다. 알고 또한 모르고 지은 모든 자신의 죄를 사함 받기를 원했다. "너희가 회개하여 각각 예수 그리스도의 이름으로 세례를 받고 죄 사함을 받으라 그리하면 성령의 선물을 받으리니"(행2:38)라는 베드로의 설교를 생각했다. 또한 성령의 풍성한 열매들을 맺기를 원했다.

죽을 수밖에 없었던 자신이 감사하게도 이렇게 그리스도의 부르심을 받아 신학교에 입학하게 된 사실을 생각하며 너무나 감격스러워 눈물을 흘리지 않을 수 없었다. 그리스도의 종이 되어 복음을 위해 부르심을 받은 일이 너무나도 감격된 일이었기 때문에 늘 이 사실을 편지마다 성도들에게 밝혔던 사도 바울이 가진 감격을 가졌던 것이다. 하나님의 복된 말씀을 가지고 온 지중해 연안을 지칠 줄 모르고 전도하며 다니던 사도 바울을 생각하며 자신도 또한 그러한 삶을 살겠다는 다짐의 시간이었다.

특히 국외로 나가서 유리방황하는 동포들에게 복음을 증거하고 싶었다. "흑암에 행하던 백성이 큰 빛을 보고 사망의 그늘진 땅에 거주하던 자에게 빛이 비치도다"(사 9:2)라는 말씀같이 우리 동포들이 그리스도의 진리를 발견하고 해같이 밝은 진리아래 살기를 원했다. 어두움에 있는 동포들에게 그리스도의 진리를 가르쳐 비록 사망의 음침한 골짜기를 다닐 찌라도 평강의 길을 가도록 일깨워 주기를 원했다. 마음에 깊은 상처를 안고 만주벌판을 헤매는 동포들에게 그리스도의 진리가 의로운 태양과 같이 떠올라서 치료하는 광선이 되고 비록 메마른 광야를 다닐 찌라도 "외양간에서 나온 송아지 같이" 기쁜 마음으로 다니기를 원했다.

1910년은 한일합방의 해였다. 수많은 뜻있는 사람들이 조선독립을 위해서 노력하기를 원했다. 신학교 재학 중 특별한 친교를 나눈 친구는 노백린(盧伯麟)이었다. 노백린은 일본 육군사관학교를 나온 사람으로서 조국의 독립을 위해 무력운동에 관심이 많았다. 한경희 조사는 이를 지지하고 격려하였지만, 무력 독립운동은 자신이 가야 할 길이라고는 생각하지 않았다. 그 후 노백린의 장남 선경이 삼원포로 오게 된 일과 상해 임시정부와의 관계로 두 분의 친분은 계속되었다.[28] 그러나 두 사람은 분명히 다른 두 길을 걷고 있었다.

---

28) 노백린은 황해도 은율 출생이며, 일본 게이오의숙 및 육군사관학교를 졸업하였다. 귀국 후 조선군 육군정령, 한국무관학교 교육국장 및 교장을 역임하였다. 1907년 안창호와 같이 신민회에 활약하다가 고향에 내려가 사업을 경영하였다. 미주로 건너가 하와이에서 1914년 6월 10일 박용만이 대조선국민 군단(大朝鮮國民軍團)을 창설하였을 때, 별동대주임(別動隊主任)을 맡았다. 3.1운동 후 상해로 가서 대한민국 임시정부 창립에 기여하고 군무총장으로서 선출되었다. 1920년 2월 20일 미주를 방문하고 비행사 양성소를 설립하였다. 《독립운동사 제6권 대한민국임시정부사》(서울:독립운동사편찬위원회, 1983), 402-403쪽. 현규환, 《한국 유이민사 하권》(서울:흥사단 출판부, 1976), 879-880쪽.
한경희 목사님이 삼원포에서 목회를 하실 때 1917년 노백린의 아들 노선경이 한경희 목사님의 집에 기숙하면서, 삼원포교회 집사로 봉사했다. 노선경은 아버지의 친구인 한경희 목사님을 몹시 존경했고, 노선경의 제의로 삼원포에 조선국민회(朝鮮國民會)를 조직했다. 한진옥 서신, 2003년 11월.

전도하는 신학생

　신학교 재학 중 하나님의 말씀을 조직적으로 배우는 것도 즐거운 일
이었고, 철저한 신앙생활을 지도하는 교수들로부터 많은 것을 배울 수
있었다. 더욱이 평양신학교에서는 이론적으로 배우는 것으로 신학공부
가 끝나는 것이 아니라 철저한 실습위주의 신학교육을 하였기 때문에
배우는 것이 많았다. 주님의 몸 된 교회를 봉사하는 일은 신학생으로서
필수적인 요소였다.

　신학교에 입학하던 첫해 3개월 반의 학기가 끝나고 7월부터는 삭주
(朔州), 창성(昌城) 등지에서 임시조사로 2개월간 시무하였다. 삭주, 창
성군은 압록강변 지역으로 복음이 일찍이 전파되었는데, 삭주에는
1894년에 이미 첫 신자들이 생겼고, 1896년에는 삭주읍교회가 설립되
었다. 한득룡 조사가 1902년에 이 지방의 담당 조사로 시무하게 되었
다. 1907년에는 삭주군 외남면 대관(大館)교회, 1909년에는 신창(新倉)
교회와 신안(新安)교회가 설립되는 발전을 보였다. 한편 창성군(昌城郡)
에서는 1897년 창성읍 성풍동에 창성읍교회가 최초로 설립되었고,
1905년에 사창(私倉)교회가 설립되는 발전을 보였다. 그러나 일반적으
로 주위의 여타 군보다 교세의 발전이 오히려 늦은 경향이 있었다. 이에
1909년에 평북전도회에서 삭주 창성 지방에 전도인 김상륜(金尙倫)을
파견하고, 특히 용천전도회는 백봉수(白奉守)를 창성군에 파송하여 3년
을 계속해서 전도하게 했다.[29] 이러한 전도의 요구가 많은 지역으로 한
경희 조사는 지원하여 전도하게 되었던 것이다.

---

29) Harry A. Rhodes, *History of the Korea Mission Presbyterian Church USA Vol. 1 1884-
1934*, P. 204.
　차재명, 《조선예수교장로회사기》(1928년간), 35, 96, 202, 214, 222쪽.

삭주 창성 지역에서 임시조사의 책임을 마친 후 용천군 외상면 남시 교회에서 조사로 청빙이 있어 섬기게 되었다. 1911년 6월 4일(음력, 양력 5월 8일) 한경희 조사의 둘째 아들 순옥(順玉)이 태어나서 온 가정이 기뻐했다.

1909-1910년에는 조선교회 전체적으로 '백만 명 구령운동'이 한창이었다. 이에 부응하여 용천군 내의 각 교회도 적극적인 전도활동으로 많은 부흥이 있었다. 1910년 어느 달에는 500명의 새 신자가 생긴 일도 있었다.[30] 한편 1911년에는 소위 '105인 사건'으로 인해 양전백(梁甸伯) 목사를 위시하여 많은 평북교회 지도자들이 경무총감부(警務總監府)의 체포로 경성 감옥에 수감되어 어려움을 겪고 있었다. 이로 인해 교회 지도력은 더욱 결핍되었고, 교회지도자들의 인내와 희생을 요구하는 때였다.[31]

한편 신학생[32]으로서 1912년부터 한경희 조사는 노세영(盧世永) 선교사의 지도 아래 남시교회를 섬길 뿐만 아니라 이 지방의 다른 네 교회를 같이 돌보고 있었다.[33] 남시교회와 인근 교회들을 책임지고 시무하는 일을 1914년 6월까지 계속하던 것이다. 이 기간 중 한경희 조사는 맡은 교회를 열심히 봉사할 뿐만 아니라 1911년에는 용천군 동상면에 윤의창(尹義昌), 김문일(金文一)을 도와서 양책관(良策舘)교회를 설립하고, 1914년에는 동하면 하호산(下虎山)교회를 설립하도록 도왔다. 그가 조

---

30) Harry A. Rhodes, *History of Korea Mission Presbyterian Church USA Vol. 1 1884-1934*, P. 208.

31) 위의 책, 223쪽.

32) 신학교는 미래의 목회자를 양성하는 기관이었다. 당시는 신학생을 신학취교자(就校者)로 구분하여 소속한 노회(대리회)가 신학지원자의 신학교 입학, 교육, 졸업, 안수에 이르는 전반적인 과정에 세밀한 관심, 지도, 후원, 감독을 하였다.

33) 한국교회사학회편, 《조선예수교장로회사기 하권》 84쪽.

사로 일하던 남시교회는 1913년에는 큰 형 한찬희(韓燦禧)를 장로로 장
립함으로 조직교회로서 든든한 교회가 되었다. 또한 남시교회 소속의
명륜(明倫)학교는 한찬희 장로가 설립하여, 선교사들의 도움 없이 독자
적으로 교인들의 자녀들을 가르쳤는데, 한경희 조사는 명륜학교의 교장
으로서 책임도 수행하였다.

　한경희 조사가 이렇게 많은 일을 할 수 있었던 근본적인 힘은 먼저 모
든 교우들과 형제같이 친밀한 관계를 유지함으로써 성도들의 존경을 받
았다는 사실에 있었다. 또한 전도와 개인 심방을 부지런히 하여 성도들
의 생활에 파고 들어가서 그들과 격의(隔意) 없는 관계를 유지하며 신앙
생활을 지도하였기 때문이었다. 이렇게 하여 맡은 교회마다 괄목할 성
장을 이루게 되었던 것이다.

　한경희 조사는 성도들의 신앙을 격려하고 이를 통해서 피차 믿음이
성장하고 그리스도 안에서 서로 위로함을 얻게 된 것이다. 이로 인해서
한경희 조사는 교우들로부터 지극한 사랑을 받았다. 당시 신학교 등록
금이 약 30원에 해당하였는데, 학비 명목으로 한 학기에 40-50원을 받
았을 뿐만 아니라 그 외에도 많은 것으로 성도들로부터 사랑의 선물을
받았다.

　한경희 조사는 1914년 5월 15일, 그의 나이 34(만 32)세에 평양신학
교 제7회 졸업생이 되었다. 평북노회 전도부의 택함을 받고 같은 해 8
월 7일 하오 9시에 철산읍(鐵山邑) 예배당에서 중국 길림성(吉林省) 중동
선(中東線) 지역 전도목사로 장립(將立)을 받았다. 한경희 목사님은 신학
공부를 시작할 때부터 외국 선교사로 갈 것을 결심하고 기도하였는데
이 기도가 이제 이루어지게 되었던 것이다.

　이 때 수많은 우리 동포들이 만주로 이주하고 있었다. 그러나 만주에
는 많은 정치 사회의 구조적 변화가 일어나고 있었고, 여러 가지 어려움

과 위험들이 도사리고 있는 곳이었다. 여기에 사는 우리 동포들에게는 진정한 위로와 평안의 복음이 절실히 요구되고 있었다.

제4장
만주의 특이한 정치적 상황

어찌하여 이방 나라들이 분노하며 민족들이 헛된 일을 꾸미는가 세상의
군왕들이 나서며 관원들이 서로 꾀하여 여호와와 그의 기름 부음 받은 자
를 대적하며 우리가 그들의 맨 것을 끊고 그의 결박을 벗어 버리자 하는
도다(시 2:1-3)

한경희 목사님이 가장 심혈을 기울여 전도하던 대상은 만주 곳곳에
흩어져 유리(遊離)하던 조선인들이었다. 만주에 거주하던 우리 동포들
은 늘 변화하는 정치적 불안정과 관헌들의 부패와 욕심으로 야기된 불
합리한 상황에서 어려움을 겪어야 했었다. 또한 일제(日帝)는 만주를 자
기들의 세력아래 두어 마음대로 주무르고 개척과 발전이라는 미명아래
만주에 거주하던 수많은 우리 동포들을 희생양으로 이용하고 핍박하였
다. 당시 우리 동포들의 생활상과 어려움을 알기 위해서는 격변하는 만
주의 특이한 정치적 상황을 이해하는 것이 필수적이다.

청조의 발상지 만주

청조(淸朝, 1616-1912년)는 중국 역사상 가장 오랫동안 중국 대륙을 지배하고 번창한 왕조 중의 하나였지만, 아편전쟁(1839-1860년)의 패배, 태평천국의 난(1850-1865년), 의화단의 난(1900년) 등으로 어려움을 겪더니, 1908년 서태후(西太后)의 사망 후, 신해혁명(辛亥革命, 1911년)으로 말미암아 드디어 그 막을 내리고 말았다. 청조의 타도를 주도한 쑨원(孫文, 손문, 孫中山, 孫逸山)은 1912년 1월 1일 임시 대총통(大總統)으로 선출되어 취임했지만, 이러한 난세(亂世)에 심각한 내란을 막고 정국을 안정시키기 위해 위안스카이(袁世凱, 원세개)에게 이 자리를 양보하였다. 그러나 강력한 중앙정부의 부재로 인해 군벌시대(軍閥時代, 1916-1927년)가 열리고, 중국대륙은 다시 군웅할거(群雄割據)¹⁾의 춘추전국시대가 열리는 듯 하였다.

한편 만주(滿洲), 소위 동삼성(東三省)은 청조를 통해 중국 대륙의 다른 지방과는 비교적 다른 형태의 통치제도 하에 있었다. 청조는 먼저 만주를 '조상발상(祖上發祥)의 성지(聖地)'로 생각하여 봉금령(封禁令)²⁾을 내려 외국인은 물론이고 한인(漢人)까지도 이주를 금했다. 과거시험을 통과한 문관들에 의해서 다스려지는 것을 허락지 않고, 봉천에 성경장군(盛京將軍)을 두어 만주를 전적으로 담당하게 했다. 나중에는 군사와 민간행정을 구분하려고 했으나 잘 시행되지 않았다. 청조는 1907년에 와서야 성경장군을 동삼성 총독(總督)으로 대치하고 다른 지방과 같이 성제(省制)를 채택하여, 봉천(奉天), 길림(吉林), 흑룡강성(黑龍江省)에 각각 순무(巡撫, 省長)를 두어 다스리게 하였다.

1) 여러 영웅들이 저마다 한 지방씩 차지하여 세력을 떨치는 일.
2) 봉금령은 1845년 폐지되었다.

장쪼린(장작림)과 만주

신해혁명과 함께 중국 대륙의 대부분에서 일어나고 있는 공화주의 제도에 만주의 군벌 장쪼린〔張作霖〕과 그의 관리들은 찬성하지 않고 만주를 내란의 혼란으로부터 분리시키려고 노력하였다. 이 때 만주와 중국 북부 지방의 권력을 장악하고 있던 장쪼린은 혁명군이 만주로 진입하는 것을 거부했다. 1912년 3월12일 중화민국이 확립되었을 때도 단순히 대총통인 위안스카이〔袁世凱〕의 지도력에 그저 스스로 따르는 정도였다.[3]

장쪼린은 1916년에 봉천성의 군사적인 일뿐만 아니라 민간 행정에 관한 모든 책임이 주워졌지만 그의 영향력은 사실상 봉천성을 넘어 전 만주지역에 미치고 있었다. 1917년 5월 중국이 세계1차대전에 참가할 것인가 아닌가라는 문제가 불거져 나왔을 때도 참가를 찬성하는 군벌들과 의견을 같이하고, 이를 반대하는 의회를 해산하는데 참가했다.[4] 1918년에는 드디어 전 만주를 장악하는 통치자로 중앙정부의 임명을 받았다. 그러나 이러한 배려에도 불구하고, 급변하는 중앙정부에 대한 정치적인 그의 관점은 변화하는 군벌들과의 개인적인 친분에 많은 영향을 받았다. 이와 같이 만주는 장쪼린의 개인적인 관할아래 하나의 독립적인 통치기관을 가진 하나의 행정구역이 되었던 것이다.

북경에서 정세의 변동과 더불어, 그의 경쟁자들이 득세함으로 인해 만리장성 이남에 대한 그의 영향력이 감소되자, 1922년 7월 중앙정부와 관계를 단절하고 만주지역을 정치, 외교적으로 독립적인 지역으로

3) *Appeal by the Chinese Government, Report of the Commission of Enquiry.*(Geneva：League of Nations, 1932), Pp. 26~30.

4) Immanuel C.Y. Hsu, *The Rise of Modern China fifth edition*(Oxford University Press, 1995), Pp. 483~484.

통치했다. 그는 외국과의 관계에 있어서도 해당 국가들의 권리와 중국이 가진 의무들을 인정했지만, 만주에 관한 한 모든 문제를 그와 직접 협상하기를 요구했다. 이와 같은 맥락에서 장쪼린의 만주 정부는 1924년 5월 31일에 중앙정부와 소련 사이에 맺은 중소협약(Sino-Soviet Agreement)을 받아들이지 않았다. 비록 그 협정이 중국에 유익한 것이었지만, 소련이 같은 해 9월 그것과 유사한 협정을 다시 장쪼린의 만주정권과 맺어야만 하도록 설득했다. 이러한 사실은 장쪼린 만주정부가 국내문제 뿐만 아니라 외교문제도 완전한 독립을 가진 것을 과시하는 것이었다.

카오쿤(曹錕, 조곤)이 불명예스러운 방법으로 대총통에 선출되자, 1924년 10월 장쪼린의 군대가 북경으로 진격했다. 이러한 중요한 시기에 뜻밖에도 북경을 방비하던 우페이푸(吳佩孚, 오패부) 장군의 휘하에 있던 170,000여 명의 막강한 군대가, 펑위샹(馮玉祥, 풍옥상) 장군의 모반(謀叛)으로 패하고 말았다. 이로 인해 카오쿤은 대총통의 자리에서 쫓겨나게 되었다.[5]

1925년 다시 무력충돌이 일어났는데 이번에는 지난번에 동맹군이던 펑위샹(馮玉祥) 휘하의 군과 대치하게 되었다. 이번에는 장쪼린의 휘하에 있던 구오셍린(郭松齡, 곽송령) 장군이 배반을 하게 되었다. 구오셍린은 남만철도의 서쪽지역에 주로 위치하고 있었는데, 그의 움직임은 펑위샹에 직접적인 도움을 주었고, 또한 소련에 유리한 역할을 하고 있었다. 이 때 장쪼린 군대는 상당히 위축된 형편이었고 주로 봉천지역에 주둔하였으며 그의 움직임은 일제에 도움을 주었다. 이 때 일제는 자신들의 이익을 보호하기 위해 남만철도 양쪽 20리(12km) 중립지대를 선포하여 군대의 통과를 허락하지 않았다. 이로 인해 구오셍린의 군대가 움

---

5) Ibid., Pp. 485-486.

직이는데 어려움이 있었고, 흑룡강성에 주둔하고 있는 장쪼린을 후원하는 군대가 도착할 수 있는 시간적인 여유가 있었다. 그러나 흑룡강 지역 군대의 움직임을 방해하기 위해 소련은 영향력 하에 있던 중동선(中東線, Chinese Eastern Railway)을 이용하려는 장쪼린의 지원군대의 승차를 방해하고, 현금으로 승차료를 지불할 것을 요구했다. 그러나 장쪼린의 지원군대는 다른 방법으로 이동할 수가 있었다. 이러한 상황에서 구오셍린의 군대는 패하고 펑위샹의 군대는 퇴각하여, 북경도 장쪼린의 수중에 들어가게 되었다.

이후에 장쪼린은 소련이 지원군대의 승차를 방해한 원한도 있고 해서 중동선에 대한 소련의 권리를 계속적으로 방해하였다. 한편 그는 만주의 삼성(三省)을 서로 잇는, 외국의 영향을 받지 않는 독립적인 철도를 부설할 것을 구상하게 되었다. 호로도(葫蘆島)에 대련(大連)과 경쟁이 되는 부동항을 건설하고 남만철도와 거의 평행하는 동대간선(東大幹線), 서대간선(西大幹線)을 건설하여 남만철도의 경영을 어렵게 하는, 소위 '만철포위정책(滿鐵包圍政策)'을 구상하게 되었다. 이러한 구상은 나중 만주사변의 발발과 그 중요한 쟁점이 되었다.[6]

장쪼린의 정책은 만주가 외교적으로나 국내 문제에 있어서 비교적 독자적인 노선을 걷도록 하였다. 그러나 중국으로부터 완전한 만주의 독립을 추구한 것은 아니었다. 장쪼린의 군대가 중국 본토로 침공을 했지만 외국 군대로서 북경을 점령한 것이 아니라 다른 군벌들과 같이 내란에 참여하는 행위에 불과했다. 장쪼린이 만주지역의 독립성을 주장했지만 중국을 분리하려는 의도나 진정한 의미의 독립국가를 형성하려는 의도는 없었다. 오히려 중국 역사상 대부분의 내란의 목적과 원인과 같이

---

6) *Appeal by the Chinese Government, Report of Commission of Enquiry*, P. 43. 이훈구, 《만주와 조선인》(평양:숭실전문학교경제학연구실, 1932), 126쪽.

대륙을 통일하여 더욱 강력한 나라를 건설하려는 야심찬 노력의 일환이라고 할 수 있다. 장쪼린의 정책이 '독립적'이었다는 것은 중국으로부터 분리가 아니라 더 좋은 중국을 건설하려는 이정표를 제시하려는 노력으로 보아야 할 것이다.[7]

이와 같은 경위로 장쪼린은 국민당의 정강(政綱)을 수용할 수 없었지만, 우페이푸에 대항해서 연합전선을 폈다. 장쪼린은 쑨원(孫文)이 제안한 헌법이 중국사람들에게 어울리는 것이라고 보지 않았다. 그러나 그는 중국의 통일을 원했다. 또한 외국 세력 특히 소련과 일본이 기왕에 가진 권리와 영향력의 범위를 줄이는 방향으로 정책을 밀고 나갔다. 이러한 관점에서 볼 때 그의 정책은 성공적이어서, 소련의 영향력은 현저히 줄어들고 있었다. 일본이 독점적으로 관리하던 남만철도를 그 지선(支線)으로부터 차단하기 위해 다른 철도 건설을 시도하기에 이르렀다. 이러한 목적으로 1924년 11월 그는 쑨원을 초청하여 정치구도의 재구성을 위한 회담을 하기 원했다. 그러나 불행하게도 쑨원의 치명적인 병, 간암으로 인해 이 회담이 이루어지지 못했다.[8]

그 후 장쪼린은 점차적으로 일본이 과거의 조약과 합의를 이용해서 이익을 추구하는 것을 인정하지 않는 쪽으로 움직이고 있었다. 일본과 그의 관계가 때로는 경직되기도 했다. 일본의 입장은 그가 가급적 중국 대륙에서 일어나는 파벌싸움에 개입하지 않고 만주의 개발과 발전에 전념(專念)할 것을 권고했다. 그는 이를 거절하고 중국의 통일과 중국사람들의 안정을 위해서 계속적인 노력을 했다. 1927년 6월 18일 북방군벌

---

7) *Appeal by the Chinese Government, Report of Commission of Enquiry*, Pp. 28-29

8) 쑨원은 북방군벌들과 회담을 위해서 1924년 12월 31일 북경에 도착했다. 북경 시민들의 열렬한 환영을 받았으나, 1925년 1월 20일 이후 그의 건강이 악화되어, 그 해 3월 12일에 "평화, 투쟁… 중국을 구하라"라는 말을 하면서 죽었다. Immanuel C.Y. Hsu, *The Rise of Modern China Fifth Edition*, P. 486.

연합의 우두머리로서 '군정부(軍政府) 대원수(大元帥)'의 직책을 가지게 되었다.[9]

이즈음 국민당 정부와 그의 관계는 서로 적대관계와 가까운 것이 되었다. 단적인 예로 국민당 정부는 만주에서 세력을 확장하기 위해서 장쪼린과 적대관계에 있는 후지[鬍子, 호자], 공페이챙[貢沛誠, 공패성], 유에웨준[岳維峻, 악유준], 쉬케수안[史可軒, 사가헌], 양유이[楊宇一, 양우일]와 연락하여 국민당의 조직을 구축하고 있었으며, 또한 장쪼린의 세력에 항전하는 것을 지원하고 있었다. 이러한 상황에서 장쪼린은 일본과 다소 협상으로 외교관계를 맺는 양면성을 보이기도 했다.[10]

한편 장제스[蔣介石, 장개석]가 이끄는 국민당 군대는 1926년 7월 27일 북벌을 개시했다. 국민당 혁명군대는 광주(廣州)에서 시작하여 승승장구(乘勝長驅)로 세력을 확장하였는데, 6,000 황포군관학교[11] 생도와 85,000명의 군대로 시작하여 1927년 3월에는 남경(南京)을 점령하여 남경정부를 수립하였다. 이 당시 국민당 군대는 국공(國共) 합작(合作)으로 이루어졌는데 점차적으로 대립이 심화되어, 1927년 4월 상해(上海) 쿠데타를 분기점으로, 공산당이나 좌익 노동운동 지도자를 탄압하기 시

---

9) *Appeal by the Chinese Government, Report of Commission of Enquiry*, P. 29.

10) 이 당시 동삼성 당국자들은 일본과 1925년 삼시협정(三矢協定)을 맺어 일본과 합세하여 독립군들의 활동을 방해하고 있었다. 1925년 11월 영고탑(寧古塔)에서 신민부 소속의 독립군 요인을 피검한 것이나, 1926년 흥륭진(興隆鎭)에서 신민부관계자들을 피검한 사실, 1927년 신민부 본부를 습격하여 김혁 등 주요 인물들을 체포한 것은 이 사실을 단적으로 나타낸다. 또한 공페이챙, 양유이 등은 김좌진 장군과 연합전선을 펴서 대대적인 항일전쟁을 계획하고 있었는데, 장쪼린이 공페이챙, 시케수안 등을 체포함으로써 이 계획이 수포로 돌아갔다. 독립운동사편찬위원회, 《독립운동사 제5권》(서울:고려서림, 1983), 523-525쪽.

11) 황포군관학교에는 7기까지 조선인 교관과 학생들이 약 200명이나 되었다. 정신철, 《중국 조선족—그들의 미래는…》(서울:신인간사, 2000), 24쪽.
한경희 목사님의 장남 한청옥(韓淸玉)도 황포군관학교를 졸업했는데, 여기서 공산사상을 적극적으로 받아들이고, 삼원포에 돌아와서 교회의 영수(領袖)라는 직책을 가졌음에도 불구하고 공산주의 운동을 벌였다.

작하였다. 공산당은 강서(江西), 호남(湖南)의 산악지대로 도망가서 저항
하기 시작했다. 이러한 어려움에도 불구하고 장제스가 이끄는 국민당
군대의 북벌(北伐)은 계속되어 북경을 점령하고 말았다.

장쪼린은 1928년 6월 3일 국민당의 북벌에 패배를 경험하며, 북경을
떠나야 하는 형편이 되었다. 북경에서 출발한 열차가 6월 3일 봉천 교
외, 남만철도가 교차하는 지점에 도착했을 때 철도 폭발로 그는 사망하
고 말았다. 이 사건은 일본의 관동군 소속의 육군 고모토다이사꾸[河本
大作][12]의 음모에 의해서 일어났음이 밝혀졌다.[13]

그의 아들 장쉐량[張學良, 장학량]이 만주의 통치자로 정권을 잡자, 그
는 다시 국민당 정부와 가까워져서 연합을 선언하고, 드디어 1929년 1
월 1일에 청천백일기(靑天白日旗)가 봉천에 휘날리기 시작했다.[14] 같은
해 봉천성이 요령성(遼寧省)으로 개칭되었다.

국민당 정부와 만주

장쉐량이 이끄는 만주정부가 국민당 중앙정부와 연합해서, 위원회 제
도가 도입되고 국민당 본부가 만주에 확립되었다. 그러나 과거의 제도
나 인맥이 무시될 수 없는 형편이었다. 만주군대의 고위 장교나, 관청의
고위직에 있는 인사들이 국민당에 가입하는 것은 하나의 형식에 불과했
다. 관리를 임명하는 것이나 해고하는데 만주정부의 동의 없이는 이루
어질 수 없는 것이었다.[15]

---

12) 고모토다이사꾸는 이 사건으로 예편을 한 후 만철(滿鐵)의 이사로 초빙되었고, 만주탄광(滿洲炭鑛)
의 이사장을 역임하였다. 임성모 옮김, 《만철 일본제국의 싱크탱크》 고바야시히데요(서울:산처럼, 2004),
163-164쪽.

13) Immanuel C.Y. Hsu, *The Rise of Modern China Fifth Edition*, P. 530.

14) 〈동아일보〉 1929년 1월 3일.

북양군벌(北洋軍閥). 앞줄 왼쪽에서 세 번째 장쭤린(張作霖), 네 번째 우페이푸(吳佩孚), 다섯 번째 장쭤
린의 아들 장쉐량(張學良), 장쭤린과 우페이푸 사이 장쫑창(張宗昌). 司馬桑敦等著 張老師與張小師(臺
北: 傳記文學出版社. 1984). 만주는 청조의 멸망 후 대개 북양군벌들에 의해서 통치되었는데, 이들에게
는 오늘의 친구가 내일의 적이 되기도 했다. 결국 1931년 만주사변 후 일제의 꼭두각시 정부 만주
국이 성립되었다

  한편 외교정책에 있어서는 장쉐량은 일제의 남만철도와 관련한 권리
들을 인정하지 않으려는 경향이 있어 왔다. 국민당과 연합한 이후, 조직
적이고 체계적인 국민당 정책이 소개되기 시작했다. 국민당 정책의 책
자에는 잃어버린 주권을 회복하는 일, 외국과 맺은 불평등한 조약의 폐
기, 제국주의의 사악한 점을 부단히 강조하고 있었다. 이러한 국민당의
강령은 만주가 중국 영토임에도 불구하고 외국인들의 재산, 법정, 경찰,
심지어 군대가 판을 치는 현실을 다시 한번 생각하게 함으로 만주의 중
국인들에게 큰 영향을 미쳤다. 민족주의적인 교과서나 선전 책자가 학
교에 들어서기 시작했다. 또한 '요령국민외교정책회' 같은 단체들도 나
타나기 시작했다. 이러한 민족주의적인 감정이 점차 심화되고 일본인들

---

15) *Appeal by the Chinese Government, Report of Commission of Enquiry*, P. 30.

을 자극하기 시작했다. 이러한 감정이 점차 높아져 지주나 건물주인 중국인들이 일본인이나 조선인들에게 임대료를 높이기 시작하였다. 특히 많은 조선인들이 탄압을 받기 시작하였다.[16]

각성의 수도에 국민당 당사가 1931년 3월에 수립되고, 그 후 각 지역 당사가 각 도시에 세워졌다. 1931년 4월 '국민외교정책회'가 주최한 회의가 300명 이상이 참석한 가운데 5일 간에 걸쳐 심양에서 열렸다. 이 회의에서는 만주에서 일본의 역할을 무력화시키는 방안과 남만철도의 접수를 토의하고 결정했다. 소련인들도 같은 탄압을 받고, 특히 백러시아인들은 굴욕적인 취급과 학대를 받았다.

또한 국민당 중앙정부와 합한 후에 동북정무위원회(東北政務委員會)를 심양에 설립하였다. 이 위원회는 네 성, 즉 요령성, 길림성, 흑룡강성, 및 열하성과 중동선 철도를 관리하는 특별구역의 모든 문제를 관리하고 담당할 의무를 가진 모임이었다. 이 단체의 중요한 의미는 다른 각 성들도 비슷한 행정기구를 가지고 있었지만 동북지방, 즉 만주를 하나의 행정구역으로 유지하는 것을 인정했다는 데 있다.

만주정부의 관리들은 힘은 결국 남경정부에서 오는 것보다, 자신들의 군대에서 나온다는 사실을 잘 알고 있었다. 이 때 만주는 250,000명의 군대를 소유하고 있었고, 군사비용이 전체 세출의 80%를 차지하고 있었다. 나머지로 행정, 경찰력의 유지, 법 집행, 교육을 수행하기에는 역부족이었다. 재정부처에서 충분한 급료를 공무원들에게 지불할 수 없었다. 모든 권력이 소수의 군대 지도자들에게 있었다. 관청에 여러 가지 부패가 횡행(橫行)했는데, 연고자 등용, 관리들의 부패, 실정(失政) 등은 피할 수 없는 결과였다. 무거운 세금이 부과되었는데, 과도한 세금으로 인해 불환(不換)지폐[17]인 만주화폐(貨幣)의 가치가 하락하고 있었다. 정

---

16) Ibid., P. 30-31.

부 대두(大豆) 구매는 1930년대에 와서는 거의 전매품목과 같이 되어버렸다.[18]

만주사변과 만주국

1929년 말부터 시작된 전 세계적 경제공황은 일본에도 예외 없이 불어닥쳤다. 일제 군부는 국내적 불만을 외부로 몰아내기 위하여 음모를 꾸미고 있었다. 이러한 상황에서 만주에 주둔하고 있던 일제의 관동군은 전 만주를 점령할 구실을 찾게 된 것이었다. 일본정부 내의 민간 내각의 반대가 있었지만 군사지도자들은 이러한 사실을 묵시적으로 인정하고 있었다. 1931년 9월 18일 오후 10시 심양 교외의 남만철도에서 폭탄이 터졌다. 일본군 순찰대는 폭발 후 벌판으로부터 중국군대의 사격이 있었다고 주장했다. 다음날 새벽 3시 40분에는 이미 일본군이 봉천 시내로 진격하고, 9월 19일에 장춘(長春), 9월 20일에 안동(安東), 영구(營口), 21일에는 길림(吉林)을 차례로 점령했다.

일제는 이러한 점령을 합리화하기 위해 1932년 3월 9일 청나라의 마지막 황제였던 선통제(宣統帝) 푸이[溥儀]를 내세워 꼭두각시 정부인 만주국(滿洲國)을 수립하였다. 1933년 3월 국제연맹의 타협안을 거절하고 일제는 국제연맹에서 탈퇴해버렸다. 1934년 3월 1일 일제는 푸이[溥儀]를 황제로 세웠다.[19] 일제는 만주국 수립을 통해서 전 만주를 효과적으로 지배할 뿐 아니라, 1937년 7월 7일 노구교사건을 시발점으로 중일전쟁을 일으켜 본격적인 중국 본토 공략에 나섰다. 일제는 이에 만족

---

17) 금이나 은으로 만든 정화(正貨)와 바꿀 수 없는 지폐.

18) Ibid., P. 31

19) Immanuel C.Y. Hsu, *The Rise of Modern China Fifth Edition*, Pp. 545-552.

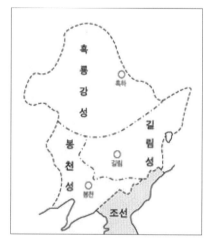

1908년 동삼성(東三省) 시대

1929년 사성(四省) 시대

만주사변 후 1934년 14성 시대

청(淸)은 성경장군을 두어 만주를 중국 내륙의 다른 지방과 별개의 지역으로 통치하였다.
1907년 성경장군 대신 동삼성 총독을 두고 행정상 중국 내륙의 성제(省制)를 채택하였다.
1908년 성경성을 봉천성으로 개칭하였다.
1913년 동북 정무위원회가 최고행정기관으로 되었다.
1929년 봉천성이 요령성으로 개칭되었다.
1934년 중앙집권제와 행정구역을 14성으로 개혁하였다.
1938년 통화, 목단강성을 신설하였다.
1939년 동만, 북만성을 증설하였다.
1941년 사평성을 신설하여 총 19성이 되었다.

하지 않았고, 1942년 12월 7일 진주만 공격을 시작으로 세계 제2차 대전을 일으켰다. 일제는 1945년 8월 15일 연합군에게 무조건 항복할 때까지 꼭두각시 정부 만주국(滿洲國)을 통해서 만주를 지배하게 되었다.

이렇게 부조리가 팽배하고 고난이 기다리고 있는 만주였지만 수많은 우리 동포들은 만주로 만주로 이동하고 있었다. 정들고 따뜻한 고향을 떠나 거치른 만주로 이주하도록 강요당하고 있었던 것이다.

제5장

조선인의 만주 유이민

너희는 집을 짓고 거기에 살며 텃밭을 만들고 그 열매를 먹으라 아내를 맞이하여 자녀를 낳으며 너희 아들이 아내를 맞이하며 너희 딸이 남편을 맞아 그들로 자녀를 낳게 하여 너희가 거기에서 번성하고 줄어들지 아니하게 하라 너희는 내가 사로잡혀 가게 한 그 성읍의 평안을 구하고 그를 위하여 여호와께 기도하라 이는 그 성읍이 평안함으로 너희도 평안할 것임이라(렘 29:5-7)

만주가 고대 우리 민족의 활동 근거지였다는 것은 잘 알려져 있는 사실이다. 또한 우리 민족의 활동 무대가 한반도 안으로 위축되고 난 후에도 만주와 계속적인 교류와 그 지역으로의 유이민(流移民)[1]은 불가피한 역사적 사실이었다. 근대 역사에서 조선사람들의 만주 유이민은 시기에 따라 여러 가지 다른 상황으로 인하여 일어났다. 20세기 초를 기준으로

---

1) 유이민(流移民)은 현규환 박사의 정의 유민, 즉 고향을 떠나 유리(流離)하는 백성이라는 의미와 이민, 개척하기 위하여 옮기어 사는 행위라는 합성어 개념을 사용하였다. 현규환, 《한국유이민사 상권》(서울: 홍사단출판부, 1967), 11쪽.

그 이전에는 부패한 지도층으로 인한 정국(政局)의 혼란과 과중된 흉년으로 인하여 백성들이 대거 만주로 이주하였다. 한편 1910년 한일합방을 전후하여 시작된 만주 유이민은 일제의 조선 침략과 경제수탈정책 때문에 일어났다. 만주로 흘러 들어간 동포들의 삶의 애환(哀歡)은 이루 말할 수 없었다.

한경희 목사님은 일찍이 1909년 평신도 전도인으로서 일 년간 서간도의 각 지역을 순방하며 많은 동포들을 위로하며 하나님의 평안의 복음을 전했다. 우리 동포들의 만주 이주 동기와 역사적 배경 및 실상을 파악하는 것은 이들을 위해서 목숨을 바친 한경희 목사님의 사역을 이해하는 밑바탕이 된다.

이조시대의 부패한 지도층과 유이민

이조 초기부터 있어온 토지제도의 문란(紊亂), 세금제도(稅金制道)의 무질서와 가혹한 징수, 관리들의 주구(誅求)[2]로 인해 백성들의 삶은 말이 아니었다. 이뿐만 아니라 연산군 대의 누차에 걸친 사화(士禍)와 폭정으로 정치적인 불안정마저 겹쳐서 백성들은 유리(遊離) 방랑(放浪)하지 않을 수 없었다. 중종, 인종, 명종을 거치는 동안 이러한 부패는 개선되지 않았다. 당쟁으로 인한 양반계급의 분열은, 국가 안정이나 백성들의 복리보다는 지배계급들의 사리사욕 추구로 일어났고, 이로 인하여 백성들은 더욱 불안한 생활을 하게 되었던 것이다. 명종 17년에 일어난 임꺽정의 난은 당시 농촌 백성들의 유리상(遊離相)을 단적으로 나타낸다. 이러한 이유로 임진왜란 이전 이미 만주로 많은 유이민이 있었는데, 이들 중에 철령(鐵嶺)이씨는 큰 세력을 이루었고, 명나라의 장수 이여송(李如

2) 관청에서 백성의 제물을 강제로 빼앗아감.

松)이 조선계의 인물이라는 사실은 역설적으로 그 이면에 있었던 조선 사람들의 유이민의 규모와 애환(哀歡)의 정도를 말해준다.[3]

양반계급의 극심한 당쟁 속에 일어난 임진왜란(1592년)과 정유재란(1597년)을 통한 강토의 피폐(疲斃)는 말할 수 없이 심했고, 수많은 백성들이 일본으로 포로로 잡혀갔다. 심지어는 구원군으로 온 명나라의 군대가 퇴각할 때 끌려간 조선사람의 숫자 또한 대단히 많아서 이들 중에 일부는 남만주에서 부락을 이루고 고려촌(高麗村)을 건설할 정도였다.[4]

후금(後金) 토벌을 위한 명나라의 요구에 어쩔 수 없이 출병을 한 강홍립 장군은 형세를 보아 누루하치의 후금군(後金軍)에게 투항하여 위기를 모면하기도 하였다. 그러나 그 후 청(淸)의 침입으로 일어난 정묘, 병자호란은 결과적으로 조정의 무능과 당쟁으로 인한 쓸데없는 정국혼란으로 일어났고, 이로 인해 수많은 백성들이 살상당하고 포로로 잡혀갔다. 인조(仁祖)가 삼전도(三田渡)에서 청에 항복한 후에 환도하며 목격한 일을 다음과 같이 기록하고 있다. "한강을 넘어 적진을 바라보니, 포로된 백성들이 헤아릴 수 없이 많아 보였고 부녀자들은 더욱 많았는데, 왕의 일행을 보고 땅을 두드리며 통곡하매 차마 볼 수 없는 참상이었다." 이때 잡혀간 사람들의 대부분이 청나라의 팔기군(八旗軍)에 편입되거나 노예로 전락되었다.[5]

이들 중 이름을 날린 조선인들도 있었다. 팔기군을 거느리고 동관 양주를 함락시키고 양자강 이남의 열 개 주를 평정하여 이 지방 최고 군사 장관인 섬서제독으로 임명되었고, 수도위수 최고 장관이 된 호군 통령 한걸은(韓杰殷), 유명한 사고전서(四庫全書) 2,891권을 편찬한 김간(金簡),

---

3) 위의 책, 119-120쪽.
4) 위의 책, 121쪽.
5) 위의 책, 123-129쪽.

건륭(乾隆) 연간의 명화가 이세탁(李世倬), 부총재 총관 내무대신으로 있은 김세속(金世續) 등 여러 사람들이 있다.[6]

숙종시대(1674-1720)는 당쟁과 그로 인한 정국의 변화가 가장 심하였다. 조정의 혼란과 관리들의 가렴주구(苛斂誅求)는 일반 서민들의 생활을 들볶았다. 이 시기에 많은 조선 백성들이 만주로 넘어가 인삼을 채취하거나 농사를 짓기도 하였다. 이로 인한 여러 가지 사건들이 발생했는데 자세한 내용들이 숙종실록에 기록되어 있다. 청국(淸國)은 조선인들의 빈번한 월경(越境)을 염려하였고, 장백산(長白山, 백두산)을 청조(淸朝) 발상의 영산(靈山)이라 하여 지리를 조사하였을 뿐만 아니라(숙종 3년), 숙종 38년에는 국경을 답사하여 정계비(定界碑)를 건립하였다. 이러한 사건들은 조선인들의 월경이 무시할 정도가 아니라는 것을 증명하는 역사적 사실이다.

북만(北滿)에 있는 영안현청(寧安縣廳)의 옛 기록에 의하면 1760년 이미 동경성(東京城)을 중심으로 약 4,000명의 조선인들이 거주한 것으로 되어 있다. 그 세력이 청나라 사람들을 압도함으로 귀화 조선인 외에는 전부 쫓아내도록 했다고 되어 있다.[7]

영조(英祖), 정조(正祖)를 거치는 동안 탕평책(蕩平策)[8]을 써서 어느 정

---

6) 고영일, 《중국 조선 민족사 연구》(서울:학연문화사, 2002), 103-115쪽. 최근 하북성(河北省) 청룡현(靑龍縣), 평천현(平泉縣), 승덕현(承德縣) 등에 약 400호 2천여 명의 박씨 가족들이 사는데 이들은 이곳에 거주한 지 3백년 가까이 되며, 조선족임을 알고 있다. 그중 청룡현 박장자(朴杖子)촌의 일가 340명은 1964년 전국 제2차 인구보편조사를 할 때 모두 조선족으로 고쳤다. 요령성 개평현(盖平縣) 박가구(朴家溝)촌의 박씨 277명이 1982년 조선족으로 바꾸었다. 요령성 본계현(本溪縣) 박보(朴堡), 길림성 서란현(舒蘭縣) 박가둔(朴家屯)에 사는 박씨 일가들이 있다. 이들도 민족 성분을 조선족으로 고치려하고 있다. 그 외 요령성 봉성현(鳳城縣)의 문(文)씨들은 청조(淸朝) 초에 조선으로부터 이주해온 조선족 후예들이며, 같은 봉성현 서가보(徐家堡)의 서씨들도 이곳에서 수백 년을 살아온 조선족임을 알고 있다. 위의 책, 115-123쪽. 김양, 《압록강류역의 조선민족과 반일 투쟁》(瀋陽:료녕민족출판사, 2001), 16-27쪽.

7) 현규환, 《한국유이민사 상권》142쪽.

8) 관직을 안배하여 당파간의 알력을 해소하기 위한 정책.

도 정국(政局)이 잠잠해졌다하나 내면적으로 갈등의 소지를 안고 있었
다. 정조 시대에 이미 홍국영(洪國榮)의 세도정치의 기틀이 잡히고, 안동
김씨, 풍양 조씨, 다시 안동 김씨의 순서로 권력을 잡고, 조정의 세력을
차지하였다. 중앙정치의 문란으로 지방행정 내지 재정의 난맥상을 유발
하였다. 이로 인한 지방 관리들의 학정이 극에 다다라 민생과 밀접한 관
계가 있는 소위 삼정(三政) 즉, 전정(田政), 군정(軍政), 환곡(還穀)의 문란
으로 백성들의 생활은 이루 말할 수 없이 어렵게 되었다. 순조 때 일어
난 홍경래의 난, 철종 때에 일어난 진주 민란은 당시 민생의 처절함과
민심의 흉흉함을 반영하는 사건들이었다.

　1863년 고종의 즉위와 대원군의 개혁정치는 벌열(閥閱)정치[9]나 세도
(勢道)정치[10]를 타도하기 위한 좋은 동기를 가졌으나 그의 정책도 많은
모순과 혼란을 초래하는 결과를 가져왔다. 이 시기에 발생한 동학운동
은 뿌리 깊은 양반계급의 부당한 가렴주구(苛斂誅求)[11]에 대한 농민들의
항거와 절규였다. 동학운동은 1864년 교조 최제우의 사형으로 활동이
수그러드는 듯했으나 그들의 신원(伸寃)운동은 다시 표면화하여 무력항
쟁으로 변하였다. 이 사실은 농민들의 어려운 상황과 지배계급의 철저
한 부패와 무능력을 단적으로 말해주는 것으로 이러한 부조리는 전국적
인 것이었다.[12]

　이렇게 불안한 민심, 청의 봉금령(封禁令) 해제(1845년), 두 차례(1869-
1870, 1882년)에 걸친 북한지방의 대흉년으로 말미암아 많은 백성들이
두만강과 압록강을 건너 남부여대(男負女戴)[13]하고 만주, 연해주 지방으

---

9) 공로가 많고 벼슬을 많이 한 가족에 의한 정치.

10) 왕이 특정한 인물을 신임하여 그가 왕권을 대행하고 정권을 독차지하는 정치.

11) 가혹하게 세금을 징수하며 무리하게 재물을 빼앗음.

12) 이기백,《한국사 신론》(서울:일조각, 1990), 367-375쪽.

제5장 조선인의 만주 유이민 099

로. 이주하였다. 회령과 그 주변의 몇몇 지방 관리들은 1870년 민생고
(民生苦) 해결과 국토의 확충을 위해 조정의 허가를 기다릴 것도 없이 주
민들이 이주하여 개간(開墾)하도록 도왔다. 이러한 환경 하에서 국경분
쟁이 발생하기 전 조선인들이 이미 북간도지역 인구의 80%를 점유하
고 있었다.

압록강 대안(對岸)에서도 이주자가 늘어났다. 1861년 혼강(渾江) 유역
에 벌목(伐木)사업을 위해 월경(越境)하였던 사람들이 정착하여 부락을
형성하고 살았다. 점차 인구가 늘어나자 1889년에는 압록강 대안지역
을 평안도의 각 지역에 배속시켜 관리하였다. 1897년경 이 지역의 조
선인들은 8,722호에, 37,000명의 달하였다. 1900년에는 호세(戶稅)
30전(錢)을 상납하게 하였고, 또한 민병(民兵)으로 구성된 충의사(忠義社)
라는 것을 조직하여 비도(匪徒)들의 행패로부터 이주민들의 안전을 도
모했다. 1906년경에는 안동, 흥경, 유하, 돈화, 영고탑에 이르는 광범
위한 지역에 조선인들이 살고 있었다.[14]

북만지역의 근대적 조선인 유이민은 1877-1903년 중동선 철도공사
에 노동자로서 일하기 위해 남만(南滿), 노령(露領)과 북한지방에서 할빈
[哈爾濱, 하이빈]지방으로 왔다. 공사 종료 후 철도를 따라, 할빈, 일면파
(一面坡), 횡도하자(橫道河子), 목릉(穆陵), 수분하(綏芬河)[15] 등지에 흩어져
정착하게 되었다.[16] 그러나 여기에 대한 기록들이 대단히 부족한 형편
이다. 선교사 국유치 목사가 1927년 4월 5주간에 걸쳐 중동선 동부지
선 지방을 심방했는데, 이 때 조선인 중에서 50년 이상 중국에서 살아

---

13) 남자는 지고 여자는 이고 가난한 사람들이 이리저리 떠돌아다니는 것.

14) 현규환,《한국유이민사 상권》134-144쪽.

15) 수분하(綏芬河)는 일제시대의 문헌에는 한글음 '유분하'로 표기되기도 한다.

16) 위의 책, 142쪽. 김경식, 천수산, 최봉룡,《조선족생활사》(서울:문음사, 2001), 41-42쪽

온 사람들을 만났다는 기록도 있다.[17]

영안현(寧安縣)은 조선인들이 제일 먼저 발붙인 곳인데, 오사구(烏蛇溝) 조선인 마을 고안촌(高安村)에 마을사람들이 꾸린 사숙(私塾)이 있었다. 마을의 촌장이 촌민들을 동원하여 청국에 귀화입적을 신청하자, 1908년 이 지방의 독헌(督憲)이 학교설립을 허락하였다. 이 소학당은 첫 근대적인 학교로서 만청정부에 등록되고 정부의 허가와 경제적 후원을 받는 정식학당으로 되었다. 학교에서는 계묘(癸卯)학제에 따라 초등학당의 수업연한을 5년, 고등학당의 수업연한을 4년으로 하였다. 초기에는 교원 2명, 학생 26명이었다.

1908년 할빈 고려가(高麗街)에 동흥(東興)학교를 조선인 거주민들이 설립하였고 초대 교장은 탁춘봉이었다. 이 학교는 러시아어로 수업을 하고 학생은 40명이었다. 이 학교는 안중근 의사의 활동 거점이 되기도 했다. 또한 같은 해에 밀산부 봉밀산 한흥동에 한민(韓民)학교가 설립되었고, 이승희(李承熙)가 초대 교장으로 일했다. 이러한 기록으로 보아서 이 때 이미 상당히 기반을 갖춘 조선인 마을들이 북만지역에 형성이 되어 가고 있음을 알 수 있다.[18]

일제의 침략과 경제 수탈 정책으로 인한 유이민

한일합방(1910년)을 전후한 조선인들의 만주 유이민의 가장 중요한 원인은 일제의 정치적 압박과 경제적 수탈정책이었다. 빈곤이 대부분의 직접적인 유이민의 이유였는데 빈곤의 원인은 일제 식민지 정책으로 인

---

17) *Personal Report of W. T. Cook*, June 1927.

18) 동북조선민족교육과학연구소, 《중국조선족학교지(中國朝鮮族學校志)》(장춘:동북조선민족교육출판사, 1998), 31, 912, 962쪽.

한 경제적 수탈이었다.[19] 그 당시의 강압정치로 인한 분위기는 일제(日帝)의 초대 조선 총독의 시정 제일성(第一聲)에 잘 나타나 있다. 초대 총독으로 부임한 데라우찌 마사다께[寺內正毅]는, "조선인은 우리의 법규에 복종하든지 아니면 죽음의 길이 있을 뿐이다"라고 말했다.[20]

한일합방 이전 이미 수많은 우국지사(憂國之士)들이 국외 독립운동 기지 건설과제를 가지고 고심하였다. 신민회 간부들은 1909년 서울 양기택의 집에서 서간도에 독립군기지를 건설하고 무관학교를 세워 많은 독립군을 양성하고 이를 토대로 장차 국권을 회복할 것을 결의하였다. 이 계획을 실천하기 위해 이들은 각 지방별로 기금을 모금하고, 이회영(李會榮), 이동녕, 주진수, 장유순 등을 현지에 파견하여 서간도 유하현(柳河縣) 삼원보(三源堡)[21]를 독립군기지로 설정하고 개발해 나갔다.

이보다 앞서 항일 의병전(義兵戰)을 전개하던 의병장들과 의병들도 대거 만주로 넘어갔다. 이들 중 유인석은 그의 구국책략인 '북천지계(北遷之計)'를 실천하기 위해 통화, 집안현으로 건너갔고, 이강년의 의병부대, 이진룡, 조맹선, 박장호, 조병원, 전덕원 등도 1910년을 전후해서 서, 북간도로 넘어갔다. 노백린, 임재덕, 김희선, 이갑, 김광서, 이청천, 이종혁 등 일본 육군사관학교 출신들도 무장 항일투쟁을 하기 위해 만주로 갔다. 이들은 서북간도와 노령(露嶺)의 블라디보스톡, 북만의 밀산지방을 기지로 확보하였는데, 이러한 지도자들뿐만 아니라 그들을 따르는 자들도 같이 항일운동을 위해서 만주로 넘어갔다.[22]

그 때의 조선 유이민자들의 비참함은 미합중국 장로교 홍경 선교부를

19) 이훈구, 《만주와 조선인》 101–105쪽.

20) 현규환, 《한국유이민사 상권》 145쪽.

21) 일명 삼원포(三源浦)

22) 《한국독립운동사사전 1》(서울: 한국독립운동사연구소, 1996), 501–502쪽

일제의 경제 수탈 정책과 정치적 압력을 피해서 만주로 가는 조선인 유이민 대열. 이규헌 해설,《사진으로 보는 독립운동(상) 외침과 투쟁》(서울: 서문당 1988), 152쪽

개시하기 위해서 봉천에 거주하며 조선인들을 위해 일하던 선교사 국유치(Welling T. Cook) 목사의 보고에 잘 나타나 있다.[23]

만주에 오는 조선 이민자의 고통은 심지어 그들의 불행을 실제로 목격하는 사람조차도 완전하게 묘사할 수 없다. 겨울날 영하 40도의 혹한 중에서 흰옷을 입은 말없는 군중은, 혹 10여 명 혹 20여 명 혹 50여 명 떼를 지어서 산비탈을 기어서 넘어온다. 그들은 만주의 나무 많고 돌 많은 산비탈의 척박한 토지와 더불어 악전고투하며 한 가지 살길을 찾기 위해 새로운 세계를 찾아서 오는 것이다. 거기서 그들은 꾸준한 노력으로 중국인의 밭 위에 있는 산비탈의 불모지를 괭이와 호미로 땅을 갈고 손으로 심고 손으로 거두며 흔히 생을 유지하기에는 도저히 불가능한 초근목피를 먹으며 살아가는 것이다. 많은 사람이 식량부족으로 죽었다. 부인과 소아뿐만 아니라 청년들도 얼어 죽었다. 그들의 비참한 생활에 질병이 엄습해왔다. 여

---

23) 이훈구,《만주와 조선인》103-104쪽.

러 명의 조선인이 강에서 맨발로 바지를 걷어 올리고 얼음 조각이 섞인 강을 건너서 저편 언덕에서 바지를 내리고 신을 신는 것을 나는 본적이 있다. 엷은 의복을 입은 여자들이 신체의 대부분을 노출한 채 유아를 등에 업고 간다. 그와 같이 업음으로 해서 서로 조금이라도 체온을 유지하기 위함이다. 그러나 어린아이의 다리는 엷은 옷 밖으로 나왔기 때문에 점점 얼어붙어 작은 발가락들이 서로 붙어버린다. 굽은 등과 주름살 많은 얼굴을 가진 남녀 늙은이들은 끝없는 먼 길을 걸어서 기진맥진하여 몇 발자국도 더 이상 걷지 못한다. 젊은이든 나이 많든 다 이러한 모양으로 고향을 떠나온다. 이와 같이 과거 일 년간-1920년에 75,000명이나 되는 조선인들이 만주로 건너왔다. 현재 동북지방인 만주에 산재한 조선인들은 500,000을 헤아린다.

어떠한 동기로 만주에 갔든지 조선인들의 직업은 대부분이 농업이었다. 이훈구 교수는 1930년대 초 만주에 거주하는 조선인 총수를 약 80만으로 보았고, 조선인들의 만주 내 도시 인구는 전체 인구의 약 5%에 불과한 것으로 추산했다. 나머지 95%를 농촌 인구로 보았다. 또한 조선인의 약 90%의 직업을 농업으로 보았다.[24] 이들의 대부분은 고국을 떠날 때 조금씩이라도 가졌던 소유를 여행비용으로 다 써버렸기 때문에 만주에 도착했을 때는 빈손이 되었다. 대개 늦가을에 고향을 떠나기 때문에 첫해의 추운 겨울을 지날 때는 조선이주자 집단에서 기생적(寄生的)으로 살든지, 중국인 지주에게 다음해 농장에서 노동을 해주는 조건이나, 지주가 요구하는 무엇이든지 하겠다는 계약 아래서 지주가 주는 음식과 거처를 사용하며 지냈다. 그러므로 첫 해는 노예와 같은 생활을 하는 것이 보통이었다. 그 후에도 지주가 토지를 빌려주는 소작인이 되

---

24) 위의 책, 121-122쪽

는 것이 일반적이었고, 지주가 요구하는 대로 소작료를 지불해야했다.

이와 같이 조선인들의 대부분은 기거소작제(寄居小作制, Cropping)를 통해서 생활을 영위하고 있었는데, 많은 경우에 제대로 대접을 받지 못하는 비참한 생활을 하고 있었다. 돈을 빌리는 것도 조선인들은 주로 은행을 이용할 형편이 되지 못하기 때문에 중국인 지주를 통해서 빌렸다. 이자가 높아서 갚지 못하므로 이자에 이자가 붙는 경우가 많았고 결국 지주에게 노예화되는 경우가 많았다.[25]

이외에도 조선인들에게는 여러 가지 어려움이 있었다. 대부분의 만주지역은 중국 정부의 경찰력이 미치지 못한 경우가 많았고, 수많은 마적떼들이 있었다. 이들은 수 명, 혹은 수십 명, 혹은 수백 명으로 구성되어 있었는데 수시로 마을을 습격하여 생명을 위협하거나, 금전이나 재산을 강탈, 방화(放火)를 자행하였다. 1920년대 후반부터는 공산주의자들로 인한 피해도 많았다. 특히 민족주의자, 중일(中日)경찰, 공산주의자들의 싸움으로 인해 많은 동포들이 피해를 보았다.

중국관헌들의 압박과 주구(誅求)도 심했는데, 이들은 특별한 이유 없이 교회나 학교를 폐쇄하라는 명령을 하든지 또는 지나치게 각종 명의의 세금을 징수하기도 했다. 일반적으로 마적보다 이들을 더욱 무서워했다. 이들은 만약 조선사람들이 그들이 요구하는 뇌물을 받치지 않으면, 이유 없이 공산주의자로 몰아 살해하거나 감옥에 가두어버리는 경우도 빈번했다. 일제 군경들의 피해도 말할 것 없이 많았다. 이들은 독립군이나 공산주의자들을 색출한다는 명목으로 수많은 양민들을 죽이거나 괴롭힌 것은 주지(周知)의 사실이다.

조선인 유이민들에 대한 중국정부의 관점은 1890년 이후 1910년까지는 대개 환영하는 태도를 취했다. 특히 조선인들이 쌀농사를 잘한다

---

25) 위의 책, 211-212쪽

는 이유로 이주를 장려하기도하였다. 한일합방 후 조선인들의 대거 이주가 일어나자 중국 관헌들의 탄압시대가 시작되었는데, 이 사실도 대개 1926년까지는 제한적인 입장, 즉 조선인들의 만주 거주가 일반적으로 무해하다는 입장을 취했다. 이 때까지는 중국관헌들이 일반적으로 만주의 조선인들을 일제의 정치적, 경제적 압박의 희생양으로 생각하여 동정적이었다. 조선인들의 독립운동을 적극적으로 협력하는 사례가 많았다. 이는 중국인들의 일제(日帝)에 대한 반감으로 인해 조선인들이 해방을 위해 만주를 근거지로 삼는 것에 동정 내지 협조적이었다.

한편 일제는 만주에 거주하는 조선인들을 그들의 만주 침략의 발판으로 삼으려는 시도를 하였다. 중국인과 조선인들의 문제가 생기면 일제 영사관은 조선인들이 치외법권을 누릴 수 있도록 요구하였다. 이러한 요구는 중국 관헌들을 곤혹하게 만들었고, 이러한 상황에서 중국관헌들은 만주 거주 조선인들을 제한할 필요가 있다고 생각하기 시작했다.

1915년 일제와 당시 정치적으로 불안한 위안스카이[遠世凱 원세개]가 이끄는 중국 정부와 불평등 '만몽조약(滿蒙條約)'을 맺었다. 이는 21개조로 구성되어 있었는데, 이 가운데 제2조의 토지상조권문제는 그 적용범위와 대상에 있어서 중국과 일제의 첨예한 대립을 가져왔다. 일제는 이 조약의 적용을 만주 거주 조선인들에게도 적용할 것을 주장하였다. 이는 만주에 거주하는 많은 조선인들이 이자가 낮은 일본은행에서 영농자금을 빌려 쓰고 있었는데, 조선인들이 이를 갚지 못하게 되면 땅을 일본은행에 넘겨주게 되므로 결국 땅이 일본은행으로 넘어가게 되어 있었다. 이러한 사실로 인해 중국관헌이 조선인을 박해하고 배척하게 되었다.[26]

점차 중국 관헌들은 조선인들을 일제의 주구(走狗)[27]라고 생각하게 되

---

26) 손춘일, "재만한인의 국적문제와 토지소유권 관계-토지상조권을 중심으로-,"《한국민족사연구17 일제의 조선침략과 민족운동》(서울:한국민족운동사 연구회편 국학자료원, 1997), 231-243쪽.

만주의 농가들. 만주에 거주하는 동포들은 대부분 소작인이 되어 농업에 종사했다. 때로는 척박한 땅을 개간하여 농지로 바꾸어야 하는 대단히 어려운 작업을 해야 했었다. Harry A. Rhodes, *History of the Korea Mission Presbyterian Church USA*(1884-1934), Pp. 366-367 사이

었다. 이러한 맥락에서 중국정부는 조선인들을 체계적으로 제제하기 위한 구실을 찾고 있었다. 1925년 삼시(三矢)협정을 통해서 봉천성 정부는 특히 조선인 민족주의자들을 체포하여 일본 관헌에 인도할 것을 협약하였다. 그 외에도 조선인들에게 부당한 벌금이나 수수료를 부과하였다. 1927년 봄부터는 봉천정부의 만주 거주 조선인들에 대한 압박이 더 한층 심해졌다. 이는 일제가 조선인들을 보호한다는 구실로 영사관이나 소속경관을 점차 확대 배치하여, 중국 관헌들은 '조선 농민계급의 발전은 만주경내에 일본 국토의 확대'로 생각하기에 이르렀기 때문이었다.[28]

이러한 상황 가운데서 조선인들은 누구보다도 어려운 생활을 영위하고 있었다. 이훈구 교수의 조사에 의하면, 만주 거주 조선인 농부들의 일년 평균 생활비는 101.71원(元)이었는데 비해, 만주에 있는 중국인

27) 앞잡이.

28) 이훈구, 《만주와 조선인》 239-263쪽.

농부들의 그것은 149.33원(元)으로서 조선인 농부들은 중국인 농부들의 70%에도 미치지 못하는 어려운 생활을 하고 있었다. 그러나 이훈구 교수는 이 사실이 수전(水田) 농사기술과 함께 조선인들이 남의 나라인 만주라는 혹독한 환경 가운데서 경쟁하여 생존할 수 있는 비결이라고 했다.[29]

조선시대 만주의 조선인들은 대부분 외적(外敵)에 울며 끌려간 사람들이거나, 견딜 수 없는 배고픔 때문에 고향을 등지고 만주로 흘러들어 간 사람들이었다. 외적의 침입은 이기적인 권력자들 사이의 끊임없는 당쟁과 무능한 지도자들 때문이었고, 양반계급의 가렴주구와 학정은 백성들이 흉년을 더욱 견딜 수 없게 만들었다. 조선이 몰락한 후에는 일제의 폭정과 경제수탈에 못 이겨 원한을 안고 고국을 떠난 유이민자들의 무리였다. 이와 같이 만주의 조선인들은 주인 잃은 양떼같이 이리저리 밀려다니는 가련한 존재들이었다.

한경희 목사님은 이들과 같이 동고동락하고 싶었다. 이들과 같이 웃고 울며 생활을 할뿐만 아니라, 같이 울면서 기도하고 싶었다. 이들과 함께 배고픔과 어려움을 같이 나눌 뿐만 아니라 살을 에는 듯한 만주의 찬바람에 같이 떨기를 원했다. 헐벗은 동포들이 농상조합(農商組合)을 통해서 좀더 안정된 생활을 할 수 있도록 지도하고 싶었고, 자녀들을 교육시켜 후대에는 그들이 이러한 불행에서 벗어날 수 있기를 원했다. 그러나 무엇보다도 한경희 목사님은 이 세상의 부조리한 권력 아래서 고통받는 동포들에게 하늘나라의 산 소망과 복음을 전하고 싶었다. 많은 곳에서 진정한 그리스도의 위로가 요구되고 있었지만 한경희 목사님은 춥고도 어려운 북만 중동선(中東線) 지방을 처음 사역지로 선택하게 되었다.

---

29) 위의 책, 225-228쪽.

제6장

길림성 중동선 지방에 흩어진 동포들을 찾아서

여러 번 여행하면서 강의 위험과 강도의 위험과 동족의 위험과 이방인의 위험과 시내의 위험과 광야의 위험과 바다의 위험과 거짓 형제 중의 위험을 당하고 또 수고하며 애쓰고 여러 번 자지 못하고 주리며 목마르고 여러 번 굶고 춥고 헐벗었노라(고후 11:26-27)

평북노회에서 전도목사로 안수받다

한경희 조사는 신학교를 시작할 때에 이미 외국에 가서 선교할 결심을 한 바가 있었다. 이를 위해 평양신학교 이층에서 눈물로 기도하였다. 이제 신학교를 졸업하고, 평북노회의 최종적인 시험을 거쳐 목사 안수를 허락 받았다. 당시 목사안수는 자격을 갖춘 사람이 사역지가 결정이 되어야 행해지는 것이었다. 한경희 조사의 경우에는 평북노회 내의 여러 교회들, 특히 용천군 내의 각 교회에서 서로 모시기를 원했지만 이 모든 제안을 거절하고 아직 전도지로서는 미개척지인 북만(北滿)지역인, 길림성(吉林省) 중동선(中東線) 동부지선(東部支線)지방[1]을 사역지로 택했다. 서간도나 북간도 지역은 이미 여러 전도자들이 길을 열어 놓고 있었다. 또한 많은 선교의 결실들이 보고되고 있었다.[2]

중동선 지역에 거주하는 조선인들은 조선시대 후기 관리들의 학정과 흉년으로 이주해온 사람들과, 1900년을 전후하여 러시아가 철도를 부설하던 시기에 해삼위(海蔘威)와 함경도 지방에서 노동자로서 이주한 동포들이었다. 이 당시 동포들의 이주와 정착에 관한 자세한 기록이 잘 알려지지 않고 있다. 그러나 1908년 3월 5일에 영안(寧安)현 오사구(烏蛇溝) 고안촌(高安村)에 만청(滿淸)정부에 등록된 소학교, 같은 해 할빈〔哈爾賓〕고려가(高麗街)의 동흥(東興)학교와 밀산부 봉밀산 한흥동에 한민(韓民)학교 설립의 기록 등을 고려할 때 조선인들이 이미 북만(北滿) 여러 곳에서 정착해 가고 있었던 것을 알 수 있다.[3]

그 후 노령(露領)인 시베리아나, 연해주에서 최근 정치적 환경의 변화로 넘어온 사람들도 있었다. 노령에서는 한때 조선인들이 개간(開墾)을 잘한다는 이유로 환영을 받았었다. 그러나 점차 정치적 상황이 변하여 노국(露國) 관리들은 황색인종 유입을 제한하였고, 1908년 조선인들의 금광(金鑛) 종사를 금지하기까지 하였다. 1910년에는 외국인 노동자를

---

1) 이 당시 북만(北滿)은 일반적으로 길림성, 흑룡강성 지역을 말하며, 봉천성 지역을 지칭하는 남만(南滿)과 대조된다. 중동선(혹은 東支鐵道)은 러시아가 건설한 만주리에서 수분화까지의 철도를 지칭하며, 동부지선 지방은 할빈의 동쪽, 그 당시의 아성(阿城), 주하(珠河), 위하(葦河), 동빈(同賓), 영안(寧安), 목릉(穆稜), 밀산(密山), 동녕현(東寧縣)을 포함하는 지역을 말한다. 이훈구,《만주와 조선인》5, 33-34, 49쪽.

2) 서간도 지역은 여러 전도인들의 단기 순회활동이 있었지만, 한경희 조사는 장기 전도인으로서는 최초로 1909년 평북 대리회 전도부의 파송을 받아 일년간 회인, 집안, 통화, 유하현을 순회 전도한 바가 있었다. 그 후 김진근(金振瑾), 최봉석(崔鳳奭), 최성주(崔聖柱) 목사들이 전도목사로 파송되었고, 그 외 여러 전도인들이 활동하였다. 북간도(北間島) 지방은 선교사 박걸(朴傑, D. A. Barker) 목사, 특히 김영제(金永濟), 김내범 목사 등이 활동하여 많은 전도의 결실들을 거두고 있었다. 차재명,《조선예수교장로회사기》(1928년간), 310-327쪽, 한국교회사학회편,《조선예수교장로회사기 하권》83-86, 196-207쪽.《조선예수교장로회총회 제4회 회록》17-18쪽.

3) 동북조선민족교육과학연구소,《중국조선족학교지》912, 962쪽. 할빈의 동흥학교는 러시아어로 교수하였고, 안중근 의사의 활동을 도왔다.

관영사업에 고용하는 것을 금하는 정책이 나오자 많은 조선인들이 국경을 넘어 중동선 동부지선 지방으로 이주하게 되었다.[4] 또한 일제의 조선 강점으로 야기된 정치적, 경제적 이유로 이 지역으로 온 사람들도 있게 되어 북만지역은 다양한 배경을 가진 수많은 동포들이 모여들게 되었던 것이다.

이러한 다양한 배경을 가진 북만 동포들의 단결을 위해, 미주(美洲)에서 1909년 2월 1일 결성된 대한인국민회(大韓人國民會)는 정재관(鄭在寬), 리강을 만주에 파견하여 만주리아(滿洲里亞)지방총회를 설립하였다. 이 지방총회 소속의 8개 지방회를 조직하기에 이르렀다. 할빈지방회는 131명, 석두하자지방회는 133명, 횡도하자지방회는 94명, 목림(穆林)지방회는 26명, 해납이(海拉爾)지방회 200명, 삼성(三姓)지방회는 106명의 회원을 가진 건실한 단체로서 1909년 8월에서 1911년 1월 사이에 설립되었다. 대한인국민회는 북만에 거주하는 동포들의 실업의 발달, 교육의 보급, 국권회복을 기도하며 자유평등 사상을 가르치는 기관이었다. 산하기관으로서 주로 같은 직업을 가진 사람들로 구성된 대한인공제회(大韓人共濟會), 대한기독교청년회, 대한기독동학교(大韓基督東學校), 대한민회(大韓民會) 등이 있었다.[5]

그러나 북만 동포들에 대한 전도는 이 때까지 미미한 정도였다. 미감리회 조선연회의 손정도 목사가 1912년에 민족의식 고취와 전도를 목적으로 할빈에 정착했으나 그 해 일제 경찰에 체포되어 전남 진도로 유배되므로 목적을 달성할 수 없었다.[6] 그러나 아직 조선 예수교 장로회 총회에서는 전도인을 파견하지 않은 상태였다. 단지 "청국(淸國) 영토(領

4) 현규환,《한국유이민사 상권》864-865쪽.

5) 윤병석,《국외한인사회와 민족운동》(서울:일조각, 1990), 303-307, 310쪽.

6) 배형식, "만주선교상황(-)," 〈기독신보〉 1922년 9월 13일 8면.

土) 북만주(滿洲) 등지의 각 교회와 아라사(俄羅斯) 영토(領土)의 촌(村) 각 교회는 다 전(진) 모양이라 하오며"[7]라는 기록을 볼 때 교회의 존립이 심히 어려웠던 지역으로 파악하고 있음을 알 수 있다. 이러한 지역을 한경희 목사가 선교지로 택한 이유는 잘 알 수 없으나, 사도 바울과 같이 미개척지에서 전도의 사명을 완수하려는 그의 강한 의욕을 엿볼 수 있다.

1914년 8월 초순 평북노회가 제6회로 철산읍 예배당에서 모였다. 노회장은 평안북도에서 가장 먼저 목사로 안수받고 지도적인 위치에 있던 양전백(梁甸伯) 목사였다. 목사 안수는 노회의 일이었으므로 양전백 목사가 안수식을 인도했다. 이 해에 철산, 용천지역을 담당하던 선교사 노세영(盧世永, Cyril Ross) 목사가 안식년을 가짐으로 해서, 임시로 이 지역을 담당하던 선교사 나부열(羅富悅, Stacy L. Roberts) 목사와 선천 선교부의 위대모(魏大模, Norman C. Whittmore) 목사가 참석하여 이 자리를 더욱 빛나게 하였다. 선교사 나부열 목사는 특히 평양신학교의 교수로서 한경희 조사의 신학교육에도 영향을 미치기도 한 분이었다.[8] 목사 안수식은 8월 7일 금요일 저녁 9시에 있었는데, 이 때 한경희 조사는 북만지역의 전도목사로, 길종수(吉宗秀)는 선천 내동(內洞)교회 외 4개 교회의 목사로, 송병조(宋秉祚)는 신창, 동상 두 교회의 목사로 같이 안수받았다. 평북노회 전도부의 후원, 특히 의주지역 교회의 도움으로 한경희 목사님은 길림성 중동선 지방 전도목사로 파송 받게 된 것이다.

---

7) 《예수교장로회조선총회 제1회 회록》 19쪽.

8) *Personal Report of Stacy L. Roberts, & Personal Report of Norman C. Whittemore*, Korea Mission of the Presbyterian Church USA, 1915.

북만의 상황과 조선인

1914년 8월 말경 사역지를 향해 출발하였다. 당시에 철도가 아직 개통되지 않은 곳이 많았기 때문에 길림성 중동선 지방으로 가는 길은 멀고도 위험했다. 이 당시 중동선을 따라서 거주하던 러시아인들도 마적들의 행패가 무서워 정기적으로 뇌물을 받치는 실정이었다. 전도하며 왕래하던 험하고도 먼 길을 한경희 목사님은 "백(百)리가 넘는 수림(樹林)이 들이찬 장곡(長谷)9)" "60리가 넘는 청구지험령(靑溝地險嶺)10)"으로 표현했다. 또한 이 전도 길이 3,500-3,600백리11)나 되었다고 했다. 이 것은 얼마나 멀고도 험한 길을 한경희 목사님이 여행을 하며 전도했는지를 말해준다.

당시에는 만주지방의 많은 곳에 정부의 행정력이 미치지 못하였기 때문에 마적이 난무하여 자주 만주 정부군과 마적 사이의 전투가 일어나곤 하였다. 어떤 날에는 이러한 전투가 있은 다음날이라 시체가 길가에 즐비하게 쌓여있는 도로를 한경희 목사님이 지나가기도 하였다.

만주의 기후는 독일이나 프랑스보다 더욱 대륙성 기후의 특징을 나타낸다. 몽고지방은 사막의 영향을 많이 받고, 해류(海流)의 영향을 덜 받는다. 만주의 중부지방은 북위 45도를 지나는데, 미국의 오대호(五大湖) 지방, 프랑스의 남부지방, 이태리의 중부지방과 동일한 위치에 있다. 그러함에도 불구하고 만주 중부지방의 기후는 모스크바나 덴마크의 기후와 유사하다. 만주 중부지방의 1월 평균 기온은 그린랜드 남부지방이나

---

9) 깊고 깊은 산골짜기.

10) 푸른 계곡이 있는 험한 산.

11) 중국에서 십리는 5.67km, 그러므로 3천 5, 6백리는 1984km 내지 2041km에 해당한다. 현규환, 《한국유이민사 상권》 19쪽.

알라스카 북방의 1월 기온과 비교된다. 그러나 7월의 기후는 비엔나 혹은 뉴욕의 기후와 비교 된다.[12] 1928년 겨울 중동선 동부지선 지방을 선교사 국유치(鞠裕致, Welling T. Cook) 목사와 여행한 선교사 현대선(玄大宣, Lloyd P. Henderson) 목사는 이 지방의 기후를 "서부 캐나다 중에서도 알버타주 북부지방의 기후와 비교가 된다"고 했다.[13] 이러한 기후의 악조건 하에서도 한경희 목사님은 전도의 사명을 다하기 위해 먼 거리를 여행하면서 수많은 어려움을 겪었다. 추운 겨울에는 한 척(尺)이나 내린 눈과 차가운 바람에 손과 발이 얼어서 그 후유증으로 10여 일이나 고통을 당하기도 했다.

다양한 배경을 가진 동포들이었지만 한결같이 건강이나 경제적인 문제로 어려움을 겪고 있었다. 동포들의 마을을 방문할 때마다 먼저 아픈 사람들을 돌아보고, 가난한 자를 도와주는 것을 우선적으로 하였다. 아픈 사람들을 돌본다고 하지만 약도 구할 수 없었고 의사에게 환자를 데리고 갈 수 있는 형편이 되는 것도 아니었다. 환자와 가족들을 위로하고, 그들과 같이 기도하는 수밖에 없었다.

조선 이주민들은 대부분이 소작인들이었기 때문에 경제적 어려움이 많았다. 대부분이 농부로서 조선인들은 곡물을 생산하여 일반적으로 중국인 곡물상회나 중국인 객주(客主)를 통해서 팔았다. 이들은 일정한 양, 대개 2%의 구전(口錢)을 소개만 해주고 취하였다. 또한 이주 초기에 현금이 없었기 때문에 중국인 가주(家主)에게 금전을 빌렸는데, 대개 이들은 고리대금업자(高利貸金業者)들이어서 경제적으로 쉽게 예속되곤 했다. 이러한 상황에서 가난한 동포를 돕는 방법을 여러 가지로 생각한 결과 한경희 목사님은 농상조합(農商組合)을 결성하도록 가르쳤다. 농사에

---

12) 이훈구,《만주와 조선인》18쪽.

13) *Personal Report of Lloyd P. Henderson*, Hingking, Manchuria, June 8, 1928

필요한 물품을 구입하는 일에서나 특히 수확한 곡식을 판매하는 일에 공동행동을 취함으로써 중개업자들의 부당 이익을 최대한도로 막고 생산자들의 이익을 극대화하는 방법이었다. 한경희 목사님은 전도여행을 통해서 이러한 농상조합을 3개 처에 설립하였다.

이미 정착한 동포들은 농토를 가진 자작농이 되기를 원했는데, 만주 정부는 귀화입적(歸化入籍)한 조선인들에게만 농토를 구입할 수 있는 권리를 부여하였다. 특히 북만지역에서는 귀화 조선인들이 관청에 가서 신청만 하면 완전히 자기 이름으로 토지를 구입할 수 있는 길이 있었다. 그러나 귀화입적에는 때로 까다로운 조건이 붙기도 하였다. 체발역복(薙髮易服) 즉, 머리를 깎고 옷을 중국식으로 입을 것을 강요하였다. 동포들이 귀화입적 하는데 걸림돌이 된 것은 때로는 일제의 방해였다. 일제는 이 당시 조선인들을 만주 침략의 발판으로 삼기 위해 중국 귀화를 반대했다. 또한 어떤 동포들 중에는 고국에 대한 애착심, 민족의 전통문화와 가치관에 대한 집착, 수시로 변화하는 중국당국의 귀화정책 등으로 입적을 망설이고 있는 사람도 있었다.

한경희 목사님은 이들에게 중국에서 동포들이 뿌리를 내리고 생활안정을 찾고, 자녀들을 잘 교육하는 것이 진정한 애국을 하는 길이라는 것을 가르쳤다. 동포들의 귀화입적을 장려하고, 중국관헌을 교섭하여 이 일이 순조롭게 진행이 되도록 추진했다. 이외에도 전민제(佃民制), 즉 귀화하지 않은 여러 동포들이 합자하여 토지를 구입하여 귀화한 명의인(名義人)을 통해서 등록을 하는 방법도 있었다.[14] 이러한 지혜로운 방법들을 가르치며 중동선을 따라 흩어져 살고 있는 동포들을 위로하고 격려하였다.

---

14) 손춘일, "재만한인의 국적문제와 토지소유권 관계 -토지상조권을 중심으로-," 《한국민족사연구 17, 일제의 조선 침략과 민족운동》 259-263쪽.

동포들의 생활을 향상시키기 위해 농사뿐만 아니라, 다양성 있는 직업을 소개하고 농가 수익을 올릴 수 있는 여러 가지 부업들을 소개하였다. 또한 어려운 환경에서 살지만 동포들이 올바른 삶의 태도를 가지도록, 가르치고 배우며, 지식을 넓히도록 각 곳에 학교 설립을 추진하고 야학(夜學)을 장려하였다. 이러한 뜻을 가지고 헌신적으로 노력한 결과 결실을 맺어, 다섯 곳에 학교를 설립하게 되었다. 여러 가지 어려움이 있었지만 한경희 목사님은 동포들이 사는 방방곡곡을 찾아다니며 조선인으로서 추구해야 할 올바른 삶과 진리를 가르치는 일에 최선을 다해서 노력했다.

다양한 사상적 배경을 가진 북만 동포들

1914년경 중동선 동부지선(東部支線) 지방에는 이미 다양한 배경을 가진 동포들이 거주했다. 이 때 이웃에 있는 시베리아는 혁명의 온상이었는데, 북만의 조선인들에게 많은 영향을 주었다. 노일전쟁(1904-1905년) 후 시베리아의 사회민주연맹의 반전(反戰) 선동으로 러시아군 병사들이 대거 이탈하는 사건이 일어났다. 이로 인해 사회 전체가 불안정한 가운데 처하게 되었다. 또한 1905년 10월의 러시아 혁명의 파도는 시베리아에도 밀어닥쳐, 흥개호(興凱湖) 가까이에 있는 도시 크라스노야르스크가 일주일 동안 혁명적 군중에게 점령되는 소위 '시베리아의 광란'이 일어나기도 했다. 이로 인한 혼란 가운데 질서 회복을 하기 위해 파견된 군대는 시베리아를 또 한번 유혈의 바다로 만들어버렸다. 이러한 사건들은 조선인들에게 커다란 충격을 주었고, 혼란 속에서 민족사회를 스스로 지키려는 여러 가지 의지와 사상이 자연적으로 발생하였다.

또한 1905년 말 민족자립을 위한 '한족회(韓族會)'가 블라디보스톡에서 결성되었다. 한일합방 후 1910년에는 이상설(李相卨)의 주도로 블라디보스톡에 강한 반일단체인 '성명회(聲鳴會)'가 조직되기도 하였다. 또한 이상설은 이동휘(李東輝)와 더불어 1912년에는 수분하(綏芬河) 맞은편의 그로데코보에서 '권업회(勸業會)'를 조직해서 조선인들의 경제적 실력을 육성하고 배일(排日)선전을 하였다. 비슷한 시기에 일본군의 밀정을 살해하기 위한 '암살단(暗殺團)'이라는 테러 단체가 결성이 되기도 하였다. 조선인 교원들로 구성된 '대한교육청년회'와 '대한교육청년연합회'가 스챤(蘇城)에서 조직되었을 뿐만 아니라 이준 열사의 충렬을 사모하는 '공진회(共進會)', 안중근 의사의 구명운동을 위한 '공공회(公共會)'가 결성되기도 했다.[15] 이러한 다양성 있는 민족단체와 혁명사상은 이웃 동네와 같은 북만(北滿)지방으로 여과 없이 스며들어왔다.

또한 북만에는 다양한 사상적 배경을 가진 동포들이 모여들었다. 조선에서 의병활동을 하다가 일제의 조직적인 차단으로 좀더 자유로운 독립운동을 하기 위해 만주에 온 사람들, 민족 종교를 부르짖는 사람들, 복벽주의(復辟主義)[16]를 주장하는 사람들, 쑨원(孫文)의 삼민주의(三民主義)에 영향을 받은 사람들 등 여러 가지 다른 생각을 가진 사람들이 모여들었다. 한경희 목사님은 이들을 일컬어 '각색주의자(各色主義者)들'이라고 하였다. 모두들 자기 자신의 신념을 굳게 믿고 자기의 주장을 세우기 위해 열심이었다.

그러나 한경희 목사님은 의(義)의 주체이신 하나님과 그의 진정한 의를 추구하지 못하는 동족들이 너무나 안타깝게 보였다. 한경희 목사님은 중동선(中東線) 지방의 여러 곳을 동서(東西)로 여행하며 다양한 애국지사를 만나고, 각종 사상을 가진 지식인들을 만나 대화했다. 각종 단체

---

15) 김준엽, 김창순 공저, 《한국공산주의운동사 제1권》(서울:청계연구소, 1986), 69-86쪽.

16) 무너졌던 왕조를 다시 회복하는 것을 주장하는 것.

와 학교를 방문하여 연설도하며 기회 있는 대로 그리스도의 복음을 전했다. "나의 형제 곧 골육의 친척을 위하여 내 자신이 저주를 받아 그리스도에게서 끊어질지라도 원하는 바로라"(롬 9:3)라고 한 사도 바울의 심정으로 복음을 전했다.

이 가운데 대종교(大倧敎)인들과 변론은 격렬하게 진행되었다. 대종교의 창시자 나인영(羅寅永)은 호를 경전(經田) 또는 홍암(弘岩)이라고도 했는데, 나라가 망하게 된 이유는 오랜 동안의 사대모화(事大慕華) 즉, 큰 세력을 섬기고 중국을 숭상하는 잘못된 교육에 있다고 결론을 내렸다. 그는 단군대황조(檀君大皇祖)의 가르침을 섬기고, 가르침을 널리 펴서 나라를 구하겠다는 생각을 하게 되었다. 융희 3년(1909년) 음력 정월 15일 서울 재동(齋洞) 취운정(翠雲亭) 아래 초가 북벽(北壁)에 단군의 신위를 모시고 제천(祭天)의 큰 의식을 거행하므로, 단군교로서 출발하게 되었다. 음력 정월 15일을 중광절(重光節)이라고 부르고, 다음해 6월에 대종교(大倧敎)로 이름을 고쳤다. 만주지방에 적극적으로 포교하고, 1911년 3월 왕청현에서 중광단(重光團)이라는 독립운동 단체를 조직하였다. 만주에서 교세가 신장하자 1914년 5월 13일 총본사를 백두산 가까이 화룡현 청파호로 옮겼다.[17] 특히 만주지역에서 대종교도의 수는 날로 늘어 갔고, 1914년에 전국에 30만의 신자가 있는 것으로 추산되었다.[18]

나라 잃은 조선 동포들에게 조선의 창시자가 되는 단군의 가르침은 그 자체가 마음을 위로하고 희망을 주는 듯했다. 창조자 하나님을 경외

17) 독립운동사편찬위원회,《독립운동사 제8권 문화투쟁사》(서울:고려서림, 1983), 726-754쪽.

18) 대종교는 무력 독립운동에 적극적으로 참여하여 신도들을 중심으로 한 독립군 부대를 1919년 10월 상해임시정부의 권고로 북간도에서는 북로군정서로 일원화하였다. 대종교의 지도자 서일이 총재로 사령관으로는 김좌진이었다. 이들은 홍범도 지휘하의 봉오동전투와 김좌진 지휘하의 청산리대첩에서 많은 공을 세웠다. 그러나 1940년대에 와서는 일제의 압박으로 대종교는 쇠망하고 말았다. 정신철,《중국의 조선족 그들의 미래는…》23-24쪽.

하는 지혜나 그리스도를 믿음으로 진정한 구원을 얻는다는 복음의 진리
는 그들에게 너무나 어리석게 보였다. 오히려 복음이 대종교인들에게는
걸림돌이 되었고, 그들은 같은 동포 그리스도인들을 박해했다. 한경희
목사님은 진정한 우주의 창조자가 되시는 하나님을 모르고 도리어 피조
물에 지나지 않는 사람을 섬기며 피조물에 모든 소망을 거는 동족들이
너무나 안타까웠다.

> 창세로부터 그의 보이지 아니하는 것들 곧 그의 영원하신 능력과 신성이
> 그가 만드신 만물에 분명히 보여 알려졌나니 그러므로 그들이 핑계하지
> 못할지니라 하나님을 알되 하나님을 영화롭게도 아니하며 감사하지도 아
> 니하고 오히려 그 생각이 허망하여지며 미련한 마음이 어두워졌나니 스스
> 로 지혜 있다 하나 어리석게 되어 썩어지지 아니하는 하나님의 영광을 썩
> 어질 사람과 새와 짐승과 기어다니는 동물 모양의 우상으로 바꾸었느니라
> (롬 1:20-23)

그리스도를 모르고 넘어지는 자기 동족 이스라엘 사람들 때문에 사도
바울이 가진 근심과 고통을 한경희 목사님은 가지게 되었다. 이러한 안
타까움으로 개인과 나라의 진정한 살길인 그리스도의 복음을 동포들에
게 힘껏 전했던 것이다.

북만 사역의 결실과 교회 설립

한경희 목사님의 열심과 헌신적인 봉사를 보고 신자들은 물론이고,
불신자들도 감사함을 표시했는데, 특히 불신자들이 주최한 3번의 환영
회는 잊을 수 없는 일이었다. 이러한 모임을 통해서도 한경희 목사님은

그리스도의 복음을 전하는 기회로 삼았다. 한경희 목사님을 환영하는 동포들의 진실한 마음은 여러 가지로 나타났는데, 그 때에 받은 선물을 값으로 환산하니 일백 오, 육십 원[19]에 해당하는 거금(巨金)이었다.

선물들 중에 특히 잊어버릴 수 없었던 것은 귀한 칭시에〔淸鞋, 청혜〕[20] 한 켤레였다(121쪽 사진). 이렇게 값비싸고 화려한 신은 험한 산을 넘고 물을 건너 여행하는 전도자에게는 애물(愛物)단지와 같은 것이었다. 그러나 복음 증거자로 나선 한경희 목사님의 사명을 이해하고 격려하는 동포들의 진실된 마음에 감사했다. 동포들은 한경희 목사님의 귀한 전도사업이 번창하고 오랫동안 지속되기를 원하는 마음에서 칭시에를 드린 것이었다. 더욱이 이 선물이 동포들의 극한 가난 가운데서 나온 넘치는 사랑의 선물인 것을 알았기에 뼈에 사무치도록 감격하지 않을 수 없었던 것이었다.

여러 곳을 다니며 복음을 증거하는 가운데 많은 미움과 시기도 받고 또한 환영을 받기도 하면서, 일곱 곳에 교회를 설립하는 큰 기쁨을 경험할 수 있었다. 교회 설립은 지역에 지도자가 있을 때 예수를 믿는 사람들을 중심으로 이루어졌다. 그러나 교회가 설립되면, 곧 불신자들을 초청하고 그들에게 복음 전하는 것이 교회의 가장 중요한 일 중에 하나였다. 또한 모이기를 힘쓰며, 모여서 성경 말씀을 돌려가며 읽고, 기도하고, 찬송 부르는 것이 신자들의 생활이었다. 교회에서 집회는 주일 아침 성경공부, 주일예배, 주일 저녁예배, 그리고 삼일예배로 한 주일에 네

---

19) 그 당시 전도목사의 한달 월급이 약 30원이었다.

20) 칭시에〔淸鞋, 청혜〕는 목이 긴 화려하고 값비싼 청나라 시대의 신으로 청조(淸朝)의 귀족들이 사용하였다. 청조는 중국 역사에 가장 오랜 동안 중국을 다스리고 번성한 왕조 중에 하나였다. 이 당시 만주에서는 어떤 사람이 새로운 사업을 시작하거나 직책에 취임했을 때 청조와 같이 사업이나 직책을 오래 잘 감당하고 번성하라는 뜻에서 칭시에를 선물하는 관습이 있었다. 심양(瀋陽) 구황궁(舊皇宮) 박물관 직원과 대화.

번 정도 모이는 것이 상례였다.

한경희 목사님의 순회 전도로 첫 교회가 동포들이 많이 거주하던 영안현(寧安縣) 신안촌(新安村)에 설립되었다. 영안현은 북만에서 오래 전부터 조선인들이 정착하기 시작한 곳이었다. 한경희 목사님이 전도 여행을 하시던 1914-1915년에는 신안촌(新安村)에[21] 많은 조선인들이 살고 있었고, 교회를 설립할 만큼 여러 신자들이 있었다. 그러나 이후 신안촌은 독립운동의 거점이 되었고, 1926년 9월에는 신민부의 본부가 이곳으로 옮겨오기도 했다. 이로 인해 일제의 각종 관공서와 경찰서가 설립되고, 민족주의자들과 공산주의자들의 싸움으로[22] 교회가 박해를 많이 받은 것으로 보인다.

한경희 목사님은 영안현 석두하자(石頭河子)에도 교회를 설립하셨는데, 이곳은 중동선 철도 노동자들이 정착한 곳으로 추측이 되며, 조선인들이 사는 고려영(高麗營)과 러시아영으로 구분되어 있었다. 석두하자에는 동포들의 교육, 실업진흥, 자유평등을 제창하며 조국독립을 기도하는 진취적인 모임인 대한인국민회(大韓人國民會) 석두하자지방회가 1910년 8월 10일 결성되었다. 회장 오사언(吳仕彦), 부회장 이병학(李丙學), 총무 이시홍(李時弘), 서기 김흥도(金興道), 학무원 이인범(李仁範), 재무 강승준(姜承俊), 법무원 문현명(文賢明), 구제원 김남원(金南元), 평의원 박원하(朴元河), 이태화(李泰和), 이지언(李芝彦) 등 133명의 회원이 있었다. 이 지방회는 대한기독동학교(大韓基督東學校), 대한기독교청년회(大韓基督敎靑年會) 등의 할빈 소재의 항일 기독교 단체들과도 관계가 있었다.[23] 또한 석두하자는 신민부의 지도자인 김좌진 장군의 근거지였다.

---

21) 현재는 신안조선족진(촌)이 해림시 행정구역에 속해 있다.

22) 박환,《만주지역항일독립운동답사기》(서울:국학자료원, 2001), 144쪽.

23) 윤병석,《국외한인사회와민족운동》(서울:일조각, 1990), 304-306쪽.

한경희 목사님이 선물로
받은 칭시에의 한 종류.
*Life of the Emperors
and Empresses in the
Forbidden City 1644-
1911*(Beijing: China Travel
and Tourism Press, 1992),
P. 69.

1928년 신민부 소속의 독립투사 40명이 석두하자에서 체포되었는데 이중 여성 동지 오항선이 1910년 10월 3일 석두하자 출생이라는 사실[24]을 볼 때 한경희 목사님이 이곳을 전도할 때는 이미 상당한 조선인들이 거주하고 있음을 알 수 있다.

　한경희 목사님께서는 위하현(葦河縣) 일면파(一面坡)에도 교회를 설립하셨는데, 이는 중동선 연변(沿邊)의 도시로서 마을이 산의 한 비탈에 집중적으로 배치되어 있는 곳이었다.

　한경희 목사님은 목릉현(穆稜縣) 목릉(穆稜)과 팔면통(八面通)에 각각 교회를 설립하셨는데, 목릉은 당시 독립운동가들이 자주 드나들던 곳이었다. 러시아에 가까워 러시아와 교류가 많았고, 1911년 4월부터 안중근 의사의 가족과 형제들이 일제의 추적을 피해서 살던 곳이었다. 또한 신민회(新民會)의 발기인 중에 한 사람이던 이갑(李甲)의 가족들도 여기에

24) 강룡권,《동북항일운동유적답사기》(연변:연변인민출판사, 2000), 45-49쪽.

살고 있었다. 목릉에는 1910년대 이미 조선인 사회의 튼튼한 자치조직
이 있었다. 목릉의 민족지도자들은 무장운동보다 사회운동, 교육운동을
더욱 중요시했다. 한경희 목사님이 목릉에 교회를 설립할 때 결정적으
로 도움을 준 사람은 황국민 장로로 보여진다. 그는 목릉 지역을 개척한
이주 초기의 인물이었다.[25]

팔면통은 교통이 편리하고 러시아 군대의 영향이 미치던 곳이었고 조
선 독립운동가들이 활동하던 곳이었다. 이곳은 한경희 목사님께서 15
년 후 북만으로 사역지를 옮겼을 때 처음 도착하여 사경회를 인도한 곳
이기도 하다.

한경희 목사님은 밀산현에서도 두 곳에 교회를 설립하였는데, 그중
백포자(白泡子)는 북만주의 독립군 기지가 있는 밀산현 한흥동에서 가까
운 거리에 있는 곳이었다. 이 지역은 일찍이 이상설, 김학만, 정순만,
이승희 등이 계획하고 미주동포들의 후원으로 2천4백 에이커 토지를
구입하여 조선인들을 집단 이주시키고 독립군을 양성하기 위해 계획을
추진하던 곳이었다. 또한 이승희는 동포 자녀들의 교육을 신장하기 위
해 한흥동에 1908년 소학교를 설립하였다.[26] 이러한 사실이 말하듯 이
지역은 많은 조선인들이 와서 거주하며 조국독립을 위해 몸부림치던 곳
이었다.

평양 사람 김성무(金成武)는 신민회의 뜻을 받들어 1910년 봄 노령(露
領)에서 밀산 지역으로 오게 되었다. 신민회에서 약속한 자금 지원이 원
활하게 조달되지 않아 토지 매입에 차질이 있었다. 그러나 평양 출신의
신자 김명성(金明星)과 함께 사숙(私塾)을 열고 기독교를 전하며, 신민국
민회(新民國民會)를 목릉하(穆稜河) 유역 백포자 지역에 조직하였다. 김성

25) 한국독립유공자협회, 《중국동북지역 한국독립운동사》(서울:집문당, 1997), 414쪽.
26) 박영석, 《한국독립운동사사전》(서울:한국독립운동사연구소, 1996), 319-320쪽.

무는 평신도였지만 교회를 열고 교인들을 중심으로 이주 조선인 사회 안에서 농업장려, 아동교육, 동포구호 등 여러 가지 사회활동을 하였다. 이들은 한경희 목사님을 맞이하여 더욱 알찬 교회를 설립 발전한 것으로 보여진다.

백포자교회는 1920년에 교인이 70명이나 되었고, 밀산 일대에서 중국인이나, 조선인들에게 예수툰교회로 불렸다. 그 후 백포자교회는 흉년과 토비(土匪)들로 인해 많은 어려움을 겪었지만, 1928년 감리교 김홍순 목사의 전도와 교인 김만섭, 최명화에 의해 이주 조선인 사회의 정신적 거점으로 그 자리를 지키고 있었다.[27]

한경희 목사님께서는 밀산현 십리와(十里窪)에도 교회를 설립하셨다. 십리와는 흥개호 근방, 백포자에서 서쪽으로 위치하였고, 한경희 목사님이 교회를 설립한 후 1917년 러시아 혁명으로 인해 조선인들이 더욱 모여들었는데, 1919년에 장로교회가 건재함을 알 수 있고, 1921년에는 70명의 교인이 있었다.[28] 오씨 마을의 오찬희는 김홍순 목사의 전도를 받고, 십리와교회에서 사역을 하며, 금주 금연운동을 일으켰다.[29]

한경희 목사님은 일 년간의 북만 전도를 마치고 돌아와서 평북노회에 보고를 하여서 많은 박수갈채를 받았을 뿐 아니라 격려금으로 20원을 따로 받기까지 했다. 이와 같이 평북노회는 전도에 지대한 관심을 가지고 각 곳에 전도인을 파견하고 격려하였다.

한편 길림성(吉林省)이 거리상 함경노회에 가까우므로 전도구역 문제가 제기되어서 이를 총회 전도국에 건의하여 평북노회의 전도구역으로 허락해 줄 것을 요청했다. 총회는 목릉현 지역을 평북노회 전도구역으

---

27) 한국독립유공자협회,《중국동북지역 한국독립운동사》417-418쪽.

28) 〈기독신보〉 1919년 10월 20일.

29) 한국독립유공자협회,《중국동북지역 한국독립운동사》417쪽.

로 하는 것은 즉시 승인했지만, 다른 지역은 '길림성선교구역분계위원'을 선정하여 이를 연구하게 했다. 함경노회의 선교사 박걸(D. A. Barker) 목사, 평북노회의 선교사 위대모(N. C. Whittmore) 목사와 평남노회의 김선두(金善斗) 목사를 위원으로 선정하였다. 분계위원회는 연구하고 토의한 결과 장주, 영안, 연길, 화룡 동편과 봉천, 장백은 함경노회 지경으로, 빈주, 오상, 액목, 돈화 서편은 평북노회 전도 지경으로 정했다.[30]

이러한 위원회의 결정으로 1915년에 한경희 목사님은 북만으로 돌아갈 수 없었고, 평북전도회의 파송으로 사역지를 남만으로 옮겨서, 봉천에 김덕선(金德善), 서간도에 최성주(崔聖柱), 최봉석(崔鳳奭) 목사들과 같이 봉천성 내에 흩어진 동포들을 위해서 일하게 되었다. 한경희 목사님은 온 가족이 삼원포로 이사하여, 유하(柳河), 해룡(海龍), 동풍(東豊), 서풍(西豊), 휘남(輝南) 등 다섯 개 현을 담당하며 새로운 전도사역을 시작하였다.

한편 한경희 목사님이 전도의 문을 열어 놓은 북만지역은 함경노회 지경으로 정해졌지만, 함경노회는 해삼위(海蔘威)와 북간도 전도에 힘쓰느라고 북만지역에 사역자를 파견할 수 없었다. 그러나 동포들의 북만으로 이주는 점점 증가하고 그곳의 많은 신자들이 사역자들을 보내줄 것을 호소해왔다. 이에 평북노회는 백봉수(白奉守) 목사를 1918년 목릉현 지방에 파송함으로 다시 북만 전도의 문을 열었다.

그의 첫 전도보고는 대단히 고무적이었다. 목릉현 지방의 팔면통, 싼채거우[三岔溝], 동빈현, 통성, 쌀리시거우, 할나소 등 6개 교회에 1,600명의 신자들이 있음을 총회에 알렸다. 백봉수 목사는 사경회도 개최하였고, 그곳 신자들의 열렬한 환영을 받게 되었음을 보고하였다. 특히 팔면통교회는 지경 내에 조선인들이 104호(戶)가 있는데 그중 103호가

---

30)《조선예수교장로회총회 제4회 회록》19쪽.

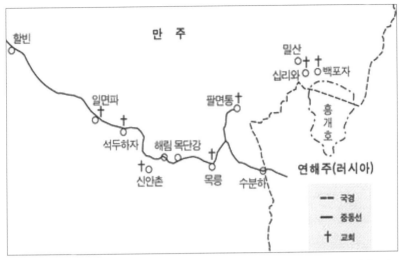

1914-1915년 사이에 한경희 목사님께서 설립하신 교회

믿고, 나머지 1호(戶)도 주일학교는 나온다고 보고하였다. 또한 신도들이 말씀에 갈급해 하고 하나님의 말씀을 읽기 원하고 있음을 노회를 경유하여 총회에 보고하였다.[31]

　이러한 보고에 힘입어 당시 흥경에 선교기지를 열기 위해 봉천에 일시 거주하던 선교사 소열도(蘇悅道, T. Stanly Soltau) 목사는 1919년 3월에 길림지방을 여행하고, 북만에 또 다른 선교기지를 열 것을 구상하게 되었다. 그는 이 안을 더욱 구체적으로 생각하며, 그 해 5월에는 같은 흥경기지 소속의 국유치(鞠裕致, W. T. Cook) 목사, 감리교 선교부 소속의 의사였던 하리영(河鯉永, R. A. Hardie, MD) 박사, 문약한(文約翰, John Z. Moore) 목사와 함께 할빈, 장춘, 길림을 여행하였다. 이들과 여행하며 북만에 새로운 선교기지 즉, 감리교와 합동 선교기지 설립을 깊이 의논

31) 《조선예수교장로회총회 제7회 회록》 23, 37쪽.

32) *Personal Report of T. Stanly Soltau, 1918-1919.* & *Personal Report of W. T. Cook,* June, 1919.

하게 되었다.[32] 그러나 이러한 북만 선교기지의 구상은 선교사 소열도 목사가 건강악화로 인해 귀국하게 되었고, 그가 다시 조선에 돌아왔을 때는 사역지를 청주로 변경하게 되어 결국 실현되지 못했다.[33]

목릉지방의 전도에 어려움도 많았다. 1919년 6월 백봉수 목사가 거주하는 마을에 300명에 이르는 도둑떼가 침입해서 백봉수 목사 가옥을 포함해서 신도들의 가옥 31호(戸)를 불태우고, 교우 18인을 죽이고, 80인을 잡아가서 몸값을 요구하였다. 어쩔 수 없이 어려운 가운데서도 힘을 합쳐 러시아 돈 4만 원을 주고 잡혀간 사람들을 찾아온 일도 있었다.

이러한 혼란 속에서도 백봉수 목사는 1920년까지 북만 전도에 최선을 다해서 괄목할 만한 교회의 진보가 있음을 총회에 보고하였다. 교인 수는 세례교인 780명, 학습인 316명, 신입교인 680명, 합계 1,776명을 보고하였다. 예배당과 예배처소는 목릉현에 7개, 동녕현에 7개, 영안현에 7개, 동빈현에 4개, 밀산현에 2개, 오상현에 2개, 합납소에 1개, 할빈에 1개, 아령(俄領)에 1개가 있음을 제9회 총회에 보고하였다.[34]

이 사실은 한경희 목사님이 북만지역에 처음 교회를 설립한 이래 수년간 현저한 교회의 성장이 있었음을 보여준다. 마적의 위협이 난무하는 황량한 북만에서 한경희 목사님은 교회의 씨앗을 심었고, 백봉수 목사는 교회가 자라도록 물을 주었으며, 오직 하나님께서 교회를 자라게 하신 것이다.(고전 3:6-7)

33) 당시에 북만 선교기지 설립이 실현되지 못한 이유는 소열도 선교사의 건강악화라고 할 수 있다. 소열도 선교사는 1918년 세계적으로 유행하던 인플루엔자를 앓게 되고 병발증으로 보이는 심장질환으로 일시 귀국하게 된다. 이러한 이유로 국유치 선교사는 혼자서 현대선 선교사가 합세할 때까지 흥경 선교기지 사업을 이끌어 갔다. *Personal Report of W. T. Cook, 1919 & Personal Report of T. Stanly Soltau,* 1918-19. 감리교와 연합사업이 이루어지지 못한 이유는 교리의 문제가 상당히 작용한 것으로 보인다. *Personal Report of H. E. Blair,* 1918.
34) 《조선예수교장로회총회 제9회 회록》 83-84쪽.

이와 같이 북만지역은 다른 여러 전도인들에 의해 그 사역이 이어져 가고 있었다. 한편 이즈음 서간도 유하현 삼원포를 중심하여 우리 민족의 독립운동 기지가 건설되어 가고 있었다. 이로 인하여 수많은 우리 동포들이 서간도지역으로 이주하고 있었다. 기독교 신자들도 독립운동을 위한 거점 건설에 적극적으로 참가하며, 교회를 설립하고 영력 있는 지도자를 부르고 있었다.

제2편

서간도의 지도자로

제7장

유하현 삼원포지역의 조선인 사회의 형성

그 때에 스데반의 일로 일어난 환난으로 말미암아 흩어진 자들이 베니게
와 구브로와 안디옥까지 이르러 유대인에게만 말씀을 전하는데 그 중에
구브로와 구레네 몇 사람이 안디옥에 이르러 헬라인에게도 말하여 주 예
수를 전파하니(행 11:19-20)

한경희 목사님께서는 유하현 삼원포를 중심한 서간도에 전도목사로
부름을 받고, 1915년부터 1928년 말 일제 경찰에 의해 체포당하여 신
의주 감옥에 투옥될 때까지 이 지역에서 심혈을 기울여 목회하셨다. 유
하현 삼원포를 중심한 서간도 조선인 사회는 그 형성에 독특한 동기와
역사가 있었다.

유하현 조선인 사회 형성은, 1878년 11월 김화룡을 비롯한 몇 사람
이 통화로부터 만구(滿溝)에 이주하여 왔고, 1887년부터는 삼원포(三源
浦), 대화사(大花斜), 대두자(大肚子), 마록구(馬鹿溝), 대우구(大牛溝) 등지
로 조선 유민이 계속 이주해 옴으로 시작되었다고 할 수 있다. 제천 의
병장 유인석은 1896-1897년에 삼원포에서 북동쪽으로 불과 15km 떨

어진 통화현 오도구(五道溝)에 은거하며 의병활동의 제기를 꿈꾸었다. 1910년 일제가 조선을 강점한 후 이회영(李會榮) 형제들이 삼원포에 이주하면서 경상도와 평안도 일대의 농민들이 대사탄(大沙灘), 고산자(孤山子), 남산(藍山), 대사하(大沙河), 형통산(亨通山) 등에 대거 이주하여 왔다. 이회영 가족의 이주에 이어 여준(呂準), 이상룡(李相龍), 이동녕(李東寧) 등의 반일 인사들과 그들의 가족들도 이주해 왔다.[1]

이중 이회영 일가 여섯 형제의 삼원포 이주는, 조국의 강압적 패망에 대처하는 한 지도자 가정의 전 가족적 단결, 희생, 헌신의 표본(標本)이 되었다. 이 보다 앞서 1909년 봄에 서울 양기탁의 집에서 신민회 간부 비밀회의가 있었다. 일제의 조국 강점은 분명한 사실이니, 국외 독립기지 건설과 군관학교 설립에 간부들 사이의 의견일치를 보았다. 이것을 실현하기 위해 이회영, 이동녕, 장유순(張裕淳), 이관직(李觀稙)은 1910년 7월 중순 종이 장수로 가장하여 남만주를 답사하고 돌아와서 삼원포 지역이 그 목적에 가장 적합한 것으로 결론을 지었다. 그러한 이유로 이회영 일가 40인은 그해 12월 말 출발하여, 통화현 횡도천(橫道川)을 거쳐, 1911년 2월 삼원포에 가까운 추가가(鄒家街)에 정착하였다.[2]

경학사의 창립과 신자들

이와 같은 시기에 많은 신자들도 신민회의 결정에 뜻을 같이 하고 독립운동이라는 같은 목적을 가지고 삼원포지역으로 이주해왔는데, 이 가운데는 안동식(安東植), 이휘림(李彙琳), 방기전(方基典) 등의 신자들이 있었다. 이외에도 많은 신자들이 이주해 와서, 삼원포는 초기부터 자연스

1) 김양,《압록강류역의 조선민족과 반일투쟁》42쪽.

2) 이정규,《우당 이회영 약전》(서울:을유문화사, 1985), 42-46, 208쪽.

유하현 삼원포는 우리나라 독립운동사와 교회사에서 특이한 위치를 차지한다. 국외 독립운동기지 건설을 위한 신민회 간부들의 협의와 조사를 바탕으로 전략적으로 설정, 형성된 동포사회의 중심지였다. 신자들은 일찍이 동포사회 건설에 주도적인 역할을 하였고, 동포사회의 확립에 많은 영향을 미쳤다. 한경희 목사님을 위시한 삼원포교회의 지도자들은 동포 자녀들의 교육에 헌신적으로 기여하였다. 또한 삼원포 지역 신자들은 어려운 환경에서도 만주지역의 전도사업을 열성적으로 추진하였다. 오른쪽 방병덕 목사(방기전 장로의 손자)와 왼쪽 안내자 고흥주 씨, 1991년. 방병덕, 《삼원포 교회의 순교사화》(서울: 보이스사, 1993), 12쪽.

럽게 교회를 설립할 수 있는 여건이 형성되었다. 이 사실은 신민회 사건 판결문에도 잘 나타나 있다. "서간도에 단체적 이주를 기도하고… 민단을 일으키고, 교회(敎會)를 설(設)하고 진(進)하여 무관학교를 설립하고 교육을 시(施)하여 기회를 타서 독립전쟁을 일으켜서 구한국의 국권을 회복코자 한다.[3]" 민단을 일으키고, 교회를 설립하고 발전시키며, 독립을 위해 무관학교를 설립하여 교육하는 것은 삼원포를 중심한 조선 이주민들의 주된 관심사였다.

또한 서간도 조선인 사회 형성에 가장 중요한 지도력을 발휘한 이회영도 사실상 서울 상동교회에서 결혼식을 올린 기독교를 잘 이해하는 인사였다. 경학사 창설을 위해 노천 군중대회가 열렸을 때 임시의장으로 뽑힌 이동녕[4]과 경학사의 재정을 담당한 이휘림(李彙琳)[5]은 같은 해 삼원포교회를 설립한 교회지도자들이었다.

이렇게 모인 애국지사들은 1911년 4월에 삼원포 대고산(大孤山)에서 노천 군중대회를 열고 경학사(耕學社)라는 자치단체를 창설하였다. 그리고 중외(中外)에 유명한 '경학사 취지문'을 발표하였다. 이 취지문에는 현실을 무시한 쇄국정책과 이름뿐인 개화정부의 외세 의존적 정책으로

3) 《독립운동사 제5권 독립군전투사(상)》 166쪽.
차재명, 《조선예수교장로회사기》(1928년간), 50쪽

4) 위의 책, 221쪽.
이동녕은 서울 상동교회의 전덕기 목사에게 세례를 받고 기독청년회 총무로 활동한 바도 있고 상동청년학원을 설립하는데 참가했다. 서간도에 도착해서 삼원포교회를 설립하는 데 중요한 인사로 역할을 했으나 대종교 창립자 나철과 교분이 많았고, 후에 대종교의 상해 소재 대종서도본사를 신규식과 같이 담당한 인물이 되었다. 이현희, 《이동녕, 임정 구축에 받친 독립 의지》(서울:동아일보사, 1992), 27-32, 71-79쪽. 독립운동사편찬위원회, 《독립운동사 제8권 문화투쟁사》 753-754쪽.

5) 이휘림은 이윤옥(李允玉)의 개명(改名)이다. 이윤옥은 용천군 동문외교회를 창립하고 초대 조사로 시무하였다. 삼원포 지역으로 이주한 이래 동포 사회 및 교회의 지도자로서 도산 안창호 선생에게 동포 사회와 교회의 근황을 서신으로 연락하였다. 《도산 안창호 전집 제2권 서한 II》(서울:도산안창호선생 기념사업회, 2000), 528-531쪽.

사랑하는 조국이 망하게 되었다는 것을 언급하고 있다. 자살(自殺)과 같은 소극적인 방법은 일제에게 오히려 유익한 것이며, 16세기 네덜란드가 스페인에게 독립하듯, 19세기 그리스가 터키에게서 독립하듯, 어렵지만 힘을 합쳐 독립을 쟁취하자는 것을 호소한다. 또한 이 취지문은 경학사(耕學社)라는 이름과 같이 산업을 일으키고, 체력과 덕력(德力)을 겸비할 것을 호소한다. 경학사 취지문에는 자유평등사상이 넘치고, 회원들에게 인내와 희생정신으로 우리 민족을 사랑하며, 경학사를 사랑할 것을 외친다.[6]

또한 1911년 5월 14일에 경학사의 부속 기관으로 신흥강습소가 설치되어 국내외로부터 모여드는 청년들을 훈련하였다. 1912년 7월에는 통하현 합니하(哈泥河)에 새로운 교사가 신축되었고, 군관학교로서의 기능을 수행할 수 있었다. 경학사의 근본 방침으로는 병농제(兵農制)를 채택하여 근로, 즉 이마에 땀을 흘려 농업에 종사케 하고 한편으로는 이 근로정신에 입각하여 학술을 연마케 하여 구국 항일의 인재를 양성하기로 하였던 것이다.[7] 경학사의 설립에 신자들도 많이 참여하였다. 특히 이휘림(李彙林), 김창무(金昌武), 송덕규(宋德奎), 정선백(鄭善伯) 등 신자들은 경학사 임원으로서 활동하였고, 신흥학교 운영에도 가담하였다.

이러한 소문으로 인해 많은 국내외 인사들이 삼원포로 모이게 되었다. 따라서 삼원포 일대가 갑자기 조선인 마을로 되어버렸다. 이로 인해 중국인들은 의혹을 가지게 되었고, 조선인들을 배척하기에 이르렀다. 이에 이회영은 다행히 아버지 이유승(李裕承)과 친분이 있던 위엔스카이〔袁世凱〕를 만나는데 성공하고 그의 배려로 비서 후밍첸〔胡明臣〕을 대동하고 동삼성 총독 자올펑〔趙爾豊〕을 만나고, 자올펑은 회인, 통화, 유하

---

6) 한국독립유공자협회,《중국동북지역 한국독립운동사》216-221쪽.
7) 위의 책, 170쪽.

현의 현장에게 명령하여 조선인들을 환영하고 협력할 것을 지시하였다.

중국인들의 배척과 질시는 일시적으로 무마가 되었으나, 어려움은 이에 그치지 않았다. 1911년에는 7월에 서리가 오기도 하고, 가뭄이 겹쳐서 농작물의 흉년을 당하게 되었다. 또한 고국에서 볼 수 없었던 만주열(滿洲熱) 혹은 수토병(水土病)[8]이 번져서 많은 사람들이 죽었다. 또한 신민회가 약속했던 국내 지원금 75만원도 뜻하지 않았던 소위 '105인 사건'으로 인해 오지 않았다. 이로 인해 경학사의 존립이 위협을 받게 되었다.

공리회 창립에 적극 가담한 삼원포교회 신자들

조국 독립을 위한 원대한 이상을 안고 창립된 경학사이었지만 2년 연속 심한 흉년을 만나게 되자, 뜻하지 않은 재정적인 어려움에 봉착하게 되었고, 1912년 가을부터는 그 기능이 마비되었다. 이 때 많은 사람들이 먹을 양식이 없어 굶어 죽을 형편이 되었고, 전염병이 돌아서 서간도 전체적으로 조선인 사회의 민심이 흔들리기 시작했다. 그러나 중국인 부호(富豪)나 대농가(大農家)에서는 3년 묵은 좁쌀[小米]과 강냉이[包米]가 아직도 창고에 쌓여 있다는 사실을 알게 되자 삼원포교회 방기전 장로는 전단(傳單)을 만들어 상황을 설명하고, 양식을 팔 것을 호소하였다. 이에 중국 사람들이 창고의 문을 열기 시작하였다. 마침 국내와 일본에서뿐만 아니라, 특히 미국에 있는 동포들이 1,000원이라는 거금을 의

---

8) 만주열 혹은 수토병의 창궐은 아마도 페스트의 유행을 말하는 것으로 생각된다. 1910-1911년 만주에 심한, 치사율이 굉장히 높은 폐 페스트(pneumonic plague)의 유행으로 많은 사람들이 죽었다. Hewat, Elizabeth G. K., *Vision and Achievement 1796-1956, A History of the Foreign Missions of the Churches United in the Church of Scotland*(Toronto:Thomas Nelson and Sons Ltd., 1960), P. 261.

연금으로 보내왔다. 또한 선교부 소속의 정락언(鄭洛彦)이 와서 어려운
환자들을 치료하여 주기도하였다.[9] 이렇게 위기를 모면하는 가운데 특
히 삼원포지역 조선인 사회에서 교회의 위상이 높이 올라갔다.

이러한 상황에서 삼원포 신도들을 중심하여 경학사를 계승할 단체를
조직하기에 이르렀다. 약 30명의 인사들, 주로 교인들을 중심으로 공리
회(共理會)를 조직하게 되자 동포사회는 다시 생기를 찾게 되었다. 이 때
공리회를 시작한 교회지도자들 중에는 왕삼덕(王三德)[10], 방기전, 안동
식, 김정제(金定濟), 정무(鄭武), 이휘림, 곽문(郭文), 신윤담(申允淡), 김창
무, 정선백(鄭善伯), 송덕규(宋德圭) 등이 있었다.

공리회는 천가장(千家長), 백가장(百家長), 십가장(十家長) 제도를 두어
서 각기 다른 배경을 가진 사람들을 규모 있게 다스릴 수 있었다. 심하
게 어기는 자들은 법사(法司)를 두어서 처리하였다. 그 후 공리회는 부
민단(扶民團)에 발전적으로 합류하였다.

부민단의 창립

공리회 외에도 여러 가지 목적을 가진 다른 단체들이 있었다. 청장년
들에게 군사훈련을 시켰던 길남사(吉南社), 저축을 하게 하고 농민들한
테 자금을 융통해준 신성호(新成號)는 경학사 활동이 무력해졌거나 정지
한 1913년경 또는 그 이후에 만들어졌을 것으로 추정되는데, 경학사와

---

9) 한국교회사학회편, 《조선예수교장로회사기 하권》110쪽.
허영백(許英伯), "고 순국선열 방기전 장로 약사"(미간행), 20-21쪽. 허영백은 은양학교의 교사와 공리
회의 설립에 관계하였고, 한족회의 신문기자로 일했다.

10) 본명이 김병헌(金秉憲)으로서 감리교 계통의 청년단체인 엡윗청년회(Epworth League)의 회원이었
다. 이강훈, 《무장독립운동사》(서울:서문고, 1981), 75쪽.
허영백, "고 순국선열 방기전 약사"(미간행), 22쪽.

는 별도로 이상룡이 독자적으로 만든 광업사와 같은 단체도 있었을 것
이다.

또한 일제는 이때 삼원포지역의 지도자들, 특히 신흥무관학교 관련자
들인, 이회영, 이동녕, 이시영, 장유순, 김형선 등을 암살하거나 체포하
려고 형사대를 조직하여 만주로 출발시켰다. 이 정보와 함께 속히 피신
하라는 비밀연락이 왔다. 이런 이유로 이동녕은 블라디보스톡으로, 이
시영은 봉천으로, 이회영은 기왕 위험할 바에야 자금을 조달할 방책을
마련하겠다고 오히려 국내로 갔다.[11]

남은 동포 지도자들은 1914년 7월 삼원포에서 모여 대동일치(大同一
致)한 민족을 대표하는 단체를 만들자고 의견일치를 보았다. 이에 공리
회를 포함한 여러 단체들이 통합하여 부민단으로 명칭을 정했는데, 부
민단의 뜻은 '부여구강(扶餘舊疆)에 부여유민(扶餘遺民)이 부흥기지(復興基
地)를 세운다'는 즉, 옛 부여 땅에 부여인들이 부흥기지를 세운다는 것
이었다. 중앙기관을 신흥학교가 위치한 통화현 합니하(哈泥河)로 이전하
고 다음과 같은 부서들을 두었다.

단장(團長)	허혁(許赫)
의사부장(議事部長)	김동삼(金東三)
재무부장(財務部長)	안동식(安東植)
검찰부장(檢察部長)	최명수(崔明洙)
학무부장(學務部長)	양규열(梁圭烈)
사판부장(査判部長)	이진산(李震山)
협찬(協贊)	김형식(金衡植), 남정섭(南正燮)
유동총관(柳東總管)	황병문(黃炳文)

11) 서중석,《신흥무관학교와 망명자들》(서울:역사비평사, 1988), 94-104쪽.

유서총관(柳西總管)   방기전(方基典)

통동총관(通東總管)   최명수(崔明洙)

통서총관(通西總管)   한규석(韓奎錫)

흥동총관(興東總管)   김학선(金學善, 혹은 鎭浩)

흥서총관(興西總管)   이봉규(李鳳奎)

해남총관(海南總管)   성태영(成泰永)

해북총관(海北總管)   미상

　단장은 처음에 허혁이 맡았었으나, 나이가 많고 중앙기관에서 멀리 떨어진 곳에서 살며 한의사로서 개업을 하고 있으므로 집을 떠날 수 없어 민족지도자회의를 이끌 수 없었다. 또한 허혁은 첫 부인이 사망한 후 20대의 젊은 여자와 자녀도 낳고 단란하게 살고 있었는데, 이 사실이 당시 조선인들의 도덕 기준에 거슬리는 요소가 되었다. 1915년 지도자들이 다시 모여 부민단보다 정부의 기능을 가졌으니 부민회라는 넓은 의미를 가진 이름으로 바꾸는데 의견의 일치를 보았다. 이 때에는 이상룡이 회장, 이탁(李拓)이 부회장을 맡게 되었다.

　부민단의 주요사업은 동포들의 자치를 담당하고 각급 지방조직의 한인사회에서 발생하는 분쟁을 해결하는 것이었다. 따라서 동포들의 민(民), 형사(刑事) 문제는 모두 부민단에서 해결하였다. 부민단은 중국인 또는 중국관청과의 분쟁사건도 해결해주었다. 그리고 신흥학교의 설립과 운영을 맡아 민족교육도 실시하였다. 그러나 부민단의 궁극적인 목표는 모든 조직을 원활하게 운영하여 독립전쟁을 효과적으로 지원하고 독립운동을 추진하는 것이었다.

　삼원포교회의 신자들은 부민단에도 적극적으로 참여하여 모범적인 활동을 했는데, 삼원포교회 지도자 안동식 장로는 부민단의 재무부장으로서, 방기전 장로는 유서지방, 즉 대화사(大花斜)에서 총관으로서 헌신적으로 일하여 지방자치제를 순조롭게 운영하는데 공헌하여 다른 사람의 모범이 되었다.

특히 방기전 장로는 교회 장로이자 동포사회의 지도자로서 공정한 판결을 하여 그 칭송이 높았다. 조선동포들의 문제뿐만 아니라 중국사람들도 자기들 사이에 문제가 생기면 방기전 장로 앞에 와서 판결을 받기 위해 제소(提訴)하곤 하였다. 방기전 장로는 총관으로서 판결을 할 때 늘 기도함으로 하나님께 지혜를 구해서, 원고와 피고의 이야기를 세밀히 듣고 서로 원망이 없게 해결함으로 중국사람들도 만족해했다. 중국인들 사이에 '고려아문(高麗衙門) 판결시정(判決是正) 불용화비(不用花費) 시진공적(是眞公的)' 즉, '고려아문의 판결은 옳다. 비용을 쓰지 않고 참 공평하다' 라는 말이 있을 정도였다.[12]

부민단은 경학사와 달리, 공리회에서와 같이 지방조직을 만들었다. 천가호(千家戶)의 마을에는 천가장(千家長), 백가호(百家戶)의 마을에는 구단(區團)을 설치하여 구장(區長) 혹은 백가장(百家長)을, 십가호(十家戶)의 마을에는 패장(牌長) 혹은 십가장(十家長)을 두어 서간도지역의 동포사회를 효과적으로 통치하고자 노력하였다.[13] 이는 마치 모세가 이스라엘 백성들을 이끌고 광야생활을 할 때 모든 일을 혼자서 판단하느라고 너무 바빠할 때 장인 이드로의 조언으로 천부장, 백부장, 오십부장, 십부장을 임명하여 효과적으로 일을 처리한 것과 비교될 수 있다(출 18:13-27). 부민단은 1919년 3·1운동 후 전민족 총회인 한족회(韓族會)와 군정서(軍政署)가 조직될 때까지 계속되었다.

---

12) 허영백, "고 순국선열 방기전 장로 약사"(미간행), 23-24쪽

13) 한국독립유공자협회, 《중국동북지역 한국독립운동사》 223쪽

흑룡회의 필요성이 대두되다[14]

경학사, 부민단으로 이어지는 모범적인 통치제도를 갖추고 어려운 가운데서도 서로 돕는 동포사회가 되어간다는 소문으로 수많은 동포들이 일제의 정치적 경제적 압박을 피해 삼원포지역으로 더욱 몰려들었다. 한편 삼원포지역의 이러한 소문을 접하고, 신흥무관학교 설립 등의 소식에 접한 일제는 경각심을 갖고 이 지역의 조선인 사회를 조사하기 위해 첩자를 조선인 유이민자들 속에 포함시켜 밀파시키고 있었다. 서간도 동포사회를 향한 이러한 음모에 교회와 교회 산하 교육기관은 특히 취약했다. 이러한 문제가 대두되자, 삼원포교회의 지도자들은 비밀 사찰기관의 필요성을 느끼고 흑룡회라는 내사기관을 만들고 가동하였다. 이 기관은 비밀리에 조직되었고, 은밀히 활동을 하였기 때문에 공개적으로 이 기관의 존재를 알리지 않았다. 흑룡회의 목적과 사업을 위해 다음과 같이 계획을 수립하였다.

1. 인구동태, 인사교류에 세밀한 기본 조사안(調査案)을 세우고,
2. 통신서신, 신문을 검열하고,
3. 각 지구에 정보망을 배치하고,
4. 금전거래의 실태를 조사하고,
5. 새로 들어온 도강자(渡江者)들의 신상을 조사한다.

또한 흑룡회의 각 부서를 다음과 같이 조직하였다.

회장   안동식

---

14) 허영백, "고 순국선열 방기전 장로 약사"(미간행).

부회장	방기전
정보반	최영호(崔永鎬), 오인선(吳仁善), 김세창(金世昌), 김병태(金炳泰)
심사반	이시중(李時仲), 한중건(韓重鍵), 김세탁(金世鐸)
행동반	전흥서(田興瑞), 김창해(金昌海), 안병모(安炳模), 신원순(申元淳)
사찰반	안제민(安濟民), 유종주(柳宗柱), 최병린(崔炳麟)

　흑룡회의 요원들은 극비밀을 유지해야 하는 관계로 주로 삼원포교회의 장로들, 영수 및 집사들로 구성이 되었다.

　흑룡회 활동의 구체적인 예는 다음과 같다. 박태신(朴泰信)양은 약혼자 김양천(金陽川)을 데리고 삼원포지역으로 이주해 온 이후 삼원포교회에 출석하며, 한경희 목사님의 주례로 결혼식을 올리고 은양(恩養)학교의 여교사로서 일했다. 이들은, "일제 하에서 결혼을 하지 않고, 독립운동 하는 지역에 가서 결혼하고 사는 것이 우리들의 소원이었다"고 고백하기에 삼원포교회의 목사님과 모든 제직들의 축복 속에 결혼식을 올리게 된 것이었다. 김양천은 황해도 신천읍(信川邑) 출신으로 일제의 서울 헌병대에서 헌병보(憲兵補)로 일하면서 박태신양을 알게 되어 사랑을 고백하기에 이르렀다. 박태신양은 김양천이 헌병보로 일하는 것을 그냥 넘길 수 없었기에, 서울을 떠나서 전직을 청산하는 조건으로 사랑을 받아들이게 되었던 것이었다. 이러한 이유로 박태신양은 독립운동의 기지인 삼원포로 김양천을 데리고 온 것이었다. 그러나 김양천은 과거의 습관을 버리지 못하고, 일제의 밀정이 되어 활동하였던 것이다. 모든 사실이 드러나자 그들은 다시 한번 잘못을 회개하고 새로운 삶을 살겠다고 호소하였다. 그러나 동포사회 전체를 위해서 너무나 위험한 일이었으므로 24시간 내에 삼원포를 떠나고 만주 경내에 있지 말라는 엄명을 하여 쫓아 보냈다.

흑룡회의 기능은 한족회가 발족한 후에도 계속되었다. 박오근(朴五根)은 유서(柳西)지방의 검찰(檢察)로 수년간 일했는데, 중국인 건달 왕시덕(王時德)과 결탁하여, 일제가 파견한 유하현 경찰과 끈이 닿아서 돈을 받고 정보를 제공하는 사실이 중국경찰에 알려졌다. 흑룡회에서 이를 조사한 결과, 약 2개월 전부터 정보가 유출되고 있음을 알게 되었다. 박오근을 체포하여 가정집에 감금하고 처리 방안을 논의하는 중이었는데, 그가 탈출하여 도망하는 사건이 일어나기도 했다.

이러한 사건이 방기전 총관의 관할 아래인 유서지방에서 발생하자 방기전 총관은 도의적인 책임을 지고 총관직 사임서를 제출하지 않을 수 없었다. 이러한 자세한 사실이 알려지자 온 유서지방의 여론과 이상룡을 비롯한 한족회 간부들이 만류하는 바람에 방기전 총관이 사임을 철회하는 일도 있었다.

신자들은 이와 같이 어느 곳을 가든지 여러 가지 삶의 어려운 문제들을 적극적으로 대처하며 그리스도의 몸 된 교회 설립에 박차를 가하고 있었다.

제8장
서간도 동포 교회 설립과 전도자들

좋은 소식을 전하며 평화를 공포하며 복된 좋은 소식을 가져오며 구원을
공포하며 시온을 향하여 이르기를 네 하나님이 통치하신다 하는 자의 산
을 넘는 발이 어찌 그리 아름다운가(사 52:7)

　19세기 후반 남만주 지역은 국경무역에 종사하는 진취적인 조선인들
의 활동무대였을 뿐만 아니라, 기독교 전래의 한 통로가 되었다. 이들
중 몇 사람은 봉천과 영구(營口)에 주재하던 선교사 존 로스[羅約翰, John
Ross]와 존 맥킨타이어[馬勒泰, John MacIntyre] 목사에게 감화를 받고, 맥
킨타이어 목사에게 1879년 세례를 받게 되었다.[1] 이 최초의 신자들은
새로 발견한 구원의 진리가 흑암의 권세아래 헤매는 우리 동포들에게
진정한 길이요 빛이 됨을 깨닫고 복음을 전하기 위해 전적인 노력을 기
울이게 되었다. 이들 가운데 김진기(金鎭基), 이응찬(李應贊)은 성경 번역
에 참가하고, 서상륜(徐相崙), 이성하(李成夏), 백홍준(白鴻俊) 등은 주로
매서인(賣書人)으로서 번역된 성경 반포 사업에 생명의 위험을 무릅쓰고

---

1) 한국기독교역사연구소, 《한국기독교의 역사1》(서울:기독교문사, 1999), 144-146쪽.

주력하였다.[2]

이양자에 세워진 국외 최초 동포 교회

봉천 주재 선교사 존 로스 목사는 1881년 서간도를 방문하고 북곡(北谷) 등지에서 조선인 85명에게 세례를 베풀었다.[3] 한편 조선어로 번역된 성경을 인쇄하던 식자공 김청송(金靑松)은 1882년 3월 예수성교본이 간행되자 이를 가지고 자신의 고향인 집안(輯安)으로 가서 성경을 반포하며 복음을 전하기 시작했다. 이로 인해 많은 신자들이 압록강 대안(對岸)인 집안 지역에 생겼다.[4] 이 지역에 우거(寓居)하던 신자 이성삼(李聖三), 임득현(林得賢)은 어려운 유이민의 생활 가운데서도 열심히 전도하여 수십 명의 성도를 확보하고, 1898년 집안현(輯安縣) 유수림자(楡樹林子) 이양자(裡陽子)에 그리스도의 몸 된 교회를 세웠다.[5] 이양자(裡陽子)교회는 우리 동포가 국외에 세운 최초 교회가 되었다.(특주 I 참조, 146쪽)

그러나 이듬해 이양자교회는 불같이 어려운 시험을 겪어야 했었다. 의화단(義和團)이 봉기하여[6] 교회를 잔해하기 시작하였는데, 교회와 신자들의 집을 불태우고, 생명을 위협함으로 모든 교인들이 심산궁곡(深山窮谷)[7]으로 피해야 했었다. 이로 인해 성도들의 신앙생활이 심히 위협을 받고 어려움 가운데 처하게 되었다. 이듬해 평북 선천 주재 선교사 위대모 목사와 안승원 조사가 방문하여 이양자교회 신자들을 위로하고, 지도자들인 이성삼(李聖三)과 임득현(林得鉉)을 집사로 세워 그들의 신앙을

---

2) 차재명, 《조선예수교장로회사기》(1928년간), 7-9, 25쪽

3) 《장로교회사전휘집(長老教會史典彙集)》(경성:조선야소교서회, 1918) 9쪽.

4) 한국기독교역사연구소, 《한국기독교의 역사1》 153-154쪽.

5) 차재명, 《조선예수교장로회사기》(1928년간), 55쪽.

특주 I. 양자촌(陽子村) 교당골[敎堂溝]의 야소교 초립(初立) 비명(碑銘)

집안현 유수림자(楡樹林子)의 현재 지명은 유림진(楡林鎭)이며, 유수림하(楡樹林河) 지류(支流)가 만나는 곳에 위치하고 있다. 유수림하는 압록강과 합류한다. 유림진에서 동쪽으로 약 3 Km 지점에 위치한 양자촌(陽子村)이 《조선예수교장로회사기》(1928년간)에 나오는 이양자(裡陽子)로 사료된다. 양자촌의 계곡을 따라 약 3km 올라가면 계곡이 Y자 모양으로 갈라진다. 상류로 오르는 사람의 왼쪽 계곡을 교당골[敎堂溝]이라고 이 지역에서는 불러왔다. 교당골을 약 2km 계속해서 진입하면 오르는 사람의 왼쪽 계곡 가에 한 바위(최대 높이 2.7m, 최대 둘레 6m)가 있고, 그 바위의 평면에 위 사진의 야소교 초립 비명이 있다. 보는 사람의 오른쪽에서 왼쪽으로 위에서 아래로, "耶穌敎 初立 1898 됴선人"이라고 새겨져 있다. "耶"의 크기는 6cm이다. 사진은 백색 분필로 강조된 것이다. 이 바위로부터 왼쪽 전방으로 비스듬히 산등성이를 오르면 약 200m 지점에 소규모의 축대로 평평하게 된 옛 교회 터가 있다.

비명이 언제 새겨졌는지는 알려지지 않고 있지만 이양자교회 신자들이 의화단 사건으로 피신하였을 때 신자 중 기술자가 작업한 것으로 사료된다. 의화단 봉기 때 신자들은 신앙의 자유를 위해 심산궁곡(深山窮谷)으로 피신하여 '약가루' 국수 즉, 옥수수 가루에 점액질을 높이기 위해 소량의 느릅나무(楡樹) 뿌리 가루가 첨가된 국수를 즐겨 먹었다. '약가루' 국수는 이 지방의 토산물로 지금도 주민들이 즐겨먹고 있다. 한편 교회 건물은 1945년 일제군대가 퇴각할 때에 전소(全燒)된 것으로 알려지고 있다.

북돋워 줌으로 해서 교회를 군건하게 했다.[8]

뇌석차(磊石岔)[9]에 거주하던 신자들은 원래 외양자(外陽子)교회로 다니며 예배를 드렸는데, 신자들이 많아져서 1903년 외양자교회로부터 분립하였다. 이렇게 설립된 뇌석차교회는 박응엽(朴應燁)의 인도로 발전하

게 되었다. 한편 뇌석차교회에도 신자가 점점 많아져서, 1908년 신풍
(新豊)교회를 분립해야 하는 형편이 되었다.

이 당시 신풍교회의 지도자는 조대원(趙大元), 장형도(張亨道) 집사였
다. 장형도 집사는 모범적인 지도자로 성장하여 1922년 8월 21일 남만
노회의 추천으로 평양신학교에서 공부하는 한편 조사(助事)로서 남만
지방의 교회를 섬겼다. 조대원 집사는 어려운 가운데서도 집사로서 직
분을 잘 수행하여 온 교회의 존경과 지지를 얻어 1916년 2월 15일 평
북노회에서 장로로 안수 허락을 받은 헌신적인 교회지도자가 되었다.
그 후 조대원 장로는 통화현(通化縣) 금두화(金斗伙)교회를 충성스럽게
섬겼다. 1920년 9월 일제에 의해서 남만주에서 자행된 경신참변(庚申慘
變) 때 전학진(田學珍) 장로와 같이 금두화교회를 지키다 믿음의 큰 용기
를 가지고 순교의 길을 걸었다.[10]

---

6) 청국(淸國)에서 일어난 의화단의 봉기(1898-1901년)는 청일전쟁의 패배와, 오만한 서양 세력에 대한
반감으로 일어났다. 서양인들, 특히 선교사들과, 기독교인들이 폭도들의 표적이 되었다. 수많은 기독교
신자들이 살해되었는데, 그중 봉사 장씨에 관한 이야기는 심금을 울린다. 봉사 장씨는 봉천병원에서 신
자가 된 후, 14년 동안 그리스도의 증인으로 수백 명을 주께로 인도했다. 봉사 장씨를 잡으면 다른 신
자들을 놓아 줄 수 있다는 말을 듣고, 친구들의 만류에도 불구하고 그는 스스로 폭도들에게 자신을 나
타냈다. 폭도들은 봉사 장씨에게 외국 신앙인 기독교를 부인할 것을 요구하며, 아니하면 죽이겠다고 위
협했다. 봉사 장씨는 "나는 다시 살기 때문에, 죽는 것을 두려워하지 않는다."고 대답했다. 처형자의 둔
한 칼날이 세 번이나 목을 칠 때에 봉사 장씨는 계속 기도했다. "주 예수님 나의 영혼을 받으소서." 봉
사 장씨의 몸이 푹석 땅에 떨어지자, 폭도들이 갑자기 겁에 질려, "우리가 선한 사람을 죽였다."라고 외
치면서 칼을 던져버리고 도망가버렸다. 이로 인해 그 마을에 있던 다른 신자들은 아무런 해를 받지 않
게 되었다. Elizabeth G. K. Hewat, *Vision and Achievement 1796-1956 A History of the
Foreign Missions of the Churches United in the Church of Scotland*, Pp. 259-260.,

7) 깊은 산 속의 험한 골짜기.

8) 차재명, 《조선예수교장로회사기》(1928), 59쪽. 이양자교회는 집안현 유수림자 이양자에 위치하고
있었고, 1921년 남만노회에서 거리가 가까운 산서노회로 부속되기를 청원하였다. 한국교회사학회편,
《조선예수교장로회사기 하권》265쪽.

9) 뇌석차(磊石岔)의 현재 지명은 립서차(砬西岔, 나시채)로 추측된다.

10) 차재명, 《조선예수교장로회사기》(1928년간), 105, 208쪽. 한국교회사학회편, 조선예수교장로회사
기하권, 86, 391쪽. 조선예수교장로회총회제10회회록, 97쪽.

뇌석차교회의 장경현 집사는 왕청문(旺淸門) 지방으로 이주해 와서도 열심히 전도하여 1910년에 왕청문교회를 설립하였다. 또한 같은 해 신도 장대석(張大錫), 이학엽(李學燁), 이시화(李時和) 등이 요천수(撓川水) 지방에 이주하여 열심히 전도하여 요천수(撓川水)교회를 설립하였다.[11]

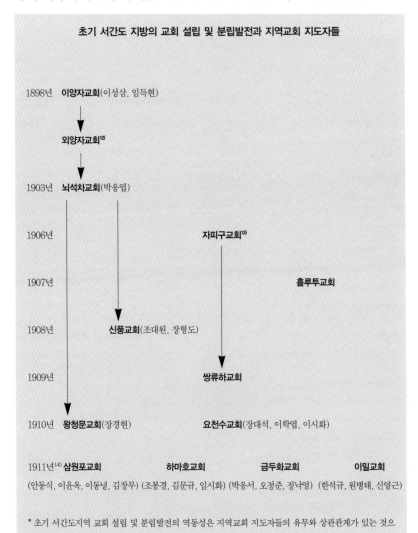

초기 서간도 지방의 교회 설립 및 분립발전과 지역교회 지도자들

1898년 **이양자교회**(이성삼, 임득현)

외양자교회[12]

1903년 **뇌석차교회**(박응엽)

1906년   **자피구교회**[13]

1907년   **흘루투교회**

1908년   **신풍교회**(조대원, 장형도)

1909년   **쌍류하교회**

1910년 **왕청문교회**(장경현)   **요천수교회**(장대석, 이학엽, 이시화)

1911년[14] **삼원포교회**   **하마호교회**   **금두화교회**   **이밀교회**
(안동식, 이윤옥, 이동녕, 김창무) (조봉경, 김문규, 임시화) (박응서, 오정준, 정낙영) (한석규, 원병태, 신영근)

* 초기 서간도지역 교회 설립 및 분립발전의 역동성은 지역교회 지도자들의 유무와 상관관계가 있는 것으로 보인다.

서간도에 파송된 전도인들

자피구〔夾皮溝, 협피구〕[15] 지역에도 많은 신자들이 있었다. 선천기지 소속으로서 용천, 철산 지역의 교회를 담당하던 선교사 방혜법(邦惠法, Herbert E. Blair) 목사가 1906년 이곳을 심방하고 교회를 설립하였다.[16] 또한 홀루투〔葫蘆套〕지방에서도 이주해온 신자들이 모여 어려운 가운데서도 서로 긍휼(矜恤)히 여기며 신앙의 모범을 보이자 신자들이 증가하여서, 서로 힘을 모아 1907년 교회를 설립하였다.[17] 그러나 자피구와 홀루투교회에는 당시 남만지방의 대부분 지역과 같이 신자들은 많았지만 교회를 이끌어 가는 지역교회 지도자와 기타 교회 설립의 여건이 부족하였던 것으로 생각된다.

1908년 서간도교회의 신도 김기형(金基亨), 장경현(張景賢)은 황성(皇城, 서울) 연동교회에서 열린 제2회 예수교장로회 대한노회(大韓老會)에 청원하여 서간도 지방 예배당 건축을 도와줄 것을 요청함으로 본국 교회의 서간도 전도에 관심을 불러일으키기에 이르렀다. 이에 전도국은 선교사 방혜법, 선천교회 양전백(梁甸伯), 선교사 기일(奇一, James S. Gale)

---

11) 위의 책, 216쪽.

12) 외양자교회의 설립 시기와 그 후 존속이 분명치 않으며, 이양자교회의 자매교회로 사료된다.

13) 자피구교회의 설립은 1906년 선교사 방혜법 목사의 순방으로 설립된 것으로 보인다.

14) 1911년 서간도지역의 교회 설립의 붐은 주로 한일합방 후 밀려온 신자들에 의해서 일어났다. 차재명, 《조선예수교장로회사기》(1928년간), 55, 59, 105, 208, 216, 221-222쪽.

15) 자피구는 협피구(夾皮溝)의 중국식 발음에 가까우며, 《조선예수교장로회사기》(1928년간)나 기타 문서에 '自皮溝'로 기록되어 있다. 차재명, 《조선예수교장로회사기》(1928년간), 156쪽.

16) 선교사 방혜법 목사는 1904년 11월 21일 조선에 도착하여, 1904-1908년 선천기지 소속, 그 후 강계기지, 대구기지로 이동하였다. 한편 마포화열 목사를 지도자로 하는 평양기지 소속의 보수적인 신학을 주장하는 선교사와 적지 않은 견해 차이가 있었던 것으로 보인다. *Personal Report of Herbert E. Blair*, August, 18, 1918. 차재명, 《조선예수교장로회사기》(1928년간), 156쪽.

17) 위의 책, 204쪽.

등 세 목사를 전임위원을 택하여 이 사업을 교섭하도록 결정하였다.[18]

이 시기는 또한 평안북도 지역에 전도가 활발히 진행되는 때였고, 특히 압록강 연안 의주 지방에 많은 교회들이 설립되는 때였다. 1908년 한 해에만도 의주군 내의 위원면(威遠面) 중단(中端)교회를 위시하여 일곱 교회가 설립되었다. 이러한 전도의 열기와 서간도에서 부름으로 인해 1909년 평북대리회는 최초로 장기간 국외에 전도자를 파송하기에 이르렀다.[19] 평북대리회 전도부의 파송을 받은 서간도 최초의 장기간 전도자 한경희 조사는 일년간 집안, 통화, 회인, 유하현에서 전도를 하면서 자피구, 훌루투교회를 설립하였다. 이중 자피구교회는 일찍이 1906년 선교사 방혜법 목사가 순방하여 설립하였다. 그러나 그 후 지역교회 지도자가 없어 교회가 약화되었는데, 한경희 조사를 맞이하여 재정비하고 다시 한번 교회를 설립하는 기쁨을 맛보았다. 자피구교회는 더욱 발전하여 1909년 쌍류하(雙流河)에 새로운 교회를 분립(分立)하는 경사가 있었다.[20]

평북대리회 전도부는 한경희 조사에 이어, 1910년 황운기(黃雲起)를 임강(臨江), 집안현에, 김진근(金振瑾)을 집안, 회인현에 파송하였다. 김

---

18) 《예수교장로회대한로회 제2회 회록》 19-20쪽. 독노회 시절에 대한예수교장로회로회(1907년), 예수교장로회대한로회(1908-1909년), 예수교장로회죠선로회(1910-1911년) 등의 명칭 변동이 있었다.

19) 조선 예수교 장로회 전체적으로 볼 때 국외에 최초로 장기간 파송된 전도인은 노령(露領) 해삼위(海蔘威)에 파송된 김유보(金有甫)인 것으로 사료된다. 1907년 원산 교인 김사겸(金仕謙)이 전도에 전적인 뜻을 두고 양계(養鷄)사업으로 얻은 수입을 전도사업에 받쳐서 김유보를 해삼위에, 모학수(毛鶴洙) 유문환(柳文煥)를 국내 각 지역에 파송하였다. 이보다 조금 앞서 전훈석(全燻錫), 홍순국(洪淳國), 이두섭(李斗燮) 등은 함경북도 각 군과, 동만 및 해삼위를 일주일간 전도 여행하였다. 차재명, 《조선예수교장로회사기》(1928년간), 318-319, 327쪽.

압록강 대안 지역 단기 전도자로는 1901년에는 유상도, 1903년에는 김상윤을 평북대리회 전도부에서 파송하였다. Harry A Rhodes, *History of Korea Mission Presbyterian Church USA(1884-1934)*, P. 368

20) 차재명, 《조선예수교장로회사기》(1928년간), 204, 212쪽.

진근은 1910년 평양신학교를 졸업하고 강도사로 임명받아 서간도에서 열심 전도하여 그 결과를 이듬해 노회에서 발표하는 한편, 노회 전도국에서 서간도 전도를 주관해 주기를 청원하였다. 이 당시 독노회 전도국은 제주도 및 해삼위 전도를 담당하는 중이었고, 다음해부터 시작할 산동선교로 인해 업무가 과다하여 평북대리회가 서간도 전도를 담당할 것을 부탁하였다.[21] 이로 인해 서간도 전도는 전통적으로 평북대리회, 총회 설립 후에는 평북노회 주관으로 행해지는 관례가 세워졌다. 김진근 목사는 1914년 2월 강계읍 목사로 부임할 때까지 서간도 전도인으로 일했다.

이러한 여러 전도인들과 열심있는 서간도교회 지도자들로 인해 1911년에는 유하현 삼원포교회가 설립되었을 뿐만 아니라, 통화현에는 조봉경(趙鳳京), 김문규(金文奎), 임시화(林時化)가 하마호(河馬滸)교회를, 박응서(朴應瑞), 오정준(吳貞俊), 정낙영(鄭洛永)은 금두화교회를, 한석규(韓錫奎), 원병태(元炳泰), 신영근(申永根) 등은 이밀(二密)교회를 설립하였다.[22] 이들은 주로 조선에서 이주해온 신자들로서 이곳에 와서 여러 가지 어려움이 많았다. 도적의 위험으로 재산의 약탈과 생명의 위험이 늘 도사리고 있는 가운데 생활을 하고 있었다. 또한 중국 관헌들은 조선인들에게 부당한 대우를 하였음으로 중국인과 같이 옷을 입어야 하는 등 어려운 생활환경 가운데서도 열심히 전도하여 주님의 몸 된 교회를 설립하는 모범적인 신앙을 보였던 것이다.

삼원포교회의 설립

경학사(耕學社)가 창립될 때를 전후하여 수많은 조선인들이 유하현 삼

---

21) 곽안련, 《장로교회사전휘집(長老敎會史典彙集)》(1918년간), 135쪽.

22) 위의 책, 221-222.

원포지역으로 이주해왔다. 여러 지방, 계층의 사람들과 여러 생각을 가
진 동포들이 이 지역으로 왔지만 이중에는 신자들도 적지 않게 이주해
왔다. 신자들 중에는 교회의 지도자들도 여럿이 있었는데, 안동식(安東
植) 장로, 이윤옥(李允玉), 이동녕(李東寧), 김창무(金昌武) 등이 마음을 합
해서 전도를 하며, 송덕규(宋德奎)의 집에서 매주일 예배를 드리기 시작
하여 삼원포교회를 설립하였다. 후에 방기전 장로가 합세해서 교회는
더욱 발전하게 되었다.

안동식(1870-1920년) 장로는 일찍이 공의회(公議會)[23] 시대부터 예수를
믿기 시작하여, 평안남도 순천군(順川郡) 내의 여러 교회 설립에 많은 영
향을 끼친 초대교회 지도자였다. 선교사 편하설(片夏薛, C. F. Bernheisel)
목사가 1900년 10월 18일에 도착하자, 그의 조사로서 순천군(順川郡)
사인면(舍人面) 사인리에 사인장(舍人場)교회 설립을 돕고, 교회를 열심
히 섬겨서 교회직원들의 불화를 극복하고 교회를 발전시켰다. 1901년
에는 순천군 순천면 하리(下里) 매화치(梅花峙)에 거주하는 전희관(田禧
觀), 이주복(李柱復), 이관실(李觀實), 이관성(李觀城) 등을 전도하여 매화
치교회를 설립하였다. 1902년에는 선교사 편하설 목사와 같이 순천군
자산면(慈山面) 기탄리에 기탄(岐灘)교회를 설립하고, 이지윤(李志潤) 등
과 같이 교회를 섬겼다. 순천군 내에 뿐만 아니라 평안남도 전체에 안동
식 장로의 교회를 위한 충성과 열심이 잘 알려지게 되었고, 독노회가 성
립되기 전 1906년 9월 12일 6회 합동공의회에 평안소회(平安小會)의 총
대로 참석하여 조선장로교회의 발전과 교회간의 협력을 도모하였다.[24]

23) 선교사들이 조선에 도래한 이래 신도가 증가하고 교회가 설립되어 치리(治理)하는 상회(上會)의 조
직을 필요로 하였다. 처음 조직된 상회를 공의회(公議會, 1893-1906년)라고하며, 선교사들로만 조직된
선교사공의회(1893-1900년)와 선교사와 조선인 총대가 합한 합동공의회(1901-1906년) 시대로 나누어
지기도 한다.
24) 곽안련, 《조선장로교회사전휘집》(1918년간), 249쪽.

1909년 9월 9일 제3회 독노회(獨老會)[25]가 평양신학교에서 회집되었을 때 평안남도 장로총대의 한 사람으로서 참석하여 조선장로교회 발전과 역사적 모임에 일익을 담당하였다.

1911년 9월 17일 제5회 독노회가 경상북도 대구 남문안 예배당에서 모였다. 안동식 장로는 소속은 평안남도 장로총대로서 참석하였지만, 김진근 목사와 함께 노회에 참석하여 서간도의 상황을 보고하였다. 점차 서간도에 이주민들이 증가하며, 이들은 목자 없는 양같이 헤매는 상태에 있다는 것을 설명하였다. 한편, 서간도 동포 사회의 전도 상황을 이야기하고 어려운 가운데서도 하나님의 은혜와 권고하심이 풍성함을 전했다.[26] 안동식 장로는 삼원포지역 동포사회에서도 지도자로서, 경학사의 창설과, 신흥무관학교, 공리회, 부민단, 한족회에 이르기까지 헌신적으로 봉사한 존경받는 인물이었다. 그 당시 안동식 장로의 교회를 위한 헌신과 교회와 동포 사회의 지도자로서 위치 및 신뢰성은 양기탁(梁起鐸)이 유하현 고산자에서 1915년 11월 26일 미국에 있는 도산 안창호 선생에게 보낸 서신에 잘 나타나 있다.[27]

삼원포교회를 설립하는데 중요한 역할을 한 또 다른 지도자 이윤옥(李允玉)은 평안북도 용천군 출신으로 용천군 내의 여러 교회 설립을 도운 헌신적인 교회지도자였다. 이윤옥은 1898년 용천군에서 최초로 설립된 동문외(東門外)교회의 지도자들 중에 하나였는데, 동문외교회 초대

25) 조선인 목사들이 배출된 1907년 조선장로교회는 독노회(獨老會)를 조직하였고, 더욱 발전하여 1912년 총회를 조직하기에 이르렀다.

26) 《조선예수교장로회사기》(1928년간), 70, 87, 100쪽. 《예수교장로회대한노회 제3회 회록》 3쪽. 《예수교장로회조선노회 제5회 회록》 2, 6-8쪽.

27) "교회(敎會) 형편(形便)은 처처(處處) 잘 되나 교인(敎人)의 성질(性質)을 융화(融和)하야 군국민(軍國民)이 될 기망(期望)은 매우 업사오나 이왕(已往)부터 고성(苦誠)으로 일보시는 안 장로 동식 씨가 정신(精神)을 발휘(發揮)하온 즉 차차 잘 되겟삽고." 도산안창호선생기념사업회, 《도산안창호전집 제2권 서한》 273쪽

조사로서 교회 발전을 인도하였다. 1904년 양광면(楊光面) 광화(光化)교
회가 설립되었을 때 김농승(金瓏承)과 같이 조사로서 교회를 성장 발전
시켜 예배당을 건축하였다. 1908년에는 동하면(東下面) 학령(學嶺)교회
가 설립되고 예배당을 건축했을 때 조사로서 교회를 섬겼다. 같은 해 양
광면(楊光面) 용유(龍遊)교회, 내중면(內中面) 당령(堂嶺)교회의 조사로서
섬기는 한편 양광면 덕동(德洞)에 80여 명의 신자가 생기고, 의욕적인
신자들이 회집하기 시작하자 선교사 방혜법 목사를 도와서 조사로 덕동
교회를 섬기기도 했다.

이와 같이 이윤옥 조사는 용천군내의 여러 교회 설립과 인도자로서
겪은 광범위한 경험을 살려 삼원포교회 설립에 이바지하였다.[28] 이윤옥
조사는 삼원포교회 설립뿐만 아니라 동포사회의 단체도 개명한 이름 이
휘림(李彙琳)으로 참가하여 헌신적으로 봉사하였다. 이윤옥은 도산 안창
호 선생과 가까운 사이로서 서신을 통해서 삼원포교회의 발전 사정을
알리기도 했다.[29] 이와 같이 삼원포교회에서는 설립 당시 헌신적인 여
러 지도자들의 수고와 열심이 교회 발전에 큰 밑거름이 되었다.

서간도 전도인들과 교회 설립의 붐

한일합방이 일어난 1910년 만주에 거주하는 조선인의 수는 109,000
명이었던 것이 1912년에는 238,403명으로 격증되었다. 이것은 일제
의 정치적 압박과 경제적 수탈 정책으로 인한 조선인들이 당하는 곤욕
을 의미하는 것이었다. 또한 항일투쟁의 생각을 가진 많은 이주민들이

---

28) 차재명,《조선예수교장로회사기》(1928년간), 50, 130, 205-206쪽.

29) 1913년 8월 8일 도산 안창호에게 보낸 서신에 자신의 이름이 이휘림(李彙琳)으로 개명되었음을 밝
히고 있다. 도산안창호선생기념사업회,《도산안창호전집 제2권 서한》 528-531쪽.

북간도(北間道)에 통감부의 파출소가 설치되자 연해주나 서간도로 확산 이주하게 되었다.[30] 이 때 만주로 이주한 사람들 가운데 많은 신자들도 포함되어 있었다. 선천 선교부는 1913년경 봉천과 인근 지역에 200,000명의 조선인이 거주하는 것으로 추정했다. 또한 강계선교부는 통화 부근에 150,000명의 조선 유이민자들이 있는 것으로 추정했다.[31]

1912년 조선예수교장로회 총회의 창립과 더불어 평북대리회가 평북 노회로 승격 설립되었고, 서간도지역은 평북노회의 산군시찰(山郡視察) 로 소속되었으며, 강계선교부 노해리(魯解理, Harry A. Rhodes) 목사가 서 간도 지방을 담당하게 되었다. 한편 안동, 봉천 지방은 선천 선교부가 담당하였는데, 선천 선교부 위대모 목사는 1912-1913년에 세 번이나 그 지역을 방문하여 연례 사경회를 열고 신자들을 격려하였다.[32] 평북 노회는 김진근 목사를 계속해서 서간도에 파송할 뿐 아니라, 1913년 2 월 19일 노회에서는 김기형(金基亨)을 파송하여 성서와 전도지를 분배 함으로 전도일을 담당하도록 했다. 같은 해 8월 평북 노회에서는 김진 근 목사에 이어 선천읍 여전도회의 후원으로 김덕선(金德善) 목사를 봉 천에 파송함으로 남만 전도에 초석을 놓았다.

이러한 가운데 서간도지역 교회에서도 많은 헌신적인 지도자들이 배 출되었다. 이중 금두화교회의 정낙영(鄭洛榮)은 교회를 헌신적으로 섬기 며 전도에 남다른 열정을 나타냈다. 그는 1914년 금두화교회에서 장로 로 안수받고, 당회를 설립함으로 금두화교회[33]를 조직교회로 면모를 갖 추게 하였으며, 또한 1916년에는 황원후(黃元厚)와 같이 유하현 거류하

30) 박용옥, "대륙의 백의민족, 만주 중국의 교포,"《한국현대사 8 신사회 100년》(서울:신구문화사, 1980), 379쪽.

31) Harryy A. Rhodes, *History of Korea Mission Presbyterian Church USA(1884-1934)*, P. 370.

32) Ibid., p. 370. 한국교회사학회편,《조선예수교장로회사기 하권》82-85, 108-109쪽.

(巨流河)교회를 설립하였다. 이듬해 그는 동포들의 영혼구원을 위한 하나님 나라의 복음전도에 불붙는 마음을 가지고 임강현(臨江縣) 동편으로 파송 받아서 열심히 전도하였다. 1918년에도 임강현 등지에서 계속 전도하여 신자 50명을 확보하는 등 예배처소를 세 곳이나 열었으므로 산서노회는 그를 이듬해도 다시 임강현에 파송하여 전도하게 하였다. 그의 구령사업에 대한 열성과 효과적인 전도는 노회 전체에 알려지고, 1920년에는 한경희 목사님이 시무하던 삼원포교회에서는 그를 후원하여 길림성 이남 지역과 장전자 지역에 1년간 전도하도록 했다. 대사탄(大沙灘)교회도 그를 3개월간 지원하여 유하현의 서편지역을 전도하게 했다. 1921년 2월 27일 남만노회가 창립되었을 때 장로총대로 총회에 참석하는 한편, 1923년에는 집안현에 전도인으로 파송받아 복음을 전했다. 정낙영 장로는 그야말로 서간도에서 평신도 전도왕이었다.[34]

이러한 교회 지도자들의 전도열에 힘입어 서간도지역에 교회가 부흥 발전하고 1913년 한해만도 아홉 교회가 설립되는 교회 설립의 붐이 일어났다. 이와 같이 여러 곳에 교회가 설립된 사실은 비신자인 양기탁이나 삼원포교회의 이휘림이 미국에 있는 도산 안창호 선생에게 보낸 편지에 잘 나타나있다.[35] 이 때 설립된 교회들은 다음과 같다.[36]

이러한 교회 부흥 소식은 본국교회로 알려지고, 더욱 많은 조선인 유

---

33) 금두화(金斗伙, 진두허)교회는 1914년에 정낙영, 1916년에 조대원(趙大元), 그 후 김기영(金基榮), 전학진(田學鎭)을 장로로 안수하고, 지방 목사 이지은(李枝殷)의 지도아래, 선교사 소열도 목사의 지원으로 통화현에서 가장 모범적인 교회의 하나로 발전하였고, 1921년에는 교회를 상, 하(上, 下)로 분립해야 하는 정도로 성장하게 되었다. 한국교회사학회편, 《조선예수교장로회사기 하권》 102, 255, 257, 390쪽.

34) 위의 책, 105, 256, 258, 260, 389, 391쪽.

35) 도산안창호선생기념사업회, 《도산안창호전집 제2권 서한》 273, 528-531쪽

36) 한국교회사학회편, 《조선예수교장로회사기 하권》 100, 101쪽.

1913년 서간도에 설립된 교회들

위치와 교회명	교회 지도자	비고
해룡현(海龍縣) 대황구(大荒溝)	김백원(金伯元) 김치선(金致善) 강명현(姜明賢)	조선에서 이주하여 열심 전도하여 교회를 시작
유하현(柳河縣) 대사탄(大沙灘)	이윤팔(李潤八) 최일형(崔一亨) 김치삼(金致三)	지도자들이 협력 전도하여 교회를 설립
관전현(寬甸縣) 조양구(朝陽溝)	이성백(李聖伯)	교회 설립 예배당 건축
유하현(柳河縣) 영춘원(永春院)	김상용(金尙鎔) 임몽필(林夢弼)	교회 설립 예배당 건축
통화현(通化縣) 합니하(哈泥河)	이시영(李始榮) 김창환(金昌煥) 이명해(李明海)	교회 설립
통화현(通化縣) 횡도(橫道)	문재언(文在彦) 강재호(姜在鎬) 송희(宋熙)	교회 설립
통화현(通化縣) 금두화 차구(此溝)	안국광(安國光) 김병렬(金炳烈)	교회 설립
동풍현(東豐縣) 흥도하자(興道河子)	임사옥(林士玉) 권봉춘(權奉春) 이기조(李基祚)	교회 설립
통화현(通化縣) 금두화 강남(江南)	유건오(劉建五) 박정엽(朴禎葉)	교회 설립 예배당 건축 학교 설립

이민의 대열이 서간도로 밀려오게 되었다. 평북노회는 1914년 2월 김진근 목사가 강계읍교회 목사로 부임하는 대신 최봉석(崔鳳奭), 최성주(崔聖柱) 두 목사를 서간도로 파송하여 교회를 돌보며 전도하게 했다. 별명 최권능으로 알려진 최봉석 목사는 선천지방 전도회의 후원을 받아 서간도 통화현 두을령(頭乙嶺) 남쪽으로, 최성주 목사는 정주, 박천, 구성 연합여전도회의 후원을 받아 두을령 북쪽으로 사역지를 정했다.[37] 한편 김덕선(金德善) 목사는 봉천지방에 파송을 받아 십간방(十間房) 등지에서 전력을 다해서 전도를 하고 있었다.

---

37) 위의 책, 85, 102, 108쪽

1914년에도 서간도에 여러 교회들이 설립되었다. 김준건(金俊建), 안해용(安海容)은 통화현 옹점동(甕店洞)에, 박영호(朴永浩), 최시명(崔時明)은 유하현 청령자(青嶺子)에, 김치삼(金致三), 이영수(李永洙), 정원경(鄭元景)은 유하현 남산성(南山城)에, 이정욱(李正旭), 노이경(盧伊景), 김응도(金應道)는 나호하(螺蝴河)에 교회를 각각 설립하는 열심을 보였다. 또한 신자들은 교육의 중요성을 깨달아 극심한 경제적 어려움 가운데도 자녀교육을 위해서 교회가 중심이 되어 쾌대무자하(快大茂子河), 마하자(馬河子), 옹점동(甕店洞), 대사탄(大沙灘), 대황구(大荒溝), 대왕자(大旺子), 청령자(青嶺子) 등지에 학교를 설립하였다.[38]

한편 선교부에서도 1914년 9월 16일 내한한 미북장로교 소속의 선교사 소열도(蘇悅道, T. Stanley Soltau) 목사 부부를 만주 지역의 조선인 선교사업에 전념하도록 했다. 소열도 목사 부부는 선천과 강계에 주재하면서 재만 조선인들을 위한 선교사업 전략을 짰고, 후에 홍경(興京)선교부 개설을 주도하였다.

당시 남만주 지방의 교회 사정을, 수년간 전도자로서 일한 김진근 목사가 황해도 재령군 남산현 예배당에서 개최된 제3회 총회에서 행한 보고를 통해서 알아보면 다음과 같다.[39]

- 광할한 남만주 지방에 흩어져 있는 동포들이 350,000명 가량이다.
- 선천읍 여전도회에서 평북노회를 통해서 봉천 지방에 전도인과 그 외 수인의 전도인을 파송하여 전도하고 있다. 현재 교회는 34곳이 있으며, 장로가 2인, 신학 청원자가 3인, 세례교인이 873인, 총 교인 2,540인에 달한다.

---

38) 위의 책, 102쪽.
39) 《예수교장로회조선총회 제3회 회록》 11-12쪽.

■ 교회에 모이는 숫자는 많이 모이는 교회는 200명 이상이고, 적게 모이는 곳은 10명 가량이다.

■ 궁벽(窮僻)한 곳에 들어가 사는 강원도 형제들이 주일을 착실히 지키는데, '六'표를 하기에 물어보니, 첫 점은 주일아침 공부한 점이요, 가로 그은 것은 오후 예배 본 것이요, 왼쪽 아래 점은 주일저녁 예배요, 오른쪽 점은 삼일 예배 본 것이라고 대답했다.

■ 예배 보는 방법은 성경 한 절씩 온 교우가 돌아가며 읽고, 다음 주일에는 다 외우는 것이었다.

■ 여자들에게 미리 언문(諺文)을 가르치고, 전도인이 오기를 기다리는 곳도 있으니, 전도의 문은 이같이 열려 있고, 전도의 시간을 단축하기 위해 준비하고 있다.

이와 같이 서간도에 있는 신자들은 초대교회 신자들과 같이, "모이기를 폐하는 어떤 사람들의 습관과 같이 하지 말고 오직 권하여 그 날이 가까움을 볼수록 더욱 그리하자"(히 10:25)라는 성경 말씀을 그대로 실천하고 있었다. 또한 이 때 서간도에서는 조국을 떠나 유리방황하는 수많은 우리 동포가 하나님의 기쁜 복음의 소식을 가지고 올 사도 바울과 같은 전도자를 학수고대(鶴首苦待)하고 있었다.

제9장

서간도 전도목사로

내가 너를 그레데에 남겨 둔 이유는 남은 일을 정리하고 내가 명한 대로 각 성에 장로들을 세우게 하려 함이니(딛 1:5)

한경희 목사님은 1914년 9월부터 한 해 동안 전도하시던 북만지역이 함경노회의 전도구역으로 이전되므로 인해서 1915년 후반기 남만지역으로 사역지를 옮기셨다.[1] 남만지역 중에서도 서간도 전도목사[2]로 부름을 받고 온 가정이 함께 유하현(柳河縣) 삼원포(三源浦)로 이사하여 살면서 주위의 해룡(海龍), 동풍(東豊), 서풍(西豊), 휘남현(輝南縣)을 포함하는 5개 현을 시무지역으로 목회하셨다.

헐벗은 동포들을 사랑하며

이 당시 서간도지역의 동포들 생활상은 여러 가지 이유로 비참할 정도로 어려운 상태에 있었다. 괴이한 질병으로 고생을 하다가 제대로 치

---

1) 《조선예수교장로회총회 제4회 회록》 19쪽.

료를 받아보지도 못하고 갑자기 죽는 경우도 자주 있었다. 홍역, 천연두, 장질부사가 돌았고, 기타 질병으로 인해 어린이뿐만 아니라 어른들도 갑자기 죽는 경우가 많았다. 중국 관헌들은 이유 없이 조선인들을 체포하고 핍박하였다. 또한 마적들로 인해 참혹한 화를 당한 동포들도 많았다. 또한 교통이 대단히 불편하여 돈이 있어서 큰 도시로 나가 의료혜택을 받기 위해 노력한다 해도 제 때에 적절한 도움을 받기가 여간 어려운 일이 아니었다.[3] 이러한 어려운 환경에서도 진실한 신자들이 많았다. 진리의 말씀을 사모하는 신자들이 많아서 전도자들에게는 즐거운 일이 아닐 수 없었다.[4]

한경희 목사님은 동포들을 찾아가서 위로하고 기도하며, 어려움을 들어주며 같이 나누었다. 병들고, 배고프며, 헐벗은 그들에게 도움이 될만한 약도 없었고, 나누어 줄만한 양식이나 따뜻한 옷 한 벌 여유 없었다. 그저 개인적으로 만나서 이야기도 하고 각 가정을 찾아가 위로하며 전도하였다. 한경희 목사님이 맡은 구역은 광범위한 지역이었으며, 또한 교통이 불편하여 각 지역을 한번씩 돌아보기도 쉬운 일이 아니었다. 말

2) 전도목사는 교회가 확립되지 않은 지역에 전도하고 교회를 설립하는 사역자이며, 지방 목사는 수개 지방교회를 임시로 시무하는 교회 지도자이다. 곽안련, 《장로교전휘집》(1918년간), 87쪽. 그러므로 전도목사는 파송하는 교회의 재정적 후원이 뒤따른다. 한경희 목사님은 초기에 의주지방 교회들의 재정적 후원을 받았다. 그러나 1917년부터는 삼원포교회에서 재정적 부담을 맡아서 삼원포지역 5개 교회의 지방목사로 사역을 감당했다.

3) 1911년 11월(음력)부터 1916년까지 신민회 사건으로 망명하여 온 세브란스를 졸업한 의사 김필순(金弼淳)이 통화현 통화에서 중국인과 조선인을 대상으로 적십자병원을 개업하고 있었다. 이회영의 부인 이은숙이 1913년 마적 떼의 습격으로 받은 총상을 이곳에서 40일간 치료받기도 했다. 미국 북장로회 선교회에서는 조선예수교장로회총회를 통해서 김필순의 의료사업을 돕자는 헌의(献議)를 하였으나, 이 제안은 서간도 사업이 평북노회의 주도하에 행해지고 있었기 때문에 평북노회 사업으로 이관되었다. 그 후 김필순은 치치하얼로 이주하였는데, 일제의 첩자에게 독살당했다. 박규원, 《상하이올드데이스》(서울:민음사, 2003), 88-96쪽.
서중석, 《신흥무관학교와 망명자들》 63-67쪽. 《조선예수교장로회총회 제3회 회록》 13쪽. Harry A. Rhodes, History of Korea Mission Presbyterian Church USA(1884-1934), P. 371.

4) 《조선예수교장로회총회 제4회 회록》 17쪽.

이나 소가 끄는 수레를 이용하든지 걸어가는 수밖에 없었다.

역설적인 일이지만 이러한 가운데서도 동포들 중에는 술 마시며 조금이라도 가진 것을 탕진하는 어리석은 사람들이 있었다. 한경희 목사님은 이들을 훈계하고 권고하기 위해 다음과 같은 노래를 작사하시고 부르셨다.

허사가[5]

1. 술 마시는 동포들이여 너의 살림 어이하랴
   술만 먹고 춤만 추면 너의 희망이 족할까?

(후렴) 어린 처자는 주린 배를 움켜쥐고 앉았으니
네 장차 가련하다 술 마시는 자여

2. 호미(胡米) 밥에 된장찌개 하루 두 번 어려운데
   술만 먹고 춤만 추면 너의 희망이 족할까?

한경희 목사님의 금주운동은 수년 후 서간도 전체 동포사회에 영향을 미쳤다. 한족회에서는 1920년 4월 10일 서간도 전 동포사회에 한족회 총장의 이름으로 금주(禁酒), 금연령(禁煙令)을 내렸다. 삼원포 동포사회는 신자든 비신자든 금주, 금연의 필요성에 동감하고 결혼, 상제(喪祭), 약용, 외교에 한하여 구장(區長)의 인가를 받아야 술을 마실 수 있었다. 위반자는 태형(笞刑)을 내리거나 벌금을 부과했다.[6]

---

5) 한경희 목사의 4남 한진옥 제공.

6) 〈독립신문〉 1920년 5월 1일.

한경희 목사님은 가시는 곳마다 복음 증거만 하는 것이 아니라 마을
마다 동포들이 서로 돕고 살 수 있는 방법을 지도하고, 스스로 마을을
다스릴 수 있는 규약을 만들고 교육을 시켰다. 또한 농상(農商)조합을
만들어 주면서 동포들의 어려운 경제생활을 돕기를 원했다. 또한 힘자
라는 대로 학교를 설립하도록 격려하셨다. 자녀들을 교육하는 일은 앞
으로 조선의 독립을 앞당기는 일이요, 일제의 총칼에 맞설 수 있는 가장
올바른 길이라는 사실을 역설하여 동포들의 호응을 얻었다.

은양학교의 교장으로서[7)]

한경희 목사님이 삼원포지역으로 오시기 전 삼원포교회의 지도자들
은 경학사가 창설되고 신흥무관학교가 창설되던 때에 이미 이와 연계되
는 초등학교 설립을 구상하게 되었다. 방기전 장로를 중심으로 안동식
장로, 이휘림, 김세탁 등이 상의하여 기성회를 조직하고, 1912년 10월
10일 은양학교를 설립하게 되었다. 은양학교는 처음에 삼원포교회당을
교실로 사용하여 대화사(大花斜)에 위치하고 있었다. 초대 교장은 방기
전 장로였다. 이 때 교회 지도자들은 많은 동포들이 의식주 해결의 어려
운 문제가 있고 자연재해로 인한 여러 가지 어려움에 처해 있음에도 불
구하고 학교 설립이 중요한 것으로 판단하여 이를 추진하였던 것이다.
남녀 공학으로 개교 후 초기에 남학생이 200명, 여학생이 170명에 이
르는 큰 학교로 시작하였다. 이는 조선 이주민들과 지도자들의 교육에
대한 열성을 보여주는 구체적인 증거였다. 은양학교의 학제는 6년이었

7) 동북조선민족교육과학연구소, 《중국조선족학교지》(장춘:동북조선민족교육출판사, 1998), 920-921,
987쪽. 리재화, "동명중학교의 어제와 오늘"《압록강 국경특간》(길림성 통화시:압록강 편집위원회, 1999.
2), 67-70쪽.

으며 초등부 4년 고등부 2년으로 되어 있었다.

한경희 목사님께서 1915년 삼원포교회로 부임하시자, 은양학교의 제 2대 교장으로 취임하셨다. 한경희 목사님이 오신 후 학교는 더욱 발전을 하여 1916년에는 교회당에서 동쪽으로 10여 미터 떨어진 대화사산 중턱에 7칸의 'ㄱ'자 단층 기와집을 지어서 교실로 사용했다. 그 옆에 넓은 운동장이 있어서 축구와 군사훈련을 할 수 있었다. 학생들의 수가 1918년에는 800여 명에 달하는 학교로 발전했다. 지금까지 알려진 교사들로는 허영백(許英伯), 한선옥, 김학규, 장태일, 김덕근, 강흥락, 김창덕, 조성규, 권녕하, 김병희(金炳熙) 등이었고 한 명의 중국인 교사가 있었다.

자체로 편찬한 교과서를 사용하였고, 애국열에 불타는 열혈(熱血) 청년들에게 민족독립 사상과 반일 사상을 가르치며 억센 투지력을 배양하는데 주력하였다. 체조시간에는 등산과 같은 체력단련이 위주였는데, 갑, 을로 나누어 고지쟁탈전을 벌임으로써 실전에 참가할 수 있는 준비 훈련을 하였다. 체조시간은 허영백 선생이 주로 맡았다. 해마다 체육활동을 주로 하는 운동회를 개최하였는데 이 때면 부근의 학교뿐만 아니라 해룡, 홍경, 통화, 청원현, 산성진 등지에 있는 학생들도 모여들었다. 이 모임을 통해서 항일구국정신을 호소하고 각 지역 독립운동의 경험도 교류하였다. 이 때 은양학교의 영향력은 남만에서 대단하였다. 매년 8월 29일에는 국치일(國恥日)[8]을 기념하여 온 학교 교사 및 학생들이 하루 세끼 찬밥을 먹으면서 일제를 규탄하며, 나라를 기어코 다시 찾겠다는 다짐을 하였다.

은양학교는 선명한 반일사상 교육으로 인해 일제의 특무기관의 주목을 받게 되었다. 이로 인해 경신참변 때인 1920년 9월 25일에 일제의

---

8) 대한제국이 한일합병(韓日合倂) 문서에 조인을 한 치욕적인 날. 1910년 8월 29일.

토벌군에 의해서 은양학교는 완전히 불타버렸고, 은양학교의 교사와 관계자들이 참살을 당했다. 그 후 은양학교의 정신은 정의부의 세밀한 조직과 한경희 목사님의 열성으로 1921년 개교한 동명학교로 이어졌다.

삼성여학교의 설립과 발전

　삼원포교회 지도자들은 일찍이 여성교육에 관심을 가지고 남녀공학인 은양학교로 만족하지 않고, 1914년 10월에 삼성여학교를 분립 발전시켰다. 한경희 목사님께서 삼원포로 오신 후에는 교장으로 취임하시고 여성교육을 이끌어 가셨다. 당시로서는 기대하기 어려운 고귀한 여성교육이 대화사(大花斜) 소재 삼원포교회에서 이루어지고 있었던 것이었다. 학제는 4년이었고 학급에 약 60명이 있었다. 교사가 2명이었는데 그중 한 명은 여성이었다. 교재는 모두 자체로 편찬한 것을 사용하고 민족 독립사상 교육에 중점을 두고 가르쳤다. 국치일 8월 29일에는 교실에 태극기를 걸어놓고 만세를 부르며 격정에 넘치는 웅변대회를 열기도하였다. 1919년 가을에 경제난으로 어쩔 수 없이 문을 닫았으나 경제적인 형편이 되는 학생들은 은양학교에서 계속 공부하기도 하였다.

　경신참변 후 한경희 목사님이 삼원포에 다시 돌아왔을 때 동명학교와 같이 삼성여학교도 다시 삼원포교회에서 개교하였는데 이는 모든 희생을 감수하고 여성교육에 앞장서신 한경희 목사님의 지도력과 삼원포교회 지도자들의 희생으로 이루어진 것이었다. 그 후 한경희 목사님께서는 1928년 말 일제 경찰에 체포, 신의주 감옥에 투옥될 때까지 교장으로서 시무하시며 여성교육을 위해서 애쓰셨다. 한경희 목사님께서 작사하신 삼성여학교의 교가(校歌)는 다음과 같다.

삼성여학교 교가

1. 대한민국 자주독립[9] 굳은 기치는
   세 번 길을 흐른 길이 우리학굘세

   (후럼) 합심하는 마음으로 나아갑시다
   　　　삼성학교 만세라
   　　　만세 만세 삼성학교 만세
   　　　구원하는 목적으로 노래 부르세
   　　　삼성학교 만세라

2. 백절불굴 망명장애 용감력으로
   만리종진 일보일보 전진하면서

3. 대한민국 팔도에 선도자 되려면
   유진무퇴 사자로 신을 신고서

중국인에게 부당하게 연금당한 조선 소녀들을 구출

이 당시 만주에 거주하는 많은 동포들이 중국말을 하지 못해서 여러
가지 억울한 일이 있어도 스스로 해결하지 못하는 경우가 많았다. 서간
도로 오신 지 얼마 되지 않아서 한경희 목사님께서 조선 두루마기를 입
고 한 마을을 지나가는데 중국인 복장을 한 두 소녀들이 한경희 목사님

---

9) 흑룡강성 대경시 안도신(安道信) 여사에 의하면 '아주동방 신한독립'

의 두루마기 자락을 잡고 눈물을 흘리는 일이 일어났다. 한경희 목사님께서, "너희들 조선 아이들이냐?"라고 물었다. 그 소녀들이 고개를 끄덕여서 그들을 기르고 있는 중국인을 찾아가서 붓글씨로 문답을 나누고 난 후 문제를 자세히 알게 되었다. 한경희 목사님의 목회 구역 내인 유하현 대사탄(大沙灘) 지방에 살고 있던 두 교인들의 딸들이 억울하게 그 중국인에게 연금당하고 있는 것으로 판명이 났다.

사연인즉 진도삼(陳道三)씨의 11세난 장녀 진점순(陳漸順)과 정(鄭) 과부(寡婦)의 9세 난 딸 박남순(朴南順)이 나쁜 사람들에게 속아 넘어가서 중국인(中國人) 장국정(張國禎)에게 팔려가게 되었던 것이다. 처음에 약속하기를 아이들이 소학교 졸업하면 돌려보내겠다고 했다. 그러나 반년 후에 아무런 소식이 없기에 물어보니 장국정 자신의 손자와 약혼하였다고 하며 아이들을 돌려보낼 수 없다고 거부하는 것이었다. 오히려 아이들을 오백여리나 떨어진 반석현(磐石縣)으로 데리고 가서 숨겨두었다. 두 소녀들을 별방(別房)에 가두고 3년간이나 조선말을 쓰지 못하게 하며 중국인을 만들기 위해 발까지 조리고 있었다. 그러나 두 소녀들의 부모들은 속수무책이었고, 거저 눈물로 세월을 보내고 있었다.

이러한 사실을 안 한경희 목사님은 민족적인 의분을 참을 수 없어 장국정의 집에 찾아가서 이 일을 따졌다. 이에 장국정은 3년 6개월간의 의식비(衣食費) 3백5십 원을 요구하며 돈을 가져오면 아이들을 돌려주겠다고 했다. 한경희 목사님은 이 일을 그 당시 평안북도 교회의 지도자였던 양전백(梁甸伯) 목사와 상의하고, 평북도제직회(都諸職會)에 도움을 청하는 한편, 자신의 서간도 전도를 후원하는 의주 지방의 큰 교회를 순행(巡行)하여 연보를 얻어서 3백5십 원을 주고 두 아이들을 찾아왔다.[10]

---

10) 총회 보고에는 이 때 지불한 액수가 2천5백여 량이라고 기록하고 있다.《조선예수교장로회총회 제5회 회록》59쪽.

처음에 아이들이 돌아왔을 때 조선말을 잊어 통역을 세우고야 통화하는
정도였다. 한경희 목사님 집에서 이들을 기르며 3년간 조선학교에서 공
부시켰다. 후에 진점순은 조천수(趙天秀)에게 박남순[11]은 최재화(崔載化)
에게 출가시키는 일까지 한경희 목사님 가정에서 맡아서 했다.

이 사건은 서간도 조선인 사회 전체에 알려지게 되었고, 신자들뿐만
아니라, 불신자들도 한경희 목사님을 존경하게 되었다. 심지어는 중국
인들도 이 아름다운 이야기를 듣고 감동하게 되었다. 그리고 복음전도
에도 많은 도움을 얻었다고 한경희 목사님은 후일 고백했다.

이 일로 인해서 웃지 못 할 일도 일어났는데, 평안북도 선천읍에 거주
하던 유원명이라는 신자는 몸이 아파서 아무 일도 할 수 없는 안타까운
형편에 처해있었다. 유원명씨는 조선예수교장로회 총회에 정식 탄원서
를 제출하여 서간도의 한경희 목사가 두 소녀를 도운 것같이 총회에서
자기를 도와달라는 청원을 한 일이 있었다. 한편 총회 헌의(獻議)위원회
에서는 이 청원을 평북노회로 보내서 선천읍교회 당회가 유원명씨를 돌
아보게 하였다.[12] 이러한 일은 그 당시 한경희 목사님의 동포애가 국내
외를 막론하고 얼마나 많은 사람들에게 공감을 불러일으켰나를 나타내
는 것이라고 하겠다.

서간도교회 지도자로서

한경희 목사님이 서간도지역의 전도목사로 오신 1915년 남만지역 교
회에 소속한 목사와 직원의 수는 모두 264인이었다.[13] 이는 집사, 조

---

11) 박남순은 한경희 목사님 댁에서 1918년 출가하였다. 1959년 4월 왕청현 대흥구 하북대대(河北大
隊)에서 노동단련을 하기 위해 온 한경희 목사님의 4째 아들 한진옥 씨와 시골에서 극적인 상봉을 하게
된다. 한진옥의 서신
12)《조선예수교장로회총회 제4회 회록》25쪽.

사, 영수, 장로, 목사를 포함하는 교회의 모든 지도자인데, 이들은 남만
도제직회(南滿都諸職會)라는 단체를 형성하고 있었다. 마침 이 단체를 이
끌어 나갈 영력(靈力) 있는 유능한 지도자를 요구하고 있는 때였다. 한
경희 목사님은 서간도 도착과 더불어 자연히 이 책임을 맡게 되었다. 또
한 평북노회 산군시찰(山郡視察)[14) 서기를 맡아서 서간도교회뿐만 아니
라, 평안북도의 산군 지방까지 돌보게 되었다. 서간도교회는 국내 교회
와는 달리 각 교회가 지리적으로 멀리 떨어져 있어 교회간의 협조가 쉬
운 일이 아니었다. 그러나 서간도교회의 제직들의 열심은 국내 교회의
제직들에 뒤지지 않았다. 이들은 서간도지역의 각 교회뿐만 아니라 특
히 강계지역의 교회와도 활발한 연합활동을 하였다.

서간도지역의 제직들의 활발한 모임은 한경희 목사님이 서간도에 오
시기 전 강계선교부의 노해리(魯解理, Harry A. Rhodes) 목사의 헌신적인
방문과 열성에 힘입은바 컸다. 1911년 봄 두 사람의 신자가 만주로부
터 약 100마일을 걸어서 강계에 와서 새로운 교회 설립을 보고하고
100명 이상이 주일마다 모이고 있다는 보고를 했다. 선교사 노해리 목
사는 이에 감격하고 그해 가을 그곳을 방문하고 신자들을 돌보고 제직
들을 격려하였다. 선교사 노해리 목사는 홍경(興京) 선교기지가 개시될
때까지 연례 사경회를 위해서 먼 길을 여행하였는데, 1912년에는 함가
륜(咸嘉倫, Clarence S. Hoffman) 목사와 선천 선교기지의 위대모(魏大模,
Norman C. Whittermore) 목사가 동행하여 개최하였다. 1913년 11월에는
선교사 곽안련(郭安蓮, Charles Allen Clark), 함가륜 목사와 같이 통화에서
사경회를 개최하여 신자 144명이 참석하는 성과를 거두었다. 1914년

13) 위의 회록, 17쪽.
14) 산군시찰(山郡視察)은 초산(楚山), 위원(渭原), 강계(江界), 자성(慈城), 후창(厚昌), 피남(皮南), 만주
등지를 포함하였다. 한국교회사학회, 《조선예수교장로회사기 하권》 82쪽.

11월에는 강계선교부 의사 백이거(白爾巨, John D. Bigger, MD) 박사와 동행하여 쾌대무자(快大茂子)교회에서 연례 사경회를 개최하였는데, 이 때 선천의 양전백 목사도 봉천을 거쳐 왔지만 홍수로 인해 마지막 날만 참가할 수 있었다. 1915년 11월에는 금두화교회에서 연례 사경회를 개최하여 서간도지역의 지도자들을 격려하고 가르쳤다. 1915년 방문 때에는 1914년 9월 16일에 조선에 도착한 새로운 선교사 소열도(蘇悅道, T. Stanley Soltau) 목사를 동반했다. 소열도 목사는 만주에 거주하는 조선인들을 위한 사역을 담당하도록 이미 내정된 상태였다. 한편 선천선교기지 소속의 위대모(魏大模, Norman C. Whittermore) 목사도 1912-1913년 동안에 세 번에 걸쳐 만주지방을 여행하며 사경회를 돕고 신자들을 위로했다.[15]

서간도교회는 이제 한경희 목사를 맞이하여 더욱 발전하게 된 것이다. 1916년 강계 사경회에 서간도에서 40여 명의 제직들이 6, 7백리를 걸어서 참석하는 열심을 보여 많은 참석자들을 감동시켰다.[16] 그러나 서간도의 길은 험하고 위험하여 언제 어떻게 화를 당할지 알 수 없는 예측불허의 길이었다. 같은 해 서간도 성경 학생 7명이 강계에서 공부를 마치고 돌아가는 길에 중국인 도적을 만나 중상을 입었고, 가지고 있던 소지품과 행구(行具)[17]를 다 빼앗겼을 뿐만 아니라, 서간도 전도목사 3인의 월급을 몽땅 털리는 일이 일어나기도 했다.[18]

한경희 목사님이 서간도에 오신 이듬해, 1916년 2월 15일 평북노회에서는 삼원포교회의 안동식, 금두화교회의 조대원을 장로로 안수함을

15) Harry A. Rhodes, *History of the Korea Mission, Presbyterian Church of USA Vol. 1*, Pp. 368-371.
16) 《예수교장로회조선총회 제5회 회록》 41쪽.
17) 여행 때 쓰는 도구
18) 《조선예수교장로회총회 제5회 회록》 59-60쪽

허락함으로써 서간도교회들이 당회를 조직하여 조직교회로서 발전할
수 있는 길을 열었다.[19] 한경희 목사님을 맞이한 삼원포교회는 안동식
장로의 안수에 이어 그 후 신윤신(申允愼), 한찬희(韓燦禧), 방경모(方敬模)
등을 장로로 안수함으로 명실공히 서간도교회의 중심되는 교회로 발전
하였다. 1916년까지는 한경희 목사님께서 평북노회의 재정적 지원하
에 전도목사로서 사역을 하고 있었지만, 삼원포교회는 1917년부터는
단독으로 한경희 목사님을 재정적 후원할 수 있는 건실한 교회로 자라
게 되었다. 이로 인해서 한경희 목사님은 삼원포지역의 5개 교회를 전
적으로 담당하는 지방목사로서 일하게 되었다.

　1916년 삼원포교회는 양적인 증가도 눈에 띄게 있어서, 마록구(馬鹿
溝)에 지교회를 분립하는 발전을 보였다. 또한 한경희 목사님은 정낙영
장로와 황원후(黃元厚)가 유하현 거류하(巨流河)에, 표기선(表基善)이 유하
현 흑석두(黑石頭)에 각각 교회를 설립하는데 도움과 격려를 아끼지 않
았다. 같은 때에 전승횡(田承橫), 허영록(許永祿) 등은 통화현 영결부(永決
府)에 교회를 설립하였다.[20] 한경희 목사님은 이 때 교회와 학교가 시무
지역 내에 8-9 곳에나 새로 설립되었다고 기록하고 있다. 이 당시 평북
노회는 서간도교회의 부흥발전을 특별한 일로 간주하여 1916년 총회
에 다음과 같이 보고하였다.[21] "지난 일년 동안 서간도에서만 새로 믿
는 사람이 5백 명이나 생겼사오며."

　이러한 발전으로 인해 서간도교회, 특히 한경희 목사님의 시무지역은
더 많은 사역자들을 필요로 했다. 1916년 2월 15일에 평북노회에 참석

19) 한국교회사학회편,《조선예수교장로회사기 하권》87쪽. 안동식 장로는 이미 평남노회에서 장로
안수를 허락 받고 장로로서 봉사하였으나, 당시 장로는 노회 소속이 변경될 시 해당 노회 허락을 다시
받는 관례가 있었다.
20) 위의 책, 105쪽.
21)《조선예수교장로회총회 제5회 회록》59쪽.

하여 이러한 사실을 보고하였는데, 노회는 한경희 목사님의 노고를 위로하고, 격려하는 뜻에서 일금 30원을 상여금으로 수여하였을 뿐 아니라 서간도에 조사를 파송함으로 한경희 목사님의 사역을 도왔다.[22]

한편 한경희 목사님은 자신의 구역을 다시 세 지역으로 나누어 목사와 조사를 맡겨 교회와 학교를 돌보게 했다. 해룡현 대황구(大荒溝)교회는 그간 어려운 사정으로 각 노회의 도움을 받는 형편이었으나, 한경희 목사님이 오시고 난 후 신자들이 열심을 내고 교회가 성장하여 150원을 들여서 교회를 설립하는 자립교회로 성장하였다. 특히 부인들이 열심히 전도하며 교육사업에 특별한 노력을 하였으며, 이주해 오는 동포들에게 쉽게 정착할 수 있도록 배려하는 신자들도 많았다.[23] 이에 부응하여 대황구교회 사역을 위해서 송윤진(宋潤鎭) 목사가 파송되어 왔고, 이탁 조사가 삼원포지역에서 한경희 목사를 도왔다.[24] 이와 같이 한경희 목사님의 목회사역의 특징은 다른 전도인들과 협력해서 맡은 사역을 효과적으로 잘 감당하는 것이었다. 특히 젊은이들을 격려하고 위로함으로 그들을 목회사역에 동반자로 삼았다. 이렇게 하여 한경희 목사님은 서간도교회의 중추적인 지도자로 성장하고 있었다.

흥경 선교기지 설립의 준비

남만지역의 선교 지원은 처음에 주로 선천과 강계 선교기지 소속의 선교사들에 의해서 행해졌다. 강계선교부 노해리 목사의 보고서에 의하면 1913년 당시 통화현을 중심한 서간도지역에 150,000명의 조선인

22) 한국교회사학회편, 《조선예수교장로회사기 하권》87-88쪽.
23) 《조선예수교장로회총회 제5회 회록》41쪽.
24) 한국교회사학회편, 《조선예수교장로회사기 하권》253-255쪽.

이 거주하며 이중 약 1,500명의 신자가 있는 것으로 추정했다. 선천 선교부 보고서도 봉천을 중심한 남만지역에 200,000의 조선인이 있는 것으로 보았고 이중 2,000명의 신자가 있는 것으로 믿었다. 1913년 3월 조선선교부의 실행위원회는 동쪽 훈강(渾江)을 경계로 선천 및 강계 선교기지의 담당 구역으로 각각 정했다.

그해 9월 조선선교부 연례회의에서는 선교사 한 사람을 즉시 정하여 앞으로 만주에 선교기지를 열기로 하며 전 지역을 담당하도록 결정했다. 나아가서 선교사 마포화열과 위대모(魏大模, Norman C. Whittemore) 목사에게 미국 해외선교국에 지원을 요청하는 편지를 쓰도록 요청하였다. 같은 해 12월에 선교사 위대모 목사가 봉천을 방문하여 스콧트랜드 장로교회와 연합으로 통화에 선교기지를 열 것을 협의하였다.[25]

1914년 8월 조선선교부 연례회의에서는 부산의 부지를 판 금액 중 30,000원($15,000)을 만주 선교기금으로 쓸 수 있도록 본국 선교부에 요청하기로 결정했다. 이러한 가운데 선교사 소열도(蘇悅道, T. Stanley Soltau) 목사 부부가 그해 9월 내한하여 선천 선교기지에 주재하면서 만주 사역을 전적으로 맡게 되었다. 1917년 선교부 연례회의에서는 흥경에 스콧트랜드 장로교회와 연합으로 선교기지를 열 것을 결정하고, 선교사 국유치(鞠裕致, Welling T. Cook) 목사 부부가 두 번째 선교사 가정으로 결정되었다.

그 후 선교사 국유치 목사는 한경희 목사의 동사(同事)목사[26]로 유하, 해룡, 동풍, 서풍현(西豊縣) 지역을 담당했고, 선교사 소열도 목사는 최성주, 최봉석 목사와 동사목사로서 흥경, 임강, 통화, 집안, 환인현을

---

25) Harry A. Rhodes, *History of the Korea Mission Presbyterian Church USA*(1884-1934), Pp. 367-382.

26) 목사 2인 이상이 합력하여 1교회나 혹 그 이상의 교회에서 동등 권리로 근무하는 자. 《기독교대백과사전 제4권》 636쪽.

담당했다.[27] 이러한 연유로 선교사 국유치 목사는 한경희 목사님과 남만에서는 동사목사로서 한경희 목사님께서 북만에서 순교하실 때까지 만주사역을 함께 담당하게 된 것이었다.

산서노회의 분립

이러한 서간도교회의 발전에 힘입어 평안북도 초산, 위원, 강계, 자성, 후창군과 함경남도 장진군 서편, 및 서간도지역 임강(臨江), 집안(輯安), 환인(桓仁), 통화(通化), 유하(柳河), 해룡(海龍), 홍경(興京), 동풍현(東豊縣)을 포함한 산군시찰을 중심으로 산서(山西)노회를 분립하기에 이르렀다.[28] 이 청원은 제10회 평북노회에서 받아져, 그해 총회에서 허락을 받고 1917년 2월 13일에 첫 산서노회가 강계 남장대(南將坮)예배당에서 열렸다. 선교사 함가륜 목사가 회장에 선임되고, 강계읍교회 안승원(安承源) 목사가 부회장, 한경희 목사가 서기로 선임되었다. 산서노회는 광범위한 지역을 담당하므로 구역을 세 지역으로 나누어 자성, 후창, 장진, 강계는 동구역, 초산, 위원은 서구역, 서간도는 북구역 시찰로 하였다. 서간도 전도목사 3인 중 1인은 평북노회에 출석하여 협조를 구하고 서간도 전도목사 치리권은 산서노회에 상의하도록 결정하였다.

산서노회는 설립 초부터 노회의 전도부와 각 지교회의 남녀전도회와 긴밀한 협조체제를 만들고, 각 지교회의 전도회가 전도인을 파송하는 것을 노회가 장려하며 협조하기로 결정하였다. 매년 하기(夏期) 노회시 제직사경회를 개최하며 이 때 전도헌금을 하여 사경회 전도회 명의로 전도할 것을 결의하였다. 이렇게 노회가 전도에 주력한 결과 1917년에

---

27) 한국교회사학회편, 《조선예수교장로회사기 하권》 255쪽.
28) 《조선예수교장로회총회 제5회 회록》 40쪽. 한국교회사학회, 《조선예수교장로회사기 하권》 88쪽.

도 다수의 교회가 서간도에 설립되었다. 서간도의 삼도구(三道溝), 흥경
현 육가(陸街)교회가 설립되었다. 왕청문 지방의 오두구(五道溝)교회가
김봉수(金鳳洙), 장명신(張明信)에 의해서 설립되고, 오성희(吳聖禧), 최항
린(催恒麟)은 신대보(新大堡)교회를 설립하고 백성도(白聖道), 백시정(白時
貞)은 집안현 화전자(華甸子)교회를 설립하기도 하였다.

한경희 목사를 도와서 남만구(南滿溝)교회를 이끌어가던 지화삼(池華
三, 일명 지화약)을 장로로 허락하고 그 해에 안수식을 거행함으로 남만구
교회는 조직교회로서 면모를 갖추게 되었다. 이로 인해 교회가 부흥하
고, 김행조(金幸祚), 하재빈(河在濱)이 이어서 남만구교회의 장로로 선임
되었다. 흥경현 왕청문 강남(江南)교회도 김도준(金道俊)을 장로로 안수
하여 조직교회의 면모를 갖추게 되었다. 1918년에는 강남지역에 넓은
지역의 밭을 논으로 개간하여 조선인들이 더욱 많이 유입되었다. 이로
인해 강남교회가 더욱 발전하자 이근진(李根眞), 백옥현(白玉鉉)이 이어
서 장로로 선임되었다.

처음에 송윤진 목사가 대사탄 및 대황구교회에 순행 목사로 파송을
받아 열심히 전도하여 지역교회의 발전을 가져왔다. 이어서 김익수 목
사가 이 지역을 담당하게 되었다. 한편 금두화교회는 근방의 5개 교회
가 합심하여 이지은 목사를 초빙하여 이 지역교회가 크게 발전하는 계
기가 되었다.[29]

박창홍 이단 사건[30]

만주에 이주한 조선 신자들이 당하는 어려움 가운데는 경제적 어려움

---

29) 위의 책, 271쪽.

30) 《조선예수교장로회총회 제6회 회록》 31, 60-61쪽.

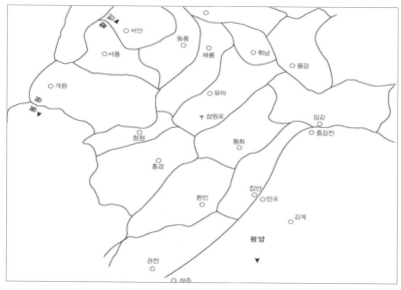

1910–1920년대 서간도 지경도

한경희 목사님은 1915년 서간도 전도목사로 부름을 받고 삼원포를 중심으로 유하, 해룡, 동풍, 서풍, 휘남현에 흩어진 동포들을 위로하며 신자들을 격려하면서 교육사업과 목회에 전념하셨다

도 있었지만, 잘못된 지도자들이 사람들을 속이고 혼란하게 함으로 동포들을 어지럽히는 경우도 있었다. 서간도 동풍현(東豊縣) 여지베에 사는 박창홍(朴昌弘)이라는 사람이 있었는데, 자칭 '성신(聖神) 자유회(自由會)' 목사라 하며 교회 주위를 다니며 신앙이 연약한 교우를 꾀어내기 시작했다. 그는 자칭 성신 감화를 받았다고 주장하였는데 3, 4년 동안에 그를 쫓는 사람들이 40-50명이나 되었고, 한경희 목사님이 서간도에 오신 다음해 7월부터 교회에 물의를 본격적으로 일으키기 시작했다. 박창홍은 장자회(長子會)[31]를 반박하며 그를 따르는 신도들도 교회를 반대하였다.

박창홍은 1917년 2월 16일에 기도하는 중 묵시와 성신을 받았노라고 주장하며, 근방으로 다니며 예언도하고 병도 고친다고 하며 신자들

31)《조선예수교장로회총회 제1회 회록》 1쪽. 히브리서 12장 23절.

을 유혹했다. 또한 예수의 재림이 가까이 왔으니, 모든 신자들이 '성신 자유회'로 돌아 올 것을 가르치며 다녔다. '지혜 있는 다섯 처녀'와 같이 주를 영접하자며, 성경을 자기 마음대로 인용도하며 신자들을 꾀이고 있었다. 이 소식을 들은 한경희 목사와 지화삼(池華三) 장로가 함께 가서 박창홍과 이야기하여 본즉, 성신을 받은 것이 아니라 사악한 마귀와 기만적인 술책을 발견하였다. 두 사람이 묵묵히 기도한 후, 여러 사람들이 보는 앞에서 큰 소리로 마귀를 꾸짖으니, 마귀가 꼬리를 떨구며 자복(自服)하고 나갔다.

그 결과를 보고 박창홍을 쫓던 신자들이 그동안 어리석게 이단에 빠진 것을 회개하며 하나님께 영광을 돌리게 되었다. 이런 일을 통해서 잘못된 길로 가던 그 지방 신자들이 진리로 돌아와 지역교회를 올바로 섬기게 되었다. 일주간을 머물며 그들에게 진리를 가르치고 직분을 세워 교회를 안정하게 세우고 계속적인 심방을 통해서 교회를 관리하게 되었다.

한경희 목사님은 이 사건을 과거에 자신이 경험해보지 못한 특별한 일이었다고 고백을 했다. 이 사건은 한경희 목사님의 목회자로서의 영적 판단력과 결단력을 보여주는 대표적인 예라고 하겠다.

이러한 일들을 통해서 한경희 목사님은 서간도지역의 교회뿐만 아니라 동포사회의 지도자로서 자리를 잡아가고 있었다. 서간도 동포사회와 교회는 새로운 어려움에 직면하여 한경희 목사님과 같은 진정한 지도력을 갖춘 지도자를 필요로 하고 있었다.

제10장
서간도교회의 지도자로 성장하는 한경희 목사

이 모든 일에 전심전력하여 너의 성숙함을 모든 사람에게 나타나게 하라
네가 네 자신과 가르침을 살펴 이 일을 계속하라 이것을 행함으로 네 자신
과 네게 듣는 자를 구원하리라(딤전 4:15-16)

삼원포교회의 성장과 발전

한경희 목사님이 담당하신 삼원포지역의 교회는 그간 끊임없이 진보
하며 서간도의 모범적인 교회로 성장하고 있었다. 한편 한경희 목사님
은 산서노회의 서기로, 은양학교의 교장으로서 일할 뿐 아니라, 유하현
전체의 교회들과 해룡, 동풍, 서풍현의 광범위한 지역의 교회를 돌보아
야하는 막중한 책임을 지고 있었다. 이로 인해 동역자의 필요성이 절실
히 요구되었다. 삼원포교회 당회는 이탁(李鐸, 혹은 沰)[1]을 삼원포지역 5

---

1) 이탁(1889-1930): 호를 동우(東愚)라 하고, 평양 대성학교에서 안창호의 영향을 받아 신민회 회원이
되었고, 1910년 한일합방 후 울분을 참지 못해 삼원포로 망명하였다. 제1구 야저구(野猪溝)에서 농토
를 매입 개간하며 서간도 독립기지 건설에 이바지하였다. 공리회, 부민단에서 활동하고, 한족회의 중앙
총장으로 일했다. 이강훈,《독립운동대사전 일권》(서울: 대한민국광복회. 1990), 608-609쪽.

개 교회의 조사로 노회에 청원하여, 한경희 목사님을 도와 지역교회를 효과적으로 돌보게 하였다. 한편, 한경희 목사님은 1917년 평양신학교를 졸업한 송윤진(宋潤鎭)을 서간도로 초빙하여 그해 8월 목사로 안수하여 해룡현 대황구교회를 시무하게 함으로 그 지역교회의 많은 발전을 가져왔다. 또한 삼원포교회의 젊은 지도자이며, 방기전 장로의 둘째 아들인 방경모(方敬模)를 잘 지도하여 평양신학교에서 공부하도록 하는 한편 산서노회 소속의 신학생으로서 교회 일을 담당하도록 인도하였다.[2] 또한 삼원포교회는 안동식 장로에 이어 두 분의 시무장로를 안수할 만큼 큰 교회로 성장하였다.[3]

신자들의 수도 증가하여 이 당시 삼원포교회는 300명 이상의 신자가 있었던 것으로 알려져 있다.[4] 또한 이 시기에 삼원포교회에서 4일간 특별 사경회를 가졌는데, 이 기회를 통해서 많은 새로운 신자가 생겼다고 총회에 보고하고 있다.[5] 이 때 선교사 소열도 목사와 국유치 목사가 홍경 선교기지를 열기 위해 서간도교회를 방문하고 있었는데, 삼원포교회 사경회에 참가할 수 있게 되어 피차 고무되는 경험을 할 수 있었다. 국유치 목사의 기록에 의하면 이 모임이 1917년 11월 중순이후부터 12월 초순 사이에 있었으며, 이 때 서간도 도제직회(都諸職會)도 있었다고 한다.[6] 이와 같이 삼원포교회는 서간도의 가장 유력한 교회들 중의 하나로 성장하고 있었다.

선교사 국유치 목사는 남만에 거주하는 조선인 사역을 위해 1918년

2) 그러나 방경모는 무력 항일운동에 뜻을 두고 1919년 서로군정서(西路軍政署)의 독립군 장교로서 활동하였다. 그 후 다시 신학교에 돌아와 공부하여 1924년 평양신학교 제18회로 졸업하고, 평양노회에서 목회를 하였다. 방병덕,《삼원포교회의 순교사화》(서울:보이스사, 1993), 63-67쪽.

3) 한국교회사학회편,《조선예수교장로회사기 하권》256쪽.

4) 방병덕,《삼원포교회의 순교사화》22쪽.

5)《조선예수교장로회총회 제7회 회록》42쪽.

10월 20일에 봉천으로 이사를 왔는데, 그해 11월에 동사목사인 한경희 목사님의 목회지역을 순방한 경험을 다음과 같이 보고했다.[7]

11월 아직 인플루엔자로부터 채 회복되기도 전에 겨울 사경회, 조선인 목사 장로들과의 회의, 그리고 나에게 맡겨진 교회에 가서 집회를 위해 6주간의 여행을 출발했다. 나는 이 여행을 통해서 나의 목회지에서 일어나는 큰 변화를 경험했다. 봉천으로부터 460리나 떨어져 있었기 때문에 나의 도착 시간이 확실치 않아, 모임에 맞추어 도착할 수 있을까하여 그곳 신자들이 마음을 졸이며 기다리고 있었다. 내가 탄 말이 끄는 수레가 교회 뜰 안으로 막 들어갈 때 도제직회가 끝나서 헤어지는 순간이었다. 서간도교회 지도자들은 이 때 교회 영적 변화와 활력, 앞으로 다가오는 시험들을 잘 감당하도록 기도하고 있었다. 그 후 각 지역교회를 3, 4일씩 방문하며 매일 한두 차례 성경공부를 인도하였다. 오후에는 믿지만 교회에 나오지 않는 사람들, 또는 아직 믿지 않는 사람들을 방문했다. 저녁 집회에서는 목사나 성도들이 영적으로 크게 변화하는 귀한 경험을 할 수 있었다. 신자들의 얼굴에서 비를 갈급하게 기다리는 마른땅과 같이 말씀을 사모하는 것을 읽을 수 있었다. 또한 이 모임에 참석한 비신자들이 진실로 따스한 영접을 받는 것을 보았다. 잘 알고 보니 대부분의 새 신자들이 세례를 받기 원하는데, 그들의 대부분은 낯 설은 땅에 와서 고난을 경험하는 첫해를 맞이하는 사람들이었다. 그들은 자신이 갈 바를 몰랐기 때문에 교회에 도

6) *Personal Letter of Mrs. Welling T. Cook, November 13, 1917 & Personal Report of Welling T. Cook, May 27, 1918.* 당시 소열도 목사는 선천에 주재하고 있었고, 국유치 목사는 경상북도 안동에 주재하고 있었는데, 이 여행을 위해 11월 7일에 안동을 출발하여 12월 22일, 토요일에 안동에 돌아왔다. 이 여행을 통해서 소열도 목사는 중국 선교부, 중국 교회와 만주 조선인 교회 사이의 우정을 돈독히 하는데 노력하였다. 조선인 교회의 행사에 중국인들을 초대하여 좋은 결과를 가져왔다고 국유치 목사는 기록하고 있다.

7) *Personal Report of W.T. Cook, June, 1919.*

움을 청했고, 스스로 자신의 미약함을 알았기에 하나님께 힘을 구했다.

이와 같이 한경희 목사님이 시무하시는 삼원포교회에서 매년 겨울철에 한경희 목사님 지도아래 사경회와 서간도 도제직회가 열린 것을 알수 있다. 삼원포교회 지도자들은 갈 바를 알지 못하는 동포들에게 진리의 말씀을 가르치며 그들이 가야 할 길을 제시하였다. 하나님께서 주시는 진정한 위로를 동포들이 소유할 수 있도록 기도하였다. 이러한 이유로 방황하는 많은 동포들이 교회로 몰려오게 된 것이었다.

서간도교회의 발전과 한경희 목사

한경희 목사님은 1917부터 1918년까지 2년간 산서노회 서기와 서간도 도제직회 회장으로 일하면서 서간도교회의 발전을 위해서 많은 일을 하셨다. 1917년 평북노회에서 안수 받은 이지은(李枝恩) 목사가 금두화(金斗伙, 진두허) 등 4개 교회로 와서 최성주, 소열도 목사의 동사목사로 올 수 있도록 힘썼다. 또한 열심 있는 조사들이 서간도에서 일하도록 후원했다. 박창선(朴昌善)을 통화현 강산이도구(岡山二道溝, 강산얼두거우) 등 5개 교회에, 이정목을 통화현 쾌대무자(快大茂子)등 5개 교회에, 이근진을 왕청문(旺淸門) 등 4개 교회에 조사로 일하도록 조치(措置)를 하였다. 또한 평북노회 후원의 박정흠(朴禎欽) 조사가 환인현에서 봉사하도록 하였고, 강제현을 집안현 신흥리에서 임시조사로 일하게 하였는데, 후에는 나시채(砳西岔, 립서차)교회에서 조사로 일하게 되었다.

한경희 목사님은 1917년 정낙영 장로와 함께 총회에 참석하여 이 당시 서간도교회의 사정을 다음과 같이 보고했다.[8]

8)《조선예수교장로회총회 제6회 회록》30-31.

서간도는 지방이 9현[9]인데 남북이 7백 리요 동서가 8백 리입니다. 이것을 세 구역으로 나누어 전도를 하는 중, 교회가 43처라 사람들의 생활이 전에는 곤란하였으나 지금은 넉넉함으로 인심이 후합니다. 교회는 매우 잘 되는데 목사는 5인[10], 장로가 8인, 조사가 5인, 원입 신자가 1,432명, 학습이 412명, 세례가 1,247명(기타 111명)인데 합계가 3220명입니다. 작년에 비하면 480명이 증가되었사오며, 교육은 남, 여학교 13처에 생도가 340명입니다. 특별히 감사할 것은 자유회 목사라 칭하고, 성신 묵시를 받았다하면서 교우 40여 명을 유혹하던, 박창홍씨를 권책(勸責)하여 회개시킨 일이 있으며, 이는 주를 믿은 후 처음 경험한 일입니다. 교우 한 명과 비신자 한 명이 무지한 중국인에 의해 총살을 당하여 매우 섭섭한 일입니다.

위의 보고를 통해서 당시 서간도의 교회의 사정을 간략하지만 사실적으로 알 수 있다. 또한 한경희 목사님께서는 어려움 가운데서도 늘 낙관적인 견해를 가지고 계시는 것을 알 수 있다. 사실상 이 당시 서간도의 교회는 많은 어려움을 겪고 있었다. 그러나 한경희 목사님에게는 복음 전파로 인한 넘치는 기쁨으로 인해 여러 가지 어려운 일들을 문제로 보지 않고, 오히려 성령님께서 주시는 지혜로 이를 잘 극복할 수 있었던 것이다.

산서노회 제4회 노회가 1918년 8월 17일 통화현 강산이도구(岡山二道溝)교회에서 열렸다. 이는 국내 노회가 국외에서 열린 색다른 기회였다.[11] 이 노회를 통해서 두 분의 선교사, 다섯 분의 목사, 다섯 분의 조

---

9) 서풍, 동풍, 해룡, 유하, 홍경, 통화, 집안, 환인, 임강현 등 서간도 지방의 목회구역을 지칭하는 것으로 생각된다.

10) 서간도에서 사역하던 최성주, 한경희, 이지은, 송윤진 지방 목사와, 최봉석 전도목사(평북)를 지칭한다. 이외에도 이 당시 봉천 김덕선, 안동 차형준, 관전 양준식 목사들이 평북노회 후원으로 남만의 각 지역에서 사역하고 있었다.

사가 긴밀한 협조를 하게 되었고, 서간도지역의 목회활동의 역할을 분담하게 되는 좋은 기회가 되었다. 또한 1918년 6월 평양신학교를 졸업한 김익수를 목사로 안수하여 대사탄(大沙灘) 지방 목사로 세웠다. 이제 대사탄교회는 김익수 목사를 경제적으로 후원할 만큼 성장한 교회가 되었던 것이다. 또한 유하현 대사탄, 홍경현 강남(江南, 쟝난), 통화현 쾌대무자교회에 각각 장로를 추가로 허락하기도 했다. 임강현에 전도인으로 일하던 정낙영 장로는 놀랄만한 결실을 가져와서 다시 계속해서 파송하기로 결정하는 고무된 분위기의 노회였다. 또한 서간도교회 지도자들은 서간도에 성경학교를 세울 수 있도록 청원했지만 성경강습소로 운영할 것을 허락하여 이에 만족해야만 했다.[12] 노회에 이어 교회 지도자들을 위한 도제직회가 모여서 서간도교회 지도자들의 영적 쇄신을 위한 좋은 기회가 되기도 하였다.

이 노회에 선교사 함가륜 목사와 같이 참석한 소열도 목사는 서간도에서 노회를 개최하는 일 자체를 상당히 대담한 것으로 보았지만, 조선인 교회 지도자들이 그렇게 하기를 원하여 그저 따랐다고 기록하고 있다. 선교사들은 가는 도중 말이 다쳐서 50마일을 걸어 가야 했었다. 또한 계속되는 폭우로 인해 노회 장소로 가는 도중에 다리가 12곳에서나 떠내려가고 없어져 고생을 많이 했지만 노회에 무사히 참석하고 성공적으로 마쳤다고 기록하였다. 이러한 어려움에도 불구하고 이 때 참석한 선교사들은 서간도교회가 자립하여 굳건히 서가는 사실로 인해 많은 위로를 받게 되었다.[13]

---

11) 함북노회는 1917년 조직된 이래 11월 20일 첫 노회가 북간도 용정예배당에서 개최된 이래 수회에 걸쳐 북간도에서 열렸다. 또한 의산(義山)노회 제10회가 1923년 8월 27일 안동현(安東縣)교회에서 개최되기도 했다. 한국교회사학회편, 《조선예수교장로회사기 하권》 335-340, 362쪽.

12) 위의 책, 257-258쪽.

13) *Personal Report of T. Stanley Soltau*, 1918-1919.

　그해 8월 31일부터 선천북예배당에서 모인 제7회 총회에 산서노회를 대표하여 선교사 소열도, 국유치 목사와 최봉석, 한경희 목사, 안동식, 지화삼 장로가 참석하여 서간도 전도현황을 보고했다. 최봉석 목사는 서간도 9개 현에 거주하는 조선인의 인구를 30만으로 보고하고, 그중 4천3백 명의 신자가 있다고 보고했다. 5년간 연달아 풍년이 졌다고 보고했는데, 이는 교회의 풍년을 의미하는 것 같이 보인다. 조사 3인과 장로 10인을 세웠다고 보고했다.[14] 실로 서간도교회의 발전이 아닐 수 없었다.

　선교부에서 열심 있는 두 선교사 부부를 만주로 파송하여 서간도교회의 지도자들이나 신자들에게 많은 격려와 힘이 되었다. 미북장로교 소속 선교사 소열도, 국유치 목사 부부는 홍경 선교기지를 열기 위해, 1918년 10월 20일 봉천 서쪽 교외에 있는 만주기독대학(Manchurian Christian College) 내의 사택으로 이사하였다. 두 선교사는 도착한 그해 11월부터 담당한 지역을 다니며 성경공부반을 개설하고 이미 노회에서 결정한 바와 같이 성경강습소 개설에 대하여 교회 지도자들과 구체적인 의논을 하고 있었다. 이러한 서간도교회의 발전으로 말미암아 이미 남만노회의 분립에 대해서 한경희 목사님을 위시한 서간도교회 지도자들이 의논하고 있었던 것으로 선교사들은 전하고 있다.[15]

---

14) 《조선예수교장로회총회 제7회 회록》 4, 23쪽.

15) 1918-1919년에 주로 중국과 유럽을 중심하여 역사상 가장 심한 인플루엔자가 세계적으로 유행하였다. 20,000,000-50,000,000명, 주로 젊은이들의 사망이 인플루엔자 유행과 관계가 있었다. 1918년 11월 중순 선교사 소열도, 국유치 목사는 같이 봉천을 출발하여 서간도지역을 순방하였다. 국유치 목사가 먼저 인플루엔자를 앓고 거의 회복되지 않은 상태에서 서간도로 출발하였다. 여행 시작 3일째 소열도 목사가 인플루엔자를 앓기 시작하였다. 이로 인해 소열도 목사는 병발증으로 심장질환, 아마도 바이러스성 심근염(心筋炎)을 앓게 되어 선교사역에 심한 지장을 받게 되었고, 귀국하여 치료를 받게 되었다. 다시 돌아왔을 때는 결국 청주 지역으로 사역지를 옮기게 되었다. Edited by Edwin D. Kilbourne, *The Influenza Viruses and Influenza*(New York:Academic Press, 1975), 272-273 Pp. *Personal Report of T. Stanley Soltau, 1918-19.* Personal Report of W.T. Cook, June 1919. *Personal Report of(Mrs. W.T.) Maude Hemphill Cook, 1918-1919.*

핍박 중에 성장하는 서간도교회

일반적으로 한일합방(1910년) 이전은 조선 유이민자들이 쌀농사를 잘하기 때문에 만주에서 환영을 받았으나, 점차 조선인들을 제한하려는 태도가 높아져가고 있었다. 특히 중국이 1915년 굴욕적인 일본의 21개조 요구를 받아들인 후 일제에 대한 일반 중국인이나 관헌들의 증오심은 날로 높아갔다. 조선인들과 중국인들 사이의 문제가 생기면 일제 영사관은 조선인들을 위하는 것처럼 치외법권적인 요구를 하였는데, 이로 인해 조선인들의 입장이 오히려 불리하게 되는 경우가 많았다. 한편 조선인들은 소유한 토지를 일본인에게 매각함으로써 조선인들이 중국 관헌들의 증오의 대상이 되기도 하였다. 또한 아편 밀매매업(密賣買業)이 성행했는데, 이는 주로 일제의 관할아래 있었던 철도지대나 큰 도시에서 조선인들을 내세워 행해졌다. 이러한 여러 가지 이유로 일반 중국 사람들이나 중국 관헌들은 조선인들을 일제의 앞잡이로 생각하는 경향이 높아져 가고 있었다. 이로 인하여 동포들의 삶이 점차 어려워지고 있었고 교회는 핍박을 받았다.

마적들도 우리 동포들과 교회를 어렵게 만들었다. 해룡현 대황구는 조선인들이 많이 거주하는 곳이었다. 교회는 조선인들의 생활의 중심이 되었고, 교회는 학교를 설립하여 조선인 사회를 계몽하고 어려운 유이민자들의 힘이 되고 있었다. 특히 한경희 목사님께서 서간도로 오신 후 대황구교회는 예배당을 건축했을 뿐 아니라 신자들이 동포들의 정착을 도와주는 모범적인 생활을 하게 되자 교회는 더욱 발전하였다. 1917년 송윤진 목사를 대황구 지역의 지방목사로 초빙하는 등 서간도의 모범적 교회로 발전하고 있었다. 그러나 같은 해 큰 마적 떼가 조선인 마을을 습격하고 재산을 강제로 빼앗아 갔을 뿐 아니라 여러 사람들을 죽이기

까지 하였다. 특히 교회를 불사르며, 학교의 모든 비품을 강제로 가져갔
다. 이러한 핍박으로 교회의 존립이 어려울 정도가 되었다. 이러한 상황
에서 송윤진 목사는 대황구교회를 사임하고 초산읍교회로 시무지역을
옮기게 되었다.[16] 그러나 이런 극한 상황에서도 대황구교회 신자들의
신앙이 완전히 좌절된 것 같이 보이지는 않는다. 이 당시 대황구교회와
서간도지역 교회의 신자들의 신앙을 제7회 총회 산서노회 보고를 통해
알아보면 다음과 같다.[17]

> 해룡현 대황구 예배당은 도적의 충화(衝火)[18]를 당한 고로 각 교회에서 80
> 여 원을 보조하여 예배당을 사서 예배를 보는 일과 금년에 수재가 컷사오
> 나 믿는 자의 가옥전답은 특별보호를 받은 일이 있음으로 믿지 않는 중국
> 인이 하나님께 영광을 돌린 일도 있었사오며 어떤 새로 믿는 이가 자기 여
> 식(女息)을 돈 1백 원 받고 정혼한 것을 목사가 권면하여서 기쁜 마음으로
> 돈을 돌려주었사오며 각 교회에서 사경회 시 성신 감화로 가슴을 치며 죄
> 를 회개한 일도 많이 있었사오며 예배당을 건축하기로 작정하고 연보한
> 곳도 있사오며.

차형준 목사, 양준식 목사, 박봉철 조사도 1917년 같이 전도하다가
도적에게 잡혔는데, 도적들이 무기를 휘둘러 대며 육혈포를 발사하는
통에 죽을 뻔한 사건도 있었다. 한경희 목사님도 마적 떼에게 잡혀 어려
움을 당했다. 1919년 4월 시무지역 내의 청령자(青嶺子)교회에 순회 갔

---

16) 한국교회사학회편, 《조선예수교장로회사기 하권》 256-257, 273쪽. 《조선예수교장로회총회 제7
회 회록》 43-44쪽.

17) 위의 회록, 43-44쪽.

18) 일부러 불을 놓음.

다가 30여 명이나 되는 마적 떼에게 붙잡혀 심하게 두들겨 맞고 중상을 입어 20여 일을 일어나지도 못한 일이 있었다. 한경희 목사님은 이때 일을 하마터면 생명을 잃을 뻔한 위험한 사건이었다고 회고하였다.

중국 관헌들이 조선인들을 부당하게 대하는 일은 선교사들에게도 관찰되었다. 선교사 소열도, 국유치 목사는 선교기지 구입을 위하여 1919년 4월 홍경을 방문하고 있었다. 홍경 감옥에 유능한 조선교회 한 지도자가 잡혀있는 것을 알게 되었다. 이 사건을 자세히 알아보니, 중국 관헌은 분명히 정당한 이유 없이 조선인 지도자를 가두어 놓고 있었다. 이 조선인 교회 지도자를 석방시키기 위해 일주일을 머물며 노력했지만 이루어 지지 않았다고 술회하였다.[19]

같은 해 나호하(螺蝴河), 청령자(靑嶺子), 삼원포, 흑석두(黑石頭)교회에 그 지방 중국인들의 핍박으로 많은 손해를 보았는데, 그들은 예배당내의 기구를 파괴하며, 관헌들은 집회를 금지하였다. 또한 목사와 신자들이 별다른 이유 없이 끌려가서 옥에 갇히고 매를 무수히 맞기도 하였다. 많은 신자들이 마적들에게 잡혀서 생명이 절박한 위험에도 처하기도 하였고, 가지고 있던 돈을 억지로 빼앗기기도 하였다.[20] 그러나 서간도의 신실한 신자들은 이러한 어려움 가운데서도 그리스도를 위하여 고난당함을 기쁜 일로 생각하였고 복음전도를 열심히 하여 교회는 발전을 거듭하고 있다.

삼원포지역의 기미독립운동

제1차 세계대전이 끝나고 미국의 윌슨 대통령은 세계평화의 기본조

---

19) *Personal Report of W.T. Cook, June 1919. Personal Report of T. Stanley Soltau, 1918-1919.*
20) 한국교회사학회,《조선예수교장로회사기 하권》273쪽.

건으로 14개 조항을 제시하였는데 그중 하나가 민족자결주의였다. 이
에 우리 민족은 힘을 얻게 되었고, 1919년 1월 21일 고종황제의 승하
(昇遐)[21] 소식은 국민들의 분노를 더욱 부채질하였다. 그해 2월 8일 일
본 동경에 있는 유학생들은 조선 YMCA에서 '조선독립선언서'를 낭독
했는데 이는 당시 지식인들의 역사의식과 조선백성들의 민심을 나타내
는 것이었다. 드디어 3월 1일 서울의 태화관에서 민족대표들이 모인 가
운데 최남선이 작성한 독립선언서가 낭독되고, 이 거족적 독립만세운동
은 전국으로 파급되었다.

국외 독립운동기지 건설의 목적을 가지고 조직적인 민족운동이 활발
하였던 삼원포지역에도 독립만세운동이 일어났다. 같은 해 3월 7일, 수
요일 신흥학우단 주체로 중국인 중진들을 초청한 가운데 삼원포의 대화
사(大花斜)예배당에서 독립선언 경축대회를 열고 독립만세를 크게 외쳤
다. 주로 기독교 신자들과 은양학교 학생들을 중심으로 기타 단체들도
참가하였는데 약 2,000명이 모였다.[22] 이 집회는 주로 한경희 목사님
의 지도력을 중심으로 이루어졌는데, 한경희 목사님을 위시하여 기독교
지도자들이 연설을 하였다.[23] 이들은 독립운동에 관한 연설과 조선에서
일어나고 있는 독립선언에 관한 소식을 전하였다. 이 중 박혜숙(朴惠淑)
부인회 회장이 연설도중 "최후(最後) 일인(一人) 최후(最後) 일각(一刻)까
지 나라를 위해 몸 받치자"라는 글을 자신의 손가락을 깨물어 혈서(血
書)를 쓰기도 했다. 이 날 삼원포지역의 동포들은 모두 태극기를 게양하

21) 임금이 세상을 떠남.

22) 서간도 지역 기미독립운동의 중심이 된 삼원포 지역 독립만세운동은 문헌의 출처에 따라 상이한
날자와 군중의 수를 말해주고 있다. 삼원포 지역 독립만세운동은 삼원포교회가 주축이 되었기 때문에
대회가 개최된 날자와 참가자 숫자는 한경희 목사님의 기록인 "약력"에 의존하였다.

23) 《일본외무성 육해군성문서(제3집) 한국민족운동사료(삼일운동편 其一)》(서울:대한민국 국회도서관,
1977), 63쪽.

였다.[24)]

이날을 기점으로 17일에는 학생들과 부민단원이 주동이 되어 약 1,000 명의 군중이 모였다. 이들은 압록강을 넘어 본국으로 들어가 시위운동을 전개할 계획을 세웠다. 이 때 서간도의 민족지도자 이시영(李始榮)은 이를 만류하며, 조직적인 독립전쟁을 준비하자고 설득하였고, 맨주먹으로 압록강을 건너려는 무모함을 지적하였다.[25)] 이날 유하현 대사탄(大沙灘)에서는 보흥(普興)학교 학생들이 주동이 되어 주민 500명이 모여서 독립선언축하회를 개최하기도 하였다. 19일에는 삼원포 은양학교 학생과 기독교 신자 220명이 모여 행사를 가졌고, 20일에는 부민단원 250명, 21일에는 대사탄 보흥학교 학생과 주민 300명이 모여 각각 시위를 벌였다. 한편 22일에는 남상복(南尙福), 주종경(朱鍾敬) 등이 주동이 되어 또다시 다수의 주민들이 모여서 만세를 부르고 독립선언 축하회를 가졌다.

3월 12일에 통화현 금두화에서도 교회에서 신자들과 한인청년회가 주동이 되어 부근의 주민 400명이 모여서 만세를 부르고 시위운동을 전개하였다. 이날 모임에서는 일제 군경의 밀정(密偵) 노릇을 하던 계성주(桂成柱)를 잡아 묶어 놓고 반역죄를 논고한 3일 후에 처단하기도 하였다. 한인청년회는 독립운동 자금을 모으는 등 본격적인 독립운동을 일으켰으며 3월 20일까지 계속되었다.

이후 흥경현 지방으로 독립만세운동이 전파되었다. 또한 삼원포지역에서 독립만세운동을 주동하던 인물들이 서간도 각 지역에 파견되어 독

---

24) 허영백, "고 순국선열 방기전 장로 약사"(미간행), 44-46쪽.

25) 이 당시 은양학교 학생이던 이학인(후에 목사가 되심)과 그의 친구들도 맨주먹으로 압록강을 넘을 계획을 짰다. 이학인을 위시한 몇몇 학생들의 부모들은 밤 세워 무모한 일을 하지 말 것을 훈계하였다. 학생으로서 마땅히 해야 할 공부 열심히 해서 앞으로 조국의 독립을 얻어내자는 간곡한 훈계로 인해 이학인은 이 계획에 가담하지 않았다. 일부 친구들은 이를 무시하고 압록강 가까이 갔다가 목적을 이루지 못하고 그냥 돌아온 일이 있었다고 술회했다. 이학인의 증언. 이러한 일들은 이 당시 삼원포 지역 동포들이 독립운동의 방법에 대해 다양한 견해를 가졌음을 말해준다.

립만세운동의 물결을 파급시켰다. 특히 삼원포와 통화현 합니하(哈泥河) 지역의 부민단원, 기독교 및 천도교 학생들은 압록강 방면의 조선인촌과 인접 국내에 연락하여 태극기를 게양하도록 하였다. 오인반(五人班) 등 구체적인 독립운동 및 시위 하부 조직을 만들도록 하여 각지에서 독립선언축하회와 독립운동비를 거두어드릴 수 있도록 하였다.[26] 이와 같이 삼원포가 서간도에서 독립운동의 진원지가 되었으며 지도적인 역할을 할 수 있었던 이유는 부민단을 중심하여 조선인 자치제도와 한경희 목사님을 목회자로 모신 삼원포교회를 통한 조선인들의 단합이 잘 이루어졌기 때문이었다.

한경희 목사님의 독립운동

조선독립은 모든 조선인들의 오매불망(寤寐不忘)[27] 소원이었음으로 누구나 다 여러 가지 방법으로 독립운동에 참가하였다. 그러나 독립운동의 수행 방법은 각자의 믿음과 생각에 따라 다르게 나타났다. 한경희 목사님은 무력 독립운동을 도우셨지만 기독교 목사로서 그런 일에 직접 가담하시는 것은 적절한 것으로 생각하지 않으신 것으로 사료된다.

한편, 목회자로서 복음 전하는 일에 최우선을 두셨지만 자녀들을 잘 교육시키는 일이 앞으로 조선독립을 가져오는 지름길이라 생각하시고, 이 일을 위해 남다른 헌신과 노력을 하시며 실천하셨다. 그래서 가시는 곳마다 학교를 설립하도록 동포들을 설득하고 가르쳤다.

은양학교에서 매년 8월 29일 국치일을 맞이하여 하루 종일 금식(禁食)이나 찬밥을 먹게 함으로, 조국독립 사상을 고취한 것은 한경희 목사

---

26) 《한민족독립운동사3 3 · 1운동》(서울:국사편찬위원회, 1988), 427-428쪽.

27) 자나 깨나 잊어버릴 수 없는 것.

님의 생각으로 알려져 있다. 또한 가난한 동포들의 경제생활을 향상시키기 위해 농상조합(農商組合)을 만들고 필요한 마을마다 규약을 만들어 동포끼리 서로 돕고 규모 있는 생활을 하도록 지도하셨다.

평양신학교 재학 시 두터운 친분을 나누었던 노백린의 장남 노선경(盧善敬)이 1917년 7월에 삼원포로 왔다. 노선경은 아버지의 가까운 친구인 한경희 목사님을 몹시 존경했고 한경희 목사님 댁에 기숙하면서 삼원포교회의 집사로서 봉사했다. 노선경은 사실상 그해 2월 평양에서 숭실학교 및 평양신학교 졸업생과 학생들로 결성된 조선국민회(朝鮮國民會) 요원이었다. 조선국민회는 하와이의 박용만과 친분을 나누고 귀국한 장일환(張日煥)[28]을 중심으로 결성된 독립운동 단체였다. 노선경은 서간도에서 동지를 규합하고, 통신연락을 책임지기 위해 삼원포로 온 것이었다. 조선국민회는 반일선전, 조선인 자녀교육, 독립자금을 모금하는 활동을 하고 있었다. 이 모임은 회칙, 취지서, 회원명부 등을 일절 작성하지 않는 것을 원칙으로 하였다.[29] 이러한 노선경의 활동은 한경희 목사님의 지도와 격려에 의해서 가능하였던 것이었다. 삼원포에서는 노선경의 제의로 한경희 목사님을 위시하여 박범균, 김리대 등이 이 조직에 가입 활동하였다. 그 당시 노선경은 조선국민회가 중국의 넓은 지역에 조직되어 있다고 말했다.[30]

한경희 목사님은 비록 무력 독립운동에 직접 가담하시지 않았지만 무력 독립운동을 하는 여러 지도자들을 후원하고 지도하였다. 특히 기미

---

28) 장일환(1886-1918년)은 1918년 2월 9일 일제 경찰에 붙잡혀 잔혹한 고문으로 순국하였다.《한국인물대사전》(서울:한국정신문화연구원, 2000), 1934-1935쪽.
김일성의 부친 김형직도 조선국민회의 창립동지였다. 장일환, 배민수, 백세빈 등과 함께 1917년 3월 23일에 평양 학당골 이보식의 집에서 조선국민회를 결성한 것으로 기록하고 있다. 김일성 회고록《세기와 더불어 1》(평양:조선로동당 출판사, 1992), 26쪽.

29) 이강훈,《독립운동대사전 일권》666-668쪽.

30) 한진옥의 서신, 2003년 11월.

독립만세 운동 후 용천 출신 의병 두령 전덕원(全德元), 의주 출신 독립
운동가 조병준(趙秉準)도 삼원포에서 한동안 활동하며 한경희 목사님과
밀접한 관계를 유지했다. 특히 1920년 초 조직된 임시정부 산하의 광
복군총영의 두령 오동진(吳東振)을 적극적으로 도왔다. 오동진은 독립운
동 단체의 분파활동에 대해서 안타까워하며, 1922년 봄 한경희 목사님
의 집에서 지내면서 백남준, 박병조, 김리대 등을 모아서 단결하기 위한
방안을 연구하는 회의를 열기도 하였다.[31]

한경희 목사님은 신흥학우단과 부민단 간부들이 운영한 백서농장(白
西農庄)에 대해서도 많은 관심을 가지고 계셨다. 장주(庄主)였던 김동삼
과 친분이 두터웠다. 한경희 목사님의 누님이 일찍 돌아가시자 그 조카
딸을 삼원포에 데리고 와서 살았었다. 그 조카딸은 한경희 목사님을 아
버지라고 부르며 가족들의 많은 사랑을 받으며 성장했는데 결혼할 연령
이 되어서 출가시켰다. 김동삼과의 인연으로 백서농장의 의감(醫監) 김
익환(金益煥)에게 그 조카딸을 시집보내게 되었던 것이다.[32]

한족회의 결성

기미독립운동의 성공적 개최로 인하여 서간도의 조선인 사회가 모두
힘을 모아 단결하게 되었다. 지금까지 지나치게 분파되어 있었던 독립
운동 단체를 통합할 필요성이 있다는데 의견을 모으고 1919년 4월 부
민회를 발전적으로 해체하고, 한족회를 조직했다. 한족회는 동포들의
자치기관으로서 부민회의 제도와 사업을 확대 개편하였다. 중앙기관을
삼원포에 두고, 각 지방에 교민 1천 호 당 총관(總管)을 두고, 중앙총장

31) 한진옥의 증언.
32) 한진옥의 증언.

에는 이탁(李鐸)이 맡았다. 기관지 한족일보(韓族日報)도 발행하였는데, 이시열(李時悅), 허영백(許英伯), 오치무(吳致武) 등이 기자로 활약했다. 한족회는 무장 독립운동을 전개하기 위해 군정부(軍政府)를 조직하는 한편 이에 필요한 군사훈련, 무기구입, 자금조달 등의 사업에도 착수하였다. 군정부는 이상룡(李相龍)이 총재를 맡아서 사업을 추진해 나갔다.[33]

한편 한족회가 발족한 직후 음력 3월 15일(양력 4월 15일) 단군어천절(檀君御天節)을 기하여 서간도 각 현에 산재하던 의병장, 유림수뇌(儒林首腦), 보약사(保約社) 대표, 향약계(鄉約契) 대표, 농무계(農務契) 대표, 포수단(砲手團) 대표 등 560여 명이 유하현 삼원포 서구(西溝) 대화사(大花斜)에 모여 각 단체를 해체하고 단일 기관을 조직하였는데, 이것이 대한독립단(大韓獨立團)이다. 대한독립단은 과거 유인석의 척사위정(斥邪爲政)[34] 사상의 영향을 받고 복벽주의(復辟主義)[35]를 선호하고 있었다.[36]

두 개의 독립운동 단체가 같은 장소에 본부를 두고 있었던 관계로 적지 않은 갈등이 있었던 것도 사실이다. 한족회의 경우 비교적 장기적 전망을 갖고 신흥무관학교 등을 통하여 무장투쟁 등 독립투쟁할 수 있는 역량을 마련하는 것이 중요하다고 판단하였다. 한편 대한독립단은 한족회와 군정부의 투쟁 방법이 우유부단하다고 생각하였다. 이 당시 상해 임시정부는 한족회보다 오히려 대한독립단과 가까운 관계를 유지하여 두 단체 사이의 갈등을 해소하기 위해 특사를 파견하기도 하였다.[37]

---

33) 서중석, 《신흥무관학교와 망명자들》 157-168쪽.

34) 나쁜 것은 물리치고 올바른 것은 지킴.

35) 무너졌던 왕조를 다시 회복하는 것을 주장하는 것.

36) 위의 책, 168-171쪽.

37) 대한독립단은 발족 당시 복벽(復辟)운동에 뜻을 두고 상해 임시정부를 반대했으나 조병준이 평북도 독판(督辦)이 되면서 상해 임시정부를 상부로 받들었다. 한편 상해 임시정부는 이승만, 안창호 등이 외교적 독립을 추구했으나, 국무총리 이동휘 등은 무력적 독립전쟁을 선호하였다.

기미독립운동 후에 상해 임시정부가 출범하자, 만주에다 망명정부를 수립하려는 서간도를 중심한 한족회와 군정부(軍政府)에서는 다소 실망을 하지 않을 수 없었다. 임시정부에서는 이를 알고 4월에 이미 부민단(한족회)에 문서를 보내 단독행동을 하지 말고 상해임시정부를 중심으로 단결하는 것이 좋으니 의정원에 대표단을 파견하라고 요청해왔다. 이로 인해 부민단(한족회)에서는 정부조직을 중지하고 윤기섭(尹琦燮)을 상해에 파견하여 협의하게 되었다. 타협 결과 한족회의 군정부를 서로군정서(西路軍政署)로 명칭을 바꾸며, 북만의 북로군정서(北路軍政署)와 같이 상해임시정부의 산하단체로 들어가게 되었다.

그러나 서간도의 가장 유력한 한족회와 다른 독립운동 단체들과의 갈등 및 상해임시정부와의 갈등은 완전히 해소되지 않았다. 한족회 및 서로군정서에는 그 당시 여러 사람의 삼원포교회 지도자들이 중요한 간부로 일하고 있었는데 즉, 이탁은 중앙총장으로, 안동식 장로는 재무부장으로, 방기전 장로는 제2구 대화사 지역의 총관(總管)으로 일하고 있었다. 한경희 목사님은 그해 8월 독립운동 단체 사이의 갈등을 해결하기 위해 한족회를 대표하여 서한을 휴대하고 상해임시정부를 다녀오기도 하였다.[38]

서간도지역 교회의 부흥

기미독립만세 사건 후에 서간도로 더욱 많은 동포들이 이주해왔다. 서간도의 모범적인 자치제도와 동포들 사이의 따뜻한 온정으로 인한 좋은 소식이 알려지게 되었던 것이다. 또한 삼원포교회 신자들의 믿음의 교제와 사랑의 수고에 관한 훈훈한 이야기들이 사방에 알려지게 되었

38) 한진옥의 서신, 2003년 11월.

다. 이로 인해 독립운동에 뜻을 둔 많은 젊은이들이 일제의 박해를 피해서 삼원포를 중심한 서간도로 더욱 많이 이주해온 것이다.[39]

이와 함께 신자들의 숫자도 늘어나서 교회의 상당한 부흥이 있었다. 한경희 목사님께서 시무하시던 삼원포교회는 그해에 예배당 18간(間)을 서양식으로 건축하여 헌당하였다. 유하현의 남산성(南山城)교회는 합모당(蛤蟆塘)으로 이전하여 예배당을 신축하여 합모당교회로 불리게 되었다. 1919년 한해만도 여러 교회가 설립되었다. 김세탁(金世鐸), 방일영(方一榮), 황화(黃華)는 전도를 열심히 하여 유하현 향양진(嚮陽鎮, 쌍양진)교회를 설립하였다. 임순모(林淳模), 방일영은 열 간 가옥을 향양진교회의 예배당으로 헌납했다. 권명지(權明志), 오일철(吳一哲), 오유철(吳有哲)은 열심히 전도하여 깐증자교회를 설립하였다. 만구교회는 삼원포에서 그리 멀지 않았으나 지화삼 장로의 지도력으로 신자들이 늘어 삼원포교회에서 분립하게 되었다. 신계준(辛啓俊), 신수정(申秀貞), 이영백(李永伯) 등은 전도하여 정개(井介)교회를 설립하였다. 서병영(徐炳榮)은 열심 전도하여 옥석동(玉石洞)교회를 설립하였다. 김복순(金福淳), 지유현(池裕賢) 등은 전도하여 하류하(下流河)교회를 설립하였다. 공택룡, 김복명은 전도하여 부다이(富多二)교회를 설립하였다.[40]

삼원포지역 교회의 부흥은 한경희 목사님과 동사목회를 하던 선교사 국유치 목사의 편지에서도 분명히 나타났다.[41] "지난 한 해 동안만 해도 교회 신자들의 수가 1,100명이나 증가했다. 새로운 교회들이 설립되어 조선인 목사들이 다 감당하기 어려운 형편이다. (서간도) 성경학교와 사경회를 위해서 조선인 신자들이 우리를 더욱 필요로 하고 있다."

---

39) 숭실전문학교를 졸업하고 강계에서 영실중학교 교사로 재직하던 김경하(金京河)도 이 때 한경희 목사님을 찾아와 삼원포교회를 출석하며 은양학교 교사로 재직하였다.

40) 한국교회사학회편, 《조선예수교장로회사기 하권》271-272쪽.

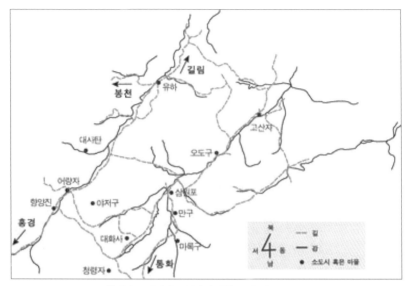

한경희 목사님이 목회하신 삼원포 및 인근 교회들

한경희 목사님은 서간도 전 지역을 대상으로 사역을 하셨지만, 유하현 5개 교회, 즉 삼원포교회를 중심한 만구, 마록구, 대화사, 청령자교회를 직접 담임하셨다. 이때 약 1,000명 이상의 성도들을 돌보셨다. 그 외에도 유하현 향양진, 대사탄, 고산자, 영춘원, 나하고, 거류하, 흑석두교회 및 해룡현 대황구교회를 자주 심방하셨다

　이러한 상황에서 1920년 2월 5일에 개최된 산서노회는 서간도와 강계에서 각각 따로 열렸다. 서간도에서 열린 노회는 회의 내용의 성격을 볼 때 삼원포지역의 교회에서 열린 것이 분명하다. 또한 합의된 사항들이 서간도 특히 삼원포지역의 교회의 부흥들을 시사하는 내용들이다. 평양신학교를 마친 이봉태(李鳳泰) 조사가 한경희 목사님이 시무하는 삼원포지역 다섯 교회에 임시조사로 오게 되었다. 이봉태 조사는 오래 전 한 냉면집에서 한경희 청년에게 전도하려다가 오히려 봉변을 당했는데, 이제 한경희 목사님의 조사로서 일하게 되는 흥미있는 상황이 된 것이

---

41) *The Letter of W.T. Cook, December 22, 1919*. 이 편지는 삼원포지역에서 개최될 동기 사경회에 참석하기 전 쓴 편지인데, 환율의 변화로 인해 선교 지원금이 35%가 감소하였다는 사실, 소열도 목사의 병환으로 인한 귀국, 조선 선교부의 만주선교에 대한 무관심을 개탄하는 내용이 실려있다.

다. 그 외에도 변봉조(邊鳳朝)가 쾌대무자 등 세 교회, 지석용(池錫湧)이 지리거우 등 세 교회에 각각 조사로 일하는 것을 허락하였다. 한편 김건후(金鍵厚) 목사를 강산이도구 및 방화촌교회에 국유치 목사와 임시 동사목사로 초빙을 하였다. 해룡현 대황구, 유하현 대사탄, 유하현 향양진교회에 각각 장로를 한 명씩 허락하는 일도 있었는데 이는 각 교회가 성장하며 지도자를 필요로 하였기 때문이었다.

또한 서간도의 교회들이 다른 지역으로 전도자를 파송하는 일도 있었는데, 대황구, 홍두하자교회는 힘을 합쳐서 황경선을 해룡, 동풍, 서풍현에 파송하여 전도하게 하였다. 삼원포교회도 정낙영 장로를 후원하여 길림성 남쪽 지방과 장전자 지방과 유하현 서편 지역으로 파송하여 전도하게 했다. 이제 삼원포지역의 교회는 전도자를 타지방으로 보내서 전도하는 사도행전의 안디옥교회와 같은 모범적인 교회로 성장하게 된 것이다.

이와 같이 삼원포교회는 서간도지역에서 가장 모범적으로 발전 성장하며 신자들뿐만 아니라 전 동포사회의 안정의 바탕이 되고 있었다. 한경희 목사님은 서간도지역의 동포사회나 교회의 영향력 있는 지도자로서 활약하며 존경을 받고 있었다. 그러나 일제는 이러한 서간도 동포사회의 안정되어 가는 모습과 서간도지역 교회의 발전을 불안한 눈초리로 보고 있었다.

제11장
경신참변과 서간도교회가 당한 핍박

우리가 항상 예수의 죽음을 몸에 짊어짐은 예수의 생명이 또한 우리 몸에
나타나게 하려 함이라 우리 살아 있는 자가 항상 예수를 위하여 죽음에 넘
겨짐은 예수의 생명이 또한 우리 죽을 육체에 나타나게 하려 함이라(고후
4:10-11)

엄청난 피의 대가를 치루며 행해진 기미독립만세운동은 서간도를 포
함한 국외 독립운동에 새로운 전기를 마련했다. 1919년 4월 상해 임시
정부가 수립되고 곳곳에 있는 조선인들이 단결함으로 함께 힘을 모아야
한다는 의견이 앞서고, 또한 무장한 일제(日帝)와 싸우려면 설전(舌戰)이
나 시위행진으로는 한계가 있다는 것을 알게 되었다. 한편 일제는 겉으
로는 조선총독 하세가와(長谷川好道)를 경질하며 무단통치(武斷統治)를 종
식하는 듯했다. 또한 문화정치를 표방하며 새로운 총독 사이또(齋藤實)
를 임명하였지만, 사실상 이것은 형식적인 처방이었다.

한편 수많은 동포들이 일제의 포악한 식민정치를 피해서 만주를 위시
한 국외로 연일 흘러나가고 있었다. 이 때 서간도로 넘어온 동포들의 숫

자가 한 통계에 의하면 1918년에 19,595명, 1919년에 25,372명에 이르렀다.[1] 만주나 노령에서는 무장독립운동에 뜻있는 수많은 피 끓는 청년들을 받아들여서 독립군을 양성하며, 사관학교를 설립하여 체계적인 무장독립활동을 준비하고 있었다.

이에 대응해서 일제는 만주의 독립활동을 저지하기 위해 여러 가지 계략을 꾸몄다. 먼저 조선인들이 독립군을 배출하여 만주를 소란상태에 빠뜨릴 것이라는 소문을 퍼뜨려 동삼성(東三省) 정부를 긴장하게 하고 중국 관헌들로 하여금 조선 독립군을 탄압할 것을 사주하였다. 또한 장강호(長江好, 본명 張鮮武, 당시 29세)가 지휘하는 중국 마적 떼를 매수하여 조선인 마을의 양민들을 학살하고 독립군들을 살육하도록 교사(敎唆)하였다. 사실상 이들의 많은 수가 마적으로 변장한 일본 사람들이었다. 이를 지휘한 일본 사람은 기병 중위로 예편한, 소위 '살인기계' 니카노[中野淸助, 별명 天樂]였다. 그는 1919년 11월 조선총독부의 위촉에 의하여 조선독립군을 습격하는 전담 부대를 편성하였다. 그는 특히 압록강, 두만강, 송화강 연변에서 활동하는 일제 관헌이 출동하기 곤란한 지역에서 활동하는 조선독립군을 공격하도록 지령을 받았다.[2]

일제의 이러한 계략에도 불구하고 조선독립군 토벌이 실패로 돌아가자, 일제는 정규군대가 출병하여 소위 '간도지방(間島地方) 불령선인(不逞鮮人)[3] 초토계획(焦土計劃)'을 실시할 것을 1920년 8월에 확정지었다.[4] 그러나 봉오동전투나 청산리전투를 통해서 일제의 정규군이 막대한 피해를 입고 패하자, 이에 대한 앙분(昂奮)으로 간도 일원에 주로 민

---

1) 서중석, 《신흥무관학교와 망명자들》174-175쪽. 이 때 북간도로 이주한 동포는 1918년에 13,843명, 1919년에는 11,763명에 이르렀다.

2) 위의 책, 205-208쪽

3) 일제는 독립운동에 종사하는 동포들을 불만을 품고 제 마음대로 행동하는 조선인이라고 불렀다.

4) 《한민족독립운동사 4 독립전쟁》(서울:국사편찬위원회, 1988), 107-112쪽.

간인들을 대상으로 피해를 입히기 시작하였다. '훈춘(琿春)사건'[5]을 시작으로 일제의 정규군이 주로 북간도와 서간도에 침입하여 독립군뿐만 아니라 남녀노소 할 것 없이 수많은 양민들을 학살하고, 가옥, 학교, 교회, 양곡(糧穀)을 불사르고, 기타 재산을 파괴하였다.

일제는 이 사건을 '경신년대토벌(庚申年大討伐)'이라고 불렀고, 일제의 조선군 제19사단과 제20사단의 78연대, 포조파유군(浦潮派遣軍) 제14사단, 11사단, 13사단, 북만주파유대(北滿洲派遣隊)의 안서(安西)지대, 그리고 관동군 보병 19연대와 기병 20연대의 병력 2만 내지 2만 5천의 대병력이 참가한 대규모 군사작전이었다.[6] 이 작전을 통해서 일제 침략군은 야수적이고 무자비하게 수많은 무고한 양민들을 유린하고 사살하였다. 이 때문에 중국의 관원들도, "…이렇게 마음대로 참살하는 것은 실로 인간성이라곤 털끝만치도 없는 일이다"라고 중화민국 외교총장에게 보고하였던 것이다.[7]

또한 같은 시기에 일제는 마적을 이용하여 반일 무장단체를 토벌할 궤책도 꾸몄다. 1920년 10월 서, 북간도에 일제 토벌이 본격화되자 니카노와 그의 사주를 받은 장강호 마적단들의 활동이 시작되었다. 안도현(安圖縣) 유두산(乳頭山)의 한 조선인 마을에서는 40여 호의 조선인 가옥 전체를 불사르고, 독가스를 사용하여 10여 명을 살해하기도 하였다. 장백현 내의 여러 마을에서도 조선인 마을을 차례로 습격하여 무고한 백성들을 살해하였다. 특히 21도구(道溝)에서는 정몽(征蒙)학교를 불사르고 독가스를 사용하여 27명의 조선인을 살해하였다. 이와 같이 조선

5) 일제의 간도 출병의 구실을 위한 조작극으로 만주의 마적단이 1920년 10월 2일 훈춘을 습격하여 상가를 약탈함과 동시에 일본 영사관을 습격하고 방화한 사건.

6) 김춘선, "경신참변(庚申慘變) 연구,"《한국사 연구(111)》(2000. 12) 137-176쪽.

7) 중화민국당안자료(中華民國檔案資料), 장순수(張巡帥), 포대수(鮑大帥) 등이 외교총장에게 올린 보고서, 1920년 11월 5일, 연변대학민족연구소 소장, 위의 글에서 인용, 152쪽.

총독부의 사주를 받은 마적단들은 장백현 일대에서 200여 명의 조선인들을 살해하고 120호의 가옥을 불살랐다.[8]

이와 관계된 일련의 사건을 가리켜 1920년 경신년(庚申年)에 일어났기 때문에 '경신참변(庚申慘變)'이라 부른다. 이 사건을 당시 독립신문은, "적의 학살을 당한 동포의 수가 3,469명에 달하고 동포의 주택의 요실(燒失)됨이 3,209호이며 학교와 교회당의 요실된 것이 50에 달한다" "간도 동포는 임진왜란 이래에 미증유(未曾有)한 참상 중에 재(在)한 듯 하도다" "금번 서북간도에 산재한 우리 동포의 당한 참상은 공전절후(空前絶後)[9]한 사변이라"는 제목으로 보도하였다.[10] 이러한 보도를 통해서 경신참변의 중대성과 참상의 정도를 짐작하게 하나, 체계적이고 면밀한 조사는 당시로서는 불가능했기 때문에 이 사건으로 인한 참상의 전모(全貌)는 알 길이 없다. 당시 독립신문 사장 춘원(春園) 이광수는 경신참변을 보도하면서 다음과 같은 시를 지어 그 때의 심정을 나타냈다.[11]

---

8) 조선총독부는 마적들과의 결탁을 부정하기 위해 19사단 74연대 병력을 동원하여 오히려 장강호 마적단을 습격하여 마적 171명을 체포하여 중국 측에 인도하였다. 이에 니카노는 억울함을 호소하기 위해 "천락각서(天樂覺書)"라는 수기를 썼고 일제의 추악한 죄악들이 밝혀지게 된 것이다. 김춘선, "경신참변 연구,"《한국사 연구(111)》166-167쪽.

9) 공전절후(空前絶後); 비교할 만한 것이 전에도 없었고, 후에도 없다.

10) 〈독립신문〉 1920년 12월 18일. 독립신문은 그간 경제난으로 간행을 중지하였다가, 그해 12월 18일 속간하면서 전적으로 서, 북간도에서 일어난 참상을 다루고 있다. 독립신문은 계속해서 이듬해 2월 초까지 이 사건을 가장 중요한 기사로 다루고 또한 가장 많은 부분을 할애해서 보도하고 있다. 12월 19일자 신문은 "간도참상후보(後報)"를 통해서 총 피살자 수에 연길현 97명, 화룡현 57명을 더하고, 청산리(靑山里)에서는 한 촌이 전멸했다는 사실을 추가 보도했다. Song of Ariran(아리랑)의 김산은 일제 군대에 의해서 이 때 조선인 6,000명 이상이 살해당했다고 증언하고 있다. 김산, 님 웨일즈 지음, 조우화 옮김, 《아리랑》(서울·동녘, 2002), 90쪽.

11) 〈독립신문〉 1920년 12월 18일, 3면.

간도 동포의 참상

불쌍한 간도 동포들

삼천 명이나 죽고

수십 년 피땀 흘려 지은 집

벌어들인 식량도 다 잃어버렸다.

척설(尺雪)이 쌓인 이 추운 겨울에

어떻게 살아들 가나

먼히 보고도 도와줄 힘이 없는 몸

속절없이 가슴만 아프다.

아 아 힘!

왜 네게 힘이 없었던고

내게도 없었던고

아 아 왜 너와 내게 힘이 없었던고

나라도 잃고

기름진 고원(故園)12)의 복지를 떠나

삭북(朔北)13)에 살길을 찾던

그 둥지조차 잃어버렸구나

오늘밤은 강남도 추운데

장백산 모진 바람이야

오죽이나 추우랴

아 아 생각히는 간도의 동포들

---

12) 옛 뜰 혹은 고향

13) 북방(北方)

이 책에서는 경신참변을 통해서 주로 한경희 목사님이 목회하시던 삼원포교회를 중심한 서간도교회와 동포들이 당한 핍박을 간략하게 소개하고자 한다.

전반기 중, 일 합동 경찰수색으로 인한 피해

정규군에 의한 민간인 유린(蹂躪)을 시작하기 전 일제는 먼저 동삼성(東三省) 정부를 사주하여 한족회(韓族會)와 독립단을 탄압하기 시작하였다. 고산자(孤山子, 혹은 鳩山子)에 있는 신흥무관학교가 1919년 9월 일시 운영을 중지당하게 된 것이나[14], 1920년 1월 14일 삼원포에 본부가 있는 한족회와 독립단체에 대해서 해산을 명령하고, 관전현에서는 한 일본인 상인의 실종 때문에 독립단체를 수색하여 단원 6명을 끌고 갔던 것도 이러한 이유에서였다. 같은 달 16일에는 한족회보 및 고산자 동흥학교를 폐쇄시키고, 서류 인쇄기, 도서, 기타 재료 등을 몰수하였다.[15]

그러나 중국 관헌의 탄압은 곧 성의가 없어지고 형식적인 것이 되어 버렸을 뿐만 아니라, 북경 정부의 공식적인 입장은 오히려 동삼성 지방관에게 지시하여 한인(韓人)에게 위로(慰勞)를 베풀고, 바로잡아 보호할 것과 격렬한 거동을 금지하여 국제적 문제가 일어나지 않도록 할 것을 명령하였다.[16] 이러한 상황에서 일제는 중국 정부에 더욱 압력을 가하는 한편 독립운동 세력을 제거하기 위하여 직접적인 방법을 강구하고 있었다.

일제는 점차적으로 탄압에 직접 개입하여서, 1920년 3월 20일에는

---

14) 위의 신문, 1919년 9월 20일, 3면.

15) 위의 신문 1920년 2월 3일, 2면.

16) 위의 신문 1920년 2월 5일, 2면. 〈구국일보(救國日報)〉를 인용 보도했다.

일경(日警) 1명과, 조선인 순사 2명, 중국 순병(巡兵) 5명이 해룡현 대황구에서 호(戶) 수를 조사하려다 뜻을 이루지 못하고, 애국부인회장 내외분을 산청가 일제 영사관으로 끌고 갔다. 4월 9일에는 통화현 일제 영사관의 조선인 앞잡이와 일경 2명, 중국 기병 10여 명이 쾌대무자 한족회 지방 사무실에서 공문서를 탈취하고, 한가름을 포박하여 영사관으로 끌고 갔다.[17] 또한 4월 중에 유하현 소속의 일경(日警) 수(數) 명과 중국 순병 수십 명을 데리고 삼원포에 왔었다. 이들은 '무사히 돌아갔다'고 했으나 이는 본격적인 탄압의 전주곡에 불과했다.[18]

한편 만주 지역에 있는 조선인들의 반일 독립운동 세력 저지를 위하여 일제는 더욱 고심하였다. 그러나 실적이 나타나지 않자, 조선총독부 경무국장(警務局長) 아카이케[赤池], 봉천 총영사 아카츠카[赤塚] 등이 4월 29일 봉천에서 구수(鳩首)회의를 하고, 조선인 독립운동 단체를 탄압하고 지도자들을 검거하는데 협조해 줄 것을 동삼성 순열사(巡閱使) 장쪼린[張作霖]에게 부탁하여 그의 협조를 얻어냈다.[19] 그 후 봉천 총영사 아카츠카[赤塚], 안동(安東) 영사 입강(入江) 등이 경성(京城)으로 몰래 들어와서 본격적인 독립운동 세력을 탄압하기 위한 책략을 의논하고 계략을 짰다.[20]

5월 10일에 다시 일경 4명과 앞잡이 한 명, 중국 순병 수십 명이 갑자기 삼원포에 나타났다. 그들은 한족회 중앙사무실을 수색하며 일반문서를 압수하고 한족회 간부 3인을 잡아갔다. 삼원포는 사실상 지금까지 강력한 자치기관과 교회를 중심한 단결력을 통해 이 사건이 일어나

17) 위의 신문 1920년 5월 1일, 3면.
18) 위의 신문 1920년 6월 24일, 3면.
19) 위의 신문, 1920년 5월 15일, 3면.
20) 위의 신문, 1920년 6월 24일, 3면.

기 전에는 일제의 영향이 직접 미치지 못하는 곳이었는데 이제 일제의 직접적인 영향력이 뻗치기 시작한 것이다.[21]

일제 경찰은 봉천독군(奉天督軍) 경찰고문 사카모토[坂本]와 우에다[上田]를 각각 장으로 하는 일제 헌병 및 경찰, 조선인 앞잡이, 중국 순병으로 구성된 두 대(隊)의 수사반을 조직하였다. 사카모토대는 5월 15일부터 8월 18일 사이에 안동, 관전, 환인, 집안, 임강, 장백현을, 우에다대는 5월 10일경부터 7월 3일 사이에 흥경, 유하, 해룡, 통화현으로 출발하여 각각 임무를 수행하였다. 이들은 수많은 독립운동자들과 교회 지도자들을 체포하여 고문하고, 사살(射殺)하는 악행을 저질렀다.[22]

일제 경찰의 삼원포 엄습(掩襲)은 다음과 같이 이루어졌다.[23] 1920년 5월 31일 월요일 아침 갑자기 일경 34명, 조선인 앞잡이 67명, 중국 순병 44명이 침입해왔다. 중국 순병을 사면으로 세우고, 일경과 조선인 앞잡이가 2-3명씩 떼를 지어 가가호호에 문을 부수고 들어와서 남자란 남자는 12-13세의 어린 학생부터 60-70세의 노인에 이르기까지 한 사람도 남기지 않고 잡아서 묶었다. 이 때 포박(捕縛)된 자가 300명에 이르렀다. 독립단원 중에 한 사람인 김효선(金孝善)만 도주하였는데, 단총을 4발이나 쏘았으나 다행히 명중하지 않아 도망할 수 있었다. 일경들은 무기를 내놓으라고 부인들까지 구타하였고, 어떤 부인은 옷을 벗기고 무수히 구타당하기도 하였다. 일제 경관은 이 수색에서 서류 몇 점과 단총 하나를 탈취했을 뿐이었다.

포박된 300여 명의 동포들은 일일이 일제 경찰의 참혹한 고문을 당하면서 심문을 받았다. 어떤 사람은 모지(母指)를 공중에 댕그랑 메어

---

21) 위의 신문, 3면.

22) 서중석,《신흥무관학교와 망명자들》195-196쪽.

23) 〈독립신문〉 1920년 6월 24일, 3면.

달려서 마구 맞았고, 어떤 사람들은 일경이 코에 물을 부어 혼절(昏絶)하기도 하는 등 여러 가지 고문으로 괴롭힘을 당하였다. 이들 중 안동식(安東植), 방기전(方基典), 김창간(金昌艮) 김재봉(金在鳳) 4인은 유하현 경찰서로 끌려가서 더욱 모진 고난을 겪었다. 일제의 습격이 일어나는 동안 한족회와 서로군정서의 대부분의 지도자들은 피신하였다. 한경희 목사님은 이들의 일부와 같이 삼원포 서편 산 속에서 일주일을 지내면서 사태를 관망하고 있었다. 이 때 산상에서 7, 8일을 피신 중이던 모(某)씨의 편지를 보면 다음과 같다.[24]

국치(國恥) 이후 10여 년 동안 오족설치계획(吾族雪恥計劃)[25]의 중심지라 하던 삼원포는 이번에 적의 폭행으로 말미암아 대 손실을 입었습니다. 서간도 대표 이○○씨와 ○○로부터 시찰의 임무를 띠고 가던 모씨도 잡혔으며(被捉) 휴대하였던 돈 1,500원도 빼앗겼다 합니다. 여보, 형님들은 우리의 사업들이 어떻게 되리라고 생각하십니까? 7, 8일을 산상에서 지내며 곤함이 막심하외다. 한경희, 이봉태(李奉泰), 김경하(金京河) 제씨도 함께 있습니다.

음력 4월 21일(양력 6월 7일)
삼원포 서편 산상 험한 수풀 속에서.

4월부터 3차에 걸친 일제 경찰의 삼원포지역 수색이 있었는데, 삼원포교회는 이들의 가장 중요한 수색목표 중에 하나였다. 특히 삼원포교회의 목회자 한경희 목사님은 일제 경찰의 빠뜨릴 수 없는 수색 대상자

---

24) 위의 신문, 1920년 6월 24일. 삼원포교회의 두 장로, 안동식, 방기전이 일경에 잡히고 젊은 목회자 한경희 목사와 그를 돕는 이봉태 조사와 김경하는 산 속으로 피신한 것이다.

25) 오족설치계획(吾族雪恥計劃) : 우리 민족의 설욕을 위한 계획.

였다. 한경희 목사님의 집은 이 기간 동안에 3회에 걸쳐 철저한 수색을 당하였다. 매번 수색을 통해서 가구, 서류, 의류를 불태우며 식구들을 악질적으로 괴롭혔다. 또한 집을 지키고 계시던 80세난 한경희 목사님의 어머니를 구타하면서 아들의 행방을 말할 것을 강요하는 야만적인 행동을 취하였다. 한경희 목사님의 사모님은 이 때 4째 아들을 임신한 상태였다.[26] 일제 경찰은 이와 같이 악질적이고도 야만적인 수색을 통해서 한경희 목사님의 목회 의지를 꺾기 위해서 노력하였다.

5월 31일 세 번째 습격이 일어나는 동안에는 한경희 목사님을 체포하려는 일경의 의지가 분명하였음으로 교회 일부 지도자들과 같이 산속으로 피신하게 된 것이었다. 이 때 안동식, 방기전 장로는 교회를 사수(死守)하기 위해 피신하지 않고, 자신들이 스스로 십자가와 같은 고난의 길을 택하신 것이다. 젊은 목회자인 한경희 목사와 다른 교회 지도자들을 피하게 함으로 그리스도의 몸된 교회를 보존하기 위해 노력하였던 것이다. 그 때 체포된 방기전, 안동식 장로를 위시한 삼원포교회 지도자들은 가혹한 고난을 받았다. 당시 중국 관헌으로서 7개 현 병권(兵權)을 잡고 있으며, 전경보위대(全境保衛隊) 대장을 겸임하고 있던 포문준(包文峻)의 호의로 수감 4개월 만인 8월에서야 방기전, 안동식 장로가 석방되었다.[27]

1920년 10월 2일에 개최된 제9회 총회의 산서노회 상황보고는 일(日), 중(中)경찰들의 습격으로 인해 피해를 입은 서간도교회와 한경희 목사의 안타까운 상황을 다음과 같이 전하고 있다. "북구역 서간도 삼원포교회는 금년 말할 수 없는 환난 가운데 9호의 집과 촌락이 화재로 전소된 고로 가련한 정황은 참아 볼 수 없사오며, 그 중에 목사 한경희

---

26) 넷째 아들 진옥(鎭玉)은 1920년 음력 11월 25일에 태어났다.

27) 방병덕,《삼원포교회의 순교사화》72쪽. 허영백, "고 구국선열 방기전 장로 약사"(미간행), 67쪽.

씨의 신구약 성경과 다른 서적과 문서들을 일본 경찰이 전부 태워버렸
사오며 장로 안동식씨는 아직도 중국 감옥에 구치가 되었사오며."[28]

이 사건을 통해서 일제의 악질적이고도 끈질긴 목회 방해 책략을 알
아차린 한경희 목사님은 도저히 삼원포교회에서 목회를 더 이상 계속할
수 없다는 사실을 알았다. 눈물을 머금고, 그해 7월 삼원포교회를 일시
사면하고 길림성(吉林省) 남쪽 3현, 즉 액목(額穆), 화전(樺甸), 반석현(盤石
縣)을 순회하며 전도목사로 일했다. 이 지역에서 교회를 설립하고 예배
당을 건축하는 등 주의 일을 감당하고 있을 때, 일제 정규군에 의한 가
공(可恐)할만한 '만주대토벌(滿洲大討伐)' 사건이 일어나게 되었던 것이다.

관동군의 서간도 토벌

일제 자료에 의하면 10월 일제 관동군이 출병하기 전 장강호 마적단
이 1920년 8월 삼원포에서 학살을 자행한 것으로 나타나 있다. 일제의
보고에 의하면 불령선인(不逞鮮人) 20명을 총살하고 소총 580정을 불에
태웠다고 되어 있는데 사실상 이보다 더 많은 피해가 있었을 것으로 추
측된다.[29]

1920년 10월 17일 일제와 동삼성 순열사 장쪼린(張作霖) 사이에 있었
던 중일(中日) 협동 토벌원칙은 다음과 같다. "일본은 당지에 있는 불령
선인들에게 위엄을 보이기 위해 만주 주둔군의 일부로써 해당 지역에서
행군 순회한다. 따라서 관동군의 일부는 해당 지역에서 불령선인 및 이
에 참가한 마적을 토벌한다." 이에 근거하여 관동군 소속 철령(鐵嶺) 보
병 제19연대와 공주령(公主嶺) 기병 제20연대 소속 총병력 1,200명을

28) 《조선예수교장로회총회 제9회 회록》 117-118쪽.
29) 서중석, 《신흥무관학교와 망명자들》 207쪽.

동원하여 10월 23일부터 작전에 들어갔다. 보병 19연대장 스기야마(杉山) 대좌(大佐)가 이끈 부대는 무순(撫順) 천금채(千金寨)에서 홍경현 왕청문으로 들어와 한국인이 많이 사는 통화현 금두화, 쾌대무자를 거쳐 환인, 집안, 임강현 등을 유린하고 12월 3일 안동에 도착한 후 철령에 돌아왔다. 기병 20연대장 키(木) 중좌(中佐)가 이끈 부대는 공주령을 출발하여 해룡현과, 유하현 삼원포와 청원현 등지를 유린하고 11월 27일 개원에 도착한 후 공주령으로 돌아왔다. 이들은 북간도에 비해 규모의 차이는 있지만 참혹하기가 말할 수 없는 만행을 자행하였다.

삼원포지역에서 행한 키 중좌가 이끈 일제 군대에 의한 만행의 참혹함을 다 알 수 없으나, 몇 가지 알려진 사실은 다음과 같다.[30] 이상룡의 손부인 허은은 하동 대두자에 살았는데, 독립지사 곽무와 곽영이 일본군에 잡혀 중국마차에 실려 파놓은 구덩이에 산채로 매장당했다는 소문을 들었다. 김동삼의 큰며느리 되는 이해동의 이야기에 의하면 11월 5일 산으로 피했던 남자들이 마을로 내려왔을 때 일제의 기마대가 덮쳐서 40명쯤이 체포되었다. 이들 중 본보기로 항일투사인 회갑이 넘은 할아버지와 그의 손자인 두 사람을 말꼬리에 메달아 끌고 다녀 죽게 만들었다.[31] 이러한 참살에 노약자와 여자 중에는 기절해 넘어지는 사람도 있었지만, 대개는 너무나 놀라서 혼이 나가 울음소리도 입 밖에 내지 못하고 있었다.

일제 군대는 나머지 사람들 가운데서 독립군인지 여부를 조사하여 12명을 가려내고 고문을 가하며 독립군의 행방을 묻다가 12명을 말꼬리에 달고 삼원포에서 만리고로 가는 왕굴령(王屈嶺)이라는 고개 밑에서 모두 총살하였다. 그리고 죽은 시체를 그냥 두지 않고 일본도(日本刀)로

---

30) 위의 책, 210-212쪽.

31) 이탁의 숙부 이용성(李龍成)과 그의 아들로 사료된다. 〈독립신문〉 12월 30일, 3면.

목을 쳤다. 김동삼의 아우 김동만이 12명중 가장 마지막에 총살을 당했는데, 조선 옷고름으로 눈을 싸매고 목을 군도(軍刀)로 쳤으나 목이 채 떨어지지 않아 시체를 식별할 수 있었다. 김동만의 아들 김경묵은 그 당시 여덟 살이었는데 어머니를 따라 아버지의 시체를 찾으러 갔었다. 그 무섭고 참혹한 정경은 그의 머리 속에 또렷이 생각되어 영원히 잊을 수 없었다고 고백했다. 김동만의 부인은 남편의 죽음이 김동삼한테 책임이 있다고 생각하여, 김동삼의 가족과 김동만의 부인 사이에 불화가 심했다. 결국 김동만의 부인은 정신병자가 되어 고향 안동으로 보내지게 되었다

서간도의 피해 상황을 〈독립신문〉에 보고된 것만 보더라도 다음과 같다. 12월 18일자에 유하현, 홍경현, 관전현(철령과 관전현 사이 포함) 지역의 피해 상황을 보고하고, 다음해 1월 21일자에 통화현 지역에서 피해를 추가로 보고했다.

〈독립신문〉 1월 21일자에는 추가 피해 상황을 다음과 같이 설명하고

지명	피살	피금	강간	민가	학교	회당	곡류[32]
유하현 삼원포	43	125		미상	미상	미상	미상
홍경현 왕청문	305			미상		3	미상
관전현 (철령과 관전현 사이 포함)	495			1	1		150
통화현[33]	60	10					
합계	903	135		미상	미상	미상	미상

---

32) 곡류(穀類)의 단위는 미상.

33) 〈독립신문〉 1921년 1월 21일, 3쪽.

있다. 통하현 서반납배(西半拉背)는 20여 호의 동포가 거주하는 작은 촌락인데, 음력 9월 23일(양력 11월 3일, 수요일)에 일제 군대가 와서 배달학교 교장 조용석(趙庸錫) 외 2명의 교사와 자치회원 4인을 피살하였다. 모래던에서 한 남자를 잡아갔는데 그 후 생사를 알 수 없고, 홍통구(紅通溝)에서는 최(崔) 단장(團長) 외 3인을 이유 없이 죽이고, 청년단원 8명을 총살하고, 10인이 더 체포된 상태라고 보도하고 있다. 지난 12월 30일에는 동서구(東西溝)에서 농민 30명을 체포한 후 손바닥이나 목 부위에 철사를 끼워 끌고 가다가 얼음 구멍에 빠뜨려 죽이기도 했다. 또한 환인현과 통화현에서 10여 명을 끌고 와서 팔도구(八道溝)에서 묻어 죽이는 것을 중국인이 발견하였다고 보도하고 있다.

서간도교회의 순교자들

남만노회록은 경신참변으로 인한 순교자 33인의 이름을 다음과 같이 기록하고 있다.[34] 유하현 삼원포교회 장로 안동식, 홍경현 왕청문(旺淸門) 서보(西堡)교회 장로 이근진(李根眞, 혹은 秦), 통화현 금두화교회 장로 조대원, 전학진(田學鎭), 홍경현 강남(江南)교회 장로 김도준(金道俊), 황원후(黃元厚), 유하현 대사탄교회 영수 김헌림(金憲林), 유하현 향양진(嚮陽鎭)교회 영수 김세탁(金世鐸), 유하현 청령자(靑嶺子)교회 집사 최시명(崔時明), 유하현 어량자(魚亮子)교회 교인 전준쇄(田俊碎), 서보교회 교인 지하영(池夏榮), 최형구(崔亨九 혹은 球), 대명자(大明子) 교인 곽종목(郭宗穆), 청령자 교인 전경서(全景瑞), 금두화 교인 이순구(李淳九), 외에도 박

---

34) 한국교회사학회편,《조선예수교장로회사기 하권》392쪽. 국유치 목사의 보고서는 38명, 남만노회 노회의안(老會議案)에는 40인 이상이라고 기록하고 있다. 위의 책, 389쪽. 이러한 사실은 신자들의 순교자 수를 정확히 파악하기 어려웠다는 것을 말해주고, 주로 홍경, 유하, 통화현 교회 소속 신자들의 죽음만이 파악된 것으로 사료된다.

병하(朴炳夏), 조종영(趙宗永), 방은일(方恩一), 방기전, 윤준태(尹俊泰), 방병걸(方炳傑), 한중달(韓中達), 함찬근(咸贊根), 박의수(朴義秀), 오정순(吳正順), 오의순(吳義淳), 이용성(李龍成), 이태석(李泰錫), 정봉길(鄭鳳吉), 신태유(申泰有), 선우찬경(鮮于贊京), 홍경현 서보(혹은 강남)교회 이시형(李時亨, 혹은 이시항, 恒), 집사 이봉규(李鳳奎) 등 33인이었다. 이 때 순교한 신자들 가운데 독립신문에 의하면 전계도(田啓道), 임관호(林寬浩)가 추가되고, 총회 회록에 의하면 청령자교회 교인 김기봉이 있고, 또한 허영백에 의하면 한중건(韓重建)이 포함된다.[35]

이와 같이 서간도의 신자들은 그리스도를 위하여 담대하게 죽음으로 나아갔다. 그리스도를 위한 자신들의 고난과 죽음 위에 그리스도의 교회가 더욱 왕성하게 발전하기를 바라며(요 12:24), 또한 자신들의 죽음을 통해서 그리스도의 생명의 진리가 더욱 분명히 나타나기를 기도하며 죽음에 넘기워졌던 것이다(고후 4:11).

1921년 9월 10일 평양에서 개최된 제10회 총회에 제출된 남만노회 보고서에 의하면 서간도교회의 피해 상황은 다음과 같다.[36]

1. 작년 9월 토벌환난으로 심히 비참한 것은 교회 내에 피살당한 중 장로는 삼원포교회 안동식, 금두화교회 조대원, 전학진, 왕청문 서보교회 이근진, 왕청문 강남교회 황원후, 김도준 6인이요,[37] 교인이 26인이며 합이 32인이요. 그 중에 부자(父子) 한꺼번에 죽은 집이 하나요, 형제 함께 죽은 집이 하나이요. 지금까지 비참함을 잊지 못하여 눈물로 세월을 보내오니

---

35) 〈독립신문〉 1920년 12월 18일. 3-4면.《조선예수교장로회총회 제10회 회록》 98쪽. 허영백, "고구국선열 방기전 장로 약사"(미간행), 69-70쪽.

36) 《조선예수교장로회총회 제10회 회록》 97-98쪽.

37) 방기전 장로는 그 당시 시무 장로가 아니었을 것으로 사료된다.

무슨 말로 위로하기가 불가능하오며 목사 이지은, 장로 박창선 양씨의 집
에서는 신학 공부하는 책, 성경 주석, 당회록, 세례 안 등 책이 불탔사오며

2. 유하현 청령자교회에 있는 김기봉씨는 척후병에게 잡혀갔는데 그후에
따라가서 종적을 알아본즉 불에 타죽어 시체도 찾지 못하고 와서 그 가족
의 비참한 사정은 눈물로 참아보지 못할 일이외다.

보고자는 서간도교회들이 당한 환난은 사람이 감당하기 어려운 극한
환난이었다고 말하고 있다. 반년 동안이나 신자들이 교회에 모여 예배
볼 형편이 되지 않았으며 교인들의 정황은 목자 잃은 양 무리 같이 각각
흩어져 가련한 상태라고 전하였다. 교회가 상당수 무너졌지만 그러나
보고자는 하나님의 특별한 권고하심과 능력으로 봄에 남만노회를 분립
조직하였다고 보고하고 있다.

특히 유하현 대사탄교회와 해룡현 대황구교회는 설상가상으로 흉년
까지 겹쳐 교우들의 생활이 매우 곤란한데, 황해(黃海)노회의 사랑의 구
조금으로 위로가 되었다는 사실도 아울러 보고하고 있다. 또한 교회들
이 어려워 목사들의 사례를 담당하지 못하여 교역자들의 생활이 매우
어려웠다. 그러나 마침 의산노회로부터 사랑의 구조금이 도착하여 이를
나누어주고, 피살당한 가족들의 위문금도 나누어주었다는 사실을 보고
하고 있다. 어떤 교회는 예배당이 타버렸는데 전북(全北)노회에서 사랑
의 구조금을 보내주어서 위로가 된 일도 있다고 아울러 보고하고 있다.

신자들과 교회의 피해를 모두 알 수 없지만, 기고자가 신자인 것으로
보이는 기사 하나가 독립신문에 실렸다.[38] 이 기사는 왕청문 지역의 교
회와 신자들을 중심으로 보고하고 있다. 이 기사에 의하면 일제의 군대

38) 〈독립신문〉 1920년 12월 18일, 3면.

가 왕청문에 들어와서 불문곡직(不問曲直)[39]하고 총을 쏘고 칼을 휘둘러 많은 동포를 살해하였다고 한다. 연대장이라는 자가 사람들을 소집하고 그 때의 출병(出兵) 목적을 설명하였다. 그의 말에 의하면 만주에 거주하는 한인 중에서 불량한 서양인들의 잘못된 가르침을 받아 치안을 방해하며 질서를 문란하게 하는 자들을 토벌하고자 함이라고 했다.

이러한 사실은 교회가 경신참변의 중요한 박해 대상이었다는 사실을 말하고 있다. 이 집회가 중국인 학교인 왕청문 고등소학교에서 모였다. 연대장은 말도 안 되는 소리를 시끄럽게 설명하며 횡설수설(橫說竪說)하니 조선인뿐만 아니라 중국인들도 다 배척하는 형편이 되었다. 손병문(孫秉文)이라는 중국인은 동정하여 눈물을 흘리지 않을 수 없었다고 한다. 이러한 소란이 있고 난 다음날부터 일제 군대가 야만적인 행동을 시작하였는데, 10월 31일 소위 천장절(天長節)이라는 이름하에 사람들을 초청하고는 왕청문 서보교회와 강남교회 신자들을 포박하고 유치장에 가두어버렸다.

이들 중 이근진 장로, 황원후 장로, 김도준 장로(영수), 이봉규 집사, 이시항, 지하영, 최형구(학교 직원), 전계도(田啓道), 임관호(林寬浩) 등을 적막한 산중으로 끌고 가서 칼로 살해해버렸다. 이 소식을 전하는 기자는 이러한 참혹한 일이 생길 줄도 몰랐다고 고백하며, 사람들은 아무도 이 때 돌아가는 사정을 알아서 동정할 수 없었지만, 하나님은 이를 알고 계셨고 이들을 동정하였으리라고 자신의 신앙을 고백하기도 했다.

일제(日帝) 군대는 이 사실을 숨기기 위해 시체를 흙과 돌로 숨겨버렸다. 중국인 마부(馬夫)가 이를 보고 유족들에게 일러주어 유족들이 경악하고 슬피 울다가, 어찌할 바를 모르고 있는 가운데 겨우 이 마부의 인도로 시체를 찾아내었다. 악독한 일제 군대는 이것도 모자라 피살된 사

39) 옳고 그른 것을 묻지 아니함.

람들의 유족들의 집에까지 몰려와서 집에 있는 살림기구들까지 다 불살라버렸다. 이렇게 된 것은 보민회(保民會)[40]에 속한 조선인들이 고자질하고 군대를 불러왔기 때문이었다. 일제 군대는 서보예배당, 강남예배당과 삼성(三成)학교를 부셔버렸다. 이후 일제 군대는 산길을 따라서 통화현 금두화, 낙반납배(落半拉背)를 거쳐서 유하현 삼원포 방면과 강산이 도구로 진출하여 시체로 산을 만들고 피로 강을 만들었다. 이렇게 해서 동포들이 동서로 표류하는 모습은 너무나 참혹하여 눈뜨고 보기 어려운 광경이었다. 동포의 고통을 가져오는 조선인 앞잡이들의 이름을 열거하며 이 기사는 끝맺고 있다.

일제 군대의 삼원포 습격과 방기전 장로의 순교

그해 11월 3일(음력 9월 23일)은 눈이 3척(尺)이나 와서 길이 막히었다. 다음날 정오쯤에 일제 군대는 제1구 향양진(嚮陽鎭) 야저구(野猪溝)를 지나면서 향양진교회 김세탁 영수를 살해하였다. 다시 대사탄에 들려서 교사이며 교회의 영수인 김헌림과 신자 다수를 참살하고, 남산(藍山)을 거쳐 삼원포에 도달하였다. 제2구에 있는 방기전 총관이 사는 마을을 군대가 둘러싸고 모든 남자를 끌고 삼원포로 갔다. 다음날 11월 5일에는 일제의 앞잡이 정형진(丁亨鎭)을 앞세우고 방기전 총관의 집에 일제히 사격을 가하며 모든 집안의 가구를 파괴하고, 양곡을 모두 불살라버렸다. 또한 네 마리의 농사짓는 소를 산채로 끌어갔다.

교사 한중건(韓中建)은 일시적으로 피했다가 밤에 다시 돌아왔는데, 다음날 아침 일제 군대가 다시 온다는 기별에 옥수수 짚 속으로 숨었지만, 눈

---

40) 1919년 삼일운동 후 흥경현에서 시작된 일제의 주구(走狗)기관이며, 본부가 흥경에 있었으나 그 후 봉천으로 옮겨갔다. 이강훈, 《독립운동대사전 제1권》 413-414쪽.

방기전 장로(1861-1920). 평남 순천군 자산면 풍전제일교회를 설립하시고 의병 참모장 조병기에게 무기와 군자금을 밀송하는 한편 1911년 삼원포로 망명하셨다. 삼원포 동포사회의 지도자로서 은양학교를 설립하고 초대 교장으로 시무하셨다. 방기전 장로는 민족과 교회가 당하는 수난을 주를 위한 고난으로 생각하며 순교의 고통을 담대히 이겼다

길에 난 발자국을 따라온 일제 군인의 칼에 목이 잘려 살해(殺害)당하였다. 안동식, 방기전 장로를 포함하여 13명은 3일간 문초(問招)를 통해서 많은 고생을 하였는데, 그 중 일부는 방면하고 나머지 대부분은 일제 군대가 마록구(馬鹿溝)에 이르렀을 때 군도(軍刀)로 참수(斬首)하여 살해하였다.[41]

방기전 장로는 일제 군대에 의해 통화로 끌려가고 있었다. 4개월의 옥중 생활로 인해 몸이 너무 약해졌으므로 걸을 수 없었다. 그러나 일제 군대는 아직도 방기전 장로의 이용 가치가 있었던지 마차에 태워 데리고 가고 있었다. 마차가 통화성에 가까운 갈대 길에 왔을 때 일제 군인에게 용무가 있다며 마차를 세워달라고 부탁을 하였다. 20미터쯤 떨어진 곳에서 무릎을 꿇고 기도하며, "내 주를 가까이 하게 함은 십자가 짐 같은 고생이나 내 일생 소원은 늘 찬송하면서 주께 더 나가기 원합니다"라는 찬송을 불렀다. 그리고 "주여, 조국을 구원해 주소서. 그리고 내 영혼을 받아 주소서" 하며 기도를 마친 후 대장을 오라고 간청을 하였다. 방기전 장로는 일제의 토벌대장에게, "너희가 내 몸은 죽여도 내

---

41) 허영백, "고 구국선열 방기전 장로 약사"(미간행), 68-72쪽

영혼을 죽일 수가 없다. 나는 죽어서 내 뼈라도 독립을 할 것이다. 이왕 죽이려면 나는 여기서 죽을 것이다"고 하면서 일제의 죄악상을 열거하면서 항의하였다. 토벌대장은 화가 나서 일본 군도로 두 다리를 치고, 다시 칼을 들어 목을 쳐서 몸이 네 동강이 나서 순교하게 되었다.[42]

방기전 장로는 민족과 교회가 당하는 수난을 주를 위한 고난으로 생각하며 주님께서 민족의 고난을 해결해 주실 것을 기도했다(시 44:22-26). 방기전 장로는 마치 도살당하는 양같이 무참히 살해당했지만, 순교의 고통을 주님의 크신 사랑에 힘입어 담대히 이긴 것이다. 일제 토벌대장의 막강한 위엄이나 서슬 퍼런 칼날도 방기전 장로를 그리스도 예수 안에 있는 하나님의 사랑에서 끊을 수 없었던 것이다(롬 8:36-39).

김산과 안동희 목사[43]

김산은 본명이 장지락(張志樂)으로 자신의 짧지만 감동적인 생애에 대해서 님 웨일즈(Nym Wales)[44]의 손을 빌어서 전기를 쓴 사람이다. 그는 1905년 3월 10일 아마도 평안북도 용천군에서 태어나 평양 교외 자산리(慈山里)의 독실한 기독교인 어머니와 형수가 있는 가정에서 자라났다. 기독교 계통의 중학교에서 공부했지만 일제 탄압에 무력으로 항거하지 않는 기독교의 순교정신이 어리석은 것으로 믿게 되었다. 삼일운동을 통해서 기도만 하는 기독교인들이 무기력하게 느껴졌고 신의 존재

---

42) 위의 자료, 68-87쪽. 방병덕, 《삼원포교회 순교사화》 76-83쪽. 이러한 자세한 순교 장면은 마차를 뒤따라온 방기전 장로의 삼남 방신모(方信模)가 통화성에 도달하여 교민회장 이동성(李東成)의 소개로 이 장면을 목격한 중국인을 만나 자세한 사실을 전해들은 것이다.

43) 김산 님 웨일즈 지음, 조우화 옮김, 《아리랑》(서울:동녘, 1984)

44) Helen Foster Snow의 필명(筆名)이다. 이 책은 1941년 *Song Of Ariran, A Korean Communist in the Chinese Revolution*이라는 제목으로 미국에서 간행되었다. 우리말로는 《아리랑》이라는 제목으로 조우화에 의해서 번역, 1984년 동녘문예에서 처음 출간되었다.

를 믿지 않게 되었다. 특히 선교사들이, "조선이 잘못을 저질렀기 때문에 하나님께서 조선에 벌을 내리고 계시는 것입니다. 지금 조선은 그 대가를 지불하기 위해 고통을 당하고 있는 것입니다. 하나님께서는 죄의 보상이 끝난 다음에 조선을 원래대로 돌려놓으실 것입니다. 만일 하나님께서 보상이 끝났다고 생각하신다면 조선은 독립을 얻게 될 것입니다. 그러나 그전에는 아니 됩니다"라고 말하는 것에 대해서 김산은 분개했다.

삼일운동 후 조선독립운동에 적극적으로 가담하고 공부하기 위해서 1919년 동경으로 가게 되었다. 그러나 모스크바를 자신의 목적을 이루기 위한 더 적당한 곳으로 생각해서 그곳으로 갈 계획을 세웠다. 그러나 그 꿈이 좌절되어 서간도로 오게 되었고, 신흥무관학교에서 훈련받게 되었다. 김산의 여행을 통해서 서간도의 교회와 당시 상황을 엿볼 수 있는데, "지나오는 길에 있던 조선인 부락은 어느 곳이나 장로교나 감리교를 믿고 있었는데, 숨막히는 듯한 종교적인 분위기가 감돌고 있었다. 사람들은 감동하기 쉬운 상태에 놓여 있었으며, 그래서 우리가 가는 곳마다 독립을 위한 대중 기도회가 열렸다"라고 그는 회고하였다.

김산이 삼원포에 도착한 때는 1920년 초로 생각된다. 김산은, "이곳은 조그마한 민주적인 도시였다. 읍내에는 중국인이 3,000명, 조선인이 1,000명 가량 살고 있었으며 부근에는 조선인이 7,000명쯤 살고 있었다. 조선인은 자기들의 '인민정부'와 재판소를 가지고 있었으며 진정한 자치제를 시행하였다. 학교에서는 영어와 약간의 일본어를 가르치지만 중국어는 전혀 안 가르쳤다"라고 삼원포에서의 생활을 증언하고 있다. 마적과 정부군과의 흥미 있는 관계에 대해서, 또한 안동희 목사의 집에서 생활을 이야기하고 있다.

안동희 목사의 집에서 3주 동안 살았는데, 목사의 가족은 상당한 호

안동식 장로(1870-1920년)의 묘. 일찍이 평남 순천군 내의 여러 교회를 설립하였다. 삼원포교회를 설립하고 한경희 목사님을 도와서 삼원포교회 발전을 주도하였다. 비신자였던 양기탁이 안창호에게 보낸 편지에서 '고성(苦誠)으로 일 보시는' 분이라고 쓴 삼원포 동포사회의 지도자였고, 1920년 경신참변 때 순교하셨다. 방병덕, 《삼원포교회의 순교사화》(서울:보이스사, 1993), 84쪽. 김산이, "인간 본성에 대한 믿음을 유지하기 위하여 진정한 선량함을 생각할 필요가 있을 때 이분을 생각한다."라고 존경한 '안동희 목사'가 사실상 안동식 장로라고 필자는 생각한다. (특주 II 참조, 220쪽)

의를 김산에게 베푼 것을 볼 수 있다. 이는 김산이 아직 15세밖에 되지 않았지만 그의 신뢰할 만한 성품과 지적인 능력과 성숙성이 안동희 목사를 감동시켰기 때문일 것이다. 안동희 목사는 먼저 김산을 양자로 삼기를 원했고, 아니면 14세 난 자기 딸과 결혼을 허락할 수도 있다는 대단한 관심과 친절을 나타냈다. 그러나 김산은 자신이 혁명가로서의 생애를 꿈꾸고 있었기 때문에 이러한 친절한 제안이 적절하지 않는 것으로 생각하여 거절하게 되었다. 김산은 안동희 목사의 집에 머무는 동안 딸과 상당히 감정적으로 가까워질 수 있는 기회를 가졌다. 그래서 김산은 심각하게 안동희 목사의 딸과 결혼을 생각해 보기도 했다.

그러나 김산은 자신의 혁명가로서의 생애를 추구하기 위해 합니하(哈泥河)에 있는 신흥무관학교에 입학하여 그해 6월까지 3개월 코스를 졸업했다. 그 후 한 달 가까이 삼원포에 있으면서 안동희 목사의 예쁜 딸과 시간을 보낼 수 있었다. 또한 김산은 안동희 목사의 소개로 80리나 떨어진 보통학교에서 교사로 지내며, 주일날에는 기도회도 인도하고, 주일학교 학생들을 가르치기도 하였다. 그러나 김산은 정치학과 과학을 공부하고, 혁명운동에 합류하기 위해 상해로 떠날 계획을 하고 있었다. 김산이 공부하러 멀리 떠날 계획을 이야기했을 때 안동희 목사는 그를 격려하며 아버지 대신에 돈까지 보내주겠다고 약속했다. 김산은 안동희 목사의 가족 전부를 사랑했기 때문에 작별을 할 때 눈에 눈물이 고였다. 김산은, "안동희 목사가 매우 친절하고, 너그러운 분이시며, 인간본성에 대한 내 믿음을 유지하기 위해 진정한 선량함을 생각할 필요가 있을 때 이분을 생각한다"라고 고백했다.

김산이 삼원포를 떠난 지 수주 후에 참혹한 경신참변이 일어났다. 그는 안동희 목사에 대한 안부를 듣지 못하다가, 2년 후 삼원포에서 교사를 하던 조운산(趙雲山)을 북경에서 만나 안동희 목사 가정의 처참한 순교 이야기를 듣게 되었다.[45)]

안동희 목사와 부인과 딸은 두 아들이 산채로 세 동강나는 것을 지켜보도록 강요당했다. 그런 후에 나이 많은 안동희 목사는 맨손으로 자기 무덤을 파고 그 속에 누웠다. 그러자 일제 군인들은 산채로 그를 매장하였다. 세 식구의 참혹한 죽음을 두 눈뜨고 지켜보아야 했던 부인은 강물에 몸을 던졌다. 그 후 김산은 안동희 목사의 딸의 행방에 대해서는 알 길이 없었다고 고백했다.

특주 II. 안동희 목사는 누구인가?

《아리랑》(Song of Ariran)의 주인공 김산에게 감동적인 영향을 준 삼원포교회의 안

---

45) 김산은 삼원포를 떠나 1920년 겨울 상해에 도착해서 독립신문에서 일하게 되었다. 위의 책, 92-93쪽. 〈독립신문〉은 경제적인 문제로 오랫동안 정간을 하다가 1920년 12월 18일 간도 참상을 전적으로 보도하면서 속간하게 되었다. 〈독립신문〉 1920년 12월 18일 & 25일, 1쪽. 김산은 1920년 겨울 상해에서 〈독립신문〉에서 교정자 겸 식자공으로 일하고 있었다. 김산은 자신이 제작에 참여하는 신문 기사를 통해서 안동식 장로가 살해당한 사실을 알았을 것이다.

동희 목사와 그의 가족의 신원에 대해서 아직까지 자세히 알려지지 않고 있다. 같은 시대의 삼원포교회를 자세히 미루어 살펴본 필자는 안동희 목사와 안동식 장로가 동일인이 아닐까하는 생각을 하지 않을 수 없다.

1. 안동식 장로는 삼원포교회를 창립한 지도자였고, 경신참변으로 순교하시기까지 삼원포교회의 가장 중요한 지도자 중에 한 사람이었다.

2. 한경희 목사님은 1915년에 부임하신 후 서간도의 광범위한 지역의 교회를 돌보셨기 때문에 한경희 목사님의 부재중에 안동식 장로는 설교를 포함한 여러 가지 목사로서 역할을 하였다. 그러므로 당시 15세의 김산이 안동식 장로를 목사로 오인했을 것이다.

3. 안동희 목사가 김산의 아버지 대신 경제적인 후원까지 약속했는데, 이는 그 당시 목사의 경제 상황으로는 불가능한 일이었다. 안동식 장로는 공리회로부터, 부민회, 한족회로 이어지는 서간도 조선인 사회의 재정부장으로 일하는 등 김산을 재정적으로 후원하고 딸의 유학을 생각할 만한 경제적 여유가 있었을 것으로 사료된다.

4. 안동식 장로의 이름의 마지막 자 식(植)의 중국식 발음은 zhi로서 김산과 헬렌 포스트(Helen Foster) 사이에 일어난 약간의 와전(corruption)으로 인하여 '희'로 된 것으로 생각한다.

5. 서간도 유하현 삼원포지역은 장로교 선교구역이었고, 장로교 목사로서 서간도에 안동희라는 이름을 가진 목사가 없었다.

6. 서간도에서 경신참변 때 목사로서 순교한 사람은 없었다.

7. 이러한 사실을 《아리랑》(Song Of Ariran)을 오랜 동안 연구한 남가주대학(University of Southern California)의 죠지 타튼(George Totten) 교수와 토론하였는데 그도 필자의 의견에 동의했다.

8. 안동식 장로는 평남 순천군 내에서 잘 알려진 기독교 지도자였고, 자산면 기탄리교회를 설립하는데 기여하였고 이 교회를 돌보았다(1902년). 이 때 이웃 동네인 자산리에 살고 있었던 김산(장지락)의 부모와도 친분이 있었을 가능성이 높다. 이러한 이유로 김산과 안동식 장로의 가족이 쉽게 가까워질 수 있지 않았을까?

9. 안동희 목사가 사실상 안동식 장로라는 사실은 재중국 작가 김정남에 의해서

독립적으로 제안되었고, 안동식 장로의 딸 안미삼이 김산의 첫 연인이라는 사실도 아울러 제안되었다. 김정남에 의하면 안미삼(후에 안지숙으로 개명)은 1993년 현재 서울에 거주하고 있었다. 김정남, "김산의 첫 사랑"《장백산》(장춘: 길림성민족사무위원회, 1993/2), 104-106쪽

위에 제시된 여러 가지 이유로 필자는 《아리랑》(Song Of Ariran)에 나오는 '안동회 목사'는 사실상 삼원포교회의 안동식(安東植) 장로라고 생각한다.

경신참변과 선교사 국유치 목사[46)]

만주에 거주하는 조선인 선교를 위해 선교사 국유치(鞠裕致, Welling Thomas Cook) 목사 부부는 1918년 10월 20일에 봉천으로 이사를 하였다. 스콧트랜드 장로교회와 연합하여 흥경(興京)에 선교기지를 열기 위해서 준비작업을 하고 있었다. 그러나 여러 가지 어려움이 기다리고 있

---

46) 국유치 목사는 1881년 9월 16일 몬타나주 미술라(Missoula, Montana)에서 태어났다. 아버지와 할아버지가 목사였다. 라파옛(Lafayette)대학을 1905년에, 프린스톤신학교를 1908년에 졸업하고, 같은 해 조선선교사로 임명되고, 모드 헴필(Miss Maude Rose Hemphill)양과 결혼하고 임지로 출발하였다. 청주 선교기지에서 엄격한 평신도 훈련을 실시하고, 안동 및 선천 기지를 거쳐 만주로 왔다. 어려움을 극복하고 흥경 선교기지를 설립하였다. 소열도 목사의 병환으로 인한 귀국, 현대선 목사의 순교와 같은 위기 속에서도 만주에 거주하는 조선 유이민자들을 위해 온갖 정성을 쏟았다. 당시 기독교 서회가 조선인의 심성에 적합한 책을 선정하여 번역할 것을 주장하기도 하였다. 중일전쟁으로 인하여 만주에서 상황이 어려워지자 1937년 재령 선교기지로 옮겨서 사역을 하다가 1941년 안식년을 마치고 조선으로 왔으나 곧 필리핀으로 쫓겨가야만 했다. 1940년 모교인 프린스톤신학교에서 신학박사 학위를 받았다. 이차대전의 발발로 일제에 의해 억류당하여 고생을 하고 해방 후에 한국에 잠시 나와서 다시 사역하였다. 1952년 1월 15일 소천하였고, 그의 부친과 조부가 목회하시고, 자신이 목사 안수를 받은 펜실바니아 캠타운(Camptown)교회에서 장례식이 거행되었다.
The Fiftieth Anniversary Celebration of the Korea Mission of the Presbyterian Church in the USA(Seoul:YMCA Press, 1934), 80-81 Pp.
Memorial Minutes Dr. W. T. Cook Korea, Mar. 17-18, 1952, Presbyterian Historical Society, Philadelphia, PA.

었다. 중국말을 다시 배워야하는 번거로움뿐만 아니라 새로운 생활 풍
속, 새로운 여행방법 등 모든 것을 새로 배워야하는 형편에 있었다. 환
율의 변화로 인해 약 35%의 선교비가 감소할 위기를 당하기도 하였다.
또한 만주에 이주하는 조선사람들은 날로 증가하여 선교에 대한 필요성
은 점점 증가하는 반면, 조선 선교부의 만주 선교에 대한 관심은 지나치
게 조심스러운 것이어서 만주에 나와 있는 국유치 목사 부부에게는 격
려가 되지 않았다. 그 무엇보다도 어려웠던 것은 만주 선교의 동역자인
소열도 목사의 갑작스러운 귀국이었다. 결국 만주 선교의 모든 책임이
국유치 목사 부부에게 주어진 형편이 되었다.[47]

　경신참변은 만주벌판에서 조선인들이 겪은 민족적 수난이요, 조국에
서 한을 가지고 밀려난 조선 유이민자들이 경험한 독특한 고난이었기
때문에 외국인으로서는 진정한 아픔을 알기는 어려웠을 것이다. 그러나
국유치 목사 부부는 진정한 조선인의 친구요 조선을 사랑하며 조선인의
어려움을 진실로 이해하는 선교사였다. 국유치 목사는 서간도에서 일어
난 경신참변의 참상을 직접 목격한 아마도 유일한 서양인이었을 것이
다.[48] 그는 1921년 6월 개인 보고서에서 그가 경험한 경신참변을 다음
과 같이 전하고 있다.[49]

　　일제의 관동군에 의한 서간도지역 학살 사건이 일어나기 약 한 달 전에,
　　즉 9월 29일까지 봉천을 떠나서 왕청문까지 방문할 기회가 있었다. 10월
　　전반부는 경성에서 개최된 장로교 제9회 총회, 이어서 개최된 연합공의

---

47) *Personal Report of W.T. Cook*, December, 1919.

48) 경신참변으로 인한 북간도의 참상을 목격하고 외국에 알린 서양인으로는 카나다 장로교 의료선교
　사 민산해(閔山海, Stanley H. Martin, M.D.) 박사와 카나다 장로교 선교사 부두일(富斗一, William R.
　Foote) 목사가 있다. 민경배, 《한국기독교회사》(서울:연세대학교출판부, 1988), 346-349쪽.

49) *Personal Report of W. T. Cook*, June, 1921.

회, 그리고 송도에서 개최된 장감(長監)연합회에 참석하는데 시간을 다 보
냈다. 10월 23일 우연히 봉천을 출발하는 기차를 탔을 때 약 500명의 일
제 군인들이 동승하고 있었다. 나중에 알게 된 일이었지만 이 군대가 수많
은 무고한 백성들을 살해한 운명의 토벌대였다. 이 여행이 일제 토벌을 미
리 알고 계획된 것이 아니었기에, 10월, 11월을 통해서 일제 군대에 의한
참상과 이들에 의해서 행해진 잔인성을 선입관 없이 관찰할 수 있었다.
38명의 서간도교회 신자들이 죽임을 당했다. 서간도교회에 장로가 22명
있었는데 그중 6명이나 학살당했다. 또한 6곳의 교회가 일제 군대에 의해
서 파괴를 당했다.

이 사건으로 인해 서간도의 목사들은 행방불명이 되었으며, 조사들은 숨
었고, 장로들은 죽임을 당했다. 교인들은 공포에 싸여 흩어졌고, 이로 인
해 교회는 마비되고 말았다. 아직도 교회가 정상을 회복하지 못하고 있다.
지난 가을부터 목사들이 월봉(月俸)을 받지 못했기 때문에 지난 3월에는
다섯 명의 목사가 사임을 한 형편이었다. 의산노회를 위시해서 다른 노회
에서도 도움을 주고 있지만 가을 추수가 되어야 해결될 것으로 보인다.

국유치 목사는 서간도교회의 선교사로서 이 때의 심정을 다음과 같이
밝히면서 보고를 마치고 있다. "올해는 정말 어려운 해였습니다. 때로
는 생명의 위험을 받기도 했습니다. 우리는 넘어지고 쓰러지지 않을 수
없었습니다. 그러나 조선 사람들에게 더 좋은 날이 오기를 기대하며 우
리는 일어나 앞으로 다시 전진합니다."

제12장

서간도교회의 재기

오직 여호와를 앙망하는 자는 새 힘을 얻으리니 독수리가 날개치며 올라
감 같을 것이요 달음박질하여도 곤비하지 아니하겠고 걸어가도 피곤하지
아니하리로다(사 40:31)

경신참변으로 인한 서간도교회의 타격은 매우 심각하여 다시 재기하
는 것이 불가능한 것같이 보였다. 일제 군대는 각 지방교회의 지도자들
을 무참하게 살해하고, 예배당을 불사르고 파괴시킴으로 신자들이 교회
에 모이고자하는 의욕을 상실하도록 유도하였다. 일제(日帝) 군경에 의
한 교회 지도자들에 대한 박해가 계속적으로 진행되었다. 목사들은 다
행히도 몸을 피해서 생명을 보존했지만, 목회자들이 목회에 대한 의지
를 상실하도록 일제는 온갖 획책을 꾸며 박해하였다. 특히 서간도교회
의 유력한 지도자 한경희 목사님에 대한 일제의 집중적인 박해는 더욱
심하였다.

일제 경찰의 끈질긴 추격과 핍박으로 인해 한경희 목사님은 1920년
음력 7월[1]경에 삼원포지역 목회를 사실상 사면(辭免)하고, 길림성 남쪽

의 액목현(額穆縣), 화전현(樺甸縣), 반석현(磐石縣) 지방을 순행하면서 전도목사로 사역하고 있었다. 이러한 가운데 경신참변이라고 일컬어지는 일제(日帝) 정규군(正規軍)에 의한 '만주대토벌'이 시작되었다. 이전 목회지 삼원포지역에서 전해지는 참혹한 소식들은 목회자로서 더 이상 용기를 가질 수 없게 하는 암울한 내용들이었다. 어려울 때마다 버팀목이 되어 주던 삼원포교회의 안동식 장로와 제직들의 참혹한 죽음뿐만 아니라, 방기전 장로, 향양진교회의 김세탁 영수, 대사탄교회의 김헌림 영수, 청령자교회의 최시명 집사의 죽음은 목회자로서 가질 수 있는 용기를 송두리째 앗아갔다. 삼원포에서는 일제 경찰이 아직도 한경희 목사님을 수배하고 있다는 사실과 몸을 안전한 곳으로 피하라는 소식을 전해왔다.

이러한 상황에서 한경희 목사님이 취할 수 있는 유일한 선택은 일제의 손길이 덜 미치는 곳으로 가는 길밖에 없었다. 신자 9가족과 함께 액목현(額穆縣) 액근혁(額勤赫) 지방으로 이주하여 농무조합(農務組合)을 조직하였다. 목회를 할 수 없는 상황에서 모범 농촌을 건설해서 동포들에게 희망을 심어주고 싶었다. 전도활동을 하시면서 가시는 곳마다 동포들이 합리적인 영농을 하도록 지도하였는데, 이제 한경희 목사님 자신이 농사를 시작하게 되었던 것이다. 땅을 개간하여 수전(水田)을 시작하였는데, 농사가 뜻한 대로 잘되어 많은 수확을 얻게 되었다. 한경희 목사님이 이끄는 농무조합과 모범 농촌은 곧 소문이 나고, 모범적인 농사 방법을 보기 위해 인근에서 보러 오는 사람이 많을 정도가 되었다.

삼원포로 돌아온 한경희 목사

한경희 목사님에게는 농사를 잘 지으면서 동포들에게 희망을 심어주

---

1) 양력 8월 14일-9월 11일.

고 올바른 삶의 길을 가르치는 일도 보람된 일이었다. 그러나 늘 생각나는 것은 어두움의 세계에서 자신을 구원하시고 하늘나라의 큰 소망을 가지고 살게 하신 그리스도의 망극하신 사랑이었다. 또한 그리스도가 당한 고통을 생각하며 십자가에 죽기까지 겸손하게 낮아지신 그분을 생각할 때마다 감격하지 않을 수 없었다.

사도 바울의 말씀 "나는 이제 너희를 위하여 받는 괴로움을 기뻐하고 그리스도의 남은 고난을 그의 몸된 교회를 위하여 내 육체에 채우노라 내가 교회의 일꾼된 것은 하나님이 너희를 위하여 내게 주신 직분을 따라 하나님의 말씀을 이루려 함이니라"(골 1:24-25)를 묵상하며 교회의 일꾼으로서 사도 바울의 헌신을 다시 한번 생각하게 되었다. 또한 한경희 목사님은 평양신학교 이층에서 하나님께 눈물로 기도하며 서약한 자신의 약속을 상기하게 되었다. 이 시기에 삼원포지역 교회에서 한경희 목사님이 돌아오시기를 고대한다는 연락이 왔다. 농사일에도 밝은 희망이 있었으나 모든 것을 다른 아홉 명의 농무조합 회원들에게 맡기고 한경희 목사님은 삼원포로 돌아가기로 결심하게 되었던 것이다.

1921년 음력 7월[2] 한경희 목사님은 삼원포로 돌아오셨다. 무너진 예배당 건물도 문제였지만, 더욱 필요한 것은 땅에 떨어진 교회 지도자들의 용기와 헌신이었다. 한경희 목사님은 돌아오셔서 무엇보다도 지도자들을 위한 특별 기도회를 소집했다. 11월 초 서간도지역 목사 장로 조사 7인이 청령자(靑嶺子)예배당에서 모여 10일간 교회 부흥을 위해 특별한 간구를 하였다. 이 기도회를 통해서 삼원포지역 교회 지도자들은 새로운 힘을 얻고 주님의 몸된 교회를 위해 다시 한번 헌신하기로 다짐하였다. 이 기도회를 통해서 교회 지도자들이 얻은 위로와 헌신을 다음과 같이 남만노회록은 전하고 있다.[3] "교회부흥을 위하여 간구하는 중

2) 양력 8월 4일-9월 1일.

연약한 자 강건하게 되며, 낙심한 자 열심 있게 되어 전도를 전력으로 면려(勉勵)⁴⁾ 함으로 교회가 다시 복구하니라"

서간도교회 지도자들과 가진 특별기도회 후에, 한경희 목사님은 삼원포교회 교우들과 교회 부흥을 위해 다시 일 주일간의 특별기도회를 개최하고, 그 후 온 교인들이 합심하여 전도하기 시작하였다. 한경희 목사님은 특히 두 분의 장로들과 함께 믿음이 약해진 신자들을 열심히 심방하기 시작하였다. 늘 주님께 기도함으로 힘을 얻어 가난하고 어려운 자들을 구제하며 병든 자들을 돌보는 일에 힘썼다. 믿음이 약해진 신자들이 굳건한 신앙을 회복하고, 낙심한 신자들이 용기를 얻어 다시 삼원포교회에 생기가 돌기 시작하였다. 교인들이 날로 늘어가서 교회가 힘을 얻고 나아가서 삼원포지역의 조선인 사회가 다시 한번 움직이기 시작하였다.

한경희 목사님의 삼원포 귀환과 서간도지역 지도자들의 새로운 헌신이 있었기도 하였지만, 서간도교회 재기에 대한 숨소리는 그해 8월 노회 전에 있었던 남만 도제직회에서부터 나타나기 시작했다. 일제에 의한 경신참변의 악몽이 채 가시지도 않은 불안한 때였지만 남만의 각 지역에서 조용히 220명의 교회 지도자들이 모여서 사경회를 개최하게 된 것이다.⁵⁾ 서간도교회의 지도자들은 사도 바울이 에베소교회에 준 권고

---

3) 경신참변 후 가진 특별기도회에 관해서 남만노회록과 제11회 총회보고서에도 자세히 기록되어 있다. 위의 내용은 "약력"에 근거하였다. 남만노회록과 제11회 총회에 보고 된 남만노회 보고는 이 특별기도회에 대하여 목사, 장로, 조사 9인이 7일간 계속한 것으로 되어 있다. 이것은 노회전체 지도자들의 모임을 말하는 것이고 한경희 목사님을 위시한 삼원포교회 지도자 7인은 10일간 기도회를 계속한 것으로 사료된다. 또한 이 특별기도회가 한경희 목사님의 지도아래 삼원포 지역 지도자 중심으로 이루어진 것을 알 수 있다. 한국교회사학회편, 《조선예수교장로회사기 하권》 393-394쪽. 《조선예수교장로회 총회 제11회 회록》 113쪽.

4) 스스로 힘씀.

5) W.T. Cook, *Hingking Station Quarterly Letter*, November 5th, 1921.

를 진실로 취한 것이다. 성경 말씀 "우리가 다 하나님의 아들을 믿는 것과 아는 일에 하나가 되어 온전한 사람을 이루어 그리스도의 장성한 분량이 충만한 데까지 이르리니"(엡 4:13)를 사경회에서 실천한 것이다. 서간도의 제직들은 경신참변의 환난으로 인한 극심한 고난[6] 가운데서 무엇보다도 하나님의 아들인 그리스도를 믿고 아는데 하나가 됨으로 위로 받기 원했다. 그들은 사람이 감당하기 어려울 만큼 큰 고난을 만났지만, 그리스도로 말미암아 받은 위로가 풍성하게 넘쳤기 때문에 그 고난을 이길 수 있었던 것이었다.

한경희 목사님은 교회를 위한 철저한 책임의식을 가진 강인한 의지를 가진 사역자이셨지만, 많은 사람들이 따르는 온후한 인품을 지니신 분이셨고, 농담도 곧잘 즐기시는 여유 있는 분이셨다. 한경희 목사님이 삼원포로 돌아오신 1921년 삼원포교회의 신자 이익환(李益煥)의 아들 학인(學仁)과 고산자(孤山子)교회 박사현 장로의 딸 경신(敬信)과 혼인을 성사시키기 위해 애쓰셨다. 그해 음력 11월 23일 고산자교회에서 그들의 결혼식을 주례하셨다. 다음날 아침 첫날밤을 지내고 나오는 이학인에게 한경희 목사님은, "경신이가 손가락이 하나 없는데 자네 그걸 알았나?" 하시면서 웃기기도 하셨다.

남만노회의 분립

남만노회의 분립은 여러 가지 이유로 당연한 결과였다. 무엇보다도 만주로 이주하는 조선인 동포들의 수가 날로 증가하는 추세였다. 정확

6) 남만노회록은 경신참변으로 인한 서간도 교회의 위기를 '공전절후(空前絶後)한 대환난(大患難)'이라고 표현했다. 또한 최성주 목사와 송경오(宋敬五)는 고난이 너무 심하여 사면(辭免)하고 귀국하였다. 한국교회사학회편, 《조선예수교장로회사기 하권》 393쪽.

한 조선인 수를 알 수 없지만 1920년 초 대한민국 임시정부의 발표로
는 남만(南滿)에만 600,000의 동포가 있는 것으로 추산되었다. 이와 함
께 신자의 숫자도 날로 증가하여 많은 교회들이 설립되었다. 1920년
선교사 국유치 목사는 남만지역에 5,000-6,000명의 신자가 있는 것으
로 보고하였다. 그의 보고서에서 국유치 목사가 직접 담당하던 홍경 근
방만 하더라도 "3년 전에 5-6개 교회에 불과하던 것이 작년에 10개 교
회로 되었고, 올해에는 12개 교회로 증가하는 양상을 보였다"고 전했
다. 여러 교회가 힘을 합하여 조사를 모시거나 목사를 후원하기 위하여
열심히 노력하고 있다고 국유치 목사는 보고하였다.[7]

  본국 교회와 먼 거리, 목회 양상의 차이점 등으로 인해 노회분립의 작
업은 1919년 벌써 시작된 것임을 알 수 있다. 한경희 목사님이 산서노
회 부회장으로 선정되었을 때부터, 소집장(召集長)이 되셔서 남만노회
조직이 진행되었음을 알 수 있다.[8] 이로 인해 1920년 2월 5일 강계읍
성경학교에서 개최된 제7회 산서노회에 서간도교회 대표들은 참석하지
못하고, 따로 회집하였는데 삼원포교회에서 모인 것으로 보여진다. 그
해 가을 노회가 열리는 때 한경희 목사님은 일경에 쫓기게 되었기 때문
에 노회 설립 과정에 더 이상 참여할 수 없었던 것이 분명하다. 그러나
김익수 목사가 산서노회 앞으로 보낸 서신에 남만노회의 분립에 대한
의지가 분명함을 볼 수 있고[9], 남만노회 분립은 그해 9회 총회에서 정
식으로 승인되었다. 한경희 목사님의 부재로 인해 선교사 국유치 목사
를 조직회장으로 선정하여 분립을 이루었던 것을 알 수 있다.[10]

---

7) 위의 편지.

8) 이러한 사실이 결정된 1919년 8월 혹은 9월로 생각되는 산서노회 제6회 회록은 현재 전하여지지
않지만 한경희 목사님은 "약력"에서 이 사실을 확인하고 있다.

9) 한국교회사학회편,《조선예수교장로회사기 하권》262쪽.

남만노회 첫 모임은 본래 1921년 2월에 개최 예정이었으나 경신참변 후 경색된 분위기로 인해 모임을 연기하였다. 그러나 국유치 목사는 앞으로 홍경 선교기지에서 동역자로 일할 선교사 현대선(玄大善, Lloyd P. Henderson) 목사와 같이 서간도의 교회를 돌아보며 지도자들을 위로하고 격려하였다. 두 선교사는 1921년 1월 31일 저녁에 봉천에서 기차를 타고 무순(撫順)에서 내려 영릉(永陵)을 거쳐 홍경에 도착하였다. 2월 6일 주일날에는 홍경 중국인 교회에서 예배를 드리게 되었다. 선교사 현대선 목사에게는 이 여행이 그 해에 있어서 가장 인상적인 경험이 되었다. 현대선 목사는 국유치 목사와 가진 그 인상적인 여행 경험을 다음과 같이 전하였다.[11]

28일 동안 여행을 했는데 그중 12일을 중국식 마차[12]에서 보냈어야 했다. 말만 들어도 알 수 있겠지만 매우 육체적으로 생생한 체감적 경험을 하였다. 우리들의 방문이 지난 11월의 참상이 있었는지 3개월밖에 되지 않은 때여서 어떤 상황에 부딪칠지 알 수 없었다. 어떤 곳은 아직 방문조차 할 수 없었지만 어떤 곳은 이미 복구사업이 진행되고 있었다. 우리는 8개 교회와 처소를 방문하고 두 곳의 파괴된 교회를 보았다. 이 교회의 교인들의 숫자는 80, 140, 180명 혹은 이와 비슷한 크기였고, 이 북방의 교회에서 생동감과 영감이 넘치는 것을 보았다.

또한 현대선 목사는 "이번 여행을 통해서 끊임 없는 어려움 가운데서

---

10) 《조선예수교장로회총회 제9회 회록》 55-56쪽. 남만노회의 구역은 주로 서간도 지역을 포함하였고, 관전현이나 봉천은 의산노회 시무지역으로 아직 남아 있었다. 한국교회사학회편, 《조선예수교장로회사기 하권》 357-358쪽.

11) *Personal Report of Lloyd P. Henderson*, June 1921.

12) 말이 끄는 수레에 해당한다.

도 사명을 감당해온 조선교회 목사들과 조사들을 만난 것은 큰 특권이 었다"고 고백하였다. 국유치, 현대선 목사는 계속해서 흥도하자(興道河 子), 동창구(東倉溝), 금두하, 쾌대무자까지 순회하며 경신참변 후 침체 된 서간도교회 신자들을 위로하였다.

첫 남만노회는 노회의 설립을 위해 노력해오던 한경희 목사님이 참석 하지 못한 가운데 통화현 쾌대무자교회에서 1921년 4월 16일에 열렸 다. 선교사 국유치 목사, 최성주, 장관선, 이지은, 김익수 목사와 박창 선, 홍기주(洪箕疇), 정낙영, 한찬희, 안기경, 조옥현(趙玉鉉) 외 1인이 참 석한 가운데 국유치 목사를 회장으로 선임하고, 서기 김익수 목사, 회계 이지은 목사를 임원으로 뽑았다. 시찰구역을 분할하여 신길령을 중심으 로 남, 북구역으로 나누었다. 경신참변 때 살해당하여 생긴 지도자들의 공백을 메우기 위해 어려운 환경 가운데서도 서보교회에 백옥현(白玉 賢), 쾌대무자교회에 홍기주, 대사탄교회에 안기경, 대황구교회에 하재 빈(河在彬) 장로를 안수하는 움직임이 있었다. 전도회가 조직되어 동풍 현에 황경선(黃景善), 길림 등지에 최봉석 목사와 세 사람의 전도인을, 장전자에 한 사람의 전도인을 파송하기로 결정을 했지만 각 교회의 어 려운 사정으로 재정을 조달할 수 없어 난관에 부닥치기도 했다. 경신참 변 때 순교한 교회 지도자들의 가족들을 위로하기 위해 조위(弔慰)의 편 지를 보내기도 했다.[13]

두 번째 남만노회가 개최되던 때에는 벌써 어려움을 극복하고 재기하 려는 서간도교회의 움직임이 더욱 나타나기 시작했다. 제2회 남만노회 는 선교사 국유치 목사 부부가 홍경으로 이사한 수일 후 1921년 8월 21일 홍경현교회에서 개최되었다. 이 때 한경희 목사님이 돌아와서 삼 원포지역을 다시 시무할 것이라는 소식과 계리영(桂利榮) 목사가 왕청문

---

13) 위의 책, 389쪽. W.T. Cook, *Hingking Station Quaterly Letter*, November 5, 1921.

지방목사로 부임하여 옴으로 서간도교회에 큰 힘이 되었다. 이 때에 벌써 경신참변 때 파괴되었던 서보(西堡)예배당이 신축되기도 하였고, 이 지은 목사가 시무하는 금두화교회는 상, 하 두 교회로 발전적 분립하였다.

한편 금두화교회의 이영식씨는 종(鍾)을 하나 기부하였는데 예배당이 없어서 종을 달지 못하는 안타까운 현실도 있었다. 각 지교회의 발전으로 향양진(嚮陽鎭)교회 방사현, 고려성(高麗城)교회에 박영순(朴永淳), 청영자교회에 박영호와 박양수, 화전자(華甸子)교회에 백성련(白成璉), 대황구교회에 김봉조를 장로로 안수할 것을 허락하기도 했다. 또한 전도인들을 파송하였는데, 길림에 최봉석 목사, 액목현에 김봉수(金鳳秀), 반석현에 김광현(金光賢), 동풍현에 조옥현 등이었다. 조사로 교회를 봉사하던 변봉조를 신학교에 입학하도록 추천하기도 하였다.[14]

이듬해 2월 제3회 노회가 흥경현 동보(東堡)교회에서 열렸을 때는 남만노회는 과거의 환난으로 인한 어려움에서 벗어나 새롭게 사명을 다하려는 힘 있는 그리스도의 몸된 교회들의 모임이었다. 선교사 소열도 목사는 결국 청주로 사역지를 옮기고, 대신에 선교사 현대선 목사가 흥경기지 소속으로 사역을 담당하도록 결정되었다. 조선 목사들의 수도 한경희 목사님을 위시하여 총 여섯 명이나 되었고, 박규현(朴圭顯)을 목사로 안수하였다. 니수거우교회에 백학철(白學哲), 강남(江南)교회에 서봉렬, 세우청에 김병하를 장로로 세움으로 지교회들을 튼튼히 세워갔다. 신학생도 김병희(金炳熙), 김병렬(金炳烈), 김광현 등 세 사람이나 되었다.

불과 1년 수개월 전에 교회 존립을 위협 받던 노회답지 않게 "전도국에 재원(財源)이 여유가 있는지라"라고 노회록은 전하고 있다. 이러한

---

14) 위의 책. 390쪽.

재정적인 호전으로 전보다 더 많은 전도인을 파송하였다. 지산은을 길림성 액목현에, 장형도(張亨道)[15]를 길림성 화전현에, 홍혜범(洪惠範)을 길림성 반석현에, 박규현 목사를 봉천성 집안현과 관전현에, 조옥현을 봉천성 동풍현과 서풍현에 최봉석 목사를 길림 각 지방에, 이성진(李成秦, 聖鎭)을 봉천성 흥경현 남편에 파송하였다. 이와 같이 남만노회는 만주 벌판 각 곳에 흩어져 유리방황하는 우리 동포들에게 평안의 복음을 전하는 '아름다운 발들'(사 52:7)을 파송하여 위로하였다. 전도인을 파송한 각 지역에 한경희 목사님이 시찰하도록 하여 파송된 전도인들을 격려하고 돌아보게 하였다. 이는 전도의 사명을 조직적으로 전개하여, 최대의 결실을 가져오기 위하여 노력하는 남만노회 지도자들의 열심과 지혜를 엿보게 한다.

남만노회의 노회장으로 선임된 한경희 목사

통화현 쾌대무자교회에서 제4회 남만노회가 1922년 8월 21일 열렸는데, 한경희 목사님을 노회장으로 선임했다. 이는 사실상 늦은 감이 없지 않았는데 그간 한경희 목사님은 남만노회의 분립을 준비해 오다가 경신참변으로 인한 부득이한 사정으로 노회 업무를 감당할 수 없었기 때문이었다. 한경희 목사님이 노회장으로 선임되자 이전보다 더욱 전도와 교육에 열중하는 노회로 탈바꿈하게 되었다. 당시 신학생 김병렬(金炳烈), 김광현(金光賢), 장형도(張亨道)를 격려하기 위해 노회에서 20원씩 보조하기로 하는 한편, 음력 2월 첫째 주일에 각 교회에서 합심해서 신학생을 위한 연보를 하도록 결정하였다. 전도 전략을 새롭게 하기 위해 전도부의 규칙도 새로 편성하여 통과시켰다. 한편 교회내의 학교를 운

---

15) 장형도는 후에 한경희 목사님의 장남 청옥의 장인이 되었다.

영하는데 여러 가지 문제점들이 있었다. 재정문제, 교원양성, 수업연한, 교과과정 등이 중요한 문제점들로 대두되었다. 이러한 문제들을 해결하기 위하여 각 교회의 사정을 연구하여 노회에서 원칙을 통과시켰다. 그해 9월 10일 경성 승동예배당에서 개최된 총회에서 한경회 목사님이 행하신 총회보고를 통해 남만노회 내의 사정을 알아보면 다음과 같다.[16]

一. 감사할 것

환난을 당하였던 교회가 하나님의 풍성하신 은혜와 일반 사역자들이 헌신 시무함으로 각 교회가 부흥할 뿐 아니라, 일년간을 평안히 지냈사오며, 교인이 점점 신령한 지경으로 들어가오며, 연사(年事)[17]도 풍등(豐登)[18]하여 생활에 곤란이 적음으로 연보하는 힘도 진보되오며, 남녀 청년 교우들 중에 주의 사역자 될 마음 있는 자가 많사오며, 각 교회에서 전도하며 전도인을 파송하여 전도함으로 교인 7백 명을 얻었사오니 감사 만만(滿滿)하옵나이다.

二. 교회형편

1. 기도는 개인의 은밀(隱密)기도와 가족기도와 공동기도와 특별기도와 만국연합기도와 각 교회에서 해마다 몇 번씩 하는 기도회와 전도, 교육, 사역자를 위하여 하는 기도회도 있사오며.

2. 성경공부는 개인이 성경을 차례로 열람(閱覽)하는 이도 있고, 기타 공부책을 참고하여 공부하는 이도 있사오며, 주일마다 공과대로 장년과 유년에게 성경을 교수하며, 요절을 독습하게 함과, 교회마다 일년 이차씩 사경

---

16) 《조선예수교장로회총회 제11회 회록》 110-115쪽. 약간의 맞춤법 조정이 있음.

17) 농사가 되어 가는 형편.

18) 농사지은 것이 썩 잘됨.

회도 하오며, 혹은 조사 목사 구역 사경회와, 노회지경 사경회와 도제직회 사경회도 있사오며, 성경학교를 설립하여 성경을 교수하여 직원을 양성하오며, 신학을 공부하는 이도 있사오며.

3. 전도형편은 각 교회에서 교인이 몇 날씩 전도하기로 작정하고 전도하는 이와, 개인전도하는 이와, 남녀 전도회와 교회 부담, 유지 인사의 기부로 남녀 전도인을 근방과 외지에 파송하여 전도하온 바, 금년 정월 도사경회[19] 시에 은혜 받은 결과로 전도연보 3백여 원이 되어서, 월봉 20원씩하고 조옥현씨를 동풍, 서풍현 등지로 파송 전도하는 중 교인 50여 인을 얻었사오며, 북구역 교회 부담으로 월봉 20원씩하고 지산은씨를 길림성 액목현에 파송하여 전도하는 중 교인 50여 인을 얻었사오며, 왕청문 구역의 5개 교회 부담으로 월봉 20원씩하고 장형도씨를 화전현에 파송하여 전도하는 중 교인 70여 인을 얻었사오며, 금두화 상, 하교회의 남녀 전도회 부담으로 월봉 20원씩하고 홍혜범씨를 반석현에 파송하여 전도하는 중 교인 50여 인을 얻었사오며, 화전자교회 부담으로 신학 졸업생 박규현씨를 장립하여 집안현 등지에 전도목사로 파송하여 시무하는 중 교회 5, 6처가 새로 섯사오며, 흥경성(興京城) 내의 신협상점(信協商店)[20]은 교우 4, 5인이 경영하는 상회(商會)인데 사업 잘된 것이 하나님의 은혜인 줄 알고 감사한 마음으로 월봉 20원씩을 전담하여 이성진씨를 흥경 남부 지경에 파송하여 전도하는 중 믿다가 10여 년 동안 낙심한 이를 회복시키며 전도하여 얻은 교인이 50여 인이요, 국유치 목사의 주선으로 집안현 등지에 여전도인 1인을 파송하여 전도하는 중 환난이 많은 때라도 교인이 왕성하였사오며, 남만 대전도회를 조직하고 회원 300여 명을 모집하여 각각 개인 전도를 힘쓰게 하며 입회금과 일년 회비와 특별헌금을 모집하여 최봉석씨를 월급 30원하고

---

19) 음력 정월을 말하며 노회 전에 도사경회(都査經會)를 개최했다.

20) 황용호, 오성희 등이 경영함.《조선예수교장로회총회 제12회 회록》111쪽.

길림 이남에 전도목사로 파송하여 반년 간 전도하는 중 낙심된 자를 부흥시키며 새로운 교인을 많이 얻었사오며, 전도를 더욱 확장키 위하여 계리형 목사를 길림성 반석, 화전, 액목현 등지로 시찰하게 파송하였사오며.

4. 직분은 선교사가 2인이요 목사가 7인인 중 최봉석씨는 무임으로 있사오며, 10년 전에 신학을 졸업한 박규현씨를 전도목사로 장립하였사오며, 장로가 22인이요, 장립 허락한 곳이 6처이요, 투표 허락한 곳이 5처이요, 조사가 6인이요, 영수 및 집사가 300여 인이온 바 다 열심히 시무하오며.

5. 치리는 장로회 헌법과 권징(勸懲) 조례(條例)에 의지하여 권면(勸勉)과 제안(除案)[21]과 책벌(責罰)과, 출교(黜敎)도 하옵는데, 주일 범함과 혼인 위반과 주색(酒色)에 관계하여 벌아래 있는 자가 있사오며.

三. 교육형편

환란 당시에 교육계에 대하여 타격을 당하며 혹 학교가 소화(燒火)되고 교사가 참살되어 학교가 폐지될 뿐 아니라 흉년을 겸하여 당하여 교회 내의 학교가 없어진 모양이더니, 일반 교역자와 남녀 청년이 합심동력(合心同力)하여 교육에 특무(特務)함[22]으로 다시 설립된 곳이 많으나 교사가 부족하고 과정책(課程冊)[23]이 없음으로 학교라 칭하기가 어려운 중에 이것도 재정난으로 지탱하기가 어려우나 장차 잘될 희망으로 1년에 1차씩 시범강습을 하기로 하였사오며.

四. 특별형편

재작년 환난을 당하여 각 교회가 낙하(落下)되었는데 부흥시킬 방책을 각

---

21) 죄과 있는 자의 성명을 녹명안에서 빼어버림.

22) 특별한 임무를 수행함.

23) 교과서.

교역자들이 연구하는 중 교회를 부흥시키려면 교역자의 마음이 먼저 부흥되어야 될 줄 알고 목사 조사 8, 9인이 작년 11월 초에 청령자 예배당에서 1주간 회집하여 주야로 기도하며 교회 부흥 방책을 연구하는 중 첫째 각 교회에서 특별 기도함으로 신자의 마음을 먼저 부흥케 할 것. 둘째 각 교회 남녀 전도회를 확장케 하면서 전도하기 위하여 특별 연보하여 전도인을 다수 파송할 것. 셋째 교역자를 다수 양성하기 위하여 신학 양성부를 조직할 것. 네째 각 교회에서 남녀 아동을 모집하여 가급적 교육할 것. 다섯째 교역자가 생활곤란 기타 고생이 심할지라도 전임(轉任)이나 사면할 생각을 품지 말고 헌신 종사할 것이다.

이 다섯 조건을 결정하고 실행되기를 기도한 후 각각 돌아가서 사역할새, 각 교회 교우가 이 다섯 조건에 의사합동(意思合同)되어 특별 기도와 남녀 전도회와 교회에서 전도 연보를 다수(多數)하여 전도목사 2인 전도인 6인을 파송 전도하는 중 각처에 교인이 벌 일듯 하며 교회가 부흥하오며, 신학 양성부를 조직하여 각 교회에서 이를 위해 다수 연보하였사오며, 교역자의 월봉도 다수 증가하였사오며. 길림성 화전현 배지거우에 12세 된 두 아동이 감사한 마음으로 화목(火木)을 하여 팔아 번 돈 1원 50전씩을 전도인에게 드린 일과, 어떤 교우는 7년 전에 믿기를 시작하였는데 7년간 믿는 자를 한 번도 만나지 못하였으나 일향(一向)²⁴⁾ 잘 믿어 오다가 전도인 장형도씨를 만나 옛날 고넬료가 베드로를 만나서 환영 존대함과 같이 경애(敬愛)하며 돈 5원을 드린 일과, 길림성 액목현 황지깡자 김제철씨는 자기 가옥 사간(四間)을 예배당으로 받친 일과, 윤지연씨는 다리병신인데 자기 모친을 모시고 어린 여식(女息) 하나를 데리고 다누거우란 깊은 골짜기에서 7, 8년간 지내면서 교인과 예배당이 없어도 주일을 각근(恪勤)²⁵⁾히 지키며 정성으로 연보하여 따로 모아두었던 돈 7원을 싸두거우교회로 이사

_____
24) 한결같이.

하여 온 후에 받친 일과, 우풍누교회에서는 어떤 여인이 마귀에게 잡혀서 여러 해 고생한 것을 기도하여 축출함으로 전도가 많이 되었사오며, 청령자교회에서는 도적에게 양차(兩次)[26] 재산을 많이 빼앗긴 일과, 니수거우교회 직분 중에 3인이 조사로 피임(被任)된 고로 감사한 마음으로 성찬기구를 사서 받친 일과, 삼원포교회에서는 연보 1백5십 원 하는 중 무명씨로 75원이 있었고, 연중에 한경희 목사에게 80여 원 가치가 되는 물품을 선물로 드린 일과, 대사탄 구역에서는 김익수 목사에게 상여금 30원을 드린 일과, 본 노회에서 전도인을 파송한 4백여 리 되는 반석현과 6백여 리 되는 화전현과, 9백여 리 되는 액목현에서 전도를 받아 믿는 자들이 전도인 파송한 것을 사례하기 위해서 대표 1, 2인씩 보내었는데 도보로 와서 본 노회에 사례한 일도 있사옵니다.

五. 장래 경영

각 교회에 주일학교를 확장하여 남녀에게 유익하게 성경을 가르쳐 진리를 더욱 깨닫게 하려 하오며, 남녀 전도회와 소아 전도회와 남만 전도회와 노회 전도부를 더욱 확장하여 만주 일대에 거주하는 동포로 그리스도인이 되게 하려 하오며, 각 교회에 남녀 아동을 교육하기 위하여 교육 장려부를 두어 기부금을 저축케 하며 심상(尋常)학교를 확장하여 청년자제를 배양코자 하오며, 성경학교와 신학 양성부로서 교회 청년에게 성경 지식을 가르쳐 교역자를 다수 양성하려 하옵니다.

六. 총계는 별지와 같음.

---

25) 정성껏 부지런히 힘씀.

26) 두 차례.

위의 보고에서 볼 수 있는 것과 같이 한경희 목사님은 어려움 가운데서도 늘 감사하는 마음과 낙관적인 견해를 가지셨다. 고난 속에서도 굴하지 않고 앞으로 교회 발전이 있을 것이라는 믿음을 가지고 계셨다.

한경희 목사님은 전도에 가장 많은 관심과 노력을 기울인 것을 알 수 있다. 목회사역을 담당하는 중에 전도는 한경희 목사님에게 가장 중요한 부분이었다. 자신의 생명의 위험을 무릅쓰고 전도 일에 충성을 다 할 뿐 아니라 교회의 지도자들을 도전해서 그들로 하여금 전도에 강한 열심을 가질 수 있도록 하였다. 또한 신자들로 하여금 전도회에 자발적으로 참여하도록 유도하여 개인 전도뿐만 아니라 전도회비를 납부하여 전도인을 도와주도록 하였다. 어려운 환경에도 불구하고 300명의 남만대전도회를 조직하고 최봉석 목사를 전도인으로 파송하였다. 이는 1900년 봄에 정기정 조사를 위시한 평북 교회 지도자들이 평북전도회를 자발적인 조직체로 시작하여 평북 교회에 전도열을 지핀 것과 비교될 수 있을 것이다.

한경희 목사님은 많은 전도인들을 양성하여 그들을 다른 여러 지역에 가서 전도하도록 파송하였다. 한경희 목사님 주위에는 젊은이든 나이가 든 사람이든 전도에 열심 있는 많은 사람들이 모여들었다. 10년 전에 신학을 졸업하였으나 목사 안수를 받지 못한 박규현을 초치(招致)하여 남만노회에서 목사로 장립하여 유능한 전도인으로 일할 수 있도록 한 일이나, 청년 방경모, 김병희(金炳熙), 김경하를 잘 지도하여 유능한 목사로 성장하도록 한 일, 송윤진, 이지은, 김익수 등이 서간도에서 목사로 안수를 받고 성공적인 목회자들이 될 수 있도록 여건을 조성하였다. 또한 신학 양성부를 만들어 많은 젊은이들이 신학을 공부하고 교회의 지도자들이 될 수 있도록 도전하고 격려하였다.

한경희 목사님은 교회의 부흥은 지도자들에게 달린 것으로 믿고, 그들이 용기를 갖고 헌신하도록 이끌었다. 한경희 목사님은 "또 네가 많은 증인 앞에서 내게 들은 바를 충성된 사람들에게 부탁하라 저희가 또 다른 사람들을 가르칠 수 있으리라"(딤후 2:2)는 말씀을 늘 마음에 두고 기도하며 실천하면서 젊은이들을 격려하였던 것이다.

또한 많은 평신도 전도인들을 외지로 보내 전도할 수 있도록 여건을 만들었는데, 각 교회의 전도회, 구역 또는 지역 전도회 등 여러 전도회에서 월봉(月俸)을 감당할 수 있도록 환경을 조성하였다. 또한 이렇게 파송된 전도인들이 계속해서 일할 수 있도록 관심을 가지고, 그들의 사역의 결과를 관심 있게 들어서 일일이 노회나 총회에 보고하여 알림으로 해서 다른 신자들에게나 전도인들에게 도전이 되도록 했다.

한경희 목사님의 목회와 전도는 구체적이며 실제적이었다. 전도사역 중에 일어난 감동적인 사례들을 기록 보고하여 다른 전도인들에게 도전과 격려가 되도록 하였다. 이렇게 열심히 전도사역을 한 결과 남만노회 보고에 있는, "각 처에서 교인이 벌 일듯 하며 교회가 부흥하오며"라는 말과 같이 하나님의 교회가 부흥 발전하게 되었던 것이다.

1922년 11월에 삼원포지역 네 교회 주최로 한경희 목사님의 선교 제15주년 기념식을 삼원포예배당에서 거행하였다. 수많은 신자들과 인근 교회 지도자들이 와서 한경희 목사님의 헌신적인 봉사에 감사를 표시했다. 또한 삼원포지역 교회에서는 한경희 목사님의 지금까지 노고에 감사하는 여러 가지 선물들과 공로패(功勞牌)을 주었는데 앞으로 더욱 효과적인 사업을 위해 기마(騎馬) 한 필(匹)도 선사하였다.[27]

또한 한경희 목사님이 가시는 어느 곳이든지 교회 내에 학교를 설립하여 자녀들을 교육하는 일에 힘쓰고, 교사들을 부단히 교육하며, 유능

---

27) 이 때 한경희 목사님은 백여 원에 해당하는 선물을 받았다고 했는데 이는 삼원포교회 신자들의 마음에서 울어나는 고마움의 표시였다.《조선예수교장로회총회 제12회 회록》110쪽.

하고 사명감을 가진 교사들을 양성하였다. 경신참변으로 인해 잿더미 같은 상황에서도 삼원포지역 동포지도자들의 후원을 얻어 동명(東明)학교를 설립하고 건축한 것은 이러한 예의 일부에 지나지 않는다.

동명학교의 설립과 한경희 목사

한경희 목사님은 조국독립을 위하여 자신이 할 수 있는 일은 자라나는 자녀들에게 좋은 교육을 하는 것이라고 믿었다. 그러나 대부분의 동포들이 경제적으로 너무나 어려운 상태에 있었기 때문에 좋은 교육을 자녀들에게 베풀어줄 수 있는 환경을 만들지 못하는 형편이었다. 그래서 가시는 곳마다 어렵지만은 학교를 설립하도록 동포들을 설득하며 온갖 방법을 동원하며 이를 위해 노력하였다.

경신참변 후에 삼원포로 돌아오셔서는 사방으로 순회하여 각 지역에 교육회를 조직하였다. 또한 각 지역의 교육회와 연계하여 삼원포에 교육회 본부를 두어 교육의 효과적 진행과 발전을 도모하였다. 이듬해에는 더 넓은 지역을 방문하여 지역 교육회를 조직하는 한편 동포사회 지도자들의 호응을 얻어 남만교육회를 결성하고 회장으로 선임되어 동포 자녀들의 교육을 위해 진력(盡力)하였다.

한편 남만지역의 민족주의 운동은 이전에는 일반적으로 군사활동을 우위적으로 생각하는 경향이 높았지만, 경신참변과 워싱턴회의[28] 후, 민족주의 운동에 상당한 방향전환이 나타나기 시작했다.[29] 민족주의자

28) 1921년 11월-1922년 2월에 극동의 국제적 긴장을 완화시키기 위해 미국, 영국, 일본, 불란서, 이태리, 화란, 포르투갈, 벨기에 등 9개 국이 참가한 국제회의였다. 임시정부는 일본을 고립시키기 위한 외교적 노력을 하였으나 일본이 고립되지 않고, 오히려 국제사회는 식민지 조선 문제에 대해 냉담하였고 임시정부 대표를 문전박대(門前薄待)하였다. 신주백, 《만주지역 한인의 민족운동사(1920-45)》(서울: 아세아문화사, 1999) 64-65쪽.

들 사이에는 교육진흥과 식산산업(殖産産業)30)을 통해서 이주 동포들의 생활을 안정시키면서 조국독립에 대한 장기적인 전망을 가져야 한다는 생각이 높아갔다. 1922년 8월 환인현(桓仁縣) 마권자(馬圈子)에서 열린 남만한족통일회(南滿韓族統一會)에서 결성된 대한통의부(大韓統義府)는 이러한 장기적 전망을 가지고 활동하는 민족주의 단체의 대표적인 예였다.

또한 1921, 1922년경부터 만주지역에 급격히 유입되기 시작한 사회주의 사상을 가진 청년 인텔리들은 이전 민족주의 운동 계열의 무장투쟁 일변도의 활동방식을 비판하고, 대중의 생활을 개선하고, 신문화를 습득할 수 있도록 해야 한다고 주장하였다. 이러한 배경에서 민족주의 활동은 조직과 원리에서 공화주의(共和主義), 활동에서는 안정된 자치 실현이 두드러지게 나타나기 시작하였다. 1924년 11월 24일 결성된 정의부(正義府)에서 이러한 사상이 더욱 분명히 나타나게 되었던 것이다.

삼원포 동포사회에서는 경신참변 때 삼성(三省)여학교의 건물이었던 삼원포교회와 은양학교가 불타버렸으므로 은양학교의 전통을 이어받는 학교를 설립해야한다는 의견이 팽배하고 있었다. 이러한 때에 남만지역 동포 사회의 사상적 변화와 한경희 목사님의 교육에 대한 열의가 서로 어울려져 삼원포지역에 한층 격상된 동명중학교(東明中學校)가 설립되게 되었던 것이다. 1922년 12월 13일31) 설립된 동명중학교는 삼원포 시내로 들어와서 서문안에 건립되었다.32)

29) 신주백, "1920년 전후 재만 한인 민족주의자의 민족 현실에 대한 인식변화," 한국사 연구(111), 2000. 12. 177-200쪽.
30) 생산을 늘리고 산업을 일으키는 일.
31) 음력 10월 25일.
32) 동북조선민족교육과학연구소,《중국조선족학교지》931-932쪽. 리재화, "동명중학교의 어제와 오늘"《압록강》67-70쪽.

당시 교장은 한경희 목사님, 교감은 전정모(全正模) 장로, 교사는 5명, 학생은 146명이었다. 학교에서 가르친 과목은 조선어, 작문, 한문, 산술, 역사, 지리, 이과, 중국어, 영어, 부기, 도화, 습자, 창가, 체조 등이고 군사훈련도 시켰다. 초기에 초등과와 고등과로 나누었고 후에 중학반을 설치하였다. 학교 운영비는 초등과 학생은 30전, 고등과 학생은 50전의 학비를 내고, 그 외 삼원포 유지들이 낸 기부금으로 충당했다. 학교 설립의 목적은 동포학생들의 문화지식 수준을 높일 뿐만 아니라, 동포 젊은 학생들을 반일적인 민족독립사상으로 무장시키는 것이었다. 교장 한경희 목사님은 숭실전문학교 졸업생 중에서 애국심이 강하고, 실력 있는 여러 명의 교사들을 초빙하였다. 남만노회 주최로 각 지역 교회에 소속한 학교 교사들을 위한 강습회가 있을 때는 동명학교 교사들이 주로 강사로 초빙되었다.

1924년 백산학교를 설립한 김형직 선생이 삼원포를 방문해 한경희 목사님 댁에 한동안 계셨다. 교사들을 위한 강습회도 개최하면서 자신이 쓴《국어독본》을 정의부 관할하의 인쇄소에서 출판하여 배포하기도 하였다.[33] 이러한 일들은 남만교육회 회장이던 한경희 목사님의 주선으로 이루어졌다.

교재는 조선총독부에서 발행한 것을 쓰지 않고, 처음에는 자체 편집한 민족의 독립사상이 담긴 교과서를 사용했는데, 후에는 정의부의 교육부에서 출판한 것을 사용하였다. 이러한 독립사상이 담긴 교과서를 출판하여 쓸 뿐만 아니라 각지에 있는 학교에 배포하기도 하였다. 후에 설치한 중학반에는 군사과도 있어 군사훈련을 강화하기도 하였다. 설립 당시 한경희 목사님이 작사하신 동명학교 교가(校歌)는 다음과 같다.[34]

---

33) 김일성 회고록《세기와 더불어1》123쪽. 한진옥의 증언.

34) 동명학교 졸업생이며 뉴욕에 거주하는 김일선(金—銑)의 증언.

신성(神聖)하신 배달민족(倍達民族) 8백여 호가

천은(天恩) 보배 정신(精神) 자전(資錢) 모두 합하여

삼원포에 영광 있는 동명학교를

영원히 건립하였네

만세 만세 동명학교 만세

만세 만세 동명학교 만세

전진하는 마음으로 노래 부르세

동명학교 만세

　매년 8월 29일 국치일에는 은양학교의 전통을 계승하여 교장 한경희 목사님을 위시하여 모든 교사들과 학생들이 찬밥을 먹으면서 소고대회(訴告大會)[35]를 개최하여 일제의 만행을 성토하고 기필코 민족독립을 쟁취할 것을 다짐하기도 하였다.

서간도교회의 재기와 흥경 선교기지

　1918년 10월 20일 선교사 소열도(蘇悅道, T. Stanley Soltau), 국유치(鞠裕致, Welling T. Cook) 목사 부부가 봉천에 도착하여 거주하며 흥경(興京, Hingking) 선교기지 개시를 준비하였다. 그러나 선교사 소열도 목사는 건강상 이유로 귀국해야만 했고, 선교사 현대선(玄大善, Lloyd P. Henderson) 목사 부부가 만주 사역을 담당하기로 정해졌다.

　선교사 국유치 목사는 경신참변 후 경색된 분위기 가운데서도 서간도의 동포 교회들을 방문 위로하여 환난 가운데 있는 조선인들의 진정한 친구가 되어 주었다. 흥경 선교기지의 공식적인 개시는 1921년 4월 1

---

35) 일제의 악행을 고소(告訴)하고 성토하는 모임.

일이었지만, 선교사 국유치 목사 부부가 홍경으로 이사한 것은 남만노회가 개최되기 며칠 전 8월 중순, 현대선 목사 부부가 이사 온 것은 같은 해 10월 8일이었고, 첫 홍경 선교기지 회의는 10월 26일에야 열렸다. 그해 여름동안에 성경학교 건물과 기숙사가 건립되었는데, 일시적으로 선교사 국유치, 현대선 목사의 거주지로 사용되기도 하였다. 이 건물에서 많은 남만노회 내의 교회 활동과 회의가 개최되었다.

경신참변 후에 모든 것이 불안한 가운데서도 8월 남만노회 전에 있었던 도제직회에는 조용히 220명의 지도자들이 모여서 침체된 교회의 부흥을 위해서 기도했는데, 이는 선교사 국유치 목사의 지도력 때문에 이루어질 수 있었다. 그러나 10월 26일에 홍경 보민회(保民會) 간부가 총살되어 다시 분위기가 삼엄하게 되었다. 이 사건은 사실상 보민회 회원 중에 한 사람이 그런 일을 했는데, 애꿎게도 즉각 많은 조선사람들을 체포해서 심하게 구타하였다. 이 사건으로 인해서 현대선 목사의 언어 교사도 심하게 매를 맞게 되어 한동안 조선어 수업을 할 수 없는 형편이 되었다.[36] 그 해 11월 9일에 계획된 홍경 지방 조사들을 위한 사경회가 취소되는 상황이 일어나기도 했다. 너무나 위협적인 분위기여서 거리에 나가는 것조차 두려운 일이었고, 조선인들은 나갈 일이 있어도 도망하듯 집으로 들어가야 하는 정도였다. 이를 현대선 목사는, "온 거리가 필라델피아에 와 있는 것으로 착각할 만치 조용하였다[37]"라고 말하기도 했다.

그러나 그 해 12월 14일부터 다음해 1월 11일까지 한 달간 계속된 성경학교는 일제 경찰로부터 방해받지 않아 성공적이었다. 한 달 동안

---

36) W.T. Cook, *Hingking Station Quarterly Letter*, November 5, 1921.

37) 필라델피아는 경건한 도시여서 비교적 조용했는데, 미국인들은 도시의 거리가 조용함을 '필라델피아 거리와 같이 조용하다'라고 표현했다.

아무 문제없이 끝났는데, 38명의 남자들이 집중적으로 성경 말씀을 공부할 수 있었다. 흥경 내에 조선인들이 많이 살고 있지 않았기 때문에 일부는 교회에서 자기도하고, 일부는 현대선 목사의 일하는 사람 방에서 자기도 하였다. 강사로 초빙된 조선인 목사들은 일본식 객차의 침대칸 같은 곳에서 끼워 자기도 하였다. 그 때의 사경회의 상황을 현대선 목사는 다음과 같이 보고하고 있다.[38]

수업은 흥경교회에서 진행되었다. 한 달 동안 국유치 목사는 추운 날씨에 언덕을 내려와 교회 오느라고 산타 클로스나 스테판슨[39]이 부러울 만한 복장을 해야만 했다. 날씨는 얼어붙는 듯이 추웠지만, 그러나 영적 상태와 신자들 사이의 교제는 열대지방과 같이 더웠다. 사경회를 계획하고 가르치는 것은 선교사 국유치 목사의 몫이었다. 네 분의 조선인 목사들도 국유치 목사를 도와 강사로 나섰는데 두 분씩 2주일을 가르쳤다. 힘들었지만 한 달간의 사경회를 끝냈는데 이로 인한 지도자들의 열심과 새로 탄생한 생명들은 교회에 큰 유익이 되었다. 국유치 목사의 부인은 참석자들의 간청으로 많은 새로운 찬송가를 가르쳐 주었다. 국유치 목사는 어려운 질문에 대답하기 위해 책과 씨름했는데 질문들은 다음과 같은 것들이었다. 무드셀라가 정말 성경에서와 같이 오래 살았는가? 바벨탑이 얼마나 높았는가? 로젯타 석판[40]에 몇 줄이나 쓰여 있나? 한편 현대선 목사는 사경회 기간동안 필요한 물자들을 준비하고 실내를 정리하느라고 바빴다.

---

38) Lloyd P. Henderson, *Hingking Station Quarterly Letter*, January 24, 1922.

39) Vilhjamur Stefansson(1879-1962); 북극 탐험가.

40) The Rosetta Stone; 1799년 8월 불란서 장교 부샤드(Bouchard)가 이끄는 원정대가 나일강 삼각주에서 발견한 유물로서 희랍어와 두 가지 종류의 이집트 상형문자가 나란히 새겨진 석판이었다. 이의 발견으로 근동의 고대사가 조화를 이루기 시작했다. Frederick W. Danker, *Multipurpose Tools for Bible Study*(Minneapolis:Augsburg Fortress, 1993), Pp. 224-225.

같은 보고서에서 선교사 현대선 목사는 처음으로 조선말로 설교를 한 경험이라든지, 목사 안수 받은 후에 처음으로 결혼식을 주례한 일, 또한 장례식을 집례한 경험을 이야기하고 있다. 이와 같이 선교사 국유치, 현대선 목사는 조선인들과 어려움을 나누고 조선인들의 생활에 깊숙이 관계한 진정한 조선인들의 친구요 위로자(慰勞者)였다.

그 당시 조선인들은 때로는 친구요 때로는 적이 되는 중국인들 속에서, 모질게 억누르는 일제의 압력 아래서 고난을 당하고 있었다. 이러한 상황에서 서간도의 서쪽에 위치한 흥경 선교기지는 어려운 환경에 있는 동포들에게 용기를 주고 힘을 실어주었다. 흥경 선교기지는 기쁨과 즐거움을 같이 나눈 그리스도 안에서 맺어진 미국에서 온 진정한 친구들의 일터였다. 또한 유리하는 동포에게 그리스도의 복음을 전하는 일에 온 정성을 기울이고 있는 한경희 목사님에게는 이 두 선교사는 진정한 동역자들이었고 위로가 되었다.

흥경에서 매년 겨울 12월 중순부터 1월 중순까지 성경학교를 열었다. 1923년 한경희 목사님이 성경학교 강사로 삼원포에서 흥경으로 가는 도중에 약 60명의 마적떼를 만났다. 마적들은 한경희 목사님이 가진 두루마기, 이불, 시계, 행구와 현금 50원을 빼앗았을 뿐 아니라 심하게 구타(毆打)하였다. 결국 한경희 목사님을 묶어세우고는 총살시킬 준비를 하고 있었다. 마적 대장이 사살 명령을 내리려는 순간 한경희 목사님은 죽을 힘을 다해서 큰 소리로 "나는 기독교 목사요. 지금 전도하러 가는 길입니다"하면서 소리쳤다. 마적 대장은 명령을 내리다 말고, "기독교 목사는 상제(上帝)를 섬기는 선한 사람이니 놓아주라"고 명령을 해서 겨우 목숨을 건지는 일이 일어나기도 했다. 한경희 목사님은 이 일을 통해서 하나님께서 자신에게 아직도 이 세상에서 사역할 시간을 더 주심을 알게 되었고, 또한 나타난 주의 능력을 깨닫고 감사함을 금할 수 없었다고 고백했다.

국유치 목사의 인도로 흥경 선교기지는 1922년 여름동안 도서실 (Book Room)을 건축하여 성경 찬송가뿐만 아니라 경건 서적, 기타 유익한 책들을 구비하고 있어 지식에 갈급해 하는 많은 조선인 신자들에게 지적인 도전을 주는 유익한 곳이 되었다(251쪽 위 사진). 같은 해 5개월 동안에 약 500원에 해당하는 성경 및 기독교 서적을 이 도서실을 통해서 판매했다고 국유치 목사는 보고하였다.[41] 흥경선교부 안에 스콧트랜드 선교부에 속한 두 동의 주택과 다섯 동의 회색 벽돌 건물인 병원이 있었다. 의료선교사 레가트(Dr. Leggate, MD) 박사가 운영하는 이 병원은 그 해 5월 27일에 문을 열었는데 중국인들뿐만 아니라 조선인들도 치료했다. 지난 5개월 사이에 572명의 조선인들도 치료를 받았다고 연례보고서는 기록하였다.[42] 1923년에는 두 동(棟)의 벽돌건물을 더 짓기 시작하여, 그 해 10월 20일과 이듬해 1월 7일에 완성하였다. 이 건물은 선교사 국유치, 현대선 목사의 주택으로 사용되었고, 두 가정이 더욱 안정적으로 선교에 임하는 계기가 되었다.

1925년에는 필라델피아 베들레헴 장로교회에서 미화 6,000불을 기부하여 500-600명을 수용할 수 있는 튼튼한 벽돌건물을 건축하였고, 1926년 10월 24일에 처음 예배를 드리기 시작하여, 이듬해 2월 6일에 헌당하여 베들레헴교회라고 명명하였다(251쪽 아래 사진). 성경학교, 기숙사, 도서실, 베들레헴교회, 두 동의 선교사 거주지를 포함하는 흥경 선교기지는 서간도 조선인 교회의 안정과 발전의 상징이었고 조선인들에게 큰 위안이 되었다.

---

41) *Personal Report of W.T. Cook*, Hingking, June 27, 1922.

42) *Annual Report of the Hingking Station of the Chosen Mission, Presbyterian Church USA for the year of 1922-1923*.

선교사 현대선 목사(1895-1932). 1920년 10월 30일 부인과 함께 내한, 흥경 선교기지에서 사역을 하다가 1932년 10월 16일 만주 마도령(馬道嶺) 부근에서 순교하였다

　한편 중국 대륙의 내란으로 인하여 1927년 한 해만도 1백만 인구가 산동(山東)과 후난 지방으로부터 동삼성(東三省)으로 밀려오기 시작하였다. 이러한 대 인구 이동은 만주에 거주하는 특히 농업에 종사하는 조선인 생활에 심각한 위협이 되었다. 또한 공산주의 사상이 팽배하여 기독교에 대항하는 젊은이들이 많아지고 외국인들을 배척하는 경향이 높아갔다.

　중국과 일제 사이의 긴장이 높아감에 따라 동포들의 생활과 신자들이 당하는 어려움도 점차로 증가해 갔다. 이러한 가운데 1932년 10월 16일 선교사 현대선 목사가 중국군과 일제 군대의 교전 지역으로 여행하는 도중 머리에 관통상을 입고 그 자리에서 사망하였다. 현대선 목사의 순교사건은 큰 파장을 몰고 왔다. 미국의 해외 선교국이나 조선선교부의 일부 인사는 흥경 선교기지를 폐쇄할 것을 주장했다. 그러나 많은 조

국유치 목사가 1922년 여름 건축한 도서실. 성경, 찬송가뿐만 아니라 경건 서적과 기타 유익한 책들
을 구비하고 있어서 지식에 갈급해하는 조선인 신자들의 갈증을 달래 준 곳이었다. 옆에 위치한 우물
은 선교기지가 건립될 때 국유치 목사의 지도로 중국인 일꾼들이 팠다. '야곱의 우물' 같이 아직도 보
일러에 이용되고 있다. 2004년 3월 30일 촬영.

흥경 베들레헴교회는 1925년 필라델피아 베들레헴 장로교회의 선물로 건축되어, 1926년 10월 26일
처음 예배를 드리기 시작하였다. 당시에 500-600명을 수용할 수 있는 붉은 벽돌로 지어진 우람한 건
물로 유이민의 고된 생활 가운데서도 신자들에게 위로와 평안을 주었다. 톱날모양의 탑은 당국에 의
해서 허물어졌고, 현재는 공장으로 이용되고 있다. 왼쪽 사진: Harry A. Rhodes, *History of the
Korea Mission Presbyterian Church USA*(1884-1934), Pp. 134-135 사이. 오른쪽 사진: 2004년 3월
30일 촬영.

선인들이 당시에 만주에 있을 뿐만 아니라, 그 숫자가 앞으로 증가하리라는 예상을 하고 있는 상황이었기 때문에 조선선교부는 "위험이나 어려움으로 선교사업을 포기할 수 없다"는 결정을 내렸다.

오히려 1933년 프린스톤신학교를 졸업한 선교사 곽안전(郭安全, Allen D. Clark) 목사[43]는 흥경 선교기지 근무를 지원하여 국유치 목사와 같이 적극적인 선교 사업을 수행했다. 이와 같이 상황이 매우 어려운 가운데서도 그리스도의 군사들은 총칼을 가지진 않았지만 세상 나라의 군사 못지않게 용감하게 복음을 전하는 일을 수행했다. 1935년까지도 신경(新京, 長春)에 또 하나의 선교기지를 열 것과 흥경 선교기지 소속의 성경학교 확장을 위해 새로운 건물을 건축할 것을 선교부에서 승인한 상태에 있었다. 그러나 만주 지역의 정치적 군사적 혼란은 더욱 악화되었고, 더 이상 선교사들이 순회할 수 없는 환경이 되어, 1936년 4월 국유치 목사는 봉천으로, 곽안전 목사는 청주 선교기지로 사역지를 옮겼다. 이 듬해 국유치 목사도 재령으로 사역지를 옮김으로 흥경 선교기지는 문을 닫게 되었다.[44]

---

43) 선교사 곽안련(郭安蓮, Charles Allen Clark) 목사의 장남.

44) Harry A. Rhodes. *History of the Korea Mission, Presbyterian Church USA 1884-1934*, Pp. 380-382.

제13장

혼란과 어려움 가운데 있는 동포들을 위해서

나의 형제 곧 골육의 친척을 위하여 내 자신이 저주를 받아 그리스도에게
서 끊어질지라도 원하는 바로라(롬 9:3)

경신참변 후 1920년대 초반을 지나면서 서간도의 동포 생활은 새로
운 도전을 요구하는 국면으로 치닫고 있었다. 이러한 요구에 부응하여
경신참변 후 피폐(疲弊)한 동포들의 생활을 안정시켜 정치 경제적인 안
정을 추구하려는 대한통의부(大韓統義府)가 1922년 8월 결성되었다. 그
러나 이듬해 2월 전덕원(全德元)을 중심한 복벽주의(復辟主義)[1] 계열은
대한통의부를 탈퇴하고 의군부(義軍府)를 형성함으로 무력투쟁에 비중
을 두는 단체를 만들었다. 이어서 1924년 4월 1일 집안현과 환인현을
기반으로 하는 참의부가 분리 조직됨으로 남만 지방의 동포사회는 다시
한 번 분열과 혼돈의 양상을 피할 수 없었다.
　이러한 상황에서 대한통의부를 위시한 8개의 독립운동 단체들이
1924년 11월 24일 전만통일회의(全滿統一會議)를 개최하고 동포들의 자

---

1) 무너졌던 왕조를 다시 회복하는 것을 주장하는 것.

치활동과 공화주의를 지향하는 정의부(正義府)를 결성하게 된 것은 다행한 일이었다. 한편 정의부는 만주를 중심한 망명정부 설립을 지향하고 있었기 때문에 상해 임시정부와 대립적인 관계를 유지하고 있었다. 이러한 이유로 효과적인 항일 독립운동에 차질을 가지고 온 것은 사실이지만 정의부는 식산흥업(殖産興業)[2]과 교육진흥에 치중함으로 당시 대다수 남만 동포들의 관심과 생각을 대표하는 기관이 되었던 것이다.

한경희 목사님은 서간도교회의 지도자로서 만주에 흩어진 동포들에게 복음 전파하는 일과 신자들의 신앙생활을 지도하는 목회활동을 가장 중요한 일로 생각하셨다. 그렇지만 동포사회의 지도자로서 동포들의 복리증진에 누구보다 노심초사(勞心焦思) 애쓰신 분이었다. 정의부가 중점적으로 표방한 동포들의 식산흥업과 교육진흥은 바로 한경희 목사님이 가시는 곳마다 가르치고 애쓰신 일이었다. 나아가서 서간도교회 지도자로서 당시 동포 지도자들이 피폐한 동포들의 생활안정을 위해 노력하며 진정한 공화주의를 지향하도록 영향을 미치셨다.

동포들의 생활안정을 위한 노력

정의부는 설립 초기부터 만주에 거주하고 있는 동포들의 경제 상태를 개선해야한다는 강한 책임감을 가졌다. 정의부 지도자들은 관할 지역에 거주하는 동포들의 의식주 문제를 해결하여 삶의 기반을 마련해주는 것이야말로 항일무장투쟁에 버금가는 중요한 일로 생각하였다. 1920년대 초 남만지역의 조선인 유이민자들은 중국인들에게 땅을 빌려 경작하고, 수확의 약 70% 정도를 지주에게 착취당하는 소작인들이 대부분이었다.[3] 이러한 상황에서 독립군을 경제적으로 돕는 일은 쉬운 일이 아니었다.

---

2) 생산을 늘리고 산업을 일으키는 일.

동포 지도자 양기탁은 만주의 조선인 사회부터 시작하여 궁극적으로 전민족의 생활을 구할 수 있는 '이상적 농촌 건설'을 계획하였다. 이 계획에 의하면 농사가 될만한 평지를 선택하여 촌락을 설치하는데, 1개 촌락은 200가족이 거주할 수 있는 규모였다. 이 촌락에는 공동농장, 간단한 철공물 공장, 소비조합, 공동식당, 공회당, 의원(醫院), 소학교, 잡지사, 정미소 등 공공기관을 설치하도록 되어 있었다. 각 가정에서 가장과 그 배우자 즉, 2명씩 의무적으로 모든 업무에 참가하는 내용을 담고 있었다. 이러한 이상적 농촌을 건설하기 위해서는 큰 자본금이 필요했는데 결국 거액의 자본금을 마련하지 못해서 이 계획은 추진하지 못했다. 또한 양기탁, 손정도 등은 주식회사 형태의 만주농업사(滿洲農業社) 설립을 계획하고 추진한 일도 있었다. 이 계획도 일제의 감시하에서 미주(美洲)나 국내의 부호들과 연결하여 도움을 얻는 일이 쉽지 않아서 성공하지 못했다.[4]

정의부는 서로군정서(西路軍政署), 대한통의부를 거쳐 내려오던 토지를 적극적으로 활용하여 관할하는 동포들로부터 의무금과 부과금을 거두어들여 적립하여 공농수익금(公農收益金)으로 하였다. 이 공농수익금을 활용하여 정의부 관할의 동포들에게 농업자금으로 또는 농구(農具)를 구입하도록 빌려주기도 했다. 공농수익금을 대부 받을 수 있는 사람들은 심각한 경제적 곤란을 당하고 있는 동포들 가운데서 엄격히 선발하였다. 정의부는 이러한 공농제(公農制)를 더욱 발전시키기 위하여 호계제(戶鷄制)를 실시하였다. 이는 각 가정마다 닭 한 마리를 내게 하고, 그에 해당하는 주식을 발급하는 제도였다. 이렇게 모인 기금은 농지를

---

3) 황유복, "정의부연구(상) 사회적 배경을 중심으로," 《국사관논총 제15집》(서울:국사편찬위원회, 1990), 225–226쪽.

4) 채영국, 《한민족의 만주독립운동과 정의부》(서울:국학자료원, 2000), 176–179쪽.

구입하여 동포들로 하여금 공동 경작케 하여 공농수익금(公農收益金)을 늘려가는 제도였다.[5]

또한 동포들이 상부상조할 수 있는 농촌공회(農村公會)가 정의부 관할 지역에 설립되기도 하였다. 농촌공회는 촌락이 클 경우 한 개의 촌락에 하나의 공회, 촌락이 작을 경우 여러 개의 촌락을 연계하여 한 개의 공회를 설치하였다. 회원의 자격은 정의부의 의무사항을 이행하는 가정의 호주이면 누구나 포함되었다. 회원은 공회에 제의(提議)된 안건에 대해 선거 또는 피선거권을 가졌으며 공회와 관련하여 발생되는 일체의 이익은 균등하게 분배하였다. 공회 명의의 농경지를 확보하여 회원들이 공동 경작하여 이익금을 기금으로 축적하기도하였다. 공회가 야학을 주관하여 학교에 다니지 않는 동포 청년들에게 지식과 각종 기술을 가르치기도 했다. 또한 가난한 회원 자녀의 학비를 보조하고, 그 중 우수한 학생은 상급학교로 유학도 장려하여 그에 필요한 경비를 보조하기도하였다. 농촌공회를 중심으로 생활을 개선하기 위해 품행과 정신을 함양하는데 노력하였다. 금연을 하고, 도박을 삼가고, 근면한 정신을 해칠 수 있는 요사스러운 풍설을 멀리했다. 의식주(衣食住)를 청결하게 하고, 건강을 지키며, 회원 상호간에 분쟁이 일어나지 않도록 하며, 서로 아끼는 마음과 사랑을 가져 한민족의 아름다운 풍속을 조국을 되찾는 그 날까지 간직하도록 노력하였다.[6]

농민공사와 기독교협진회

한경희 목사님은 정의부의 요원으로서 여러 가지 사업에 참여하였지

---

5) 위의 책. 179-183쪽.
6) 위의 책. 183-184쪽.

만, 1924년 삼원포지역에서 교회 지도자들과 함께 농민공사(農民公司)를 조직하는데 심혈을 기울이셨다. 농민공사를 통해서 유리방황하는 조선동포들의 생활이 안정되도록 노력하고, 서로 돕고 의지하는 모범적인 마을을 만들기 위해 신자들이 더욱 모범을 보일 것을 가르쳤다. 농민공사에서는 한경희 목사님을 고문으로 모시고 지도를 받았는데, 한경희 목사님은 농민공사를 위해 남다른 헌신 수고를 하였다.

한편 항일운동의 기반이 되는 동포들의 생활안정을 가장 시기하는 일제는 이제 더욱 적극적인 방법으로 조선인 사회를 교란하기 시작하였다. 1925년 6월 11일 일제는 만주 봉천성 장작림 정부와 삼시협정(三矢協定)[7]을 맺어 독립군 색출뿐만 아니라, 만주에 거주하는 일반 동포들의 생활도 탄압을 하기 시작하였다. 이전에 비교적 호의적이던 중국 관헌들도 돈을 벌기 위해서 혈안이 되어 독립군을 체포하고 동포들의 생활을 어렵게 만들었다. 삼시협정 체결 후 그 해 9월에는 봉천성 정부는 '고용한교간종도전판법(雇傭韓僑墾種稻田辦法)'이라는 남만에 사는 조선인들에 대한 경제적 착취를 위한 법률을 제정 발표하였다.[8] 이로 인하여 동포들의 입지는 더욱 어려운 상황으로 빠져들어 가고 있었다.

한편 중국 관내(關內)에서 일어나고 있는 내란과 1927년 일제의 산동출병(山東出兵)으로 인한 혼란으로 수많은 중국인들이 산동성이나 후난성으로부터 동삼성으로 대 이동을 하는 일이 발생했다. 1927년에만 1백만의 중국인들이 만주로 이동하였다. 이로 인해 중국인 지주 아래에서 일하던 조선인들은 소작인으로서 중국인 이주자들과 경쟁을 해야 하는 형편이 되었다. 이로 인해 지금까지보다 더 좋지 않은 조건으로 일해야하는 상황이 되자, 많은 조선인들이 길림성 혹은 흑룡강성으로 이주

---

7) 조선총독부 경찰국장 삼시(三矢宮松)와 장쪼린(張作霖)의 부하 유젠(于珍)과 체결한 협정.
8) 채영국, 《한민족의 만주독립운동과 정의부》 158쪽.

해야만 했었다.[9]

남만노회 내의 신자들도 단체를 조직하고 서로 협력하여 길림성이나 흑룡강성에 땅을 영구 구매하고 이동하는 사례들이 많이 일어났다. 흥경 근방의 교회에서는 교회 신자들의 숫자가 줄어들 정도였다. 그러나 많은 신자들이 이동하였지만 제대로 준비를 하지 못하여 기대하였던 좋은 환경을 만나지 못하는 경우가 많았다. 돌아오지도 못하고 머물기도 어려운 곤란한 환경에 처한 신자들이 속출하였다.[10]

한경희 목사님은 이러한 신자들의 혼란을 해결하기 위해 1926년 기독교협진회(基督敎協進會)를 조직하여 위원장으로 선출되었다. 기독교협진회는 신자들의 생활안정과 자녀들의 교육환경을 개선하므로, 교회가 발전하도록 설립되었다. 한 주당(株當) 16원씩으로 정해서 기금을 모집하였다. 이렇게 해서 모인 기금으로 북만(北滿) 밀산현(密山縣), 호림현(虎林縣), 요하현(饒河縣)에 '좋은 황무지' 3백여 일경(日耕)[11]을 구입하였다.[12] 이곳으로 신자들을 이주시켜 서로 신뢰하고 살 수 있는 모범농촌을 만들기 위해 노력하였다. 한경희 목사님이 주도하는 기독교협진회는 그분의 신뢰성에 바탕을 두고 사람들이 모여들었기 때문에 신자들만으로 구성된 모범 구역을 만들 수 있었다. 기독교협진회는 신자들의 호응을 얻었고, 한경희 목사님은 1928년 말 일제에 의해 체포될 때까지 이 책임을 맡아서 일하셨다.

---

9) "Political Events in Manchuria Affecting the Korean Church" *Annual Report of Hingking Station*, 1927-1928.

10) 보고.

11) 1일경(日耕)은 3,660.4㎡. 혹은 1,109.5평(枰), 현규환, 《한국유이민사 상》 20쪽.

12) 《조선예수교장로회총회 제16회 회록》 85쪽. 《조선예수교장로회총회 제17회 회록》 106쪽.

귀화한족동향회

남만 동포 지도자들은 각 가지 방안을 동원하여 동포들의 생활안정을 도모하였지만, 일제 뿐 아니라 중국 관헌들도 점차적으로 동포들의 삶을 어렵게 만들고 있었다. 1927년 이후 동삼성 정부의 '한교구축정책(韓僑驅逐政策)'이 본격화되자, 정의부를 중심으로 이에 대응하기 시작했다. 1927년 11월 28일 길림(吉林)에서 '한교구축문제대책강구회(韓僑驅逐問題對策講究會)'를 조직하고 만주에 거주하는 조선인은 일제 침략의 앞잡이가 아니며, 조선인들의 어려운 환경을 중국 관헌만이 해결할 수 있다는 것을 호소하였다. 또한 삼시(三矢)협정의 철회를 요구하였다. 또한 12월 6일에는 길림성 귀화선민동향회(歸化鮮民同鄉會)를 결성하는 것에 관한 청원서를 중국 당국에 제출하며, 중국당국에서 귀화 조선인들을 보호해줄 것을 요구하였다.[13]

한편 1928년 1월 9일에는 봉천 서탑(西塔)교회에서 23개의 조선인 단체들이 모여 귀화입적 문제를 의논하였다. 이들은 귀화입적은 민족의 동화를 의미하므로 중국정부의 한교구축(韓僑驅逐)을 반대하는 투쟁을 위하여 귀화입적 운동을 벌이는 것은 바람직하지 않다고 결론지었다. 따라서 개인이 귀화입적을 원하면 적극적으로 도와주지만 무조건적인 귀화입적 운동은 하지 않기로 결정하였다.[14]

한편 1928년 6월 3일 동삼성의 군벌 장쪼린(張作霖)이 철도 폭발로 사망하자 그의 아들 장쉐량(張學良)이 정권을 잡고, 국민당 정부와 가까워지기 시작하였다. 정의부를 중심한 남만 지도자들은 합법적 자치운동에 본격적으로 관심을 갖게 되어 동삼성(東三省) 귀화한족동향회(歸化韓

---

13) 황민호,《재만한인사회와 민족운동》(서울:국학자료원, 1998), 111쪽.

14) 위의 책, 111-112쪽.

族同鄕會)를 조직하였다. 귀화한족동향회에서는 최동오(崔東旿)를 국민당
정부 내무당국에 파견하여 귀화입적 문제를 적극적으로 해결하도록 시
도하였다. 첫째로 입적을 원하는 조선인에게 일률적으로 허가하며 중국
국민으로서 권리와 의무를 향유할 수 있도록 할 것을 요구하였다. 둘째
일제의 요구에 의해서 과거 봉천성 당국은 일제 내무성 발급의 탈적증
서(脫籍證書)¹⁵⁾를 요구하였는데 이를 취소할 것을 요구하였다. 셋째 입적
한 조선인들에게 공권행사를 제한하던 것을 철폐하고 평등한 대우를 하
여 줄 것을 요구하였다. 또한 중국정부 산하에 입적조선인부(入籍朝鮮人
部)를 두어서 귀화한 조선인들이 자치로 사무를 처리할 것을 시도하였
다. 나아가서 간도협약, 삼시협정 등을 철폐할 것도 요구하였다.¹⁶⁾

　귀화한족동향회는 당시 만주에 거주하는 조선인들의 광범위한 지지
를 받았는데, 만철(滿鐵) 부속지(附屬肢)와 연길, 화룡, 왕청, 훈춘 등 4개
현을 제외한 47개현에 조직을 두고 조선인들의 권익을 위해서 활동했
다. 예를 들면 목릉현(穆稜縣)에서 영향력이 있던 황공삼(黃公三) 장로는
지배자와 같이 행세하는 신민부 활동에 비판을 가하며 거리를 두고 있
었지만, 귀화한족동향회에서는 북만의 간부로 활약하기도 하였다.¹⁷⁾

　동삼성(東三省) 귀화한족동향회(歸化韓族同鄕會)는 1928년 9월 10일에
조직되어 본부는 길림성 안에 두었다. 같은 해 남만에서는 한경희 목사
님을 중심한 각 지방의 지도자 300여 명이 삼원포에 모여 귀화한족동
향회(歸化韓族同鄕會)를 조직하였다. 이미 오래 전에 귀화입적한 한경희
목사님¹⁸⁾이 이 회의에서 간사장(幹事長)으로 선임되었다.

---

15) 일제는 조선인들의 귀화입적을 방해하기 위해 일제 내무성 발행의 탈적증서를 제출하도록 동삼성
　　정부를 설득했다.

16) 위의 책, 112-114쪽.

17) 신주백, 《만주지역 한인의 민족운동사(1920-45)》(서울:아세아문화사, 1999), 184쪽.

동녕지방의 길거리에 선 귀화한 조선인 자녀들. 재만 조선인들은 일제의 2등 신민이 되어 구속당하며 이봉당하기 보다는 중국인으로 귀화하여 자유인이 되기를 원했다. 박상규, 《우랄알타이 인문총서 1집 만주 풍속도록 3》(서울: 아세아문화사,1986), 61쪽.

한경희 목사님은 남만 동포들의 귀화입적(入籍)을 적극적으로 도와서 토지 구입을 비롯한 모든 경제생활뿐 아니라 정치적으로도 중국인들과 동등한 권리를 누리도록 노력하였다. 이 때 남만노회는 귀화한족동향회의 활동을 지지하였을 뿐 아니라 신자들의 토지매입을 통한 생활안정을 위해 귀화입적을 적극적으로 권면 격려하였다.[19] 한경희 목사님은 간사장으로서 책임을 잘 수행하여 유하현의 각 관공서를 잘 교섭하여 좋은 결과를 가져왔다. 그러나 이러한 일을 시기하는 일제 경찰은 남만에서 조선인 귀화입적 운동의 견인차 역할을 하는 한경희 목사님을 체포함으로 이 운동을 저지하려고 노력하고 있었다.

---

18) 선교사 국유치 목사의 증언에 의하면 한경희 목사님은 12년 전 삼원포에 전도 목사로 오신 후 얼마 있지 않아서 이미 귀화입적하셨다. *Hingking Station Report 1929*, June,1, 1929.

19) 《조선예수교장로회총회 제18회 회록》116쪽.

동포 자녀들의 교육을 위한 헌신

삼원포를 중심한 서간도교회 지도자들은 교육에 남다른 관심과 노력을 기울였다. 일찍이 유이민의 삶이 정착되기도 전에 먼저 교회를 설립하고 곧 은양학교를 설립하여 수많은 젊은 인재들을 양성하였다. 또한 여성의 지위가 아직도 제대로 인정되지 않은 때에 여성교육의 특수성을 감안해서 삼성(三省)여학교를 설립하기도 하였다. 한경희 목사님은 서간도교회뿐 아니라 조선인 전체 사회의 지도자로서 교육의 중요성을 늘 강조하고 실행하신 분이었다. 가시는 곳마다 학교를 설립하고 교육의 중요성을 강조하셨다. 한경희 목사님의 교육의 중요성에 대한 강조는 만주에서 같이 사역하던 선교사들에게도 영향을 미친 것으로 보인다. 선교사 국유치 목사는 다음과 같이 1923년에 보고하고 있다.[20]

한 조선인 목사는 학교가 만주에 있는 조선인교회에 중추적인 역할을 하고 있다고 주장합니다. 장로교인은 항상 교육을 통한 사역을 해왔습니다. 또한 모든 사람을 위한 공교육(公敎育)을 해왔습니다. 현재 만주에는 사립이든 공립이든 조선인을 위한 제대로 된 학교가 부재한 형편입니다. 교회가 이를 담당해야 합니다. 그렇지 않으면 교회든 선교부든 절호의 기회를 놓치게 되는 것입니다. 교육시설이 없으면 진취적인 가정들은 다른 곳으로 가버릴 것입니다. 조선으로 돌아가든지 과거의 무지와 미신의 생활로 돌아갈 것입니다.

어떤 지역에서는 위에서 말한 그 조선인 목사가 매 다섯 교회마다 학교를 하나씩 설립했습니다. 그런데 2년 전 환란(경신참변)으로 말미암아 교사들

---

20) *Annual Report of the Hingking Station of the Chosen Mission of the Presbyterian Church, USA for the year 1921-1922.*

이 체포되거나 죽임을 당해서 모두 문을 닫았습니다. 그런데 이제 그 학교
들이 다시 문을 열고 있는데 이 학교들이 앞으로 중학교로 진학할 학생들
을 배출할 것입니다. 중학교가 필요합니다. 건물, 기재, 교장 선생이 필요
합니다. 이렇게 해야만 만주에 있는 교회들이 안정성을 유지하고 힘차게
진보할 것입니다. 만주에 있는 모든 조선인 신자들의 마음에는 자녀들을
교육하는 것이 가장 심각한 문제로 대두되고 있습니다. 만약 우리 교회가
이 문제를 피한다면 누가 이 문제를 담당하겠습니까?

국유치 목사가 말하는 조선인 목사는 그 당시 상황을 연구하여 볼 때
한경희 목사님을 지칭하고 있음이 틀림없다. 선교사 현대선 목사의 부
인도 만주에서도 조선 내에서와 같이 조선인들 사이에 교육에 대한 열
정이 증가하고 있다고 보고하고 있다. 현대선 목사의 부인은 현재의 독
립운동 단체는 전과 다른 점이 있는데, 세금을 거두는 것은 마찬가지지
만, 민주주의를 지향하고 교육을 강조하고 있다고 보고하고 있다. 독립
운동 단체는 교육을 해야만 독립을 했을 때 진실로 민주주의를 향유할
수 있다고 주장한다고 전했다.[21]

교육부문은 정의부 지도자들이 동포들의 자립을 위해 경제적 향상을
도모한 만큼이나 중요시여긴 활동이다. 정의부는 교육의 목적을 단순히
문맹퇴치나 인성(人性)의 함양뿐만 아니라 현실을 개척하는 실용적인
재산으로 보았다. 정의부는 여성교육에도 관심을 가지고 실시하도록 하
였다.[22] 1920년대 말 정의부가 관련된 학교가 22곳으로 일제에 의해서
파악되었는데, 당시 이훈구 교수는 이 숫자의 두세 배가 진실에 가까운
수라고 주장하였다.[23] 중등교육을 위해서는 홍경현 왕청문에 화흥(化興)

21) Helen Henderson, *Hingking Station Report*, 1923-1924, June, 25, 1924.
22) 채영국, 《한민족의 만주독립운동과 정의부》191-198쪽.

중학과 남만주학원(南滿洲學院)을, 유하현 삼원포에 동명(東明)중학교를 통해서 정의부의 교육이념을 실시하였다. 길림성 화전현(樺甸縣)에는 최동오(崔東旿)를 숙장(塾長)으로 한 화성의숙(華成義塾)을 정의부 본부의 직계로 설립하여 신교육을 실시하였다.[24]

한경희 목사님의 생각은 이와 같은 정의부의 교육이념과 일치하였고 정의부 교육정책에 영향을 미쳐 정의부 조직을 통한 동포들의 교육에 남다른 노력을 기울였다. 1922년부터 남만 각 처에 다니면서 교육회를 조직하여, 이를 서로 연계하여 남만교육회를 창립하여 회장으로 선임되셨다. 한경희 목사님의 남만교육회에 대한 헌신은 1928년 말 겨울 일제에 의해서 체포될 때까지 한결같이 계속되었다.

삼원포 동명중학교

삼원포 동명중학교는 한경희 목사님의 교육에 대한 염원과 정의부의 협조로 이루어진 결정체라고 할 수 있다. 1922년 12월 13일[25] 개교한 이래 남(南), 북만(北滿)에서 몰려온 수많은 인재를 교육시켰다. 한경희 목사님은 동명중학교와 관계하여 많은 기쁜 일과 어려운 일들을 경험하였다. 1924년 9월 초순경 총회 참석차 함흥으로 가는 길에 안동(安東)에서 일경의 심문을 받고 안동현 경찰서에서 5일을 감금당하기도 하였다. 이러한 일은 한경희 목사님이 삼원포 동명중학교 교장으로서 반일적인 교육을 함으로 당하는 어려움이었다. 1925년 10월 20일[26]에는

---

23) 이훈구, 《만주와 조선인》 233쪽.

24) 채영국, 한민족의 만주독립운동과 정의부, 194쪽.

25) 음력 9월 25일.

26) 음력 9월 3일.

동명중학교 학우회에서 학교설립 기념상을 제정하여 한경희 목사님에게 수여함으로 그의 노고를 위로하고 격려하였다. 같은 해 음력 10월[27] 중에는 동명중학교의 사건으로 인해 학교 최고 책임자로서 중국 경관에게 체포되어 유하현 경찰서에서 2일간 구류를 당하기도 하였다.[28]

1927년 일제에 의해 임강현에 영사관이 설치된다는 소식에 동명중학교 학생들이 격분하여 항의 시가행진을 한 일이 있었다. 이에 무장한 일제 경찰이 산성진으로부터 들어닥쳐 학교에 보관된 책 및 기재를 불사르는 소동을 피운 일도 있었다.[29] 이 사건으로 인해서 일제 경찰로부터 한경희 목사님은 더욱 감시의 대상이 되기도 하였다. 1927년 음력 11월[30] 중에는 동명학교 교육회 주최로 학교 창립에 대한 공로와 교장 재직 7주년[31]을 위한 기념식을 성대히 거행하였다. 한경희 목사님의 헌신적인 봉사를 기념하고 노고를 치하하며 많은 선물들을 증정하였다. 한경희 목사님은 양가죽으로 만든 두루마기, 그 외에도 여러 가지 의복 등 예물과 쌀 2섬, 금은제(金銀製) 기념상을 받았다. 동포들은 삶이 어려웠지만 이러한 선물을 드림으로 한경희 목사님의 헌신적 봉사에 대한 고마움을 표시하기를 원했다.

일제는 이와 같이 헌신적으로 일하는 한경희 목사님을 시기하듯 또는 그를 중심으로 여러 가지 어려움 속에서도 인내하며 발전하는 삼원포 교육환경을 시기라도 한 듯이 호시탐탐 노리고 있었다. 한경희 목사님

---

27) 양력 11월 16일에서 12월 15일 사이.

28) 이 사건의 구체적인 내용은 알려지지 않고 있다.

29) 리재화, "동명중학교의 어제와 오늘," 《압록강 국경특간》(길림성 통화시:1992. 2), 67-72쪽.

30) 양력 11월 24일에서 12월 23일 사이.

31) 교장 재직 7주년이라는 사실로 볼 때, 1922년 12월 13일 동명학교의 정식 개교 이전 즉, 한경희 목사님이 1921년 삼원포에 귀환하신 후 곧 은양학교의 정신을 이어 받은 학교가 시작되었음을 짐작하게 한다.

한경희 목사님의 동포애와 교육에 대한 열정은 80여 년이 지난 아직도 생생히 남아있다. 과거의 동명 중학교의 명성을 이어 받고 있는 삼원포 소재 유하현 조선족제1중학교. 2004년 4월 1일 촬영. 삼원 포 내에 동명소학교가 따로 있다

이 1928년 9월 초순 대구에서 개최되는 제17회 조선예수교장로회 총회에 참석하기 위해 열차편으로 가고 있었다. 일제 경찰은 한경희 목사님을 체포하여 정주서(定州署)에 6일간 구류를 하고 이틀만 총회에 참석할 수 있게 석방하였다. 이러한 사건은 한경희 목사님의 교육을 통한 독립운동에 대한 집념을 좌절시키려는 일제의 끊임없는 노력의 일부였다.

삼원포 삼성여학교

한경희 목사님은 여성교육에도 남다른 관심을 가지고 계셨다. 삼원포교회에서 운영하던 삼성여학교(三省女學校)가 경제난으로 1919년 가을 문을 닫게 되었는데 한경희 목사님은 이를 누구보다도 아쉬워하셨다. 삼성여학교는 1921년 3월 삼원포교회 주관으로 다시 문을 열었다. 1925년 총회보고에 의하면 교사 2명에 보통과 학생이 28명이었다. 다섯 명의 보통과 졸업생이 있었고, 학교 재정은 수입이 600원 지출이 600원이었다. 한편 1928년 총회보고에 의하면 교사 2명에 보통과 학생이 37명이었다. 재정 상태로는 수입과 지출이 각각 2,178원이었다.

만주에서 여성들의 삶은 거칠고 늘 긴장과 위기감이 감도는 생활이었다. 한경희 목사님은 연약한 여성들이지만 군건한 신앙으로 이러한 어려움들을 극복하도록 지도하셨다. 한경희 목사님은 일제 경찰에 체포되어 투옥(投獄)당하시기까지 여성교육을 담당하시며 삼성여학교 교장으로서 최선을 다하셨다. 그 당시 학생이었던 안도신 여사가 기억하는 삼성여학교 졸업가(卒業歌)는 다음과 같다.

> 4천여 년 두 강 속에 슬픈 눈물 흘려 탄식할 적에
> 하나님의 크신 사랑이 소녀의 낮은 몸 높혔도다.
> 공득 시작이 있겠사오며 끝까지 힘쓰고 힘써주시오.
> 산에 나는 까마귀도 단포지성이 있사옵거든
> 아모리 녀자인들 왜 모를까요?
> 고국강산을 이별하고서 외지에 와서 곤란한 중에
> 푼푼전전을 모아 가지고 양육하신 이는 부모님이라
> 하나님 전 믿을 신자와 부모님전 효도효자로
> 우리의 공력을 전달하여서
> 돌리고 돌리고 돌려봅시다.

흥경 삼성중학교 설립과 울며 헤어진 교사들과 학생들

서간도교회 지도자들은 조선인들이 비교적 많이 거주하는 흥경현에도 노회 소속의 중학교를 설립해야한다는 강한 의지를 가지고 있었다.

그러나 가장 큰 문제는 대부분의 동포들이 매일 매일 생존을 위한 어려운 생활을 하는 가운데 있었고, 일제의 조직적인 방해와 중국 관헌들의 질시 등 넘어야 할 고개들이 너무나 많았다. 선교사들은 인내심을 갖고 선교 보고를 통해 미국에 있는 친구들에게 이를 역설해왔다. 그럼에도 불구하고 학교를 설립할 만한 아무런 구체적인 조건들이 형성되지 않았다.

1925년 한경희 목사님을 중심으로 각 지역의 교역자, 일반 교회직원들이 서로 토의한 후 중학교 설립을 결정하였다. 면학회(勉學會)를 조직하고 설립을 위한 교육기금을 모집하기 시작했다.[32] 어려운 환경에서 신자들의 희생과 헌신이 컸었다. 지역 내의 모든 세례교인이 3원씩을 염출하고 기타 특별한 기부금을 받아서 학교를 설립하였다. 이는 신자들의 중등교육에 대한 갈망과 염원이 한마음으로 뭉쳐서 이루어진 것이었다. 1926년 봄에 홍경에 삼성중학교(三省中學校)를 열었는데, 개교 당시 학생이 60명이었고, 교사가 4명 이었다.[33] 교사 중 3명은 평양숭실학교를 졸업한 실력 있는 교사들이었고 중국 정부의 규정에 따라 한명은 중국인 교사였다. 평양에서 온 교사들은 홍경교회에서도 음악을 지도하는 등, 홍경 조선인 사회에 활력을 불어넣어주었다. 한경희 목사님은 삼성중학교 이사장으로 추대되었다.

1927년에는 만주에 심한 정치, 경제적 혼란이 있었다. 이로 인해 봉표(奉票)의 가치가 처참할 정도로 떨어졌다.[34] 이로 인해 한경희 목사님

32) 《조선예수교장로회총회 제14회 회록》 39쪽.

33) 《조선예수교장로회총회 제15회 회록》 99쪽.

34) 봉표는 봉천성에서 통용되던 돈으로 10년 전에는 조선 돈과 1:1로 통용되던 것이, 1927년에 총회비로 봉표 268원 50전을 가지고 왔으나 50원 정도 가치밖에 되지 않았다. 《조선예수교장로회총회 제16회 회록》 51쪽. 1929년에는 더욱 악화되어 870원을 가지고 왔으나 겨우 조선 돈 12원에 해당하였다. 《조선예수교장로회총회 제18회 회록》 46쪽.

은 삼성중학교를 유지하기 위해 총회에 청원하여 전국 교회에 호소할 수 있게 승인을 받기도 하였다.[35] 이 때 약 500원의 빚이 있었는데 선교사들의 모임인 조선선교회(Chosen Mission)에서 연보하여 12월까지는 학교 문을 열 수 있었다. 그러나 이듬해 봉표의 가치가 더욱 하락하였고, 흉년으로 인해 경제적 상황이 더욱 악화되었다. 1928년 2월 노회가 열렸을 때는 새로운 빚이 싸여가고 있었다.

결국 이러한 상황에서 학교의 문을 닫지 않을 수 없었다. 이 때 교사 4명을 포함하여 교직원이 10명, 학생들이 72명이었는데, 이들은 서로 부둥켜안고 울면서 서로를 위로하지 않을 수 없었다. 눈물로 헤어지는 학생들과 직원을 지켜보며, 어쩔 수 없이 학교의 문을 닫을 수밖에 없는 안타까운 현실이었다. 그러나 이러한 어려움에도 불구하고 이사장 한경희 목사님을 중심한 서간도교회 지도자들의 학교를 다시 열겠다는 강한 의지가 남만노회 보고 '장래 경영' 난에 다음과 같이 나타나 있다. "면려회와 청년회를 방조(傍助)하며 삼성중학교를 다시 열어 일을 다수히 양성하기로 하오며."[36]

기타 남만노회 소속의 학교들

한경희 목사님을 중심으로 서간도교회 지도자들은 이외에도 많은 교회 학교를 운영하고 있었다. 경신참변 후의 잿더미 가운데서도, 1921년 이미 수십 개의 남녀 초등학교가 남만노회 내에 있었음을 알 수 있다. 그러나 이들 학교를 졸업한 향학열에 불타는 많은 학생들이 있었지

---

35)《조선예수교장로회총회 제16회 회록》44쪽.

36)《조선예수교장로회총회 제17회 회록》104-106쪽. *Annual Report of Hingking Station, 1927-1928*.

만 조선이나 중국학교에 가서 중등교육을 받을 수 있는 경제적 형편에 있는 학생들은 많지 않았다. 이에 노회 각 교회가 힘을 모아서 협성중학교를 설립하였으나 한 학기를 마치고 문을 닫지 않을 수 없었다.[37]

열악한 교육환경에서도 남만노회 지도자들은 포기하지 않고, 교육환경의 개선을 위해서 끊임없이 노력하며 희망을 가지고 일년에 한 차례씩 교사 시범강습을 실시했다.[38] 또한 선천 신성(信聖)학교로 유학을 간 학생들을 격려하기 위해 남만노회는 그 학교의 남만학우회에 15원을 기부하기도 하였다.[39] 각 교회가 합심하여 노력한 결과 1924년 제13회 총회 보고에는 남만노회 내의 남녀 소학교가 30개, 교사가 42인, 학생이 806인이라는 괄목한 발전을 보고하였다. 또한 별(別)학교가 13개, 학생이 205인이라는 사실도 아울러 보고했다.[40] 이즈음에 3·1 독립운동 당시 33인 중에 한 분인 김병조 목사가 상해에서 집안현으로 왔다. 1924년에는 패왕조에 삼성(三星) 소, 고등학교, 1925년에는 화전자에 광명(光明)학교를 설립하여 이 지역 교육에 일익을 담당하므로 남만에서 동포교육 발전에 많은 도움을 주었다.[41] 이 때 이학인은 삼성고등학교의 교사로 봉직하고 있었다. 김병조 목사는 이 때 일제의 추적을 받고 있는 실정이라 김윤석(金允錫)이라는 이름으로 활동하고 있었다.

1925년 제24회 총회 학무부에 보고 된 남만노회가 경영하는 학교의 현황은 다음과 같았다.[42]

---

37) 《조선예수교장로회총회 제10회 회록》 97쪽.

38) 《조선예수교장로회총회 제11회 회록》 112-113쪽. 한국교회사학회편, 《조선예수교장로회사기 하권》 392쪽.

39) 한국교회사학회편, 《조선예수교장로회사기 하권》 392쪽.

40) 《조선예수교장로회총회 제13회 회록》 96쪽.

41) 이현희, 《일재 김병조의 민족운동》 100쪽.

42) 《조선예수교장로회총회 제14회 회록》 26-27쪽.

1925년경 남만노회 경영의 학교들

교 명	주 소	교 장	교사수	목 사	보통과 학생수	고등과 학생수	보통과 졸업수	고등과 졸업수	수입	지출
일신 (日新)	봉천성 유하현 대사탄	김치삼 (金致三)	2	현대선	31	1	1	1	850.00	850.00
양정 (養正)	유하현 마록구	한석영 (韓錫榮)	1	한경희	30		3		500.00	500.00
신광 (信光)	길림성 화전현	박영호 (朴永浩)	2	이지은	35				500.00	500.00
양신 (養信)	봉천성 해룡현 대황구	홍혜범 (洪惠範)	2	한경희	31				750.00	750.00
흥명 (興明) 여학교	홍경현 신민보	현혜련 (玄惠蓮)[43]	1	현대선	20				550.00	550.00
신성 (信成)	흥경현 왕청문 강남	서봉엽 (徐鳳燁)	5	현대선	50				2000.00	2000.00
광명 (光明)	봉천성 집안현	김병조	5	김병조	56	7	7	1	1500.00	1500.00
영신 (永新)	봉천성 집안현	김병조	5	김병조	72	15	18		1500.00	1500.00
삼성 (三省) 여학교	봉천성 유하현 삼원포	한경희	2	한경희	28		5		600.00	600.00
숭덕 (崇德)	봉천성 유하현 삼도구	이성규 (李聖奎)	1	한경희	25				500.00	500.00
양명 (陽明)	봉천성 유하현 향양진	방일영 (方一榮)	1	현대선	21				400.00	400.00
양성 (養聖)	유하현 집창자 (集廠子)	김병열 (金炳烈)	1	현대선	20				250.00	250.00

이 때 남만노회에 속한 학교를 운영하는데 있어서 한경희 목사님 외에도 여러 사람의 지도자들이 있었지만 선교사 현대선 목사와 그의 부인, 그리고 김병조, 임정찬 목사가 곳곳에서 동포 자녀들의 교육을 위해서 남다른 헌신을 하였다. 그러나 만주의 정치 경제의 혼란으로 인한 봉표의 하락과 흉년으로 인해 동포들의 경제적 상황이 점점 악화되고 있었다. 1928년 총회 보고에는 남만노회 소속 중 8개 학교만 보고 되었는데, 1925년에 보고 된 학교 중 양명, 삼성여학교, 숭덕, 양성, 일신학교만 유지되고, 나머지는 문을 닫은 것으로 보여진다.

그러나 아래의 3개 학교가 새로 보고 되어 어려운 환경 가운데서도 남만노회 내의 교육을 위한 노력이 계속되고 있음을 볼 수 있다.[44] 동성학교는 1924년 9월 김재규(金在奎)에 의해서 설립되고, 초대 교장은 강홍기(姜洪基)였으며 학생 수는 47인이었다.[45] 1926년 평북노회의 후원으로 이지은 목사가 개원(開原) 지방으로 파송되어 동성학교 발전에 기

1928년 어려운 환경 가운데서도 개교된 노회 경영의 학교들

학교명	주소	교장	교사수	목사	보통과 학생수	고등과 학생수	수입	지출
동성 (東成)	개원현 동문외 곽가둔 (郭家屯)	박성삼 (朴聖三)	1	이지은 (李枝恩)	40		300.00	300.00
신명 (新明)여학교	통화현 서규봉 (西硅峰)	승인호 (承仁浩)	1		30		210.00	210.00
배영 (培英)	유하현 전자 (甸子)	이선도 (李善道)	3		72		300.00	300.00

---

43) 선교사 현대선 목사의 부인, Helen McQuilkin Henderson.

44) 《조선예수교장로회총회 제17회 회록》70-71쪽

45) 동북조선민족교육과학연구소, 《중국조선족학교지》979쪽

여하였다. 이 당시 교장은 박성삼이었다.[46]

노회 내의 교회가 운영하던 학교는 사실상 총회 학무부에 보고 된 수
보다 더 많이 있었다. 총회 학무부에 보고되지 않은 이유는 학교의 규모
나 시설이 보잘 것 없었기 때문인 것으로 생각된다. 학무부에 보고되지
않은 학교를 포함하면 1924년에 별(別)학교를 제외하고도 30여 개에
달하였다.

그러나 1925년에는 20개, 1928년에는 14개로 감소하는 것으로 나
타났는데 이는 교육환경이 점차로 악화되어 가고 있음을 보여주고 있
다.[47] 정치, 경제, 사회적 혼란이 가중되자 많은 목회자들이 남만을 떠
나고, 김병조 목사는 일제의 추적이 심하여 북만으로 이주하고 말았다.
한편 제주 선교에 많은 경험이 있는 임정찬(林貞燦) 목사를 1925년 황해
노회에서 청빙하여 유하현 지역에서 시무하게 하였는데, 임정찬 목사는
향양진, 대사탄, 집창자(集廠子) 지역에서 동포들의 교육을 위해 크게 헌
신하셨다.[48] 한편 의산(義山)노회 소속이었지만 봉천 서탑(西塔)교회 내
에 조정화(趙鼎華)의 지도로 서탑유치원이 1927년 설립되어 계속적인
발전을 하였다.[49]

이러한 사실은 남만노회 지도자들이 어려운 여건 가운데서도 자녀교
육을 위해 필사적인 노력을 기울인 것을 보여주고 있다. 이러한 지도자
들의 노력의 뒤에는 국유치 목사의 증언이 뒷받침하듯 한경희 목사님의
지도력과 비젼이 중요한 역할을 한 것으로 보여진다. "한 조선인 목사
는 학교는 만주에 있는 조선인교회에 중추적인 역할을 하고 있다고 주

46) 《조선예수교장로회총회 제16회 회록》 98쪽.
47) 《조선예수교장로회총회 제13회 회록》 96쪽. 《조선예수교장로회총회 제14회 회록》 39쪽. 《조선예
수교장로회총회 제17회 회록》 105쪽.
48) 《조선예수교장로회총회 제14회 회록》 38쪽. 《조선예수교장로회총회 제17회 회록》 70-71쪽.
49) 위의 회록, 70-71, 78쪽.

장합니다. 장로교인은 항상 교육을 통한 사역을 해왔습니다. 또한 모든
사람을 위한 공교육(公敎育)을 해왔습니다."[50]

---

50) *Annual Report of the Hingking Station of the Chosen Mission of the Presbyterian Church,
USA for the year 1921-1922.* 여기서 "한 조선인 목사"는 한경희 목사를 지칭하는 것으로 필자는 생
각한다.

제14장
혼란과 어려움을 헤쳐 가는 서간도교회

우리가 사방으로 우겨 쌈을 당하여도 싸이지 아니하며 답답한 일을 당하여도 낙심하지 아니하며 박해를 받아도 버린바 되지 아니하며 거꾸러뜨림을 당하여도 망하지 아니하고(고후 4:8-9)

경신참변 후 서간도교회는 약진을 계속하여 그리스도의 명령인 전도의 사명을 다하는 모범적인 교회로 발전을 하였다. 그러나 1920년 중반을 지나면서 서간도를 위시한 전 남만지역에 사회적 정치적 혼란으로 교회는 새로운 도전에 직면하게 되었다. 이러한 역사적 격동기를 지나면서 한경희 목사님은 동포들의 생활과 교육뿐만 아니라 지역교회의 지도자로서 흔들림이 없는 역할을 하였다. 또한 조선예수교장로회 총회에 참가하셔서 암울했던 시절 교육에 대한 비전과 전도의 사명을 일깨운 전체 조선장로교회의 지도자였다. 그러나 한경희 목사님의 사역은 일제의 방해로 심한 제약을 받았다. 경신참변 후에도 1925년, 1927년 총회 참석을 방해하기 위해 일제 경찰은 한경희 목사님을 체포하여 구류처분을 함으로 총회 참석을 힘들게 만들었다. 드디어 일제는 1928년 겨울

한경희 목사님을 체포하여 3년 2개월 동안 투옥하고 말았다. 이로 인해
한경희 목사님이 조선장로교회의 더욱 가시적인 지도자로 부상하지 못
하였던 것은 안타까운 일이 아닐 수 없다.

남만교회와 총회의 지도자 한경희 목사

한경희 목사님은 삼원포지역의 4개 교회 즉, 삼원포, 청령자, 만구,
마룩구교회를 시무하시면서[1], 남만노회를 위한 헌신을 아끼지 않으셨
다. 남만노회 분립을 위해 실제적인 일을 다하셨지만 경신참변으로 인
하여 남만노회가 성립될 때는 참가하시지 못하셨다. 그러나 1921년 삼
원포로 귀환하신 후 1928년 말 일제 경찰에 의해 체포, 투옥될 때까지
누구보다도 남만노회를 위하여 헌신하셨다. 이 당시 남만노회를 이끌어
간 역대 지도자들의 명단을 보면 한경희 목사님의 위상을 알 수 있다.

다음의 표에서 보는 바와 같이 한경희 목사님은 어려운 시기에 남만
노회를 이끌어 간 지도자들 중에서도 중심되는 인물이었다. 노회장으로
선출되었을 때뿐만 아니라 임사부장, 전도부장, 신학양성부장 등의 책
임을 맡게 되면 성실히 그 책임을 다하였다. 한경희 목사님의 주위에는
전도인들, 신학 공부하는 사람들이 많았다. 한경희 목사님은 늘 그들을
격려하며 실제적인 후원을 아끼지 않았다. 신학생들에게는 공부할 수
있도록 경제적인 지원을 아끼지 않았다. 전도인들은 용기를 가지고 일
할 수 있도록 전도회를 조직하여 지원하였다. 또한 한경희 목사님은 각
전도인들의 사역에 세밀한 관심을 가지고 있었으며, 사역의 결과를 자
세히 신자들에게 알리므로 해서 계속적인 지원이 있을 뿐만 아니라, 사

---

[1] 그 당시 삼원포 지역 4개 교회의 성도 수는 약 일천 명에 달했다. 《김인서 저작전집 1》(서울:신망애
사, 1973), 56-57쪽.

역이 끊어지지 않도록 하였다.

한경희 목사님의 지도력을 바탕으로 서간도교회가 이렇게 전도 지향적인 사역을 하게 되자 "교인이 벌일듯하며 교회가 부흥하오며"라는 남만노회 보고서의 기록과 같이 여러 곳에서 교인이 늘고 교회의 부흥이 실제로 일어나게 되었다.[2] 이러한 남만노회의 고무적인 분위기로 인해 서간도의 다른 교회와 거리가 너무 멀기 때문에 산서노회로 이적했던 압록강 연안의 8개 교회가 다시 남만노회로 귀속되는 일이 있기도 했다.[3]

남만노회 임원(1921-1928년)

주후 연도	노회장	서기	회계
1921년	국유치 목사	김익수 목사	이지은 목사
1922년	한경희 목사	김익수 목사	계리영 목사
1923년	국유치 목사	한경희 목사	이지은 목사
1924년	한경희 목사	차중호 장로	김익수 목사
1925년	한경희 목사	차중호 장로	
1926년	김병조 목사	차중호 장로	
1927년	한경희 목사	차중호 장로	
1928년	최성주 목사	차중호 장로	

한경희 목사님은 1922년 9월 10일 경성에서 개최된 제11회 총회에는 남만노회 대표로 참석하여 남만노회의 사정을 상세하게 보고하는 한편, 별(別)위원장[4]으로서 황해노회에서 헌의(獻議)한 신생활 잡지와 관

---

2) 한국교회사학회편, 《조선예수교장로회사기 하권》 350-351쪽. 《조선예수교장로회총회 제11회 회록》 111-114쪽.

3) 위의 회록 42쪽.

련된 문제를 지혜롭게 잘 해결하기도 했다. 신생활 잡지는 박희도(朴熙道)가 주관하였으며, 감리교 선교사 백아덕(白雅德, Arthur L. Becker)씨가 주필로 있었던 기독교 잡지였는데, 황해노회에 대한 부적절한 기사를 실어 문제가 야기되었다. 황해 노회장 임택권 목사의 설명을 듣고 별위원들의 토론을 거쳐서 선교사 곽안련(郭安蓮) 목사, 양평 고읍교회 최대진(崔大珍) 목사를 중재자로 택하여 앞으로 불미스러운 일이 일어나지 않도록 조치를 취했다. 한편 선교사 백아덕은 책임을 느끼고 신생활 잡지의 주필로서 사임을 함으로 문제가 해결되었다.[5] 이외에도 한경희 목사님은 총회의 학무부와 사기(史記) 편집부 위원으로서 활약하셨다.

　1923년에는 노회의 학무부장으로서 노회 내의 교육사업을 확장할 뿐 아니라, 임사(任事)부장으로서 상해에서 목회하던 김병조 목사가 집안현 화전자 지방으로 와서 성공적인 목회를 하도록 도왔다. 그해 5월 23일 금두화교회에서 특별노회를 열어 김병조 목사를 청빙(請聘)하는 것을 허락하였다. 당시 신학생 오능조(吳能祚), 김광현, 임군석, 장형도, 김창식이 평양신학교에서 공부하고 있었는데, 이들 중 오능조는 그 후 상해 호강(滬江)대학을 거쳐 남경에 있는 금릉신학을 졸업하였다. 금릉신학은 이 당시 자유주의적인 신학을 가르치는 곳으로 알려져 있었다. 이로 인해 오능조의 안수에 대해 이의를 제기하는 사람도 있었다. 그러나 한경희 목사님은 오능조가 1927년 다시 남만으로 왔을 때 목사 장립의 길을 열어주어 남만에서 목회할 수 있도록 인도하였다.[6]

---

4) 특별위원회의 위원장.

5) 《조선예수교장로회총회 제11회 회록》 16, 51쪽.

6) 오능조(오남송, 1889-1929) 목사는 1929년 5월 장티푸스(typhoid fever)에 걸려 사망하였다. 어린 자녀들을 포함한 여섯 유가족이 있었는데 오능조 목사의 사망은 온 서간도 교회뿐만 아니라 총회적으로 도움의 손길을 구한 눈물겨운 사건이었다. *Hingking Station Report*, June 1, 1929. 《조선예수교장로회 제18회 회록》 46쪽.

1924년 9월 13일 제13회 총회가 함흥에서 개최되어 참석하기 위해 가는 길에 한경희 목사님은 안동(安東)에서 일제(日帝) 경찰에 체포되어 안동현(安東縣) 경찰서 유치장에서 5일간 구류당하셨다. 일제(日帝) 경찰은 한경희 목사님께서 성공적으로 동명학교를 운영하며, 항일사상을 학생들에게 교육하는 것을 질시하고, 이를 방해하기 위해서 불법적인 강금을 자행한 것이었다. 이로 인해 한경희 목사님은 총회 활동에 많은 제약을 받았는데, 외지 전도부 소속으로 시베리아 순행 목사로 부름을 받았으나 이를 수행할 수 없어 대신 박정찬 목사가 이 일을 감당하였다.[7)]

1925년 2월 16일(음력 정월 24일) 한경희 목사님의 어머니가 돌아가셨다. 어머니의 자비로운 사랑과 은혜를 생각하며 목사님은 비통에 빠지지 않을 수 없었다. 아버지가 어려서 돌아가셨기 때문에 한경희 목사님은 홀어머니의 사랑 가운데 자라났을 뿐만 아니라, 젊어서 예수 믿기 전 여러 가지로 어머니의 마음을 아프게 한 일들을 생각하면 너무나 죄송스런 마음을 금할 길이 없었다. 돌아가신 어머니는 한경희 목사님께서 목회를 시작한 이래, 어려운 가운데서도 늘 목사님 곁에서 조언하시고 기도하신 자애로운 분이셨다.

경신참변 때에는 한경희 목사님이 가족을 남겨두고 피하셨기 때문에 일제 경찰과 군대로부터 어머니께서 모든 고난을 대신 당하셨다. 장례식은 한경희 목사님이 시무하시던 삼원포교회와 주위의 세 교회 주관으로 치러졌다. 신자들뿐만 아니라 동명중학교, 삼성여학교 학생들과 교직원들, 삼원포지역의 수많은 동포들과 중국인들까지도 참석하였다. 이때 장례식에 참석한 손님들이 약 1천 9백 명에 이르렀다고 한경희 목사님은 기록하고 있다. 이 사실은 한경희 목사님이 그 당시 삼원포지역의 모든 사람들로부터 얼마나 존경받는 사람이었나를 말해주는 단적인 증

---

7) 《조선예수교장로회총회 제13회 회록》 14, 19쪽.

거라고 하겠다.

  그 때까지 삼원포교회를 십년이나 시무하셨지만 한경희 목사님 가족
은 삼원포 시가지 바깥에 살고 계셨다. 나이 드신 어머니를 모시고 거칠
은 시골에 살기가 쉬운 일이 아니었다. 이러한 환경에서 노모가 돌아가
셨을 뿐 아니라 셋째 아들 병옥(炳玉)이 병으로 죽게 되었다. 한편 사모
님이 다시 임신을 하게 되었으며, 또한 도적(盜賊)의 위험이 점차 높아
져, 1925년 4월 온 가족이 삼원포 시내로 이사하여 살지 않을 수 없었
다. 이듬해 2월 14일 둘째 딸 정옥(貞玉)이 태어나는 경사를 맞게 되었
다.

  1925년에도 노회장으로서 임사부장과 신학양성부장을 겸임하시면서
많은 일을 하셨다. 점차 어려워지는 동포들의 생활과 혼란 가운데서도
평신도 전도인들, 이성진은 길림성 화전현에, 박정협은 난류동에, 박창
항은 해남에, 지산온은 집안현으로 파송하였다. 이 때 남만노회 내에 당
회가 형성되어 있는 조직교회가 22처에 달하였지만, 아직도 시무 장로
가 없는 많은 교회가 서간도 각 지역에 흩어져 있었다. 이러한 상황에서
도 남만노회는 김익수 목사를 길림성에 전도목사로 파송하여 교회를 설
립하고 돌보게 하였다. 한편 평북노회에서 김진화 목사를 개원현에 파
송하여 남만노회 내의 전도에 많은 도움을 주었다. 노회장 한경희 목사
님은 황해노회에서 임정찬 목사를 청빙하는 등 남만노회에 유능한 목회
자들을 모시려는 노력을 전개하기도 하였다. 제14회 총회는 1925년 9
월 12일 평양 서문밖 예배당에서 회집 되었는데 한경희 목사님은 외국
전도부에서 봉사하며 만주 지방의 장로교 및 감리교 전도지 분계 실행
위원으로 임명되어 선교사 국유치 목사와 같이 봉사하였다.[8]

---

8)《조선예수교장로회총회 제14회 회록》28쪽.

혼란과 어려움을 헤쳐 가는 서간도교회와 한경희 목사

1925년 삼시(三矢)협정 후 점차적으로 중국인들의 시기 질시와 중국 관헌의 압박과 마적의 위험이 날로 증가하고 동포들의 삶은 점차로 어려워져 가고 있는 가운데, 한경희 목사님은 1926년에 노회 전도부장으로서 전도의 사명을 다하기 위해 최선의 노력을 했다. 한경희 목사님이 시무하시던 삼원포교회는 향양진교회와 힘을 합쳐서 매월 60원을 감당하여 최봉석 목사를 청원현(淸原縣)으로 파송하였는데, 청원지역 교회에서 나머지 20원을 감당함으로 어려운 가운데 합심하여 전도하는 모범을 보였다. 한편 평북노회에서 이지은 목사를 개원현으로 파송하고, 남만노회에서는 길림성 각 지역에 김익수 목사, 장경신, 신정섭 전도인을 파송하여 전도에 힘썼다. 나아가서 김익수 목사는 총회의 명령으로 남만노회로 편입된 중동선(中東線) 지방의 교회들을 시찰하며 보살피기도 하였다. 위사하 지방에는 전도인 김만영을 보내고, 대사탄교회의 김병렬 목사는 영(嶺)밖 구역, 즉 집안현 지역을 시찰하게 했다. 한경희 목사님은 남만노회의 전도부장으로서 역할을 다하며, 격동기에 처하여 각 교회가 어려운 때였지만 교회마다 남여전도회를 확장하도록 격려하였고, 남만전도회를 활성화하여 노회 전도부의 사업들을 협조함으로 남만 일대의 모든 동포들이 그리스도인이 되게 하는 꿈을 가지고 끊임없이 노력하였다.

그해 가을 선교사 국유치 목사 부부가 삼원포를 방문하였다. 특히 국유치 목사의 부인은 여성들을 위한 특별집회에 강사로 초대되었는데, 매일 백여 명이나 되는 여성들이 열성적으로 참석하여 은혜를 받는 시간을 가졌다. 이렇게 하여 삼원포교회에서 국유치 목사 부인은 큰 감명을 받게 되었다.[9]

국유치 목사의 부인은 흥경교회를 위해서도 여러 가지로 노력하고 있었는데, 토요일 저녁에는 교사들의 주일을 위한 준비교실, 목요일에는 새 신자들을 위하여 성경을 소개하는 시간, 금요일에는 '멋진 여성들'로 구성된 성가대의 연습을 인도하고 있었다. 성가대원들은 가끔 흰색 저고리와 까만색 치마를 다 같이 입고 찬양을 하여 제대로 갖춘 이름난 성가대같이 노래하기도 하였다. 이러한 경험을 통해서 국유치 목사 부인은 조선인 교회는 어려운 환경 가운데 있었지만 중국인 교회와 비교할 수 없을 만큼 조직적이다는 사실을 밝히고 있다. 학교를 위해서도 조선인들은 대단한 노력을 기울이고 있었는데, 재원부족으로 미국인들의 수준에는 못 미치지만 이 지역에서는 조선인들이 다 이 분야의 지도자들이라고 보고하고 있다. 이러한 훌륭한 기회를 하나님께서 허락하신 것은 선교사들이나 조선인들이 만주에 하나님 나라의 확장을 위해서 각자의 의무를 다 하기를 원하고 계신 것을 의미한다고 쓰고 있다. 이러한 하나님의 뜻을 위해 각자 자신의 위치를 파악해야 하겠다고 국유치 목사의 부인은 자신의 편지에서 밝히고 있다.[10]

1926년 7월 개시된 국민당 정부의 북벌(北伐)은 승승장구 북진을 계속하였으나 1927년 4월 상하이에서 일어난 쿠데타로 국민당과 공산당의 이념적인 투쟁이 표면화되었다. 한편 장쪼린[張作霖]은 북방군벌의 우두머리로서 국민당 정부와는 적대 관계에 있으며 일제와 다소 협상적인 관계를 유지하는 불안한 상황으로 이끌어 가고 있었다. 이러한 불안한 정치적 및 사회적 상황에서 봉천성의 돈인 봉표(奉標)의 가치는 터무니없이 떨어져 동포들의 경제는 말할 수 없이 어려워만 갔다. 남만에서 12년간 전도목사로 일하던 최봉석 목사도 이러한 상황에서 귀국하는

9) *Hingking Station Report*, 1926-1927.

10) *Personal Report of(Mrs. W.T.) Maude Hemphill Cook*, 1926-1927.

형편이 되었다.

1927년 8월 홍경에서 남만노회가 모였다. 노회가 지불해야 할 인쇄비 200원의 빚이 있었는데 지불할 길이 없었다. 이외에도 삼성(三省)중학교의 수백 원의 빚이 있는 형편이었다. 한경희 목사님을 중심한 목회자들은 여러 가지 방안을 모색하는 가운데 첫째 생각한 것이 목회자들이 모두 일년간 사임하고 재정을 모아서 빚을 갚자는 것이었다. 이 안에 따르면 목회자들이 농사를 함으로 생활을 유지하며 교회를 봉사해야 하는 희생이 따르는 것이었다. 한편 이 안은 전임(專任) 목회자들의 부재로 남만노회의 존재를 위협하는 것이기도 했다. 그래서 결국 이 안은 기각되었다. 남만 도제직회(都諸職會) 회원들은 목회자들의 월봉을 쌀로 줄 것을 결정하며, 어려움을 서로 나누어 지기로 합의하고, 문제를 해결하려는 굳은 결심과 소망을 가지고 회의를 끝마치게 되었다. 어떤 곳은 두 지역이 합하여 한 목회자를 후원하기 위해 힘을 모으기도 했다. 그러나 결국 세 분의 무임 목사는 각자의 지역교회가 경제적인 능력이 생길 때까지 농사를 짓기로 결정하고 떠나야만 했다.[11]

한경희 목사님이 시무하시던 삼원포지역 4개 교회도 어렵기는 마찬가지였다. 이러한 상황 하에서 한경희 목사님은 삼원포지역 교회를 사임하고 무순(撫順)교회로 이전하려했으나, 삼원포교회 신도들이 이를 허락하지 않고, 동고동락을 같이 하기로 작정하고 눈물을 흘리며 막아서 이 뜻을 이루지 못했다. 이러한 와중에 한경희 목사님께서 도장을 분실하여 이름을 한영삼(韓榮三)으로 일시 개명하기도 하였다.

한편 고무적인 일도 있었는데 평양신학을 수학하고 남경신학을 졸업한 오능조를 초빙하여 노회 내의 청년들을 지도하도록 한 것이었다. 오능조는 재능 있는 젊은 목회자였는데 많은 청년들이 따르는 촉망받는

---

11) *Annual Report of Hingking Station, 1927-1928.*

1927년 8월 흥경에서 모인 남만노회의 임원들. 앞줄 중앙이 노회장 한경희 목사, 앞줄 오른쪽 끝이 최봉석 목사, 뒷줄 왼쪽에서 두 번째가 국유치 목사. 수많은 어려움이 있었지만 한경희 목사님은 사도 바울과 같이 전도와 교회에 지칠 줄 모르는 헌신과 정열로 노회를 이끌었다. Harry A. Rhodes, *History of the Korea Mission Presbyterian Church USA(1884-1934)*, Pp. 366-367 사이

교회 지도자였다. 또한 동포들이 많이 거주하는 흥경에 선교사 국유치 목사의 주선으로 예루살렘교회를 붉은 벽돌로 우람하게 지어 남만노회 의 활동의 중심이 된 일도 있었다.

북만(北滿)지역이 남만노회의 시무지역으로 편입됨으로 해서 남만노 회 지도자들은 이제 북만지역까지 돌보아야하는 상황이 되었다. 이로 인해서 선교사 국유치 목사는 북만을 방문하게 되었고, 북만을 방문한 최초의 서양 선교사가 되었다. 그 때의 방문 결과를 다음과 같이 보고하 였다.[12)

총회의 명령을 받고, 한 사람의 조선인 목사와 함께 나는 4월에 5주간에 걸쳐 할빈에서 300마일 떨어진 중동선(中東線) 지방에 있는 교회를 방문하

---

12) *Personal Report of W.T. Cook*, June 1927. *Hingking Station Report, 1926-1927.*

였다. 4곳에서 사경회와 부흥회를 개최하였는데 조선사람들의 복음에 대한 관심은 분명하게 나타나고 있었다. 서양 선교사를 처음 본다고 말하는 것을 몇 번이나 들었다. 내가 알기로도 그곳은 조선선교부에서 아직 아무도 방문하지 못한 곳이었다. 어떤 조선사람들은 그곳에서 50년 이상을 살았고 이중 어떤 이들은 조선말을 잊어버려서 중국어나 중국식 생활방식이 더 익숙한 사람들이었다. 처음 8일 동안에 신자들이 너무 고마워하기에 15번이나 설교하게 되었다.

가장 큰 교회는 팔면통에 있었는데 주일 예배에 250명이 모였다. 작은 곳에는 50 혹은 60명이 모였다. 그들의 나를 위한 환대와 잔치는 감탄할 만했다. 새벽 3시 30분에 기차를 타고 도착한 나를 마중하기 위해 나와서, 나의 짐을 운반하고, 여기 저기 다닐 때 차비를 대신 내주었고, 마지막 교회에서는 부인전도회에서 돌아갈 때 여비로 쓰라고 10원을 나에게 주기도 하였다. 이것으로 인해 너무 감격하여 주님께 눈물 흘리며 기도하지 않을 수 없었다. 이 돈은 쓸 수 없었고, 기념으로 보관하지 않을 수 없었다. 이 지역에는 많은 신자들이 볼세비키(Bolsheviks)의 박해를 피해서 시베리아에서 넘어 오고 있는 곳이다. 이렇게 와서는 집단을 형성하고 교회를 형성하여 목회자가 필요한 곳이 되어 가고 있다. 여기보다 더욱 북쪽은 추운 곳일 뿐 아니라 도둑들이 들끓고 있는데 땅 값이 싸기 때문에 그곳에 정착을 알선하는 단체들도 있다. 그래서 점차 그런 교회들은 어쩔 수 없이 우리가 돌보지 못하게 되고 우리의 배려로부터 멀어지는 것같이 보인다.

선교사 국유치 목사 부부는 그해 11월에 집안현 화전자(華甸子)교회를 방문하고 사경회를 개최했는데 남녀 230명이나 참가하는 성과를 거두었다. 국유치 목사는 이 교회는 주일예배 때에는 400명이나 참석하는

역동적인 교회며 이 지역에서 가장 큰 교회로 보고하고 있다.[13]

한편 동포들의 경제생활은 더욱 어려워지고 있었다. 1928년에도 한경희 목사님은 기독교협진회를 통해서 신자들을 북만으로 이주하는데 힘을 쓰는 한편 북부시찰장과 종교교육부장을 담당하시면서 남만노회를 위해 더욱 헌신 봉사하였다. 서간도지역에도 점차적으로 사회주의 사상이 팽배하고, 많은 젊은이들이 교회를 떠나는 일이 일어나고 있었다. 이에 대응하여 청년지도자 오능조를 목사로 안수하여 각 지역에 파송하여 젊은이들을 교회로 다시 불러들이기 위해 노력하였으나 점차 힘들어 가고 있었다.

가정적으로는 한경희 목사님의 막내아들 문옥(文玉)이 음력 2월 12일에 태어났다. 시무하시는 삼원포교회에서는 신윤담(申潤耽) 장로 근속 10주년 기념식을 거행함으로 그의 노고를 위로하였다. 신윤담 장로는 어려운 가운데서도 교회를 지킨 믿음의 장수였다. 1918년 삼원포교회에서 피택되고 그해 8월 평북노회에서 장립 허락을 받고 같은 해에 안수 받았는데, 경신참변과 같은 불 같은 시험을 지나면서도 흔들리지 않고 주님의 몸된 교회를 지키며 온 서간도 신자들에게 신앙의 본을 보인 훌륭한 장로였다.

서간도 동포들을 어렵게 한 사건들

조국을 떠나 유리방황하는 우리 동포들이 언제나 평안한 날이 없었지만, 1920년대 중반을 지나면서 동포들의 삶을 더욱 어렵게 만든 몇 가지 정치, 사회적 사건들이 있었다.[14]

---

13) *Personal Report of Mrs. W.T. Cook*, 1928. *Annual Report of Hingking Station*, 1927-1928.

14) *Annual Report of Hingking Station, 1927-1928*, June 9, 1928.

a. 산동 중국인들의 대이동

어떤 신문기자들은 이 사건을 인류역사에 가장 큰 인구 이동이었다고
보도하기도 한 사건이었다. 이 전부터 산동(山東)지방의 품팔이 일꾼들
은 황해를 건너서 봄에 만주에 와서 일하고 가을에 돌아가는 일들이 있
었다. 처음에는 넓고 비옥한 땅을 개발하려는 봉천성 위정자들에 의해
산동 이주자들의 영구 이민정책이 시작되었다. 그러나 산동성과 후난성
에 일어난 내란으로 인해 수많은 이주자가 동삼성(東三省)으로 밀려들고
있었다. 급기야 그 숫자가 1927년에 1백만 명에 이르게 되었다. 1928
년에는 3백만 명이 될 것이라는 관측이 나오기도 했다. 이들로 인해 많
은 사회적 문제가 야기되었다. 당시 봉천에서는 먹을 것이 없는 산동 이
주자들이 나머지 가족들이 먹고살기 위해 어린 딸을 불과 몇 원에 파는
일도 있었다. 홍경에서는 산동 이주자들을 위해서 상인조합에서 매일
빵을 나누어주었는데, 얼마나 경쟁이 심했던지 두 번씩 받지 못하게 이
마에다 빨간 딱지를 붙여야하는 형편이었다.

중국 관내로부터 만주로 이주한 이민자들의 수는 일본 측 통계에 의
하면 다음과 같다.[15]

년도	총 이민자수
1923	341,638
1924	384,730
1925	472,978
1926	566,725
1927	950,828
1928	938,472
1929	1,046,291

15) Herry W. Kinney, *Manchuria Today*(Osaka:Hamada, 1930), P. 67.

중국 판내로부터 대련(大蓮)에 도착한 중국인 이민자들. Herry W. Kinney, Manchuria Today, Pp. 88-89 사이

　조선 사람들은 이러한 산동 이주자들의 대이동을 불안한 태도로 쳐다보고 있었다. 대부분의 경우 소작인으로 일하는 조선인들을 이들이 밀어낼 것이 분명한 사실이었기 때문이었다. 그래서 많은 조선인들이 길림성이나 흑룡강성 지역으로 이동하는 현상이 일어났다. 이러한 상황에서 한경희 목사님은 신자들을 돕기 위해 기독교협진회를 조직하여 신자들의 이동을 도왔던 것이다. 한편 서간도의 많은 교회에서 신자들의 감소가 일어나고 어떤 곳은 교회를 문을 닫아야하는 사태까지 발생한 것이다.

b. 대도회

　마적(馬賊)이라는 도둑단체는 중국 역사상 어느 곳에나 항상 있어온 것이다. 마적이 형성되는 원인은 주로 교통이 불편함으로 야기되는 행정력의 부재, 공권력의 문란으로 야기된 폭동, 급료를 받지 못해 불만에

찬 군인들, 가뭄이나 기근으로 인한 생활고, 인구의 팽창이나 정국의 불안에 의한 경제적 불안 등이었다. 마적들은 많은 경우에 정부 관료들과도 내통하며 서로 협력하기도 하는 실정이었다. 대도회(大刀會)는 불만에 찬 산동 출신 이민자들로 구성된 일종의 마적단체였고, 단원들이 큰 칼을 차고 활동하는 이색적인 단체였다. 대도회 단원들은 처음에 총알이 자신들을 헤치지 못한다고 주장하기도 했으나 곧 이 사실이 허구임이 증명되었다. 처음에 자신들은 정부 관료가 자기들의 공격 목표이며 농민이나 상인들은 헤치지 않는다고 했으나 이러한 주장도 사실이 아니었다. 이들은 호전적이었고 주로 통화와 집안현에서 활동하였다. 1928년 1월 통화시(通化市)를 공격하여 도시를 불태우고 수백 명의 사람을 죽이는 사건이 발생하기도 했다.

서간도교회 신자들도 대도회라는 마적단체로부터 많은 피해를 입었다. 구체적인 사례들로 다음과 같은 일들이 있었다. 통화의 이춘호 집사는 이들로부터 크게 피해를 입어 노회가 나서서 도움을 주기도 했다. 김병조 목사가 시무하는 집안현 패왕조(覇王朝, 빠왕초)교회에 이들이 침입하여 김병조 목사, 박창선 장로를 위시하여 영수, 집사 등 약 40명의 교인들을 잡아가는 사건이 발생하기도 했다. 박창선 장로는 귀를 짤리는 어려움을 당하며, 교인들이 나무에 묶여 총살을 당할 위기에 처하였다. 이 때 삼성(三星)고등학교 교사 이학인이 생명의 위험을 무릅쓰고 이들을 쫓아가 대도회 단장과 담판을 벌리게 되었다. 기적적으로 대도회의 부단장(副團長)이 이학인과 신민현 문예고등학교 동창생이라는 사실이 들어나게 되어 이 부단장의 호의로 온 교인들이 무사히 살아날 수 있었다. 그러나 이 일로 인해 교인들이 수 만여 원의 큰 경제적인 손해를 보았다.[16]

---

16) 《조선예수교장로회총회 제17회 회록》 105쪽. 이학인 목사의 증언.

c. 봉표의 폭락

봉천성 내에 통용되던 봉표의 가치는 당시보다 10년 전에는 일본 돈과 동일한 가치를 지닌 지폐였다. 중국 내의 내란과 정국의 불안으로 인하여 봉표의 가치가 떨어지기 시작하여 1927년 9월 남만노회의 상납비 봉표 268원 50전은 조선 돈 50원에 해당하는 액수였다.[17] 1928년 6월에는 봉표와 일본 원과 비율은 28대 1이었는데,[18] 봉표의 가치는 더욱 하락하여 1929년 오능조 목사 가족 구제금으로 남만노회에서 모은 870원은 그해 9월 총회에 가져왔을 때 조선 돈 12원의 가치에 불과했다.[19] 이러한 상황에도 불구하고 봉천성 정부는 계속해서 돈을 찍어냈다. 관리들에게 지시하여 농민들에게 곡물을 살 때는 정부가 정한 가격에 봉표로 사고, 곡물을 외국에 팔 때는 일본 돈으로 받아서 기금을 축적하였다. 이렇게 모은 돈으로 무기를 사는 것이 봉천성 정부의 책략이었다.

농민들의 농작물 수확으로 인한 수입이 말할 수 없을 정도로 내려갔다. 처음에 상인들은 유리한 위치에 있는 것 같았으나 결국 그들도 빈털터리가 되고 말았다. 봉표의 폭락으로 인해 교회에 헌금이 줄고 전도활동이 둔화되기 시작했다. 극심한 인플레이션으로 월봉(月俸)의 액수는 점점 증가했으나 목회자들이나 전도인들이 점점 살기가 어려워져 갔다. 홍경교회 목사의 월봉이 1926년에 50원이었는데, 1927년 8월에는 300원이 되었다.

1928년 2월에는 아예 돈으로 주기보다는 쌀로 주기로 결정하는 형편이 되었다. 쌀의 양을 돈으로 환산하면 700원의 월봉에 해당하였으나

---

17)《조선예수교장로회총회 제16회 회록》51쪽.

18) *Annual Report of Hingking Station, 1927-1928*, June 9, 1928.

19)《조선예수교장로회총회 제18회 회록》46쪽.

살기는 너무나 어려운 상황이 되었다. 생활필수품들의 값이 너무나 비쌌는데, 1928년 6월에 소금 453g(1 파운드)이 3원 60전, 양고기 453g은 8원, 여관에서 한 끼 식사비가 12원이었다.[20]

d. 볼세비즘(Bolshevism)[21]

한경희 목사님께서 1927년 9월 총회에서 행한 남만노회 상황보고에서, "국경방면으로는 별(別) 사조(思潮)가 많으나 신실한 교우는 해를 받지 않을 뿐더러 신앙이 더욱 굳건하여 지오며"라고 보고했는데, 이것은 오히려 동포사회에 이미 공산주의 운동이 만연하기 시작했음을 시사하는 말이라고 할 수 있다.[22] 하지만 서간도교회는 아직 결정적인 영향을 받지 않은 것을 알 수 있다. 그로부터 수개월 후 흥경교회의 크리스마스 축하행사 때 러시아로부터 온 일단의 청년들, 머리를 어깨까지 내려오게 기른 무리들이 있었다. 이들은 행사 도중에 발언권을 요구하며, 교회의 불을 끄고 크리스마스 행사를 방해하는 등 소동을 피웠다. 볼세비즘을 신봉하는 이들은 흥경교회 목사, 장로, 선생 그리고 그날 저녁 사회를 하였던 사람들을 연행하여 구타하는 등 교회를 파괴하는 행위를 서슴지 않고 행했다. 그해 12월부터 이듬해 1월까지 6주간 계속된 흥경성경학교는 경신참변 때를 제외하고 지금까지 가장 적은 학생들이 공부하였는데, 몇 가지 이유 중 볼셰비키들의 협박이 가장 크게 작용하였다.[23]

1928년 남만노회 상황보고는 노회 내에 "신사조(新思潮)가 많은 중에

---

20) *Annual Report of Hingking Station, 1927-1928*, June 9, 1928.

21) 레닌의 지도 아래 1917년 10월 혁명을 주도한 극단적 공산주의자들의 이론.

22) 《조선예수교장로회총회 제16회 회록》 84쪽.

23) *Annual Report of Hingking Station, 1927-1928*, June 9, 1928.

도"라는 적극적인 표현을 쓰고 있다. 이는 서간도교회가 볼셰비키들의
활동으로 심한 영향을 받고 있는 것으로 생각된다. 이를 뒷받침하듯 노
회는 신진(新進) 목사인 오능조를 서간도 각 곳에 파송하여 특히 젊은이
들을 '신사조'로부터 보호하며 이들에게 전도한 것을 볼 수 있다.[24] 그
해 8월 홍경에서 개최된 노회와 사경회에 볼셰비즘 사상을 가진 젊은이
들이 나타나 선교사들을 반대하고[25] 노회에 대해서도 항거하는 일이 있
기도 했다. 그해 12월에 시작하여 6주간 계속된 홍경성경학교는 1927
년과 같이 학생들이 줄어 7명만 등록하였다. 이는 장발(長髮)의 청년들
이 돌아다니며 모든 종교를 다 반대하되 특히 기독교를 반대하는 유세
를 하고 다녔기 때문이었다. 이러한 상황에서 신자인 청년들도 기독교
의 진리는 케케묵은 과거의 사실이라는 막연한 생각을 갖게 되었고 현
대적인 주제를 다루어야한다고 생각했다. 또한 중국 청년들의 유행을
닮아, 외국인이 운영하는 학교에 다니는 것이 테러를 불러온다는 생각
으로 조선 청년들도 선교사들이 운영하는 성경학교에 등록하는 것을 두
려워 하기도 하였다.

　1929년 남만노회 상황보고는, "러시아로부터 넘어오는 무신(無神),
유물론(唯物論)의 혼잡한 사회사조가 풍미하는 중에"라고 하며 교회가
큰 파도와 같은 신사조에 밀려 허덕이는 것을 나타내고 있다. 1930년
에는 한때 신자들이 동포사회를 이끌어 가던 삼원포지역에서조차 무신
론자들이 교회 가는 신자들의 성경책을 빼앗아 던져버리는 등 행패를

24)《조선예수교장로회총회 제17회 회록》104-105쪽.

25) 선교사 국유치 목사는 일반적으로 잘 준비하여 유창한 조선말로 설교를 행했다. 그러나 일상 대화
는 좀 어눌한 점이 있었다. 국유치 목사 부부는 자녀가 없었고, 개를 기르고 있었는데, 한번은 농담을
한다는 것이 그만, "우리 집의 개는 조선사람들보다 잘 먹는다"고 말한 일이 있었다. 이 일로 인해 조선
젊은이들이 트집을 잡아 선교사 반대 운동을 일으키기 시작했으므로, 급기야 국유치 목사가 공개 사과
함으로 일단락되기도 했다.

26)《조선예수교장로회총회 제19회 회록》82쪽.

부리기도 했다.[26] 신자들에 대한 무신론자들의 행패는 볼셰비키들만의 소행은 아니었다. 어떤 지역에서는 민족주의자들의 영향권의 학교에서도 무신론, 공산사상, 혁명, 우애결혼(友愛結婚, Compassionate Marriage)을 가르치기도 했다. 이런 학교에서는 신자들의 자녀가 주일에 주일학교에 나가는 것을 절대 엄금하기도 했다.[27]

한편 서간도에서 민족주의자들과 공산주의자들의 무력적 대립은 우리 동포끼리 피 흘리는 사투(死鬪)로 이어졌다. 이러한 대립의 희생은 한경희 목사님의 가족 중에서도 일어났다. 한경희 목사님의 장남 청옥(淸玉)은 은양학교를 졸업하고 삼원포 중국인학교 및 신민현립중학교(新民縣立中學校)를 졸업한 후, 1925년 정의부(正義府)의 주선으로 광동(廣東)에 있는 황포군관학교(黃浦軍官學校)로 유학을 갔다. 이 때 공산주의 운동에 관심을 갖게 되었는데, 1927년 4월 상해 쿠데타로 인해 공산주의 운동을 할 수 없어서 삼원포로 돌아왔다. 그는 1928년부터 유하현 조선청년단에 가입하였다. 한편 아버지가 교장으로 있는 동명학교 교사로 활동하며 삼원포교회의 영수(領袖)이기도 하였다. 한청옥은 교사로 있으면서 학생들을 대상으로 공산주의 선전을 해왔는데, 이 때 아버지 한경희 목사와 심한 갈등을 빚기도 하였다. 이 때 같은 은양학교 졸업생이며 한청옥과 절친한 친구인 이학인도 교사로 일하고 있었다. 이학인이 영어와 산술(算術)을 잘 가르쳐 학생들로 인기가 있자, 공산주의 운동에 방해가 되므로 한청옥은 이학인에게 조용히 다른 곳으로 떠날 것도 요구하기도 했다.

1928년 12월 한경희 목사님이 일제 경찰에 의해 체포되자, 한청옥은 동명학교의 학감으로서 일했는데, 이제 더욱 적극적인 방법으로 학생들에게 공산주의를 선전하며 무산가(無産歌) 적기가(赤旗歌) 등을 가르쳤

---

27) *Report of Hingking Station*, June 1930.

다. 이 때 한청옥은 ML(Marx Lenin)그룹에 속하였고, 파견원 자격으로
중공당중앙에 가입한 상태였다.[28] 국민부 계통의 조선혁명군은 ML파
와 심한 불화상태에서 투쟁을 하고 있었는데, 1930년 3월 14일 밤 삼
원포 동명학교를 습격하여 한청옥과 최중희(崔重熙, 일명 朴基柱)를 총살
하였다.[29] 장남 청옥의 총살은 한경희 목사님의 가정에 큰 슬픔이었고,
당시 신의주 감옥에서 복역(服役) 중이던 한경희 목사님에게 큰 충격을
가져왔다.

1929년 서간도교회를 어렵게 한 사건들

1929년 1월 1일은 청천백일기와 국민당기가 흥경현 정부에 날리기
시작했고, 그해부터 봉천성(奉天省)이 요령성(遼寧省)으로 개칭되기도 했
다. 서간도교회의 기둥과 같은 한경희 목사님께서 1928년 말 일제 경
찰에 체포되어 1929년 3월 19일에 신의주 지방법원에서 3년 2개월의
징역형을 언도 받은 일 외에도 1929년에는 서간도교회를 결정적으로
어렵게 만든 여러 사건들이 일어났다.

1월 20일 흥경 선교기지에서 조선선교를 간접적으로 지원하던 스콧
트랜드 연합자유교회 선교사 매켄지(Alexander R. MacKenzie) 목사가 발
진티푸스(typhus)로 갑자기 사망하였다. 흥경 감옥에 수감된 중국인 죄
수들을 선교를 하다가 전염된 것으로 알려졌다. 3월 4일 매켄지 목사의
부인이 귀국하였는데, 그의 죽음으로 인한 흥경 선교기지 내의 경악과

28) 이 때 ML그룹의 오성륜, 진공목, 마천목, 박봉(朴鳳), 이용(李鏞)을 비롯하여 김산(金山, 장지락) 등
도 만주 각 지역의 파견원 자격으로 중공당중앙에 가입한 상태였다. 신주백,《만주지역 한인의 민족운
동사》(1920-1945), 262-266쪽.

29) 황민호,《한국사 연구총서 19 재만 한인사회와 민족운동》(서울:국학자료원, 1998), 135-141쪽. 한청옥
은 1972년 9월 30일 조선민주주의 인민공화국 내각수상 김일성으로부터 애국 열사의 칭호를 얻었다.

슬픔은 이루 말할 수 없었고 서간도교회 지도자들이 다같이 크게 슬퍼한 사건이었다. 3월 중에 의료 선교사 리게트(Dr. Leggate, M.D.) 박사도 옆구리에 종기(腫氣, abscess)가 나서 1달 동안 심히 아팠는데 마침 부인이 출타중이라 미국인 선교사 집에서 간호를 받으며 치료하여 회복된 일도 있었다. 선교사 현대선 목사의 딸 도로시(Dorothy Jean)가 홍역에 걸려 심하게 아파서 아들 로렌스(Lawrence)를 격리해야 하는 일도 있었다.

금두화교회에서는 20가정 이상이 발진티푸스에 걸렸는데, 온 가족이 차례대로 앓게 되었다. 이중 5명의 건장한 젊은이가 죽게 되었고 그들의 가정과 교회가 무기력하게 된 일도 있었다.

5월에는 남만노회의 신진(新進) 목사이며 장래가 촉망되던 오능조 목사가 장티푸스에 걸려 사망하였다. 불과 9개월 전에 목사로 안수 받고, 홍경교회에 목사로 부임한 지 꼭 한 달 만에 돌아가셨다. 오능조 목사의 부인은 그 해 3월에 홍경 여자성경학교를 졸업하여 부부가 모두 교회에 꼭 필요한 일꾼들이었는데, 교회와 가정이 감당하기 어려운 일이 일어난 것이었다.

오능조 목사의 죽음은 온 서간도교회의 신자들뿐만 아니라 조선의 전국교회의 지도자들이 슬퍼한 죽음이었다. 안타깝게도 어린 다섯 자녀와 젊은 부인인 유가족을 남겼는데, 아무도 이들을 돌볼 가까운 친척조차 없었다는 사실은 더욱 애처로운 일이었다. 조선장로회총회는 위로금을 거두어 유가족에 전달하여 그리스도의 사랑을 나누었다.[30]

중국 관리들도 동포교회를 어렵게 한 원인이 되었다. 이에는 복잡한 정치적 상황으로 인한 경우도 있었고 중국인 관리의 고정관념에 의한 경우도 있었다. 홍경교회에서 가장 영향력 있는 백몽량(白夢良) 장로가

---

30) 《조선예수교장로회총회 제18회 회록》 46쪽.

홍경현 경찰에 잡혀갔는데, 아무런 구속할 사유도 없이 중국 경찰은 4
개월 이상 감옥에 가두고는 공공연히 돈을 요구하는 실정이었다. 또한
구속의 이유를 단순히 일제의 사주에 의한 것이라는 사실을 은근히 밝
히기도 했다.[31] 어떤 중국 관리는 자기 관할 아래 있는 현에 속한 모든
조선인교회의 문을 닫게 하겠다고 위협하는 관헌도 있었다. 다행히도
그 관헌이 경질되어서 교회 문을 수개월 만에 다시 여는 일도 있었는데,
그 관헌의 경질은 교회로서는 큰 경사였다. 같은 해에 개원 지방에서는
홍수로 인해 동포들의 생활과 교회가 심한 어려움에 처하기도 하였다.

이와 같이 동포교회는 일제에 의해 추적 받고, 중국 관헌에 의해 핍박
받고, 볼셰비키에 의해서 유린당하고, 동족들로부터 괴로움을 당하는
등 매우 어려운 가운데 있었다. 이러한 어려운 환경 중에서도 서간도에
는 굳건한 신앙을 유지한 참된 신앙인들이 많았다. 선교사 현대선 목사
는 1929년 보고에서 그 때의 심정을 다음과 같이 밝히고 있다.[32] "지금
은 시험의 때입니다. 신자들이 가혹한 시련을 겪고 있습니다. 가짜 신자
들은 다 도망갔습니다. 우리가 기도하기는 이러한 시험을 통해서 열렬
하고 순수하며 도전적이고 두려움이 없는 우리 신자들이 되기를 기도합
니다. 그래서 만주에 거주하는 다른 조선인들 앞에 진정한 그리스도의
증인들의 공동체가 되기를 기도합니다." 선교사 현대선 목사는 시편 기
자의 기도로 그해 보고를 마치고 있다.

> 여호와여 악인이 언제까지,
> 악인이 언제까지 개가를 부르리이까?
> 여호와께서 내게 도움이 되지 아니하셨더면,
> 내 영혼이 벌써 침묵 속에 잠겼으리로다.

31) 《조선예수교장로회총회 제18회 회록》116쪽, *Hingking Station Report 1929*, June 1, 129.

여호와는 나의 요새이시요

나의 하나님은 나의 피할 반석이시라.

— 시 94: 3, 17, 22

---

32) *Personal Report of Lloyd P. Henderson 1928-1929*, Hingking, Manchuria, June 8, 1929.

제3편

복음만을 위해서

제15장

민족의 소망을 위하여

이제도 여기 서서 심문 받는 것은 하나님이 우리 조상에게 약속하신 것을
바라는 까닭이니 이 약속은 우리 열두 지파가 밤낮으로 간절히 하나님을
받들어 섬김으로 얻기를 바라는 바인데 아그립바 왕이여 이 소망으로 말
미암아 내가 유대인들에게 고소를 당하는 것이니이다(행 26:6-7)

1928년 남만의 정치, 사회, 경제적 혼란으로 인해 우리 동포들의 생
활 사정은 점차로 어려워지고 있었지만 이를 타개하기 위한 방책은 거
의 없는 상태였다. 다만 중국에 귀화입적(歸化入籍)하여 땅을 소유함으로
소작인으로서 당하는 착취 상태에서 벗어나는 것이 최선의 방책이었다.
중국에 귀화하는 것은 이제 더 이상 민족적인 자긍심을 건드리는 감정
적인 쟁점이 될 수 없었다. 이 사실을 입증하듯 남만노회 지도자들이
1929년 총회에 보고한 장래 경영의 방침은, "…교우와 민족의 생활 향
상을 위하여 농촌사업을 발전시키며 중국에 입적하고 토지를 매수하여
흩어진 민족으로 집단(集團) 체제를 일으키며…"라고 할 만큼 구체적이
고 실제적인 것이었다. 그 당시 남만의 동포사회나 교회 지도자들은 동

포들의 귀화입적을 권장하고 중국정부와 타협하여 이를 성사시키는 것을 우선적으로 노력하였다.

체포와 투옥

1928년 9월 17회 총회에 참석한 이후 한경희 목사님은 귀화한족동향회(歸化韓族同鄕會)의 간사장으로 선출되어서 동포들의 귀화입적을 위해 발벗고 나서서 노력하였다. 한경희 목사님 자신은 12년 전에 이미 중국에 귀화한 상태였다. 한편 조선인들의 귀화입적을 가장 심하게 반대하는 측은 일제였다. 조선인들이 자신들의 통제에서 벗어나는 것을 두려워하였기 때문이었다. 일제는 중국 관헌들을 통해 압력을 가하여 귀화입적을 방해하기도 하였지만, 이 사업을 추진하는 조선인 지도자들을 체포 구금함으로 이를 저지하려고 하였다.

한경희 목사님은 동포들의 귀화입적을 위해 서간도의 각 현(縣)정부를 방문하여 귀화한족동향회를 인가 받았다. 동포들의 입적 수속을 마치고 나오는 길에서 한경희 목사님은 일제(日帝) 경찰에게 체포당하였다. 한경희 목사님은 해룡현(海龍縣) 일제 경찰서에 연행되어 일차 취조를 당하셨다. 사실상 법적으로는 중국인으로 귀화입적한 상태였지만, 중국 관헌이 발 벗고 나서서 보호하는 일도 없었고, 그렇다고 일제 경찰이 중국 시민으로서 법적 지위를 인정하며 이를 존중하지도 않았다. 조선인의 권리와 지위 향상을 꾀하며 일제의 영향권에서 벗어나기를 노력하는 지도자를 핍박하여 이를 저지시키기 위해 일제 경찰은 온갖 방법을 다 동원하였던 것이다.

선교사 국유치 목사가 쓴 것으로 보이는 홍경선교기지 연례보고서는 다음과 같이 한경희 목사님이 체포된 상황을 기술하고 있다. "한경희 목사님이 일제 '경찰에 의해서 체포당했습니다. 공판을 위해 신의주로 압송되었습니다. 한경희 목사님은 12년 전에 중국 시민이 되었는데도 불구하고 이런 일이 일어났습니다. 3년 징역형을 받았는데, 이는 한경희 목사님이 자신의 민족을 위해서 학교와 교회를 조직하고 돕는 데 너무나 영향력이 컸기 때문입니다. 한경희 목사님이 담임하시던 교회는 공석으로 있는데 쉽게 그 자리가 채워질 것같이 보이지 않습니다."[1]

일제는 우리 동포들이 그들의 영향력 아래서 벗어나서 조금이라도 경제적으로 유리한 위치에 있는 것을 시기하였다. 우리의 자녀들이 일제에 의해서 조작된 역사를 배우지 않고 독립사상을 배우는 것을 질투하였고, 우리 동포들이 진리로 무장하여 불의에 대해 생명을 아끼지 않고 헌신하는 것에 대해서 두려웠던 것이다. 일제는 한경희 목사님과 같이 이러한 일을 조직하는데 부지런한 사람들을 요시찰 인물로 경계했다. 나아가서 한경희 목사님의 경우는 일제가 단지 경계만 하기에는 너무 지도력과 영향력이 컸기 때문에 체포하여 감옥에 가두기로 작정한 것이었다. 귀화한족동향회의 사업과 교회를 통한 전도활동은 처벌을 하기에 대외적 명색(名色)이 분명하지 못하여, 동명학교 교장으로서 활동을 투옥의 명분으로 삼게 되었던 것이다.

한경희 목사님 자신도 일제에 의해서 "일반 민중과 청년에게 독립사상을 선전하며 정의부 기관인 동명 소, 중학교 교장으로 있었다"는 것 때문에 징역형을 받은 것으로 말하고 있다. 공판을 위해서 1929년 2월에 신의주(新義州) 지방법원으로 압송되었다. 판결은 그해 3월 19일에 있었는데 판결문을 번역하면 다음과 같다(일본어 원문, 부록-1. 349쪽).

---

1) *Hingking Station Report 1929*, June 1, 1929

소화(昭和) 4년 형공(刑公) 제11호

판결

본적 평안북도 용천군 외상면 남시동

주소 지나 봉천성 유하현 삼원포 서문안

기독교 목사 한경희 당년 48세

위의 사람에 대하여 대정(大正) 8년 판정(判定)인 제7호 및 치안유지법을 위반한 피고 사건에 대하여 조선총독부 검사 나재승(羅在昇)이 관여하여 아래와 같이 심리 판결한다.

주문(主文)

피고인을 3년 징역에 처한다.

이유

피고인은 일찍 조선독립운동을 위하여 분주하였고, 대정 10년 8월 중에 일단 귀순하였으나 추호도 회개함이 없었다. 그 후에 기독교 목사로서 포교에 종사하면서 일방으로 중국 만주에서 조선의 독립을 목적으로 다수 사람에 의해서 조직된 정의부 기관인 삼원포에 있는 동명학교 교장에 취임하여 대정 13년 8월 이래 소화 3년 음력 6월 중순 사임하기까지 정의부에서 출판한 조선독립운동을 골자로 하는 교과서로 재학 아동들을 가르치고, 그리고 불온한 교과서를 약 1,700부를 배포하므로 위의 결사의 목적을 수행하기 위한 행위를 하였다. 안건을 심사하건대 판시 범죄 사실은 사법경찰이 피의자를 심문하여 조사서에 그 내용을 진술한 내용이 기재되어 있으므로 그 증거는 충분하다. 법률에 비추어 보건대 피고인의 판시 행위는 소화 3년 6월 29일에 개정된 치안유지법 제1조 제1항 후단에 해당하므로 정한 형벌 중에서 징역을 선택하여 피고인을 징역 3년에 처한다. 그리하여 주문(主文)과 같이 판결한다.

소화 4년 3월 20일

재판장 조선총독부 판사 혼다기미오〔本多公男〕

조선총독부 판사 사또-새이이찌〔佐藤誠一〕

조선총독부 판사 문승모〔文昇謨〕

조선총독부재판소 서기 시미스사시로-〔清水佐四郎〕

이 판결에 대해 한경희 목사님은 항소를 거절하셨다.

신의주 감옥에서 3년

신의주 감옥에서 3년 동안 복역(服役)하는 동안 많은 어려움을 겪었다. 넓은 만주를 종횡무진 활약하시던 한경희 목사님께서 감옥에 갇혀서 자유스럽지 못하게 지내는 것이 무엇보다도 답답한 일이었다. 이보다 일제 하의 감옥생활은 춥고 배고프기도 할 뿐만 아니라 인간적으로 심한 고난의 때였다.

한경희 목사님과 같은 시기에 투옥된 다른 사람의 기록을 통해서 당시의 신의주 감옥에서 사정을 알아보자. 1931년 2월 중순부터 3월말까지 《아리랑》(Song of Ariran)의 주인공 김산도 신의주 감옥에 갇혀 있었는데 그 때의 감옥 사정을 다음과 같이 이야기하고 있다. "요즈음 조선 감옥은 옛날보다 많이 좋아졌다. 1928년 이래 감옥에도 난방이 되고 있다. 또 기장과 조, 두부 혹은 때때로 쌀겨(9분도 도정 후 나오는 최하급인 쌀겨)로 만든 음식이 나왔다… 이 감옥에는 1,000명 이상이 수용되어 있었다.[2] 대부분이 만주에서 활동하던 유격대원이었다 … 감옥 식사는 형편없었으며 감방은 벌레 투성이였다."[3]

---

2) 한경희 목사님은 이 때 신의주 감옥에 약 600명의 재소자가 있다고 "약력"에 기록했다.

옥중 생활의 어려움 가운데서도 한경희 목사님은 재소자들에게 성심 성의껏 예수 그리스도를 전도했다. 옥중에는 많은 진실된 사람들이 있었고 전도를 통해서 많은 신자들을 얻었다. 한경희 목사님은 옥중에서도 수백 명의 재소자들로부터 존경을 받는 사람이 되었을 뿐만 아니라 교도소의 간수들로부터 특별대우를 받는 수감자가 되었다.

한경희 목사님께서 감옥에 수감되어 있는 동안 큰 아들 청옥이 총살을 당하는 사건이 발생하여 한경희 목사님의 비애(悲哀)를 더욱 심하게 하였다. 한편 삼원포에 남아있던 가족들도 생활이 곤란하게 되었다. 이때 식구들로는 사모님 신경원(申敬元), 첫째 며느리 장성옥(張聖玉),[4] 둘째 아들 순옥(順玉), 넷째 아들 진옥(鎭玉), 다섯째 아들 문옥(文玉) 첫째 딸 영옥(英玉), 둘째 딸 정옥(貞玉), 손녀 도순(道順)으로 전부 8명이었다. 이 당시 19세에 불과한 둘째 아들 순옥(順玉)이 가장으로서 대 가족을 부양하기에는 너무나 벅찼다. 이러한 상황일 뿐만 아니라 청옥의 사망 후 전 가족이 살해당할 우려가 있으므로 일시적으로 조선으로 귀국할 것을 삼원포의 유지들이 권유하여 온 가족이 평북 용천군 남시(南市)로 이사하게 되었다.

용천군 남시는 한경희 목사님께서 신학교 재학시절 조사로 3년간 시무하시던 곳이었기에 잘 아는 교우들이 많이 있었던 곳이었다. 또한 큰 형 한찬희가 장로로 장립하기도 하여 많은 가족들의 친구가 있는 곳이었다. 한찬희 장로의 가족은 이미 요령성 안동(安東)을 거쳐 용천군 용암포에서 여관을 경영하고 있었다. 한경희 목사님의 둘째 아들 순옥이 큰아버지의 여관 일을 도와주며 가족들은 근근이 생활을 이어가는 형편이 되었다. 신경원 사모님은 시아주버니 한찬희 댁에서 어린 자녀들을

---

3) 김산, 님 웨일즈, 조우화 옮김, 《아리랑》(Song of Ariran), 235-238쪽.

4) 장성옥은 곧 개가(改嫁)하였다.

데리고 더부살이하면서 눈치 밥을 먹고 살곤 했다. 이러한 어려운 상황에서 자녀들, 특히 큰딸 영옥을 배부르게 먹이지 못하는 때가 많았다. 그런데 한경희 목사님이 감옥에 계시는 동안 영옥이 그만 병에 걸려 제대로 치료도 받아보지 못하고 사망하자 사모님은 심한 후회로 괴로워하기도 했다.

한경희 목사님은 감옥에 갇혀 있는 시간을 육체적으로는 부자유스러웠지만 영적으로 성장하는 기회로 삼았다. 성경을 연구하고 많은 기도하는 시간을 가졌다. 경건 시간을 통해서 자신을 돌아보고 앞으로 일을 계획하였는데 한경희 목사님은 출옥하게 되면 앞으로는 교회 일만을 전적으로 할 것을 결심하였다. 먼저 신앙의 선배들의 인격을 배우며 닮아가기를 원했다. 특히 사도 바울과 같이 경건생활을 통해서 자신의 신앙과 인격을 더욱 향상시켜, 복음증거할 때 영향력 있는 사람이 되기를 원하였다. 또한 따뜻한 온정과 복음을 가지고 온 지중해 연안을 다니며 전도한 사도 바울을 닮기를 원했다. 흩어져 사는 동포들을 더욱 열심히 심방하며, 친근한 마음으로 복음을 전할 것을 다짐하였다. 뿐만 아니라 어려움에 처한 동포들을 생각하며 깊은 동정을 가지게 되었다. 곤란한 상황에 처해있는 형제자매들을 그리스도의 마음을 가지고 동정하며, 구제하는 일에 더욱 열심히 할 것을 마음속 깊이 다짐하며 기도하였다.

출옥 후 창성읍교회를 시무하심

한경희 목사님은 혹독한 일제 감옥에서도 그리스도의 종으로서 복음을 증거하며 모범적인 생활을 하였다. 이에 신의주 형무소 소장은 52일의 가석방(假釋放)을 결정하였고, 1932년 1월 29일에 출옥시켰다. 한경희 목사님은 주님의 은혜와 성도들의 간절한 기도로 약 3년간의 옥중

생활 가운데서도 건강이 과히 나빠지지 않아 감사를 드릴 수 있었다. 이
때 가족들이 모두 용천군 남시에 살고 있었기 때문에 만주로 돌아가지
않고 가족들과 합하게 되었다. 그 때 아버지와의 상면 상황을 둘째 딸
정옥(貞玉)은 다음과 같이 술회했다.

> 아버지가 출옥하신다는 소식을 듣고 온 가족과 친지 성도들이 남시(南市)
> 정거장으로 마중 나갔다. 아버지는 수염이 덥수룩하게 나신 얼굴을 하시
> 고 계셨지만 건장한 모습으로 웃으시면서 우리를 맞으셨다. 어른들과 한
> 사람 한사람 인사하시고 가장 어린 나를 덥석 안아주셨다. 나는 이 때 무
> 한한 행복감에 사로잡혔다. 그간 우리 가족에는 불행한 일이 너무 많았기
> 때문이었다. 셋째 오빠 병옥이 병으로 삼원포에서 죽었을 뿐만 아니라, 큰
> 오빠 청옥이 총살당하고 영옥 언니가 치료도 제대로 받지 못한 채 죽었기
> 때문이었다.

한경희 목사님은 출감 즉시 만주로 가서 학대받고 어려움에 처한 동
포들과 고락을 같이하고 싶은 마음이 많았다. 그러나 가족들이 이미 조
선에 와서 살고 있었고, 일제 경찰은 출옥 후 일년 동안 조선 출국을 금
지하고 있었다. 또한 친구와 친척들도 당분간 조선에 살기를 권고하여,
그해 2월 15일 의산노회에 참석하는 기회를 가지게 되었다. 의산노회
에는 많은 신앙의 친구들이 있었지만 누구보다도 이봉태 목사가 있었
다. 마침 창성읍(昌城邑)교회와 평로동(坪路洞)교회에서 목사를 찾고 있
었다. 곧 두 교회 임시목사로 시무하게 되었는데, 2월 27일 토요일에
온 가족을 인솔하여 창성읍교회에 도착하여 목회를 시작하게 되었다.
창성읍교회는 1897년에 문재범의 전도로 박병호(朴炳浩), 박신택(朴信
澤), 이봉태 등이 믿기 시작하여 창성읍 성풍동에 설립된 교회로서 한경

1930년대의 창성읍 전경. 한경희 목사님은 1932년 2월부터 1933년 12월까지 이곳에서 성도들의 '사랑의 파도' 속에서 목회를 하시며 진흥전도대를 조직하여 많은 신자를 얻고 야학과 유치원을 열어 교육을 장려하였다. 《한국민족문화대백과사전21》(성남: 한국정신문화연구원, 1991), 687쪽.

희 청년을 전도한 이봉태를 1916년 장로로 장립시킨 교회였다. 그러므로 한경희 목사님에게는 의미 있는 부름이었다. 평로동교회는 1922년 창성읍교회에서 발전적으로 분리되어 신도가 수백 명이 되고, 2,500원의 건축 헌금을 모아 교회를 건축한 모범적인 교회였다.[5] 한경희 목사님은 1932년 8월 의산노회 때에 창성읍 및 평로동교회의 위임목사로 청빙을 받고, 9월 29일 목요일 두 교회에 속한 많은 성도들의 '사랑의 파도(波濤)' 속에 창성읍교회에서 위임식이 거행되었다. 이듬해 8월 노회에서 한경희 목사님이 산군시찰부장(山郡視察部長)으로 선임되어, 삭주, 창성, 벽동군과 압록강 대안의 영외(嶺外) 지역인 관전현 지방의 교회들을 돌보시게 되었다. 어디 가시든지 전도에 열심이셔서, 한경희 목사님은 진흥전도대(振興傳道隊)를 조직하여 대장으로서 시찰 내의 각 지역을 순행하며 전도하여 많은 신자들을 얻었다.

5) 한국교회사학회편,《조선예수교장로회사기 하권》364쪽.

또한 한경희 목사님은 교육에 대한 관심도 남달라 경제적 사정으로 학교를 가지 못하는 젊은이들을 위해서 야학(夜學)을 열었다. 교회에서 경제적 후원을 하는 학교로서 교장은 강관현(姜觀鉉) 장로가 맡았다. 학교의 위치는 창성면 창성동에 있었다. 교사의 수는 한 명이었고 남학생이 7명, 여학생이 23명이었다.[6] 한경희 목사님은 어려운 환경 가운데서 배우려는 젊은이들을 격려하여 화기애애한 분위기를 조성하여 재미있게 공부할 수 있도록 주선했다.

한경희 목사님의 둘째 딸 정옥은 그 때 일을 다음과 같이 회고했다. "밤에 수업이 있었기 때문에 학생들이 마른 강냉이나 콩을 가지고 와서 쉬는 시간에 같이 구워서 나누어 먹으며 재미있는 시간을 가지기도 했다. 학생들은 우리나라 글인 한글을 배웠는데 모두들 열심히 배웠다. 그러나 늘 검은 복장을 한 순사들이 찾아와서 가택수색을 하기 때문에 나는 늘 무서웠다. 그러나 아버님은 모든 것을 주님께 맡기는 자세로 늘 태연자약하셨다."

한경희 목사님께서 시무하실 당시 창성읍교회는 유치원도 운영하였는데 그 위치는 창성면 풍동(豊洞)에 있었다. 원장은 강관현 장로였고, 여교사가 2명 있었고, 남 18명, 여 15명의 학생이 재학하고 있었다. 일년 예산이 700원 정도였고 교회 보조와 학부형으로부터 보육료를 받아서 운영하였다. 1933년에 졸업생이 남 5명, 여 2명이었는데 설립 후 총 졸업생이 남, 여 각각 15명과 7명이 있었다. 성풍동(城豊洞)에도 교회 관활의 유치원이 있었는데 최재형(崔在亨)이 원장이었고, 2명의 여교사와 남 5명, 여 22명의 학생이 재학하고 있었다. 일년 예산이 600원이었고 주로 학부형들의 기부금으로 유지하였고, 1933년 남 2명, 여 9명의 졸업생이 있었으며, 그 해까지 총 졸업생이 남, 여 각각 7명과 17

---

6) 《조선예수교장로회총회 제21회 회록》 130쪽.

명이 있었다.[7]

북만에서 부름

한경희 목사님께서 시무하시던 창성읍교회와 평로동교회는 노회에서
도 모범적인 교회였다. 발전하는 교회였고 각각 수백 명의 신자를 가진
튼튼한 교회였다. 또한 부근 여러 지역으로 전도를 나가 새로운 신자를
얻고 교회를 개척하여 전도사업이 날로 흥왕(興旺)하는 상황이었다. 교
회에서 한경희 목사님과 가족들에게 만족할 만큼 대우를 해줌으로 모두
들 부러워하는 처지였다. 그러나 목자 없는 양같이 방황하는 만주의 동
포들을 생각하며 기도하는 중에 한경희 목사님께서는 자신이 가야 할
길을 결심하고 계셨다.

한편 만주의 정치적 상황은 4년 전과는 다른 상황이었다. 1931년 9
월 18일 만주사변의 발발로 일제는 전 만주를 장악하고, 이듬해 3월 9
일 일제의 꼭두각시 정부인 만주국을 수립하여 점차적으로 만주를 손아
귀에 넣어가고 있었다. 그러나 그러한 와중에 우리 동포들의 삶은 전란
(戰亂)과 도탄(塗炭)에서 마비된 상태였다. 한경희 목사님이 시무하시던
남만노회의 1932년 상황보고는 사뭇 암울한 것이었다. "전란과 도탄에
우리 동포는 생명과 재산에 막대한 피해가 있었으나 교인만은 피해를
당할수록 믿음이 더욱 돈독하여 감을 감사하오며"라는 순교자적인 마
음으로 보고를 하고 있다.

길림성 남부 반석현 쌍거천자교회에서는 제직이며 성경학생인 최태
봉(崔台奉), 김광욱(金光旭)이 볼세비키들이 교회를 박멸하려는 것을 적
극 반대하다가, 두 제직을 포함하여 7명의 신자가 순교한 사건이 발생

---

7) 《조선예수교장로회총회 제22회 회록》 147, 151쪽.

하였다. 또한 삼원포, 대황구, 대사탄 구역의 13개 교회와 화전, 반석, 휘남현의 수십 교회의 신자들이 북산성자에 도피 중인데 약 800명이 피난민 수용소에 있다는 사실을 보고하고 있다. 보고자는 그들을 구제할 방법을 알지 못한다고 고백하는 것을 보아 사태의 심각성과 절박성을 짐작할 수 있다.[8]

또한 같은 해 10월 15일 선교사 현대선 목사가 홍경에서 아내와 자녀들을 데리러 기차역으로 가는 도중 마돌령에서 일제 군대와 중국군 사이 교전으로 인해 순교한 일도 일어났다. 이듬해 남만노회 보고는, "시국의 불안으로 각처 교우가 연선(沿線)[9] 혹은 내지(內地)로 다수 이거(移居)하였음으로 폐지 혹은 약하여진 교회가 허다하오며"라고 하여 한경희 목사님이 돌아갈 여지가 없었던 것으로 보인다.

한편 이러한 혼란 가운데서 북만 지방은 교통이 완전 두절되어 한때 소식이 끊어지기도 하였다. 1932년 총회 북만노회 보고는 노회장 김병조 목사가 참석할 수 없어 서신보고를 접수한 상태였다.[10] 전란으로 인해 한때 비적(匪賊)이 더욱 많아졌고 이로 인한 혼란이 더욱 가중된 상태였다. 그러나 점차적으로 치안이 안정되어 가고 있는 상태였다. 또한 일본 척식회사에서는 밀산 지방의 황야(荒野)를 개발하기로 결정하였고 이로 인해 동포들의 진출이 점점 많아질 것으로 예상하고 있었다.

1931년 9월 18일에 일어난 만주사변 이후에는 소련정부가 연해주에 거주하는 조선인들을 크게 박해하기 시작하였다. 또한 연해주에 식량 기근이 일어나자 많은 조선 유이민자들이 국경을 넘어 북만으로 이주해 왔다. 이와 함께 남만노회와 총회에서는 이 지역에 전도사업을 확장할

---

8) 《조선예수교장로회총회 제21회 회록》 120쪽.

9) 일제의 장악 아래에 있는 철도 연변 지역.

10) 위의 회록, 4, 15, 120-121쪽.

1933년 창성읍에서 북만으로 떠나기 전 한경희 목사님 가족. 왼쪽으로부터 한경희 목사님, 다섯째 아들 문옥, 신경원 사모, 장남의 딸 도순, 넷째 아들 진옥, 둘째 자부 김순화, 차남의 아들 원준, 둘째 아들 순옥, 둘째 딸 정옥

계획을 세우고 있는 중이었다.[11] 흥경 선교기지의 선교사 국유치 목사도 북만에 새로운 선교기지를 개시하는 것을 신중히 검토하고 있는 상태였다. 무엇보다도 한경희 목사님에게는 기독교협진회를 통해서 북만으로 이주한 서간도에 있던 많은 신자들이 있었다. 그들은 신앙의 지도자들을 부르고 있었다. 서간도에서 사역을 하던 김병렬 목사, 믿음 안에서 아들 같은 이학인 장로 등 많은 사역자들이 한경희 목사님을 기다리고 있었다. 한편 총회에서는 북만에 전도목사로 가기 원하는 사람을 구하고 있었지만 아무도 지원자가 없어 기다리고 있는 형편이었다.

  한경희 목사님은 자비로운 남편이요 아버지였다. 그러나 그가 올바른 일로 믿고 한번 결심을 내리면 아무도 막을 수 없었다. 한경희 목사님은 북만에서의 부름에 응답하셨고, 총회의 북만 전도목사 직을 기쁨으로 받아들이셨다. 신경원 사모님은 온 식구들이 추위에 견딜 수 있게 재봉

11)《조선예수교장로회총회 제22회 회록》92-93, 126-127쪽.

틀로 솜저고리, 솜바지, 벙어리장갑 등을 며칠 걸려서 만들었다. 아홉 명의 식구가 기차와 마차를 갈아타며 8일 걸려서 목릉현(穆稜縣) 팔면통(八面通)에 도착했다. 도착했을 때 온 식구는 차멀미와 추위로 녹초가 된 상태였지만 이학인 장로가 시무하시는 팔면통교회 부인전도회의 뜨거운 사랑의 환대 속에서 모든 피로를 풀 수가 있었다.

제16장

전도의 최전선 북만으로

내가 달려갈 길과 주 예수께 받은 사명 곧 하나님의 은혜의 복음을 증언하
는 일을 마치려 함에는 나의 생명조차 조금도 귀한 것으로 여기지 아니하
노라(행 20:24)

한경희 목사님께서 마지막 전도의 열정을 불태운 북만(北滿)은 당시
전도의 최전선이었다. 1929년 말부터 시작된 전 세계 경제공황은 일본
에도 예외 없이 미치기 시작하였다. 일제(日帝) 군부는 국내적 불만을
외부로 몰아내기 위해 1931년 9월 18일 만주사변을 일으켰다. 이를 통
해서 전 만주를 장악하고 이듬해 3월 9일 만주국(滿洲國)을 수립하였지
만, 아직 북만은 일제의 군사력이나 만주국 정부의 효과적 통제아래 있
지 못하였다. 그러므로 여러 무력단체의 출몰로 인해 정치적 사회적 혼
란이 심했고, 우리 동포들의 생활은 늘 불안과 위기 속에서 영위되고 있
었다. 일제의 탄압, 마적들의 출몰, 중국 관헌들의 핍박, 그리고 공산주
의자들의 횡포로 인한 우리 동포들의 삶은 긴장과 어려움의 연속이었
다. 또한 사회적 혼란도 있었는데 동령현장 장종창(張宗昌)은 세입을 늘

리기 위해 아편재배를 장려하기도 하였다.[1] 이로 인해 심지어는 신자들까지도 아편재배를 정당화하는 모순과 혼란이 팽배하였다.[2]

그러나 이러한 불합리한 상황 가운데서도 수많은 동포들이 값싼 농토를 얻어 삶의 터전을 마련하기 위해, 일제의 압박을 피해 독립운동을 하기 위해, 소련 정부의 박해를 피해서 시베리아로부터 월경해서, 또는 북만 옥야천리(沃野千里)[3]를 개간해서 돈을 벌려는 척식회사의 고용인으로 일하기 위해 북만으로 모여들고 있었다.

북만의 교회들

1931년 총회에 보고된 북만지역에 산재한 장로교회는 총 16개처에 달했다. 목릉현에는 마도석(磨刀石), 구참(九站), 팔면통(八面通) 및 흥원진(興源鎭)교회,[4] 동녕현에는 고안촌(高安村)교회, 밀산현에는 상선구(上船口), 하심통(河深通), 일작모(一作毛), 신성촌(信聖村), 대성촌(大成村), 신한촌(新韓村) 및 태평촌(太平村)교회, 호림현에는 칠리(七里) 심무림동(沁武林洞) 및 한성촌(韓成村)교회, 요하현에는 달대하(達大河) 및 사평산(四平山)교회가 있음을 보고했다.[5] 한편 같은 해 선교사 국유치 목사는 북만에 28개 교회가 있으며 선교사들이 거의 다 방문한 적이 있다고 보고하고 있다.[6] 북만 각 처의 교회는 당시에 난무하는 무력횡포로 인하여 건

---

1) 한국독립운동유공자협회,《중국동북지역한국독립운동사》366쪽

2) *Hingking Station Report*, 1929.

3) 끝이 없이 넓은 기름진 땅.

4) 최재화(催載華) 일명 최묵(催默) 목사가 1928-1931년 사이에 시무하였다. 김남식,《백은 최재화 목사의 생애》(서울:성광문화사, 1981), 161-168쪽.

5)《조선예수교장로회총회 제20회 회록》201-202쪽.

6) Welling T. Cook, *Annual Report of Sinpin Station*, June, 1931.

실하던 교회가 하루아침에 살아지는 일이 빈번하였다. 이러한 사실을
감안할 때 북만의 장로교회를 개 교회로 관찰하기보다는 1932년 북만
노회가 설립되던 때를 기준 1) 중동선(中東線) 동부지선(東部支線) 지방인
목릉, 동녕현을 중심한 지역, 2) 밀산현을 중심한 지역, 3) 가장 변방인
호림(虎林), 요하(饒河), 수원현(綏遠縣)[7] 지역에 있는 교회로 나누어 생각
하는 것이 전체를 살피는데 가장 좋은 방법으로 생각된다.

목릉, 및 동녕현 지역의 교회들

목릉현에서는 1914년 한경희 목사님의 북만 일차 전도여행 때에 이
미 목릉교회와 팔면통교회가 설립되었다. 그 후 1918-1920년 평북노
회 파송으로 백봉수 목사가 이곳에서 전도활동을 하여 괄목할 만한 발
전을 하였다. 1923년 평북노회는 김숙제(金肅薺) 목사를 파송하여 목릉
현 여섯 교회에 위임목사로 세워 이 지역교회 발전을 가져왔다.[8] 1925
년에는 도제직회(都諸職會)가 처음으로 조직되어 지역교회 발전의 견인
차 역할을 하였다. 같은 해 김숙제 목사가 목능, 마교하, 팔면통 외 한
교회의 위임목사로 시무하였고, 다른 교회들은 시베리아 선교사 최일형
목사가 3-8월까지 전도목사로 섬겼다.[9] 이 때까지 중동선 지방은 시베
리아노회 소속이었으나 국경을 지나다니기가 점차 어려워지자 1926년
부터는 남만노회 소속으로 변경되었다.

---

7) 이 당시의 조선예수교장로회총회록를 위시한 대부분의 문서에는 유원현(綏遠縣)으로 표기되어 있
다. 또한 1929년 이 지역을 방문한 선교사 현대선 목사도 유원(Yuwon)현으로 기록하였다. 이 사실은
조선인들과 선교사들이 유원현으로 발음한 것을 뒷받침 한다. Hingking Station Report 1929, June
1, 1929. 같은 맥락에서 이 당시 동아, 조선일보도 수분하(綏芬河)를 유분하(綏芬河)로 표기하였다. 그
렇지만 수원현이 올바른 표기로 생각되며 이와 같이 이 책에서 표기하였다.

8) 한국교회사학회편,《조선예수교장로회사기 하권》82-107쪽.

9)《조선예수교장로회총회 제14회 회록》35쪽.

흥개호. 소련의 박해를 피해서 많은 동포들이 말썰매를 타고 흥개호를 넘어 중국으로 왔다. 한겨울 얼음이 1.5~1.8m 두께로 언다. 한밤중 별자리만 보고 달리는데 졸다가 아기를 떨어뜨리면 찾을 길이 없었다. Welling T. Cook, Annual Report of Sinpin Station, June, 1931. 사진 촬영 2004년 4월 5일: 아직 일부 얼음이 녹지 않았다.

　집안현 패왕조교회에서 시무하시던 김병조 목사는 1928년 팔면통교회의 초빙을 받아 이주(移住)하면서 삼성학교 교사 이학인을 동반하여 팔면통에 교회 소속의 신일소학교를 설립하는 등 교회 발전에 기여하였다. 김병조 목사는 북만노회가 1932년에 창립되었을 때 초대 노회장으로 선임되는 등 북만교회의 지도자로 일했으나, 1933년 4월 평북 용천군 양서면 동상, 북평, 신서교회의 담임목회자로 전임하고 말았다.[10]

　성리(城裏, 챙리)교회는 팔면통교회에서 분립된 교회였는데 교회 내에 최묵(崔默) 목사의 지도로 유치원을 설립하여 동포 사회에 기여하였는데, 보모가 2명, 학생 수는 44명이었고 일년 예산은 500원에 달했다.[11] 한편 권중여(權重興) 목사가 1927년부터 동녕현 지방에 전도목사로 와

---

10) 김형석, 《일재 김병조의 민족운동》(서울:남강문화재단 출판부, 1993) 52~54쪽.《조선예수교장로회총회 제21회 회록》129~121쪽.

11)《조선예수교장로회총회 제18회 회록》94쪽.

서 봉쇄했던 교회를 수리하여 열고 밀산현까지 사역을 담당하였다. 그 후 권중여 목사는 목능, 밀산 서편, 의관, 발리, 화원 등지 교회까지 사역을 확장하여 북만교회 발전에 많은 기여를 하였다.[12]

홍경 선교기지의 국유치, 현대선 목사도 1927년부터 매년 각자 혹은 두 사람이 같이 북만교회들을 방문하여 조선 신자들을 위로하고 격려하였다. 두 선교사들은 북만 소재의 28개 교회를 거의 다 방문하였고 동기(冬期) 사경회를 정기적으로 개최하여 북만교회 발전에 이바지하였다. 1931년 2월에는 선교사 국유치, 현대선, 권세열(權世烈, Francis Kinsler) 목사가 팔면통교회에서 사경회를 개최하였는데, 300명 이상의 신자들이 참가하여서 선교사들이 오히려 도전을 받는 시간이 되기도 하였다. 이 방문을 통해서 세 선교사들은 홍개호(興凱湖)까지 방문하며 밀산현 지역의 교회들도 방문하였다. 이 여행을 통해서 국유치 목사는 북만교회 신자들의 약 1/3이 남만에서 온 사람들인 사실을 알게 되었다고 전했다.[13]

밀산현 지역의 교회들

밀산지역은 일찍이 일제의 영향력을 벗어나서 독립운동을 목적으로 또는 러시아의 혁명으로 인하여 혼란과 핍박을 피해 모여든 많은 동포들이 거주하였다. 한경희 목사님은 1914년 일차 전도여행 때에 백포자(白泡子) 및 십리와(十里窪)에 이미 교회를 설립하여 신자들의 신앙을 지도하였다. 권중여 목사는 1927년 북만에 전도목사로 파송되어서 동녕현과 목능현 지역의 교회뿐만 아니라 밀산 서편의 각 교회와 의관, 발리(勃利),

---

12) 《조선예수교장로회총회 제16회 회록》 23쪽. 《제17회 회록》 59쪽. 《제18회 회록》 69쪽. 《제19회 회록》 12쪽. 《제20회 회록》 67-68쪽.

13) Welling T. Cook, *Annual Report of Sinpin Station*, June 1931.

화원 등의 광범위한 지역의 교회를 돌보며 새로운 교회를 설립하였다. 북만지역에 목회자의 파송 요청은 더욱 요구되었고, 1930년부터는 남만에서 사역하던 김병렬 목사도 파송을 받아 밀산지역의 네 교회를 돌보며 새로운 교회를 개척하기에 이르렀다. 김병렬 목사는 1931년 북만 노회 조직의 책임을 총회로부터 부여받았고 이듬해 팔면통교회에서 첫 노회를 소집하였는데, 이 때 김병조 목사가 초대 노회장으로 선임했다.

호림, 요하, 수원현 지역의 교회

호림(虎林), 요하(饒河), 수원현(綏遠縣)은 당시의 행정구역으로는 길림성의 가장 동북쪽 지역에 위치하고 있었다. 1921년 자유시 사변[14] 이전 이미 많은 동포들이 이 지역으로 진출하고 있었다. 1920년 시베리아노회 보고에 의하면 요하현과 수원현에 설립된 동포교회의 현황을 언급하고 있다. 이 보고는 당시 수원현 교회에 영수 1인, 집사 2인, 세례인 69, 학습인 30, 원입인 41, 남녀 학생 39인이 있으며, 요하현 교회에 집사 1인, 세례인 11, 학습인 3 있음을 기록하고 있다.[15] 이듬해 보고에는 러시아 내의 동포교회에서 만서(滿西)전도회[16]를 조직하여 중국 영토 내의 수원, 요하현 지방과 우수리강 대안의 러시아령 내의 안반 및 다반 지방의 전도를 시작하였음을 알 수 있다. 요하현 지방에서는 전도인 차만여와 김홍순이 협력하여 500여 신자들을 인도하고 있음을 보고하고 있다.

---

14) 러시아의 알렉세프스크(자유시)에서 1921년 6월 러시아의 적군(赤軍)에게 독립군들이 무참히 학살 당한 사건. 김준엽, 김창순, 《한국공산주의운동사 1》 302-329쪽.

15) 《조선예수교장로회총회 제9회 회록》 42-48쪽.

16) 만서전도회는 연해주에 있는 교회에서 서쪽 지방, 즉 하바로스크, 안반, 다반과 중국령의 수원(綏遠, 유원), 요하, 호림현에 거주하는 동포들을 전도하기 위한 단체였다. 남감리회에서 먼저 시작했으나 곧 장로교도 만서전도회를 조직했다. 차만여는 경제적 어려움으로 남감리회에서 조사가 되어 김홍순을 도우며 교회를 돌보았다. 《조선예수교장로회총회 제10회 회록》 32-36쪽.

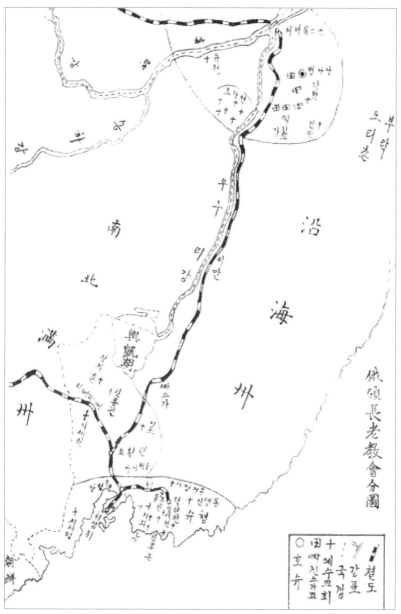

러시아와 만서(滿西)지방 교회 지경도. 1921년 요하, 수원(綏遠, 유원)현 지방에 7개 교회가 있음을 나타내고 있다. 《조선예수교장로회총회 제10회 회록》 88쪽

총회의 파송을 받은 강두송(姜斗松) 목사는 전도인 안도필과 1920년
11월부터 이듬해 4월까지 연해주(沿海州)뿐만 아니라 만주 요하현, 수원
현 및 오소리강 대안의 소련 땅에 속한 다반, 안반, 하바로스크를 순행
하며 동포 교회들을 보살폈다. 이 때 요하현 및 수원현에 7개 교회의 존
재를 보고하며 교세를 1921년 총회에 다음과 같이 보고하였다.[17]

1921년 요하 및 수원현 내의 교회와 교세

교회명칭	요하성내	중리	대흥동	수청촌	다반촌	사평산	삼십팡디
장로				2			
조사					1	1	
영수			1	1	1	1	
집사			2	2	2	2	
권찰			4	4	2		
전도							
세례인		2	11	13	8	6	
세례인 합	1	2	11	56	8	30	
소아세례				33			
학습인	3	13	14	16	18	17	
원입인	24	11	9	3	28	3	
교인 합	28	26	34	108	54	50	
예배당				1		1	
학교	1			1			

1922년 총회에서 파송한 최흥종 목사는 길이 막혀 요하현 및 수원현
지방을 순행하지 못했지만, 1923년에는 요하현 및 수원현 지방을 순행
하여 사평산교회에서 10일간 성경공부를 인도하며 어른 23인과 유아
7인에게 세례를 베풀었다. 농산동에서는 일주일을 머물며 13인에게 세

17) 《조선예수교장로회총회 제10회 회록》 33-35쪽.

례를 베풀었다. 대흥평에서는 2인에게 세례를 주고, 4인에게 학습을 세움으로 교회를 설립하였다. 대평동에서는 3인에게 세례를 주고, 19인에게 학습을 세우고 직분도 개선하였다. 또한 사평산에 새로운 학교를 설립한 소식도 전하고 있다.[18]

　1924년에 오순형(吳舜炯) 목사는 4월 7일부터 5월 1일까지 만서(滿西)지방 순행을 하여 수원현 지방의 교회에 대해서 자세하게 보고하였다. 동성촌교회는 교인이 55명이며 학교도 있었다. 남자 11명, 여자 5, 유아 6명에게 세례를 베풀고, 남자 7명, 여자 3명에게 학습을 세웠으며, 6명의 새 신자를 얻었다. 또한 교회의 직분을 세웠는데, 영수 1명, 집사 남 3명, 여 1명, 권찰 남 2명, 여 1명의 직원을 선정하였다. 태평촌교회는 교인이 73명이며 학교도 있었다. 남자 17명, 여자 7명에게 세례를 베풀고, 남자 3명에게 학습을 세우기도 하였다. 성례를 거행한 후 영수 1명, 집사 2명, 권찰 남 1명, 여 1명의 교회 직원을 세우며, 새 신자 1인을 얻기도 하였다. 대성동교회의 교인은 120명이며, 학교도 있었다. 남자 4명, 여자 8명, 유아 4명에게 세례를 베풀고, 남자 9명, 여자 2명에게 학습을 세웠으며 새 신자 14명을 얻었다. 영수 2명, 집사 남 4명, 여 2명, 권찰 남 2명, 여 2명의 교회 직원을 세웠다. 대흥평교회는 원래 100여 명의 교인이 있었으나 마적의 침입으로 흩어져 43명의 교우만 남게 되었다. 남자 7명, 여자 2명에게 세례를 베풀고, 남자 1명, 여자 1명에게 학습을 세우며, 집사 2명, 권찰 남 1명, 여 1명의 직원도 선정하였다.[19]

　오순형 목사는 같은 해 7월 18일부터 8월 27일까지 순행을 통해서 노령(露領)인 어르진깔도에서 오소리강 맞은편에 있는 신흥동을 방문하

---

18) 《조선예수교장로회총회 제12회 회록》 93-94쪽.
19) 《조선예수교장로회총회 제13회 회록》 85-86쪽.

고 신자 4-5가정을 심방하고 격려하였다. 거기서 약 70리 떨어진 동성촌을 수개월 만에 다시 방문했는데 교인들이 '여전[20]' 하였으며 한 부인에게 세례를 베풀었다. 태평촌교회는 교인이 대단히 감소했으나 남은 교인은 열심히 있었고, 남자 1명에게 세례를 베풀었다. 대흥평교회는 '여전' 하였고, 남자 1명에게 세례를 베풀었다. 대성동교회는 '여전' 할 뿐 아니라 신자들이 열심히 교회를 위하여 봉사하여 1명의 장로를 선정하였고, 남자 7명, 유아 1명에게 세례를 베풀고, 남자 2명에게 학습을 남자 2명에게 원입을 세우기도 하였다. 대성동교회에서 백 리 되는 곳에 있는 대가하는 무인지경(無人之境)인 곳에 있었는데 이틀 만에 도착하니 교인 9명밖에 없었다. 그러나 목사가 처음 왔다고 하여 교인들의 환영과 기쁨은 대단하여, 마치 90명 이상이 반기는 것같이 느꼈다. 남자 6명, 여자 2명에게 세례를 베풀고 1명의 집사를 선정하였다.[21]

이와 같이 수원현 및 요하현 같은 길림성의 최북단에도 이미 동포들이 진출하였고, 동포들이 있는 곳에 신자들이 교회를 설립하여 예배를 드리고 있었다. 이들에게 전도자들은 그리스도의 복된 소식을 전하며 평화와 기쁨의 소식을 가지고 오는 '아름다운 발들'이었다. 전도자들의 방문은 신자들에게 힘을 실어주었고, 약한 신자들의 신앙을 북돋아주었다. 나아가서 예배당을 설립하고 신자들이 지역 전도에 더욱 힘쓰는 계기가 되었다. 이와 같이 전도자들의 방문은 그리스도의 몸된 교회가 그 사명을 다하는데 활력소가 되었던 것이다.

1926년부터는 전도자들이 러시아와 중국 국경을 넘어 다니는 것이 더 이상 쉬운 일이 아니게 되었다. 이로 인해 요하현 및 수원현 지방이

---

20) '여전(如前)하다'는 '전과 같다'는 의미를 가지고 있으나, 오순형 목사는 어려운 환경에 처해있는 교회가 약해지지 않고 교회의 사명을 다하고 있다는 긍정적인 의미로 이 단어를 사용한 것으로 보인다.

21) 위와 같은 회록, 87-88쪽.

남만노회 관할로 넘어가게 되었다. 그러나 남만노회로서는 목릉현과 밀산현 지방 이상 전도인을 보낼 형편이 되지 못했다. 그러나 1929년 4월 17일부터 5월 28일까지 선교사 현대선 목사는 선교사로서는 최초로 최북단의 수원현, 요하현 그리고 호림현의 교회를 6주간에 걸쳐 방문함으로 이 지역 전도에 큰 역할을 하였다. 이 당시 순회 방문 후 선교사 현대선 목사는 다음과 같이 보고하였다.[22]

길림성의 가장 동북쪽 끝에 있는 현(縣)들을 방문하면 이 땅에서 조선인들이 못가는 곳은 없고 땅을 일구어 살아가지 못하는 곳은 없다는 사실을 실감하게 된다. 수원, 요하, 호림현에 1,000세대 이상의 조선인들이 있다. 여기에 정착한 대부분의 사람들은 시베리아의 연해주(沿海州)에 살던 사람들인데, 원래 함경도에서 온 사람들이다. 그들은 지난 10년간에 러시아가 공산국가로 됨으로 악화된 상황을 벗어나서 오소리강을 건너 산림을 개간하고 잡초밭을 비옥한 땅으로 바꾸어왔다.

8개의 교회가 있는데 성도들이 20-150명 사이인데, 각 교회마다 소학교를 설립하여 자녀들을 가르치고 있다. 수명의 조선인 목사들이 이곳을 방문하였지만 2년 전까지 만해도 이곳에 거주하는 목회자가 없었다.[23] 재정적인 지원도 없었고 훈련된 지도자도 없었지만 이곳의 신자들은 지금까지 믿음으로 잘 견디여 왔다. 극히 추운 겨울, 마적들의 습격, 귀찮게 돈을 요구하는 관리들의 압력에도 불구하고 신앙을 지켜왔다. 어떤 마을에는 200

22) *Hingking Station Report 1929*, June 1, 1929. *Personal Report of Lloyd P. Henderson*, Hingking, Manchuria, June 8, 1929.

23) 2년 전부터 거주하는 목사는 목능, 밀산 서부 지방의 권중여 목사, 밀산 지방의 김병렬 목사를 지칭하는 것으로 아직 수원, 요하현에는 거주하는 목회자가 없었고, 호림현 칠리 심무림동에 김현점(金鉉漸) 목사가 있었다. 그러나 김현점 목사와 현대선 목사가 서로 만난 것으로 보이지 않는다.

명이나 되는 마적들이 6개월 동안에 14번이나 와서 단원들과 말들이 먹을 것을 요구할 뿐 아니라 그들이 보기에 값나가는 것이라고 생각하면 무엇이든지 약탈해갔다.

어려운 환경 가운데서도 각 교회가 학교를 운영하고 있었지만, 이중 가장 규모를 갖춘 학교로는 호림현 7리(里) 심무림동(沁武林洞)에 숭신(崇信)학교였다. 교장 김현점(金炫漸) 목사와 3명의 교원들이 있었다. 보통과 학생수가 60명에 달했고, 2명의 졸업생을 배출하였다. 고등과 학생도 6명이 있었고, 1929년에 수입은 886원 40전이었지만 지출은 921원 34전으로 재정의 어려움을 겪기도 했다.[24]

수원, 요하, 호림현 지방은 북만에서도 가장 어려운 전도지역이였다. 생존하기에도 심히 불편한 극한 추위, 동포들이 황량하고도 광범위한 지역에 흩어져 살기 때문에 심방의 어려움, 치안의 부재로 인한 빈번한 마적의 출몰, 이웃 러시아에서 일어난 공산혁명으로 인한 사상적 혼란과 박해 등으로 인해 목회자로서 사역하기 가장 어려운 지역 가운데 하나였다. 그러므로 수년간 총회에 전도 목사 요청이 있었지만 이 지역으로 선뜻 나서는 지원자가 없었다.

그런데 1929년 11월부터 가장 어려운 지역을 여자 전도사인 한가자(韓佳子)[25]가 담당했다. 한가자 전도사는 처녀로서 목숨의 위험을 무릅쓰고 수원현, 요하현 및 호림현 지방 4백 리를 종횡무진 다니며 10여 처의 교회를 신설하기도 했다. 1931년 총회 전도부 상황보고에 의하면 한가자 전도사가 맡은 수원현, 요하현 및 호림현 지역에 교회가 21개이며 총 교인 수는 미상이었다. 그러나 새로운 신자가 위의 3현에 100여 사람이며, 새로운 교회가 1곳, 새로 믿는 사람이 많아 성경 찬송가를 구

24) 《조선예수교장로회총회 제18회 회록》 86쪽.

할 수 없다는 정도였다. 교회마다 신자들이 만나면 감사의 눈물로 서로 떠나기를 아쉬워하는 사랑과 믿음의 교제가 넘치는 초대 교회와 같은 곳이었다.[26] 만주사변의 와중에서도 한가자 전도사의 1932년 전도보고에 의하면 세 현 지방에 신자의 총수가 921명으로 집계되었고, 다대하교회는 3백원의 경비를 드려서 새 예배당을 건축하였다.[27] 그러나 한가자 전도사는 신병으로 인해 1933년부터는 중동선 지방 목능현 지역으로 사역지를 옮기게 되었다. 이러한 상황에서 수원, 요하 호림현의 광활한 지역에 흩어져 있는 동포들을 순회하는 목회자가 없었고, 그들은 전도자의 방문을 애타게 기다리고 있었다.

한경희 목사님의 북만 사역

한경희 목사님 가족들은 양력으로 1934년 1월경(음력 1933년 12월 말)에 창성을 떠나 8일 만에 목능현 팔면통에 도착하였다. 이 때가 마침 노

---

25) 한가자 전도사는 1898년 함경북도 회령 출신으로 어려서 부모를 따라 시베리아 연추(煙秋)에 가서 정교회에 입교했었는데, 1922년 김익두 목사가 부흥회를 인도할 때 많은 은혜를 받고 장로교로 개종했다. 이어 전도사가 되어 일생을 전도사업에 바치려하자 부모에게 쫓겨나게 되었다. 원산 소재 여자 신학교(후에 마르다 윌슨 신학교)를 졸업하고 1926년부터 장로교 총회의 시베리아 전도사로서 최흥종 목사와 같이 사역을 했으나, 1927년부터는 전도목사의 파송이 불가능해지게 되었다. 그러나 조금도 개의치 않고 목사 없이 전도사역을 감당했다. 박병문 조사와 같이 바 멧첼리를 순회하며 조직 교회 8처, 미조직 교회 7처, 예배처소 7처와 약 900명의 교인들을 돌보고 있었다. 공산주의자들의 박해가 심해져서 1929년 11월 많은 신자들과 같이 피신하여 북만으로 사역지를 옮겼다. 1933년부터는 중동선 지방으로 사역지를 옮기어 부인전도회의 활성화와 북만 여자성경학교 건립을 위해 조선에 가서 3,000원이라는 거금을 모금하기도 했다. 팔면통교회 이학인 장로는 한가자 전도사의 권면과 도전으로 신학교를 시작하고 목회자가 되었다. 1937년에는 불치의 병으로 함흥 제혜병원에서 치료를 받고 있었는데 총회에서는 위로금을 보내기도 하였다. 한국인명대사전, 신구문화사, 1976, 985쪽.《조선예수교장로회총회 제15회 회록》26쪽.《제16회 회록》41, 70쪽.《제17회 회록》32, 36쪽.《제18회 회록》39, 69쪽.《제20회 회록》60쪽. 제26회, 27쪽.

26)《조선예수교장로회총회 제20회 회록》67-68쪽.

27)《조선예수교장로회총회 제21회 회록》15쪽.

회가 모이는 시기여서 한경희 목사님을 강사로 도사경회(都査經會)가 5
일간 열렸다. 노회 내의 여러 지도자들뿐만 아니라 많은 신자들이 이미
한경희 목사님을 잘 아는 터라 화기애애한 분위기 가운데 진행되었다.
또한 사경회 후에 열린 노회에서 한경희 목사님을 부회장으로 선임하였
다. 팔면통교회 부인전도회가 주최한 환영회를 마치고 목적지인 밀산현
평양진(平陽鎭)에 말이 끄는 수레로 도착하여 여장을 풀고 주택을 정하
였다. 그 때의 삶을 한경희 목사님의 둘째 딸 한정옥 권사는 다음과 같
이 말하고 있다.[28]

조선 사람들은 대부분 농사를 짓고 살았는데 부락 둘레에 토성[29]을 쌓고
살았다. 마적들이 너무 많아 하루하루 공포 속에서 떨며 살았다. 밤에 마
적이 온다 하면 우리 어머님은 아껴 쓰시던 자봉침과 어린 자녀들을 데리
고 밭고랑에 숨었는데, 우리는 어머니 치마 자락을 붙들고 떨다가 날이 새
면 집으로 들어가곤 하였다. 이러한 공포 속에 살다보니 넷째 오빠 진옥은
밤에 자다가 '도적이야' 하고 잠꼬대를 가끔 하곤 해서 가족들을 더욱 놀
라게 했다. 그 때는 모든 동포들이 신자든 아니든 한 형제요 서로 사랑이
넘쳤다. 그곳 주민들은 우리 목사 가족을 천사처럼 대해주었다. 처음 갔을
때 집집마다 우리가족을 초대해서 음식을 대접하였다. 많은 동포들이 러
시아에서 이주해 온 사람들이어서 평소에도 러시아말을 많이 썼다. 아버
님은 그곳에서도 소학교를 설립하고 야학을 열어 조선말을 가르치고 교육
하였다. 소학교에는 나이 많은 사람들도 있었다. 둘째 오빠 순옥은 소학교
선생으로서 가르치기도 했다.

28) 이정옥, 〈한인노인신보〉(Los Angeles) Vol. 5, No. 3, Mar./Apr. 1997. 8. 16쪽.
29) 이 지방에서 토성을 쌓은 목적은 수전(水田)으로부터 물이 넘치는 것을 방지하고 도적의 침입을 방
지하기 위해서였다.

밀산에서 사역

한경희 목사님은 먼저 평양진(平陽鎭)에 교회를 설립하였다. 1934년 1월 21일 주일에 신자 및 불신자 60여 명이 모여 예배를 드림으로 교회를 시작하였다. 신자든 불신자든 어려운 가운데 있는 동포들을 도우려는 한경희 목사님의 진실된 마음을 알고 오히려 한경희 목사님을 격려하며 모두다 열심히 교회를 도와 교회는 곧 발전하였다. 또한 평양진을 중심하여 가까운 거리에 있는 선구촌(船口村),[30] 하심촌(河深村),[31] 대성촌(大成村),[32] 대흥촌(大興村)[33]에도 교회를 설립하고 순회하며 예배를 인도하였다. 가는 곳마다 한경희 목사님은 큰 환영을 받았고, 동포들은 한경희 목사님의 진정한 동포애에 감격하였다. 2월 4일에는 사강(沙崗)[34]에도 교회를 설립하였다. 2월 14일부터는 당시까지 설립한 여섯 교회를 중심으로 20일간 특별 진흥(振興)전도를 실시함으로 다시 한번 각 교회가 부흥하는 결과를 가져왔다.

이렇게 평양진을 중심하여 전도의 분위기가 조성되고 교회가 발전하자 목릉현의 교회들이 한경희 목사님을 특별히 초청하여 진흥전도를 실시하였다. 한경희 목사님은 이 초청에 응하여 3월 15일부터 목릉현 8교회를 20여 일간 순회하며 특별전도를 실시하여 많은 결실을 가져왔다. 그 후에 계림촌[35]과 향양촌[36]에도 교회를 설립하였다. 이와 같은 한

---

30) 선구촌은 현재 진흥촌(進興村)이라고 불린다.
31) 현재 위치가 알려지지 않고 있다.
32) 밀산현 대성촌.
33) 대성촌의 이웃이 되는 마을.
34) 밀산현 사강.
35) 현재 계동현(鷄東縣) 계림조선족향.
36) 현재 계동현(鷄東縣) 향양진(櫸陽鎭).

경희 목사님의 밀산현 전도사역은 같은 해 9월 7일부터 평양서문밖교회에서 개최된 제23회 총회 전도부 보고에서 상세하게 보고되었다.[37]

1934년 한경희 목사님 북만 사역 현황

종목 \ 교회		대성촌	선구촌	하심촌	대흥촌	평양진	사강	계림촌	향양촌	합계
장로		4	1							5
영수		2	3	3	3	2	1			14
집사	남	7	6	5	4	3	2			27
	여	3	4	2	2	1	1			13
권찰	남	4	4	3	2	1	1	2	2	19
	여	4	4	4	2	2	1	1		18
주교선생	남	11	10	9	8	4	1	1	1	45
	여	12	12	10	9	7	1			51
세례인수	남	61	61	30	19	17	5	3	2	198
	여	72	64	32	20	19	6	3	2	218
유아세례	남	37	23	17	9	3	2	2		93
	여	32	22	12	10	2	1			79
학습인	남	10	7	5	2	2	2	2		30
	여	9	8	7	10	1	2			37
원입인	남	26	18	9	11	5	3	4	4	80
	여	19	13	11	15	6	3	5	4	76
유년부	남	37	36	35	23	20	8			159
	여	38	37	36	20	20				151
신입인	남	26	18	9	11	5	3	4	4	80
	여	19	13	11	15	6	3	5	4	76
장년부	남	91	71	51	37	11	6	7	4	278
	여	97	82	60	30	15	6	7	3	300
전도회	남	30	32	13	10					85
	여	41	39	25	17	13	11			146
진흥대원		27	20	15	10	8				80
면려소		57	53	45						155
면려청		47	50	23	20					140
소학교생도		81			40					121
야학생수		42	37	21	30					130
경비		1235.00	497.00	225.00	535.00	93.00	22.00	12.00	5.00	2624.30

---

37)《조선예수교장로회총회 제23회 회록》109-110쪽.

대성촌은 4명의 장로와 약 200명의 장년부, 활발한 주일학교, 야학교가 있는 역동적인 마을로 '예수촌' 이라고도 불렸다. 비적의 침입으로 13명이 피살되고 6명이 중상을 입고, 14인이 잡혀갔다. 만주에 거주하는 동포들의 삶은 이와 같이 바람 앞에 등불같이 불안정했다. 그러나 진실한 신자들은 이와 같은 상황에서도 복음을 통해서 위로받고 살았다. 대성촌에는 지금도 거듭난 신자들이 있어 예배처소가 있다. 2004년 4월 5일 촬영

한경희 목사님는 가시는 곳마다 교육의 중요성을 강조하시고 학교를 설립하여 배움의 문을 여셨다. 동포 사회의 지도자들을 격려하시고 학교를 설립하고 운영하도록 설득하셨다. 두 곳에 교회 소속의 소학교가 있었는데, 대성소학교는 밀산현 하북왕가소과(河北王家燒鍋) 대성촌에 설립되었고, 교장 김홍순(金弘淳) 장로 외에 2명의 남자 교원이 있었다. 보통과 학생 중에 남자가 45명, 여자가 36명이었다. 일년 예산은 800원이었다. 대홍소학교는 대홍촌에 있었고, 교장 한태섭(韓泰燮) 외에 2명의 남자 교원이 있었다. 보통과 학생 중에 남자가 24명, 여자가 16명이 있었다. 일년 예산은 600원이었다. 두 학교의 신앙교육은 한경희 목사님이 맡았다.[38] 이 외에도 소학교에 다닐 수 없는 형편에 있는 사람들을 위해 대성촌, 선구촌, 하심촌, 대홍촌, 평양진에 야학(夜學)을 열었다.

---

38) 《조선예수교장로회총회 제23회 회록》 91쪽.

한경희 목사님은 교육이야 말로 진정한 조선의 독립을 이루는 길이라고 생각하셨고, 교육을 통해서 하나님의 말씀을 분명하게 가르치는 장로교의 전통을 귀한 것으로 생각하셨다.

북만의 조선인 유이민자들은 대부분 수전(水田)에 종사하였기 때문에 물길과 사투를 벌려야 했다. 마을 둘레를 둑으로 쌓아 물을 막아야 하기도 하였다. 물길을 막으면 터져나가고, 온 마을의 남녀가 힘을 합하여 다시 막으면 또 터져나갈 때 그들은 하나님 앞에 엎드려 기도하고 다음과 같은 노래를 불렀다.[39]

대성촌 수복가(水洑歌)[40]

송하강 물결의 힘은 산같이 높아도 하나님의 능력 못 당하리라
우리들은 하나님의 자녀가 아니냐? 힘써하면 못할 것 없도다.
돌을 날라 쌓아라 버들을 깔아 놓아라. 낙심 말고 일합시다.
주의 능력이 같이 합니다. 홍해바다 육지같이 갈라 세우시고
이스라엘 사람들을 건너가게 하신 후에 뒤따르는 장병들이 다가서자
물길 막이들 같이 터졌도다. 어서 빨리 막읍시다.
우리의 바라고 바라는 이상 낙원이 눈앞에 어름어름 보인다.

총회에서 활동

한경희 목사님은 총회 전도부 소속의 북만 전도목사였기 때문에 1934년 9월 7일부터 평양서문밖교회에서 개최된 제23회 총회에 참석

---

39) 남창룡, 《만주제국 조선인》(서울:신세림, 2000), 96-97쪽.
40) 물난리를 대처하며 부른 노래.

하셔서 전도보고뿐만 아니라 여러 부서에서 활동하셨다. 총회 참석을 위해 중동선 열차를 타고 할빈[哈爾濱]에서 갈아타면서 그만 친구와 담화가 길어져 기차를 놓쳤다. 다음날 떠나는 기차를 타야했는데, 이는 오히려 한경희 목사님에게는 다행스러운 일이 되었다. 전날 떠난 기차는 반만군(反滿軍)의 공격을 받아 기차가 전복하여 많은 사상자가 일어났다.[41] 그러나 한경희 목사님은 큰 사고 없이 총회에 참석할 수 있었다.

한경희 목사님은 북만교회를 대표해서 노회장 권중여 목사, 팔면통교회 이학인 장로와 같이 제23회 총회에 참석하여 북만교회의 어려운 상황을 설명하고 전도목사의 파송을 호소하였다. 1934년 6월 29일에 백여 명의 비적(匪賊)이 밀산현 대성촌에 침입하여 이용태, 이원실, 정면선, 조동선, 김승일, 전태준, 안영순, 여변성, 유온순, 김윤희, 전기신, 최신도 외 유아 1명이 피살되고, 6명이 중상을 입었으며, 14인이 잡혀갔다. 또한 가옥 25채가 소실되고, 우마(牛馬) 23필 등을 빼앗겼다.[42] 이로 인하여 한경희 목사님이 보살피던 교회 중에서 가장 건실한 조직교회 대성촌교회가 큰 타격을 입게 되었다. 이와 같이 북만의 교회들은 마적들의 침입을 받아서 하루아침에 잿더미로 되는 경우가 자주 있었다. 한경희 목사님은 이 사실을 9월 13일 저녁예배 때 전국의 총대들에게 알리고 도움을 청했다. 그날 저녁 헌금을 대성촌교회 구제금으로 보냈는데 101원 91전이 걷혔다.[43]

연합공의회에서는 만주의 동포들의 어려운 생활에 도움이 되게 1천

---

41) 1934년 9월 5일 오전 11시 45분경 제3국제열차 선구차(先驅車)가 북철 동부선 소성자(小城子) 부근에 도착했을 때 궤도 밑에 묻어 놓은 지뢰가 폭발하여 연결된 화물열차가 폭발하였다. 약 4Km 뒤에 질주해오던 여객열차가 추돌 전복되었고 반만군의 일제 사격을 받아 많은 인명피해가 있었다. 〈조선일보〉 1934년 9월 6일, 2면.

42) 《조선예수교장로회총회 제23회 회록》 143쪽.

43) 위의 회록, 40, 54쪽. 《조선예수교장로회총회 제24회 회록》 27쪽.

한경희 목사님께서 거주하시며 북만 목회의 중심지였던 평양진에는 지금 조선족들이 거의 살고 있지 않다. 그러나 한경희 목사님께서 교회를 설립하셨던 계림(鷄林)에 약 150명 이상이 출석하는 이 지역 신앙인들의 중심지 역할을 하는 모범적인 교회가 있다. 2004년 4월 4일 촬영

원의 돈을 드려서 땅을 사기로 하였다. 차재명, 신흥우, 백락준의 명의로 구입을 하기로 결정하였으나 이 계획은 그 후 잘 시행이 되지 않았다.[44]

이 당시 미국 북장로교 해외선교부 한국담당 총무 매카피(C. B. McAfee) 목사가 방문하는 중이었고 9월 9일 저녁예배에 '그리스도의 군병'이라는 제목으로 설교를 하는 기회를 가졌다. 한경희 목사님은 딤후 2:1-13 성경봉독을 하시고 말씀을 위해서 기도하셨는데, 매카피 목사님의 말씀을 통해서 큰 도전을 받으셨다. 한경희 목사님은 제23회 총회 동안 그 외에도 전도부, 뇌병원위원회, 종교교육부, 외국전도부, 면려회의 북만노회 지회계를 담당하시며 여러 가지 책임을 맡으셨다.[45]

---

44) 《조선예수교장로회총회 제23회 회록》 47쪽.

45) 《조선예수교장로회총회 제23회 회록》 74-80쪽.

다니엘의 결심

제23회 총회 때에 종교교육부에서는 조선선교 50주년 희년을 기념하여 전조선(全朝鮮) 목사 설교집을 출판하기로 결정하였는데, 한경희 목사님은 이 설교집에 실을 원고를 부탁 받았다. 이 부탁을 받고 총회 후 쓰신 '다니엘의 결심'이라는 제목의 설교가 현재 전해지고 있는 한경희 목사님의 유일한 설교이다.[46] 이 설교에는 한경희 목사님의 순수한 신앙, 즉 다니엘과 같이 죽음을 두려워하지 않는 신앙과 동포를 사랑하는 마음이 잘 나타나 있다. 이 설교에 나타난 한경희 목사님의 신앙과 교훈은 다음과 같다.

먼저 유대인이 하나님의 법도를 어기어 죄를 지으므로 하나님이 그 백성을 깨우기 위하여 바벨론에 포로로 잡혀가게 한 사실을 이야기하고 있다. 다니엘을 비롯한 유대의 네 청년은 나라를 잃은 백성에 대한 차별 대우와 권력자들의 압력에도 불구하고 결심하여 자기를 더럽히지 아니하였다.(단 1:8) 한경희 목사님은 다니엘의 이와 같은 불굴의 신앙을 존경하고 이 사실을 조선의 젊은이들에게 설교하고 싶었던 것이다.

또한 한경희 목사님은 신앙은 생명이니 세상의 무엇과도 바꿀 수 없다는 사실을 증거하고 있다. 재물을 추구하느라고 신앙생활을 하지 못하는 젊은이를 예를 들어 안이하게 신앙생활하려는 신자들을 질타하고 있다. 다니엘과 같이 하나님의 말씀을 준행할 것을 권고하고, 우리가 믿는 기독교는 다른 종교와 달리 십자가의 공로로 구원을 얻는 것이며 부활의 소망을 가진 으뜸 되는 진리의 종교라는 사실을 증거하고 있다.

다니엘이 압력과 유혹에도 불구하고 유대인의 정신을 지키고 유대인이

---

46) 《한국기독교선교100주년기념 한국설교대선집》(서울:성서교재간행사, 1979), 183-186쪽. 부록-2. 350-356쪽

고귀한 민족임을 입증한 것같이 조선 사람들도 비록 정치적으로 어려움에 처해 있지만 고귀한 백성이 되자고 권고하고 있다. 다니엘이 포도주를 마시지 않으므로 자신의 몸을 더럽히지 않은 것같이 나라를 망하게 하는 술을 끊을 것을 한경희 목사님은 권면하고 있다. 또한 다니엘이 바벨론의 권세 앞에 굴하지 않은 것같이, 조선인들이 권세 있는 외국인에게 부화뇌동(附和雷同)[47]하는 것을 비판하며 그렇게 하지 않을 것을 권면하고 있다.

마지막 전도 여행

만주에서 겨울은 사경회를 개최하기에 가장 좋은 시간이었다. 대부분의 동포들이 농사에 종사하기 때문에 여름에는 수많은 시간을 흙과 씨름을 하지만 겨울은 일할 수 없는 시간이니 교회에서는 사경회 혹은 부흥회를 비롯한 여러 가지 행사를 계획하였다.

한경희 목사님은 9월 총회 참석 때 이미 그해 겨울 호림현을 경유하여 요하현으로 진출하여 그곳에 있는 교회를 심방할 계획을 가지고 기도하고 있었다. 호림, 요하, 수원현 지방은 한가자 전도사가 중동선 지방으로 옮긴이래 아무도 방문하지 못하고 있는 실정이었다. 한경희 목사님은 이 계획을 총회 시 북만노회 대표로 같이 참석한 권중여 목사와 이학인 장로에게 털어 놓기도 하였다. 이 당시 호림, 요하, 수원현 지방은 만주에서도 가장 변방 지역으로 아직 치안이 안정이 되지 않은 지역이라 여행하기에 대단히 위험한 곳이었다. 이 계획을 듣고 한경희 목사님의 안전이 염려되어 이학인 장로는 제발 호림, 요하, 수원현 방문만은 아직 시기상조이니 삼가하실 것을 권유하였다. 그러나 한경희 목사님은, "만주에서 전도하다가 순교하는 것은 나의 소원이다"라고 대답하시

---

47) 주견 없이 남의 의견에 좇아 어울림.

고 결심을 꺾지 않으셨다.

한경희 목사님의 결심은 정월 초하루의 축제 분위기에도 조금도 약화되지 않았다. 여러 사람들이 이 여행을 간곡히 만류하면서, 설이 지나고 군인들이 이동할 때 같이 가실 것을 권고하였다. 그러나 한경희 목사님은, "나는 저 비참한 지경에서 헤매는 동포들을 하루 속히 만나서 위로하는 것이 집에서 설을 지나는 기쁨보다 더 크다. 나는 주의 말씀을 설교하다가 강대상에서 죽거나 주의 도를 전하다가 악당들에게 맞아 죽는 것이 가장 귀한 죽음이라고 생각한다"라고 대답하셨다.

또한 아침 가정기도회 시간에 간절히 기도하시기를, "이번 가는 이 여행은 위험한 길이 됩니다. 주님, 주의 뜻이라면 죽음이라도 달게 받으려 하옵니다. 이 몸은 사나 죽으나 주의 것이오니 주님의 뜻이라면 불러 주시옵소서"라고 하셨다. 1935년 1월 1일 아침식사를 식구들과 나눈 뒤 찬바람이 뺨을 에이고 눈보라가 사람을 휘덮어버리는 추운 날씨에 밀산을 거쳐 호림, 요하, 수원현을 목적지로 삼고 출발하셨다. 이는 오로지 주님께서 맡기신 사명과 노회와 총회의 분부를 받들어 북만 중에도 가장 북쪽인 노만국경(露滿國境) 지방의 교회를 돌보시고자 하는 숭고한 책임감에서 나서신 것이었다. 그날 아침 상황을 넷째 아들 한진옥 교수는 다음과 같이 회고했다.[48]

떠나실 때 제가 부친이 들고 다니시는 가방을 들고 집에서 약 1리 떨어진 버스 정류소까지 모셔다 드렸지요. 그 날은 바람이 어떻게 사납던지 눈보라 때문에 눈도 크게 뜰 수 없었고, 목덜미로는 찬 눈이 스며들었지요. 나는 아버지 뒤를 따라 버스 정류소까지 갔는데 아버지께서, "날씨도 춥고 바람이 세게 부니 넌 그만 돌아 가거라"고 하시며 저의 손에서 가방을 받

---

48) 한진옥의 증언.

아 쥐셨지요. 나는 그 때 마지막으로 그렇게도 화기애애한 부친의 얼굴을 보았지요. 그래서 나는, "아버지 잘 다녀 오십시요"하며 허리 굽혀 인사하고 집으로 돌아 왔습니다. 이것이 마지막 영원한 이별일 줄이야 꿈에도 생각하지 못했지요.

특히 호림현 무림동(武林洞)교회는 그 전해 9월 많은 어려움을 겪었다. 비적 300여 명이 들어닥쳐 방화 약탈을 하였을 뿐 아니라 예배당, 학교, 및 가옥 20여 채를 불살랐다. 또한 교우 3명이 참살을 당하고 가산(家産)을 전부 탈취당하는 참화가 있었는데 이틀 후에는 다시 비적들이 쳐들어와 교우 7명을 잡아갔다. 그래서 돈을 수백 원이나 주고 잡혀 간 사람들을 찾아온 일이 있었다.[49] 한경희 목사님은 무엇보다도 이들을 만나서 위로하고 싶었고 그리스도의 사랑을 전하기를 원했던 것이다.

오소리강의 비극

한경희 목사님은 호림까지는 1월 2일에 예정대로 무사히 도착하시었다. 한편 호림현 무림동교회에서 김창건(金昌健) 영수, 이창순(李昌順), 이흥원(李興元)과 부자(父子)와 이낙섭(李洛燮) 그리고 이름이 알려지지 않은 한 사람, 합해 전부 5명의 신자들이 한경희 목사님을 영접하고 동행하기 위해 호림까지 와서 기다리고 있었다. 이들은 호림에서 한경희 목사님을 만나서 이구동성(異口同聲)으로 지금은 갈 길이 너무 위험하니 며칠만 기다려서 평안할 때 떠나자고 제안했다. 그러나 한경희 목사님은, "지금 그곳 동포들과 신자들이 내가 하루라도 빨리 오기를 학수고

---

49) 《조선예수교장로회총회 제24회 회록》 104쪽.

대(鶴首苦待)하고 있는데 나의 개인의 안녕(安寧)을 위하여 여기에 머물러 있을 수 없다"고 하시면서 빨리 떠나자고 강력히 요구하셨다. 한경희 목사님은 이들과 합류하여 얼어붙은 오소리강(烏蘇里江, Ussuri River)을 따라서 말이 끄는 썰매를 타고 북상하고 있었다. 1월 6일 주일날에는 무림동교회에서 예배를 볼 예정이었다. 1월 4일[50] 금요일 오후 2시경 진보도(珍寶島)의 동북(東北) 방향인, 호림에서 약 70리 떨어진 오소리강변의 다목하(多木河)[51]를 지나고 있었다. 일행이 만주인(滿洲人) 집이 있는 곳을 지날 무렵 볼세비키의 지도를 받는 40명의 비적(匪賊)에게 붙잡히게 되었다.

비적들은 먼저 한경희 목사님을 우두머리로 간주하고 불법적인 심문을 강행하였다. 비적들은 한경희 목사님의 일행을 일제의 앞잡이라고 마음대로 결론짓고 특히 한경희 목사님을 구타하기 시작하였다. 잔학무도한 비적들에게는 호소를 해도 소용이 없었다. 한경희 목사님은 약 2시간 동안 심히 구타당하여 피가 온몸에서 흘러 입고 있던 옷을 흥건히 적시었다. 이 때 이미 살아나기 어려울 정도가 되었다. 동행하던 신자들이 너무나 안타까워서 위로를 하자 한경희 목사님은 "나의 고통은 지금 말할 수 없이 심합니다. 그러나 이제 곧 주의 품에 안겨 이 모든 상처를 주께서 손으로 만져 주실 것을 생각하니 기쁩니다"라고 동행하는 신자들에게 말씀하셨다.

오후 4시쯤 잔인한 비적들은 '제국주의(帝國主義) 주구(走狗)'라는 근

---

50) 한경희 목사님의 순교 일자에 대해서 요하현 다팡자(大房子)교회의 백운기 집사는 1935년 1월 초가 아니라 1934년 11월이라는 주장을 제기한 적도 있다. 〈국민일보〉 1992년 6월 29일 1면. 양력으로 1935년 1월 4일은 음력으로 1934년 11월 29일에 해당한다.

51) 현재 지명으로는 오소리강변의 소목하(小木河)로 사료된다. 좀더 내륙지방으로 같은 이름의 마을이 있다. 오소리강변의 소목하에는 현재도 만주인의 집으로 보이는 민간인 집이 한 채 있고 중국군 변방 수비대가 주둔하고 있다. 저자는 2002년 11월 초 이곳을 방문하였는데 이미 오소리강이 약 1/3이 언 상태였다. 국경지역이므로 사진 촬영을 금지당하였다.

거 없는 죄목으로 한경희 목사님과 동행하는 신자들을 사형에 처할 것을 결정하였다. 사형을 집행하되 총알을 아끼기 위해 산채로 한경희 목사님과 신자들 모두 꽁꽁 언 오소리강 얼음에 구멍을 파고 산채로 떠밀어 넣기로 결정을 하였다. 비적들은 한경희 목사님과 일행을 묶어서 얼음구멍으로 끌고 가고 있었다. 얼음 구멍으로 끌려가면서 한경희 목사님은 세 번 작은 목소리로 "오, 주여 이 작은 영혼을 받으시옵소서"라고 외치셨다. 죽어 가시면서도 "박승을 몰래 풀고 도망가시오"라고 동행에게 권고하셨다. 이낙섭을 얼음 구멍에 밀어 넣으려는 순간 오히려 비적이 미끄러져 넘어지게 되었다. 이때 한경희 목사님은, "형제들이여, 뛰다 총에 맞아서 죽으시오"라고 외치셨다. 동행하는 사람들은 한경희 목사님의 의미를 금방 알아차렸다. 죽을 것은 알고 있지만 살아서 얼음 구덩이에 들어가는 것보다는 총에 맞아서 죽는 것이 낫다는 것을 생각하고 다섯 사람들이 뛰기 시작했다. 비적들은 곧 총을 발사하기 시작했다. 다섯 사람 중 네 사람이 총에 맞아서 죽고 이낙섭만 구사일생(九死一生)으로 살아났다. 이낙섭(李洛燮)은 노령(露領)으로 달아나서 살아나게 되어 곧 무림동교회에 모든 사실을 알리게 되었다.

무림동교회 여러 신자들이 현장에 왔을 때는 이미 시체는 찾을 길이 없었고 붉은 피 자국만 어지럽게 얼음 위에 널려 있었다. 무림동교회에서는 이 슬픈 소식을 곧 호림으로 연락하고, 1월 5일 호림에서는 전보로 평양진교회에 한경희 목사님의 순교 사실을 알렸다. 한경희 목사님의 둘째 아들 순옥(順玉)은 소학교 교사 이동호(李東浩) 선생과 같이 진상을 파악하기 위해 호림까지 갔었다. 호림에 도착한 순옥은 부친의 시체라도 찾을 생각으로 다목하로 갈 계획을 세웠으나 호림 유지들의 강한 권고로 이를 이루지 못하고 평양진으로 돌아오고 말았다. 어머니에게는 위로하기 위해 시체를 찾아 약식 장례식을 지내고 왔다고 거짓말을 했

지만 수일 안에 사실이 아니라는 것이 판명이 나서 다시 한번 가족들은
슬픔에 잠기고 말았다. 한경희 목사님이 시무하시던 평양진교회를 중심
하여 밀산현의 교회들은 서둘러 추도식을 거행하였다. 선구촌의 홍준
(洪俊) 장로는 평양진 보통학교에서 추도식을 주관하였다. 이 때 추도사
만 약 30여 점이 접수되었다. 한편 북만의 이학인 장로와 조선의 김인
서 장로는 유가족 8식구를 돕자는 호소문을 전국 교회에 발송하기 시작
하였다.

순교 상황에 관한 더 자세한 사실은 후에 일만(日滿) 경찰에 한경희 목
사님과 일행을 살해한 비적들의 일부가 체포되어 더 자세한 사실이 밝
혀지게 되었던 것이다. 둘째 아들 순옥은 살해자들의 체포 소식에 복수
의 기회를 엿보고 있었다. 그러나 꿈에 한경희 목사님이 노한 모습을 한
얼굴로 나타나셨다. 그런 후에야 순옥은 범행자들을 진정으로 용서하게
되었다.

북만교회의 반응

한경희 목사님의 순교 소식에 북만의 동포들과 신자들은 놀라움을 금
치 못하였다. 일년 정도의 사역이었지만 한경희 목사님이 오신 이래 북
만의 교회들이 발전하고 힘을 얻고 있었다. 많은 교회 지도자들이 한경
희 목사님의 전도에 대한 열정을 닮기를 원했고, 동포들을 향한 진정한
사랑을 흠모하고 있었다. 이 때 북만교회 신자들과 지도자들의 심정을
종교시보(宗敎時報)에 실린 이학인 장로의 글을 통해서 알아보자.[52]

---

52) 이학인, "고 한경희 목사의 참변을 슬퍼함," 〈종교시보〉 4. 3. 1935. 22쪽. 원문으로부터 약간의
맞춤법 조정이 있음.

북만 교계의 중진인 한경희 목사는 지난 1월 1일에 호림 구역 시찰차로 떠나가시던 도중에서 비적(匪賊)의 참변을 당하셨다. 슬프다, 목사의 영원한 길 가심이여! 50여 세의 사업기(事業期)를 일기(一期)로 하여 영원한 저 나라로 가시오니 다시는 이 땅을 밟지 못하리로다. 슬프다 목사의 영원한 길 가심이여! 목사를 맞이한 2주년이 되는 오늘에 북만의 뭇 양을 버리고 가시오니 미로에서 방황하는 북만의 양떼는 어찌할꼬! 슬프다, 찬 눈 위에 길이 길이 잠드신 몸이여! 뭇 영(靈)을 위하여 흘리시던 눈물 끊어졌고, 불의를 미워하여 끓던 가슴의 피 식었도다.

슬프다, 찬 눈에 누우신 몸이여! 흙에서 난 몸 흙으로 돌아가고 하늘에서 내린 영 하늘로 오르시매, 예레미야식으로 죄를 책하시던 충의(忠義) 음성조차 속절없이 살아지고, 가나안 복지 개척하기 위하여 용감스럽게 활약하시던 자취조차 간 곳 없이 감추었도다. 슬프다, 무정히도 떠나심이여! 어제 호림(虎林) 강단에서 사자후(獅子吼)를 지르시고 오늘에 대답 없는 이 몸 웬 일인고! 4, 5년간 목자를 기다리던 호림, 요하현 교도들은 목사의 오심을 손꼽아 기다리고 기다렸건만, 말씀 없는 이 몸 맞이할 줄 그 누가 알았던고. 슬프다, 무정히도 떠나심이여! 8, 9의 가족을 황막한 만주벌에 두시고 가시오니 남은 유족의 비참함이 또한 어디에 비할꼬. 그리스도의 사랑을 가진 자라면 인정에 넘쳐흐르는 눈물을 그 어찌 금하리요.

슬프다, 충성된 종이 어찌하여 먼저 가셨는고! 누구나 장망성(將亡城)에 오래 살기를 원하는 바는 아니지만, 우리 교회에 없어서 안 될 목자의 몸이 한번 가시고 다시 오시지 못함을 어느 누가 애석하게 생각지 않으리요. 슬프다, 북만의 충복이 가심이여! 우리의 가슴에 서리어 찬 한숨은 바람이 되고 우리의 눈에 흐르는 눈물은 강물이 되려고 하도다. 슬프다, 우리 교계의 충복의 가심이여, 충복의 가심이여! 충복의 쌓은 공적 창공에 별같이 천추(千秋)에 빛나고 남기고 가신 북만의 사업 더욱 더욱 빛나리로다. 슬프다, 그리스도를 위하여 죽은 몸이여! 순교의 붉은 피 목릉하(穆稜河)를[53] 붉게 붉게 물드려 생명수가 되리로다.

목사는 일찍이 20여 년 전에 이역인 남만주에 건너가시고 파란중첩(波瀾重疊)한 만주사회에서 가진 고난과 역경을 돌파하고 그리스도의 교회를 창설하시기에 피와 땀을 아낌없이 희생하셨다. 수회에 걸쳐 남만노회 회장으로 특별히 충성하시며 활약하셨고, 만주 넓은 천지 방방곡곡에 교회를 세우셨으니, 이는 오르지 목사의 눈물과 피의 결정체이다. 행이었던지 불행이었던지 3년간 철창생활의 고난을 당하시고, 그 후 평북 창성읍교회에서 성직에 임해서서 3년을 하루같이 충성을 다하셨다. 구령(救靈) 사업이야 만주나 조선이나 별다름이 없으련만, 총소리 말굽소리 자주 들리는 만주, 하루라도 마음 놓지 못하고 불안 공포에 싸여있는 동포가 그리웠던지 목사는 1933년도에 총회의 사명을 받아 북만주란 이 땅으로 발걸음을 다시 옮기셨다.

목사가 입만(入滿)하자마자 하나님의 은혜의 단비는 목사를 통하여 목릉, 밀산수천 교도의 가물었던 심령을 적시었다. 시들었던 심령이 움이 트고 잎이 피기를 시작하였다. 슬프다, 북만의 목자는 가시었도다! 불일듯이 일어나는 북만교회가 많은 기대를 갖고 있었더니, 뜻밖에 우리를 버려두고 가오니, 목사는 선한 싸움 다 싸우고 달려갈 길 다 갔으매 면류관 받으려니와 남아 있는 우리는 목사의 가심을 슬퍼마지 아니 하나이다.

---

53) 목릉하(穆稜河)는 한경희 목사님이 정성드려 목회하시던 밀산, 목릉, 호림을 지나 순교하신 오소리 강을 이룬다.

또한《신학지남(神學指南)》에도 이학인 장로의 글이 실렸다. 불 수레를 타고 하늘에 오른 엘리야를 쳐다보는 엘리사의 심정으로 한경희 목사님의 죽음을 애도(哀悼)했다. "내 아버지여, 내 아버지여, 이스라엘의 병거와 그 마병이여!"라고 외친 엘리사 같이 이학인 장로는 "오, 북만의 병거, 북만의 마병이여!"라고 울부짖었다. "목릉, 밀산, 호림, 요하 등지에 산재한 수천의 양들은 목사님을 통하여 배부름을 얻었으며, 목사님을 따라 쉴 자리를 찾았습니다"라고 고백하고 있다. "양을 위하여 목숨을 버리시는 목자이시매 양의 무리가 이리의 해침을 받을 때 건사 안 할 수 있겠습니까?"라고 하며 북만의 성도들은 참 목자의 상을 한경희 목사님에게서 발견하였던 것이다. "그러나 순교자의 피는 교회의 터이오매 목릉하에 뿌리신 목사님의 붉은 피 방울마다 꽃피어 이 땅을 꾸미리이다. 갈 길을 다 가시고 면류관을 받으신 목사님의 자태를 눈앞에 그리며 우리는 머리숙여 눈물로 노래하나이다"라는 승리의 노래를 슬픔 속에서 북만의 성도들은 부르고 있었다.[54]

전국 교회의 반응

2월 1일 총회장 이인식(李仁植) 목사는 한경희 목사님의 순교 사실과 유가족들의 안부를 총회교섭위원에게 지시하여 총독부에 조회하도록 하였다. 총독부 외사과(外事科)는 할빈[哈爾濱] 총영사관을 통해서 사건의 진상을 조사하고, 그해 3월 14일 사건의 개요와 한경희 목사님의 둘째 아들 순옥을 위시한 8명의 유가족의 안전과 현황을 보고하였다.[55]

한경희 목사님의 순교소식에 여러 사람이 조서(弔書)를 썼지만 김인서

---

54) 이학인, "고 한경희 목사님의 순교를 조(弔)함,"《신학지남(神學指南)》, 7.2, 1935. 5, 40-41쪽.
55)《조선예수교장로회총회 제24회 회록 부록》121-122쪽.

(金麟瑞) 장로의 감동적인 호소는 전국 교회 지도자들과 신자들의 마음을 더욱 움직였다.[56]

> 순교의 피를 흘렸다. 만주 땅은 우리 순교자의 피로 젖었다.
>
> (중략)
>
> 예수의 종 한경희는 복음을 지고 멀리 북만 호림에 순교의 피를 뿌렸다. 우리 한 목사는 복음의 선봉으로 험지(險地)에 출입하기 수십 년에 원로(遠路)와 강물의 고생은 기근과 동한(冬寒)의 고생은 몇 번이었으며, 외국인과 동포의 위험 도적의 위험은 몇 번이었던고, 고생은 몇 번이었으며 헤어진 동포를 찾아 열 백 번의 위험을 무릅쓰며 주님을 섬기어 일사(一死)를 사양치 아니함이며 양을 찾아 사랑의 눈물이요 주님을 따라 순교의 피로다. 천애(天涯)[57] 이역(異域)에 피를 쏟은 우리의 순교자는 우리에게 무엇을 기다렸던고. 사람들아! 지배욕의 파쟁도 그만 두라. 허영심의 검부러기[58] 사업도 그만 두라. 언제까지 안락의자를 다투고 있겠는가.
>
> 순교의 피는 떨어졌다. 형제여 자매여 일어나라. 복음을 지고 만주로 중국으로 인도로 나아가자. 순교자의 피를 따라 열 순교자, 백 천의 전도자가 일어나지 않으면 아니 된다. 각 기관은 분기(奮起)하여 북만에 떨어진 한 목사의 유족 9인을 돕고, 만주에 많은 전도인을 파송하여야 한다. 우리 전도자의 피흘린 땅 만주를 잊지 말고 힘써 전도하자.
>
> — 1935년 2월 10일 김인서 근도

---

56) 김인서,《한국교회 순교사와 그 설교집》159-160쪽. 김인서는 평양신학교 재학 중 신학지남을 편집하였고 그 후 복음주의 계열의 신앙잡지 신앙생활을 창간하였다. 부흥운동에 나서 국내 남북 만주 등지에서 부흥회를 인도하였고, 1948년 월남하여 1954년 목사 안수를 받았다.

57) 아주 멀리 덜어져 있음.

58) 마른 풀이나 낙엽의 부스러기.

제24회 총회가 1935년 9월 6일 평양서문밖교회에서 열렸다. 총회 기간 중인 9월 10일 오후 8시 한경희 목사님의 추도식을 특별히 거행하고 한경희 목사님의 사진과 약사를 회록에 포함시키는 미증유(未曾有)의 결정을 하였던 것이다. 이는 한경희 목사님의 만주사역과 순교가 조선예수교장로회의 역사에 특별한 위치를 차지함을 의미한다. 또한 장로교 역사와 같이 기리 기억되기를 바라는 당시 지도자들의 소원과 하나님의 섭리 가운데 이루어진 것이라고 볼 수 있다. 추도식 후에 전 조선의 교회가 음력 정월에 한 주일 연보하여 유가족들을 돕기로 아울러 가결하였다.[59]

전국 교회에서 한경희 목사님의 유가족을 돕자는 의연금이 이미 답지하기 시작했는데 전북 운봉(雲峯) 김중석(金中錫)씨, 부산 초량정 김석현(金奭鉉)씨, 영천 삼창동에 김종헌(金鍾憲)씨, 논산 왕대리의 최태하(崔泰夏)씨, 경성 감리교 중앙교회 이종옥(李鍾玉)씨 등 개인뿐만 아니라 풍교시(豊橋市) 화전정(花田町) 성결교회 및 조선 감리교 만주선교회 등의 다른 교단의 교회나 단체 외 64교회에서 온정을 나누었다. 한경희 목사님 유가족에게 500원을 보내는 한편, 김창근 영수의 유가족을 돕기 위해 특별히 구제금 3백 50원을 모집하여 북만노회에서 토지 1만 5천 평을 사서 유가족들의 생활을 안정하도록 했다.

이듬해에도 온정의 손길은 계속되어 함흥 최영혜(崔永惠)씨 외 무려 381교회에서 금액의 다소를 막론하고 사랑의 의연금을 보내와 총 1,064원 11전이 모였다.[60] 중국 대련교회로부터 일본 대판(大阪) 상복도(上福島)교회에 이르는 국외 동포교회들과 국내에서는 남단의 제주 협재리(挾才里)교회, 농촌 김천(金泉) 지좌(智佐)교회뿐만 아니라 북단의 회

---

59) 《조선예수교장로회총회 제24회 회록》 44쪽.
60) 《조선예수교장로회총회 제25회 회록》 106-111쪽.

령읍교회에 이르기까지 범 동포 교회적 참여를 보여주었다. 이렇게 신
자들이 보내온 유가족을 위한 헌금은 환란과 시련 가운데서 기쁨으로
바친 마게도냐 교회 성도들의 연보와 같이 따뜻한 온정을 담고 있었다.

오소리강에 뿌려진 피의 의미

　한경희 목사님을 비롯한 4명의 무림동교회 성도들의 무참한 죽음의
비극적 순교사건은 신자들에게까지 일시적으로 억누를 수 없는 슬픔과
숨길 수 없는 좌절을 가져왔다.

　그러나 하나님의 교회를 지극히 사랑하여 죽음으로서 교회 직분의 책
임을 완수한 김창건 영수, 이창순과 이홍원 부자(父子) 그리고 이름이
알지지 않은 한 성도와 구사일생으로 살아난 이낙섭 성도의 모범적인
행위는 수많은 신자들의 마음을 움직였다. 또한 죽음으로 보여준 한경
희 목사님의 따스한 동포애와 복음증거에 대한 강렬한 사명의식은 오소
리강의 얼음 구멍으로 무의미하게 살아진 것이 아니었다. 오히려 엄동
설한과 같은 일제(日帝)의 압제 아래에서 신음하는 조선교회 성도들의
신앙의 불길을 더 한층 고조시키는 결과를 가져왔다.

　한경희 목사님께서 죽음으로 보여주신 복음전파에 대한 철저한 사명
의식은 수많은 교회 지도자들에게 도전을 주었다. 한경희 목사님의 복
음과 교회에 대한 사명의식은 "나의 달려갈 길과 주 예수께 받은 사명
곧 하나님의 은혜의 복음증거하는 일을 마치려 함에는 나의 생명을 조
금도 귀한 것으로 여기지 아니하노라"(행 20:24)라고 한 사도 바울의 사
명의식과 같았다.

　손양원(孫良源)과 이학인은 1935년 평양신학교를 나란히 입학하고 공
부하며 기도하게 되었다. 죽음을 두려워하지 않는 한경희 목사의 투철

한 신앙은 손양원에게도 전파되었다. 손양원은 죽음으로 민족과 교회를 사랑한 한경희 목사를 지극히 흠모하게 되었다. 이 사실은 손양원이 애양원교회 성도들에게 행한 설교에서도 잘 나타났었다. 이러한 설교의 내용이 1941년 11월 4일 신사참배 거부에 대한 광주지방법원 형사부 판결문에 다음과 같이 기록되어 있다.[61]

"…참 신앙은 고난이라 시련을 겪은 다음에 비로소 얻는 것인 고로 우리들은 이 고난을 이기고 신앙을 점점 공고히 하지 않으면 아니 된다. 이런 때를 당하여 현하(現下) 교회는 사랑과 지혜와 용맹을 가지고 일하는 교역자를 요구한다. 우리 조선 기독교 교역자는 모두들 순교자 한경희(韓敬禧) 목사와 같이 순교정신으로 선교에 종사하지 않으면 아니 된다…."

이와 같이 한경희 목사님의 순교의 피는 헛되이 오소리강에 뿌려진 것이 아니라 일제에 의해 자행된 신사참배 강요와 박해라는 조선교회 최대의 위기를 극복할 수 있는 하나의 원동력이 된 것이다.

또한 초대교회의 신앙을 잃어가는 현하(現下) 한국교회가 변화하여 다시 한번 그 사명을 다하도록, 한경희 목사님의 복음에 대한 순수한 열정이 오늘날 교회 지도자들에게 도전이 되고 있는 것이다. 어려운 상황과 혹한의 추위에도 물러설 줄 모르는 한경희 목사님이 보여주신 뜨거운 사명의식은 "예루살렘과 온 유대와 사마리아와 땅 끝까지 이르러 내 증인이 되리라"(행 1:8)하신 그리스도의 명령을 준행하는 세계 방방곡곡에 흩어진 사역자들의 더 없이 좋은 귀감(龜鑑)이 되고 있는 것이다. 이것이 바로 예수교장로회 총회록에 "고 한경희 목사 약력"을 기록하게 하신 하나님의 섭리가 아닐까?

---

61) 1939년 11월 중순 오후 7시 전라남도 율촌면 신풍리 애양원교회에서 나환자 김경호(金敬浩) 외 7백여 명에게 행한 설교. 판결문 소화 16년(1943년) 형고합(刑告合) 제35호. 손양원은 1946년 3월 경남 노회에서 목사 안수를 받았다.

부록-1. 신의주 지방법원 재판 기록

昭和四年刑公第一一号

判　決

本籍　平安北道 龍州郡 外上面 南市洞
住所　支那 奉天省 柳河縣 三源浦 西門内
　　　基督教牧師
　　　　韓　敬　禧　　　当四十八年

右者ニ對スル大正八年制会第七号及治安維持法
違反被告事件ニ付朝鮮総督府検事羅在昇關與
審理判決スルコト左ノ如シ
　　　主文
　　　被告人ヲ懲役三年ニ處ス

理　由
　被告人ハ像テ朝鮮獨立運動ノ爲メ奔走シ大正十年
八月中一旦歸順シタルモ毫モ改悛セズ其後基督教牧師トシテ
布教ニ従事シツツ一方ニ於テ支那満洲ニ初テ朝鮮獨立ヲ目
的トシテ多数人ニヨリ組織セラレタル結社正義府ノ機関學校
タル肩書三源浦所在東明學校々長ニ就仕シ大正十三年八月以
來昭和三年陰六月中辭任スルマデ右正義府ノ出版ニ係ル朝鮮
獨立運動ヲ骨子トスル教科書ヲ以テ在學兒童等ニ教授シ
尚右在住中其不穩教科書約一千七百部ヲ配布シ以テ
右結社ノ目的遂行ノ爲メニスル行為ヲ爲シタルモノナリ
　審案スルニ判事犯罪事實ハ司法警察官ノ被疑者訊
問調書中其旨ノ陳述記載アルニ依リ其證憑十分ナリ
法律ニ照スニ被告人ノ判示所為ハ昭和三年六月二十九日改正
ニ係ル治安維持第一條第一項後段ニ該當スルヲ以テ所
定刑中懲役形ヲ選擇択シ被告人ヲ懲役三年ニ處スベキモノトス
依リテ主文ノ如ク判決ス
　昭和四年三月二十日

　　　刑事部
裁判長　　朝鮮総督府判事　　本多　公男
　　　　　朝鮮総督府判事　　佐藤　誠一
　　　　　朝鮮総督府判事　　文　昇　讚
　　　右謄本ナリ
　　　前同日同所
　　　　朝鮮総督府裁判所書記　清水佐四郎　印

다니엘의 決心

韓敬禧(장로교 목사)

다니엘은 뜻을 정하여 왕의 음식과 그가 마시는 포도주로 자기를 더럽히지 아니하리라 하고 자기를 더럽히지 아니하도록 환관장에게 구하니(단 1:8)

유대인이 하나님의 법도를 어기어 죄를 많이 지으므로, 하나님이 그 백성을 깨우기 위하여 바벨론왕 느부갓네살을 채찍을 삼으니, 느부갓네살이 주전 6백여 년에 예루살렘을 정복하고, 먼저 귀족을 사로잡아가는 동시에 이 다니엘은 귀족의 자손이라, 16~17세 소년으로 박승을 지고 멀고먼 바벨론에 잡혀가 민족적 · 종교적 차별대우를 받았으니, 그는 눈물로 세월을 보내며 은밀히 하나님께 기도하였을 것이다. 이 정치수단이 많은 왕은 각 민족으로 자국정신을 잊게 하고, 바벨론에 동화시키려면, 바벨론문학을 가르쳐 주고, 태양신종교를 신봉케 하며, 통혼을 허락함이 제일이라 하여, 각 족속 중에서 청년 몇 명씩을 빼어 궁내학교(宮內學校)에 입학시켜, 문학과 종교경전을 가르쳐 주고, 통혼을 시켜 사용할 묘책으로, 각 족속 중에서 자격 있는 청년을 택하였는데, 유대민족 중에서는 다니엘, 하나냐, 미사엘, 아사랴 4년이 뽑히어 왕궁에 들어가니, 왕이 정한 법대로 음식을 주는데 유대인이 먹지 않는 도야지고기와, 종교인이 마시지 않는 소주를 주며, 태양우상에 배례를 하라 하는지라. 다른 청년들은 권세에 눌리고, 음식에 좋기도 하여 다 그대로 하되, 오직 다니엘은 결심하고 그대로 아니하므로, 처음에는 난관이 많았으나 필경에는 그 결심한 대로 이룬고로, 다니엘의 결심이라는 문제를 가지고 말씀하고자 하나이다.

I. 자기 종교를 위하여 결심함

1) 종교는 자기 생명으로 자각한 바 버릴 수 없다.

부귀영화가 귀하나 생명과는 비할 수 없다. 천하라도 한 사람의 생명보다 가볍다고 마태복음 16장 26절에 주 예수께서 말씀하셨다. 고로 다니엘은 부귀와 자기 생명이신 종교와 바꾸든지 버릴 수 없는 줄로 자각하고, 벼슬을 못할지라도 종교에 위반되는 일을 아니하기로 결심한 것이다. 우리 신자들은 예수를 무엇으로 믿습니까.

나는 어떤 곳에서 믿던 한 청년을 만나서 "왜 주를 배반하고 주일을 지키지 않소" 하고 물은즉, 그 청년은 돈을 모으려고 그러노라고 대답하기에, 나는 다시 묻기를 "당신 이전에 예수를 누구로 믿었습니까" 한즉 그 청년은 "예수를 영혼의 구주로 믿지요" 하기에, 내가 말하기를 그렇게 믿은 고로 배반한 것이라고 한즉, 그 청년은 눈이 둥글하여지며 반문하기를 "그러면 목사는 예수를 무엇으로 믿습니까?" 한다. 나는 대답하기를 "당신이 예수를 영혼의 구주로만 믿은 고로, 육신의 구주라고 할만한 금전과 영혼의 구주 예수와 비교하다가, 영적 구주 예수를 버리고, 육적 구주 금전을 따른 것인데, 나는 예수를 구주로만 믿지 않고,

내 생명인 줄 믿는다. 금전이 귀하지마는 내 생명과는 바꿀 수 없다. 만일 이 성경만큼 큰 금덩이를 놓고 당신의 목을 작도로 베면, 이 금덩이를 주겠노라하면, 당신이 대답하겠습니까" 한즉 그 청년은 다시 대답이 없었다. 예수를 구주로 믿는 것이 좋거니와, 좀더 깊이 다니엘과 같이 내 생명으로 알고 믿으면 세상의 아무것과도 바꿀 수 없을 것입니다.

2) 종교의 교훈을 준행키로 결심함

종교를 믿는 증거가 무엇이냐. 종교를 믿은 증거는 그 경전의 교훈을 준행함이 아니냐. 예수께서 말씀하시기를 "주여 주여 하는 자가 다 천국에 들어갈 것이 아니요. 다만 하나님의 뜻대로 행하는 자가 들어간다" 하셨고(마 7:21), 야고보는 말하기를 "행함이 없는 믿음은 죽은 믿음이라" 하였다.(약 2:19~17) 행함이 없으면 어심에 부끄럽고 종교를 더럽힌다. 그런고로 다니엘은 작은 죄라도 범치 않고 준행하였다. 우리 신자는 성경의 교훈을 실행하므로, 예수교인 된 것을 자증(自證)하자.

3) 내가 믿는 교는 세상에 제일됨을 나타내기로 결심함

다니엘은 태양신종교국인 바벨론에서, 자기가 신봉하는 여호와의 종교가 인간에 으뜸됨을 여러번 나타내었다. 누구든지 자기가 신봉하는 종교가 제일된다 할 것이다. 유교·불교·회회교, 각 종교가 다 좋지마는 우리 기독교는 그보다 우승한 점이 있다. 이는 다른 것이 아니요 바울이 자랑한 바와 같이 십자가요, 부활이다. 다른 종교에는 누구든지 자기 힘으로 한정한 줄을 넘어가야 구원얻는다 하였으니, 타락한 인생이 자력으로 한정을 넘어갈 수 없으니, 구원을 얻은 자가 없거니와 예수의 십자가의 공로는 어떤 사람이든지 믿고 나아가다가 힘이 부족한 것은 다 도와주어 한정을 넘어가게 하므로 믿는 자는 다 구원을 얻을 것이며,

다른 종교주는 다 죽고 말았으되, 우리 종교주는 사망을 정복하고 부활하심으로 믿는 자는 죽어도 예수와 같이 부활할 소망이 있으니, 다른 것도 나음이 있거니와 이 십자가의 공로와 부활은 다른 종교에서는 얻어볼 수 없는 유일의 진리이니, 우리는 다니엘보다 좀더 우리 종교가 으뜸됨을 세상에 증거하여야 하겠다.

II. 자기 동족을 위하여 결심함

1) 고유한 유대인의 정신을 발휘키로 결심함

물질은 빼앗길 수 있으나 정신은 빼앗을 자 없다. 바벨론왕은 여러 모양으로 다니엘 일행의 정신을 마취시키려 하였으나, 마치 주석문파에 새긴 명자를 없애려고 닦을수록 명자가 더욱 빛남같이 다니엘의 정신은 더욱 철저하였다. 혹 국가가 패망할지라도 그 민족의 정신만 완전하면 회복할 날이 있을 것을 믿었다. 다니엘은 비록 바벨론 문학을 배워 삼조대신이 되었으나, 민족정신과 종교정신이 조금도 변치 아니하였다. 유대인들이 다니엘의 정신에 감화하여 70년만에 해방되었다.

2) 가치 있는 민족됨을 증거하기로 결심함

이 때에 다니엘은 정치적으로 바벨론 백성만 못한 하등인이라 하겠으나, 품행으로는 값이 있는 상등민족으로 나타났다. 나는 이전에 중동선 기차를 타고 갈 때에 보니 국권이 완전한 중국인은 일등차칸에 통과도 못하게 하되 조선사람이 통과함은 금치않기에 이상하여 누구에게 물어본즉 중국인은 비록 국권은 있으나 도적질을 잘 하므로 금하고 조선인은 정치적으로 보잘 데 없으나 그런 짓을 아니하므로 금치 않는다고 하니 세상 지위는 떨어지나 품행은 높다. 조선인에게 대하여 만주 어떤 지방에서는 '선생'이라 하고 어떤 곳에서는 '꺼우리'라 하니 이는 다름 아니라, 먼저 와 사는 사람이 가치 있게 살고 없게 산 관계이다.

3) 동족이 술의 해독을 받지 않게 하기로 결정함

만일 이 때에 다니엘이 술을 한두 잔 마셨다면 다른 동족들은 주망군이 되었기 쉬울 것이다. 다니엘은 술을 마시는 것만치 해를 입을 줄 아는고로, 자기 몸과 동족을 위하여 입에 대지도 아니하였다. 이전에 동아일보에 기재된 것을 보니 조선에 술값이 8천만원이라 하였으니 각처에 유지들이 민립대학을 설립키 위하여 수년간 노력하였으나, 1천만원을 모으지 못하여 그만두고 말았다. 이 술값 8천만원이면 민립대학 8개소를 세울 것인데 매년 민립대학 8개씩 마셔 없이 하니 이 어찌 원통치 아니하리요. 이러한 일을 알만한 이도 술을 마시니 이제부터 다니엘과 같이 결심하고 나와 남을 위하여 입에 술잔도 대지 않기를 간절히 바랍니다.

III. 외국인에 대하여 결심함

1) 의식에나 끌리는 사람이 아님을 증거하기로 결심함

모든 시험 중에 식물에 대한 시험이 많고 또 이기기 어려운 것이다. 아담 부부가 먹는 시험에 빠졌고, 에서는 죽 한 그릇에 기업을 팔았다. 그러나 다니엘과 예수는 이 먹는 시험을 이기었다. 어떤 사람은 의식에 팔려 몸을 더럽히며 절개를 팔아 먹는다. 잘 입고 잘 먹는 것을 다니엘도 싫어하였을 것은 아니겠으나, 그 의식의 결과가 믿음과 동족에게 불리할 것인고로 아니한 것이다. 사람이 떡으로만 사는 것이 아니라 하신 교훈과 이 다니엘의 행한 일을 본받아야 하겠다.

2) 권세나 따르는 사람이 아님을 나타내기로 결심함

권세만 있으면 천하가 움직이는데 이 권세를 싫어할 사람이 어디 있으랴마는, 다니엘은 남의 권세를 의지하여 행세함을 원치 않고 나가 일하여 권세 얻기를 원하였다. 어떤 사람은 갑에게 붙어서 행세하고 을에게 붙어서 행세하니, 이런 사람은 권세나 따르는 사람이 아니냐. 본국인의 권세를 따라 행세함도 못할 일이어든, 하물며 외국인의 권세를 따라 내 동족에게 행세함이야 참으로 못할 일로 다니엘은 깨달았다.

결말

이 다니엘은 자기 믿는 종교와 동족과 외국인을 위하여 결심하고, 하나님을 의지하고, 백절불굴하는 마음으로 난관을 헤치고 나아가므로 다 성취하였으니, 여러분도 이같이 결심하고 나아가 제 이 다니엘이 되시기를 바라고 그만 그치나이다.

356

| 한경희 목사 연보(年譜) |

1881년	음력 11월 5일(양력 12월 25일) 출생
1900년	신경원(申敬元)과 결혼
1903년	10월 예수 믿기로 결심
1905년	10월 부부가 동시에 세례를 받음
1907년	7월 용천 동문외교회 영수(領袖)로 피택
1908년	용천 도제직회 후원으로 7월 신도(薪島)에서 6개월간 전도인으로 활동하며 신도교회 설립
1909년	평북전도회 후원으로 봉천성 집안현, 회인현, 통화현, 유하현에서 1년간 전도인으로 활동하며 홀루투 및 자피구교회를 설립(제1차 국외전도)
1910년	평양신학교 입학
1914년	8월 7일 평북노회에서 북만 중동선 지방 전도목사로 안수 및 파송. 신안촌, 목릉, 팔면통, 일면파, 백포자, 십리와, 석두하자에 교회를 설립(제2차 국외전도)
1915년	서간도 삼원포지역 전도목사로 파송되어 유하, 해룡, 동풍, 서풍, 휘남현에 흩어진 동포들의 신앙을 지도하시고, 은양학교 및 삼성여학교 교장으로서, 상농(商農)조합을 설립하여 동포들의 생활 향상을 위해서 노력하심(제3차 국외전도)
1917년	삼원포교회의 발전과 후원으로 삼원포지역 다섯 교회의 지방목사로 활약하시며 삼성(三省)여학교 설립
1919년	3월 7일 대화사(大花斜)예배당에서 2천여 명의 군중이 모인 가운데 기미만세운동을 시작함으로 전 서간도지역에 파급됨
1920년	경신참변으로 액목현 액근혁 지방으로 피신 농무(農務)조합을 조직

1921년	7월 삼원포 귀환과 서간도지역 교회 지도자들의 기도회를 인도하심
1922년	남만노 회장으로 선임, 삼성여학교 교장 및 동명(東明)학교 설립, 각 지방에 교육회를 조직
1923년	남만교육회 설립 및 회장으로 선임
1924년	남만노 회장, 남만교육회 회장, 농민공사(農民公司) 조직
1925년	남만노 회장, 모친상(母親喪)
1926년	서간도교회 지도자들과 선교사들의 협조로 흥경 삼성(三省)중학교를 설립하고 기독교 협진회 설립
1927년	남만노 회장
1928년	점차 동포들의 삶이 어려워지는 가운데 삼원포에서 300명의 각 지방 지도자들이 모 여서 귀화한족동향회(歸化韓族同鄕會)를 조직하였고, 간사장으로 피선되심. 재만 동포 들의 중국 입적(入籍) 활동을 벌이던 중 일제 경찰에 체포
1929년	3월 19일 3년 2월 징역형을 받은 후 신의주 감옥에 투옥됨
1932년	출옥 후 창성읍 및 평로동교회 시무
1933년	음력 12월 총회의 부름으로 북만 전도목사로 파송됨(제4차 국외전도)
1934년	밀산현 평양진, 대성촌, 선구촌, 하심촌, 사강, 계림촌, 향양촌교회를 설립 및 시무
1935년	호림, 요하, 수원현 지역 교회를 순방하던 중 1월 4일 오소리강 소목하(小木河) 지점에 서 약 40명의 비적들에게 잡혀 심한 구타를 당하고 4명의 신자들과 같이 얼음 구멍으 로 넣어져 순교하심
1996년	8월 15일 김영삼 대통령 건국훈장 애국장 추서.

354

| 후기[1] |

한경희 목사 가족 순교

민족의 근대사가 그러한 것처럼, 우리 민족의 삶은 공산주의와 그 사상으로 흐트러진 실타래처럼 뒤엉켜 있다. 한경희 목사님의 가족사도 예외는 아니다.

첫째 아들 청옥이 공산주의 사상에 물들기 시작한 것은 신민현립중학교에 재학하면서부터였다. 이때 한경희 목사님의 가정에 부자간의 심한 사상적 갈등이 시작되었다. 한번은 부자간에 토론을 하다가 목사님께서 공산주의 운동을 하다가는 쥐도 새도 모르게 죽임을 당할 수도 있다고 하자, 청옥이 의견을 굽히지 않고 말했다. "나는 공산주의를 신봉하고 아버지는 사상이 다르니 만약 총이 있다면 아버지를 쏘겠다." 이에 목사님께서 격정을 이기지 못해서 밥상을 뒤엎어버리는 일까지도 있었다. 그 후 청옥은 1925년 황포군관학교에 다니면서 본격적으로 공산주의 운동에 몸담게 되었다. 졸업 후 삼원포로 돌아와 동명학교에 학감으로 재직하면서 (이때 한경희 목사님은 신의주감옥에 투옥당한 상태) 학생들에게 무산가, 적기가를 가르치며 선동하였다. 급기야 국민부 소속의 독립단체와 마찰을 일으켰고, 이들에 의해서 1930년 3월 14일 총살당하였다. 이로 인해 1972년 9월 30일 조선민주주의인민공화국 내각수상 김일성은 한청옥을 애국렬사의 반열에 올려놓았다. "이 동지는 조선의 통일과 혁명의 전취물을 수호하기 위하여 고귀한 생애를 바친 애국렬사임을 증명함"

한편 둘째 아들 순옥은 심양조선신학교를 졸업하고 심양시 제4교회 전도사로 봉직하다가 해방을 맞이했다. 그 후 북한으로 돌아와 평안북도 차련관교회 목사로 시무하면서, 북조선기독교연맹에 가입을 거절하며 내무서와 여러 가지 일로 마찰을 일으켰다. 결국 한국동란(1950년 6월 25일) 전야에 한순옥 목사는 내무서원 2명에게 끌려갔다. 이때 당국은 많은 신실한 목사, 장로, 집사들을 체포하여 깊은 산골로 끌고 가서 일시에 기관총으로 사살하였다. 이때 기적적으로 살아난 어느 목사의 의해서 한순옥 목사의 죽음이 가족들에게 알려지게 되었다. 한순옥 목사는 총뿌리 앞에서도 담대하게 맞서며 찬송가 "내 주를 가까이 하게 함은"을 크게 부르며 순교하셨다고 한다.

그 후 북한에 남아있던 한경희 목사님의 아내 사모 신경원과 차남 한순옥 목사의 아내 사모 김순화는 말할 수 없는 핍박을 받았다고 한다. 결국 두 사모들은 살고 있던 동네에서 쫓겨났다. 동네 사람들이 기독교 순교자들의 아내들과 같이 살 수 없다며 박해를 가했기 때문이었다. 동네에서 살 수가 없어 산으로 쫓겨나 움막 속에 살다가 무연탄 가스 중독으로 1964년 5월 18일 두 분이 같은 날 돌아가셨다.

한편 넷째 아들 진옥은 길림사범대학을 졸업하고 해방 후 삼원포 동명학교 교장으로 봉직하였다. 1951년 연변대학으로 이전하여 부교수로 재직하다가 1985년 은퇴하였는데 이때까지 그는 무신론자였고 공산주의를 신봉하는 사람이었다. 그러나 그 후 가족의 초청으로 미국을 여행하였고 지난날의 죄를 회개하고 1999년 1월부터 교회에 출석하며 그해 12월 세례를 받게 되었다고 스스로 고백하였다.

찾아보기

ㄹ

ㅁ

영문

저자 소개

이학인

1904년 10월 29일 출생
삼원포 은양학교
남만 의과대학 중퇴, 1938년 3월 평양신학교 졸업
동녕현 고안촌, 목단강 중앙, 해룡현 매하구, 봉천 제3교회 설립 및 시무
남신의주 교회 시무(1945-1948년)
서울 충무(로)교회 설립 및 시무(1948-1950년)
부산 부민교회 시무(1950-1955년)
서울 후암제일(구, 명동)교회 설립 및 시무(1955-1978년)
후암제일교회 원로목사, 2008년 7월 5일 작고

김만수

대구 계성 중 · 고등학교
연세대학교 의과대학
해부병리학 전문의
Fuller및 Los Angeles 개혁신학교
새생명선교교회 목사
E-mail : timothymankim@yahoo.com

만주의 사도 바울
한경희 목사

개정판 1쇄 발행일 | 2019년 03월 25일

지은이 | 이학인 · 김만수
펴낸이 | 윤영수
펴낸곳 | 문학나무

문학나무편집 | 03044 서울 종로구 효자로7길 5, 3층
기획 마케팅 | 03085 서울 종로구 동숭4나길 28-1 예일하우스 301호
이메일 | mhnmoo@hanmail.net

출판등록 | 제312-2011-000064호 1991. 1. 5.
영업 마케팅부 | 전화 | 02-302-1250, 팩스 | 02-302-1251
ⓒ 이학인 · 김만수, 2019

값 20,000원
잘못된 책은 바꾸어 드립니다
지은이와 협의로 인지는 생략합니다
무단 전재 및 복제를 금합니다
ISBN 979 - 11 - 5629 - 088 - 9 03230